KB143590

전근대 동아시아 역사상의 사士

동아시아
문명총서
07

전근대 동아시아 역사상의 사士

김경호·손병규 책임 편집

무사가 정치를 담당하게 된 것은 12세기 말 가마쿠라(鎌倉) 막부幕府가 성립 되면서부터였다. 하지만 무사는 고대 사회가 동요기에 접어든 10세기 말부터 전투를 전문으로 하는 집단으로 성장하기 시작했다. 그 무렵부터 무사들 은 독특한 생활방식을 갖게 되었다. 무사들은 평소부터 최악의 상황에 대비하는 생활을 했다. 주택은 실용성이 강조되었고, 의복은 검소했고, 식단은 매우 간단했다. 무예를 연마하는 데 게으르지 않았다. 무사의 자제들은 책을 읽을 시간을 내지 못할 정도로 가혹 한 훈련을 했다. 싸움이 벌어지면 무사들은 친족 단위로 부대를 편성해 출진 했다. 그들의 목표는 승리였다. 이러한 독특한 생활방식 속에서 독자적인 무사도가 형성되었다. 그것은 무사가 평상시에도 긴장감을 늦추지 않는 생활 속에서, 또 전쟁터를 전전하며 주군과 생사를 같이 하면서 형성된 것이었다. 일본 역사상 무사가 가장 치열하게 살았던 시기는 아마 전국시대戰國時代일 것이다. 소위 난세亂世라고 하는 전국시대의 무사야말로 가장 전형적이고 또 전문적인 전투원이었다고 할 수 있다. 그런데 전국시대는 오다 노부나가(織田信長), 도요토미 히데요시(豊臣秀吉) 시대를 거치면서 서서히 종언을 고하고 있었다. 1600년 도쿠가와 이에야스가 세키가하라의 전투에 서 승리하고, 1603년에 쇼군(將軍)에 취임하면서 에도에 막부幕府를 개설 했다. 이에야스가 명실상부하게 일본 최고의 통치자로 군림하게 된 것이다. 그것은 난세가 종언을 고하고 평화 시대의 시작을 알리는 것이었다. 평화의 회복은 아이러니하게도 무사가 그 존립의 근거를 상실하는 것이기 도 했다. 전국시대의 무사는 전투에서의 활약에 그 존재의 근거가 있었다. 전투는 무사를 무사답게 하는 것이었다. 무사는 명예를 드높이기 위해 전쟁 터를 누볐다.

성균관대학교
출 판 부

책을 펴내면서

이 책은 2012년 5월 16일 성균관대학교 동아시아학술원 인문한국(HK)연구소와 중국사회과학원 역사연구소가 정례적으로 진행하는 학술회의에서 발표된 글을 모은 연구 성과이다. 학술회의의 개최는 두 기관의 실질적인 학술교류 강화와 공동의 연구 주제 모색을 통하여 동아시아학에 대한 심도 있는 논의와 연구를 진행하는데 주요 목적이 있다. 이러한 연구주제의 모색은 무엇보다도 동아시아학술원 인문한국(HK)연구소가 지향하는 아젠다와도 밀접한 관련성이 있다. 2011년 6월 북경에서 개최된 제1회 회의의 주제는 "역사자료를 통한 동아시아사의 재구축－호적・족보자료를 중심으로"로서 본 동아시아학술원 인문한국(HK)연구소의 아젠다인 「동아시아 인구 현상의 차이와 지속」에 대한 공동 연구의 일환이었다. 2012년 5월 성균관대학교에 개최된 제2회 회의의 주제는 "전근대 동아시아 역사상의 사士"로서 이 역시 인문한국(HK)연구소의 아젠다인 「동아시아 사회의 운영원리와 그 체계」를 탐구하기 위한 주제였다. 본서는 학술회의의 주제와 관련하여 발표된 15편의 논문 가운데 11편(중국 5편, 한국 4편, 일본 2편)의 글을 정리하여 엮은 것이다.

동아시아 역사상 '사士'의 전통은 전근대시기부터 오늘날에 이르기까지 매 시기마다 독자적인 형태로 발전하면서 그 전통을 유지해 왔다. 지식인,

엘리트 등으로 불리는 '사' 계층은 사회 전반의 각 분야에서 중심적 역할을 담당했다. 종래 동아시아 역사에서의 '사'에 대한 논의는 주로 특정지역의 양반兩班, 무사武士 그리고 사대부士大夫라고 불리는 계층을 대상으로 개별적으로 진행되어 왔다. 이러한 논의는 권역별 '사' 계층에 대한 이해의 제고는 가능할지라도 동아시아 사회를 '유교문화권' 혹은 '한자문화권'이라는 규정하에서의 공통성과 함께 지역 간의 차이가 '공시적共時的'으로 갖는 관련성을 찾고자 하는 방법론으로는 한계가 있었다. 종래 연구의 한계를 극복하고 새로운 동아시아 역사상을 모색하고자 동아시아 3국의 '사' 계층에 대한 비교 연구를 시도한 것이다.

본서의 가장 커다란 특징은 종래 정사와 같은 문헌자료만으로 '사'의 성격을 규명한 것이 아니라 출토자료와 새롭게 발굴・정리되고 있는 사회경제사 관련 자료로서 '사'의 성격을 분석한 것이다. 우선 출토자료에 보이는 '사' 관련 자료를 정리하여 '사' 성격이 유사游士에서 유사儒士로 변화되었음 분석한 글(김경호)과 작위爵位의 변화를 통해 진한시기 '사'의 성격을 분석한 연구(링원차오)는 종래 『사기』, 『한서』를 주요 텍스트로 한 연구에서 진일보한 연구 결과라 할 수 있다. 또한 호적, 족보 자료로 대표되는 사회경제사 자료를 통한 조선시대 이후 '양반' 사회에 대한 연구 역시 본서의 주요 내용이다.

혼인 등으로 대표되는 친족관계를 통한 인적네트워크의 형성과 점차 사회 전반에 걸쳐 양반 체제가 붕괴되어가는 과정에서 오히려 양반지향성을 보이고 있다는 분석(한상우, 손병규)과 향약을 통한 지역 사회의 '사'문화와 '사'를 중심으로 한 정치질서가 재편되어 간다는 분석(이상국, 윤인숙)은 양반이란 사회계층을 중심으로 조선 후기 사회를 새로이 해석한 연구 성과라고 할 수 있다.

새로이 발굴 정리된 자료를 통한 '사'에 대한 연구뿐만 아니라 위진남북조 귀족제 사회를 '사'라는 개념으로 재해석을 시도한 연구(하원수)와 16세기 이후 시장경제의 발전에 따른 상인의 지위 상승(우보야)과 청대 대외무역 특허상인에 대한 연구를 통해 이들이 근대적 지식과 인식을 수용하면서 새로운 지식인상을 형성[紳商]하였다는 견해(박기수) 역시 전통적 '사' 개념을 다각적으로 분석한 시도로 해석할 수 있다. 더욱이 이러한 연구들은 상기한 진한·위진남북조 시기의 '사'에 대한 분석과 조응하여 중국사회에서의 '사'의 통시적 변화과정을 이해하는데 커다란 시사점을 제공하고 있다. 뿐만 아니라 일본 중세 귀족사회의 가격家格질서와 문인 관료층과의 관계(신미나)와 17세기 에도 막부가 성립되면서 변화하기 시작한 '무인武人'의 성격을 고찰한 연구(구태훈) 역시 16~17세기 이후 일본 사회뿐만 아니라 동아시아 3국의 '사'

의 성격에 대한 공시적인 내용을 이해할 수 있는 많은 시사점을 제공하고 있다. 이러한 개별적 연구들은 대체로 '사'의 연원과 그 이론적 검토, 사회적 네트워크와 '사'의 성장, 그리고 새로운 유형으로서의 '사'에 대한 비교 검토를 통한 공통적인 연구 내용을 엿볼 수 있다는 점에서 종래의 연구 성과와는 달리 커다란 의미가 있다.

본서의 출간은 중국사회과학원 역사연구소와의 학술교류를 통해 중국 역사연구자들과 '동아시아사'라는 인식을 공유하면서 시작되었다. 지정학적으로 중국과 일본의 가운데에 위치하는 한국에서 '동아시아'라는 인식은 자연스런 것일지도 모른다. 그러나 아시아 전 지역에 국경을 걸치고 있는 중국의 입장에서 보았을 때, '동아시아'는 중국 동부와 연이어 있는 지역에 지나지 않을 수도 있다. 이와 같이 '동아시아'에 대한 어느 정도의 인식의 차이를 가지고 있을지라도 양 국의 학자들이 모여서 상호 공감할 수 있는 동아시아사를 이해하기 위한 공동 연구의 초보적 결과물이 바로 본서이다. 본서에 수록된 11편의 글들은 『대동문화연구』 80집(2012.12)과 81집(2013.03)에 수록된 글을 수정 및 보완하여 본서에 수록하였음을 밝혀둔다. 초보적인 공동연구의 성과물을 전문 학술지에 특집의 형태로 발표하는 것 또한 의의가 있지만, 본서에 수록된 연구 성과가 보다 많은 독자층과의 공유와 비판을 통해 상호 소통할 수 있다면 이 또한 그 학문적·사회적 의미가 배가 될 수 있으리라 기대된다.

아울러 본서를 기획 정리하면서 소개한 글들이 얼마만큼 공동 연구의 목적과 부합하는지에 대한 조심스럽고 두려운 마음이 앞 설 뿐이다. 독자 제현의 아낌없는 질책과 냉정한 비판을 겸허히 받아들이고자 한다.

2013년 3월

필자를 대표하여

김경호·손병규

차 례

• 책을 펴내면서 | 5

1부 '사士'의 연원과 이론적 검토

진秦·한초漢初 출토자료에 반영된 '사士·리吏'의 성격 | 김경호(金慶浩) _ 17
유사游士에서 유사儒士로의 변천과정을 중심으로

1. 머리말 ······ 17
2. 진·한초 '사士' 형성의 역사적 연원淵源 ······ 21
3. 유사游士에서 리吏로 ······ 28
4. '유사游士'의 몰락과 '유사儒士'의 대두 ······ 44
5. 맺음말 ······ 52

진한시기秦漢時期의 '사대부士大夫' | 링원차오(凌文超) _ 57

1. 주周나라 내작內爵·진秦나라 군공작제軍功爵制와 사대부士大夫 ······ 57
2. 군리軍吏·편호민編戶民과 사대부 ······ 66
3. 작질체제爵秩體制의 변천變遷과 사대부 함의含意의 변화 ······ 75
4. 자대부子大夫와 사대부 ······ 82
5. 결어 ······ 90

위진남북조魏晉南北朝 시기時期의 '사士'에 관한 일시론一試論 | 하원수(河元洙) _ 93
일본日本 학계學界에서의 '귀족貴族'론에 대한 재검토再檢討를 중심으로

1. 서론 ······ 93
2. 일본日本 중국사中國史 학계에서의 '귀족貴族' ······ 98
3. 구품중정제九品中正制의 시행과 사士 ······ 110
4. 결론 ······ 128

2부 사회적 네트워크와 '사'의 성장

일본중세日本中世 귀족사회貴族社會의
가격家格과 문인관료文人官僚 | 신미나(申美那) _ 135
가격질서家格秩序의 형성이 문인관료층文人官僚層에게 끼친 영향을 중심으로

1. 머리말 ······ 135
2. 헤이안시대平安時代 문인관료文人官僚의 양상樣相 ······ 138
3. 중세초기中世初期 가격家格의 형성과 문인관료文人官僚의 재편再編 ······ 144
4. 변관직弁官職의 변천變遷을 통해 본 문인관료文人官僚의 소외疏外 ······ 149
5. 맺음말 ······ 158

『안동권씨성화보安東權氏成化譜』에 나타난
13~15세기 관료 재생산과 혈연관계 | 이상국(李相國) _ 161

1. 서론 ······ 161
2. 자료 소개 및 분석 방법 ······ 163
3. 관직의 고하에 따른 후손 기록의 '지속성' ······ 172
4. 관직 획득에 미친 부父·조祖의 영향 ······ 176
5. 결론 ······ 184

조선시대 향약鄕約의 구현을 통한 '사문화士文化'의 확산 | 윤인숙(尹仁淑) _ 187
김안국金安國의 인적 네트워크를 중심으로

1. 머리말 ······ 187
2. '사士'의 정치적 성격과 '사문화士文化' ······ 191
3. 향약鄕約의 구현과 '사문화士文化'의 전개 ······ 198
4. 김안국金安國의 인적네트워크와 '사문화士文化' 확산 ······ 206
5. 맺음말 ······ 213

조선후기 향전鄕戰을 통해 본
양반층의 친족親族, 혼인婚姻 | **한상우(韓相祐)** _ 217
안동의 병호시비屛虎是非를 중심으로

1. 머리말 ········· 217
2. 병호시비의 전개와 안동의 양반들 ········· 220
3. 병호시비에 드러나는 양반 가문家門 내부의 문제들 ········· 227
4. 병호시비 전후의 혼인 네트워크 ········· 235
5. 맺음말 ········· 244

3부 새로운 유형으로서의 '사'

근세 일본 무사의 직분과 사도론 | **구태훈(具兌勳)** _ 251
야마가 소코(山鹿素行)의 사도론士道論을 중심으로

1. 머리말 ········· 251
2. 17세기 일본사회와 무사 ········· 254
3. 무사 직분의 구명究明과 사도의 형성 ········· 261
4. 무사의 직분과 사도 ········· 268
5. 맺음말 ········· 278

청대淸代 행상行商의 신상적紳商的 성격 | **박기수(朴基水)** _ 281
반씨가족潘氏家族의 사례를 중심으로

1. 머리말 ········· 281
2. 반씨潘氏 행상行商의 계보系譜 ········· 284
3. 반씨潘氏 행상行商의 신사적紳士的 측면 ········· 301
4. 새로운 유형의 지식인(紳商)을 지향하여 ········· 336
5. 맺음말 ········· 344

한강아집韓江雅集 : 청중엽淸中葉의
사士·상商의 상호작용의 사례연구 | 우보아(吳伯婭) _ 349
1. 머리말 ········· 349
2. 상업 발전과 사회의 변천 ········· 350
3. 사상士商이 결합한 한강아집韓江雅集 ········· 360
4. '상이겸사商而兼士'의 '양주이마揚州二馬' ········· 371
5. 기발하고 새로운 것을 내세운 '양주팔괴揚州八怪' ········· 380

1900년대 「광무호적光武戶籍」의 '사士'와
「민적民籍」의 '양반兩班' 기재 | 손병규(孫炳圭) _ 393
1. 머리말 ········· 393
2. 조선왕조 호적의 직역職役 기재와 양반兩班 ········· 396
3. 대한제국기 「광무호적光武戶籍」의 '사士' 기재 ········· 401
4. 1910년 전후 「민적民籍」의 '양반兩班' 기재 ········· 407
5. 맺음말 : 지속되는 양반지향 ········· 416

• 찾아보기 | 419

::1부

'사士'의 연원과 이론적 검토

무사가 정치를 담당하게 된 것은 12세기 말 가마쿠라(鎌倉) 막부幕府가 성립 되면서부터였다. 하지만 무사는 고대 사회가 동요기에 접어든 10세기 말부터 전투를 전문으로 하는 집단으로 성장하기 시작했다. 그 무렵부터 무사들 은 독특한 생활방식을 갖게 되었다. 무사들은 평소부터 최악의 상황에 대비하는 생활을 했다. 주택은 실용성이 강조되었고, 의복은 검소했고, 식단은 매우 간단했다. 무예를 연마하는 데 게으르지 않았다. 무사의 자제들은 책을 읽을 시간을 내지 못할 정도로 가혹 한 훈련을 했다. 싸움이 벌어지면 무사들은 친족 단위로 부대를 편성해 출진 했다. 그들의 목표는 승리였다. 이러한 독특한 생활방식 속에서 독자적인 무사도가 형성되었다. 그것은 무사가 평상시에도 긴장감을 늦추지 않는 생활 속에서, 또 전쟁터를 전전하며 주군과 생사를 같이 하면서 형성된 것이었다. 일본 역사상 무사가 가장 치열하게 살았던 시기는 아마 전국시대戰國時代일 것이다. 소위 난세亂世라고 하는 전국시대의 무사야말로 가장 전형적이고 또 전문적인 전투원이었다고 할 수 있다. 그런데 전국시대는 오다 노부나가(織田信長).도요토미 히데요시(豊臣秀吉) 시대를 거치면서 서서히 종언을 고하고 있었다. 1600년 도쿠가와 이에야스가 세키가하라의 전투에 서 승리하고, 1603년에 쇼군(將軍)에 취임하면서 에도에 막부幕府를 개설 했다. 이에야스가 명실상부하게 일본 최고의 통치자로 군림하게 된 것이다. 그것은 난세가 종언을 고하고 평화 시대의 시작을 알리는 것이었다. 평화의 회복은 아이러니하게도 무사가 그 존립의 근거를 상실하는 것이기 도 했다. 전국시대의 무사는 전투에서의 활약에 그 존재의 근거가 있었다. 전투는 무사를 무사답게 하는 것이었다. 무사는 명예를 드높이기 위해 전쟁 터를 누볐다.

진秦·한초漢初 출토자료에 반영된 '사士·리吏'의 성격

유사游士에서 유사儒士로의 변천과정을 중심으로

김경호(金慶浩)*

1. 머리말

중국 역사상 '사士'의 전통은 고대부터 오늘날에 이르기까지 이천여 년 동안의 매 시기마다 정치, 경제, 사회, 문화, 사상 등의 각 방면의 변화에 매우 밀접한 관계를 형성·발전해 왔음은 주지의 사실이다.[1] 이러한 사士의 발전 과정과 성격을 보면 대체로 선진先秦시기에는 유사游士,[2] 진한秦漢시기 이후에는 사대부士大夫[3]의 '형태'로서 불렸다. 그렇지만 매 시기마다 "사士"로

* 성균관대학교 동아시아학술원 인문한국(HK)연구소 교수.

1 余英時, 『士與中國文化』, 上海人民出版社, 1987; 余英時 等著, 『中國歷史轉型時期的知識分子』, 聯經出版事業公司, 1992 참조.

2 高亨注 譯, 『商君書注譯』(이하 『商君書』), 「農戰」, 中華書局, 1974, 37면, "夫民之不可用也, 見言談游士事君之可以尊身也." 및 『商君書』「算地」, 66면, "故事『詩』·『書』游說之士 則民游而輕其君."의 서술 내용에 근거하여 본고에서 사용하는 "游士"의 의미는 전문적으로 유세에 종사하는 자로서 軍士와는 무관한 의미로 사용한다(李學勤, 「秦簡與《墨子》城守各篇」, 『雲夢秦簡研究』, 中華書局, 1981, 324면 참조).

3 劉澤華, 「漢代儒士"士大夫"模式的形成」, 『士人與社會』, 天津人民出版社, 1992, 27~100면에서 士大夫는 士人과 官僚를 지칭하는 용어로서 그 주요 특징을 국가정책과 행정관리의 참

불린 사람들에 대한 칭호 역시 통일되지 않았기 때문에[4] 이들의 역사적 연속성을 규명하기도 쉽지 않다. 이러한 특징은 사士의 전통이 공자孔子시대부터 시작되었다하여도[5] 중국 역사상 사의 작용 및 그 연변演變은 매우 복잡하며 결코 하나의 관점을 통해 충분한 설명이 가능하지 않은 점과도 일맥상통한다.[6] 그럼에도 불구하고 각 시대마다 사에게 부과한 중심된 임무는 정치・문화와 사상의 전승 그리고 창신創新의 주체였을 것이다. 이런 까닭에 본고는 진秦・한초漢初 시기를 중심으로 사의 성격에 대하여 출토자료를 중심으로 고찰하고자 한다.[7]

춘추春秋・전국戰國시기의 민民들은 신분이 상승하여 사가 될 수 있었다.[8] 또한 춘추 이후 유사游士가 증가하였고 전국시기에 이르면 이들 존재는 더욱 흥하지만 '유가儒家의 도道', 즉 "士는 道에 뜻을 둔다(士志於道)"라는 기본적 가치가 무너지고 있다는 점이다.[9] 바꾸어 말하면 사는 이미 춘추전국이라는

여자, 사상문화의 주관자, 그리고 사회 교화의 주요 실행자로서 정의하고 있다. 또한 閻步克 역시 이른바 '士大夫政治'란 漢代 이후 중국고대사회의 특수한 정치 형태로서 규정하고 있다(『士大夫政治演生史稿』, 北京大學出版社, 1996).

4 서구학계의 대표적 중국고대사 연구서인 Micheal Loewe・Edward L. Shaughnessy, *THE CAMBRIDGE HISTORY OF ANCIENT CHINA*, Cambridge University Press, 1999에서도 士를 "man of service"・"officer"・"knight"・"soldier" 등으로 표기하고 있다. 또한 『論語』에 보이는 士를 영역한 경우에도 "gentleman"(D.C.LAU, *CONFUCIUS THE ANALECTS(LUN YǗ)*, Hong Kong, The Chinese University Press, 1983)이라 하였음을 고려한다면 서구학계 역시 '士'에 대한 통일된 개념을 정립하기가 쉽지 않음을 알 수 있다.

5 李學勤 主篇, 『十三經注疏』(標點本), 『論語注疏』(이하 『論語』) 권4, 「里仁」, 北京大學出版社, 1999, 50면, "士志於道."

6 河元洙, 「魏晉南北朝 '士'에 관한 一試論—日本學界에서의 '貴族'論에 대한 再檢討를 중심으로」, 『大東文化硏究』 80, 성균관대 대동문화연구원, 2012에서도 '士'에 대한 一義的 性格은 불가능하다고 인식하여 魏晉南北朝시기의 제도적 위상을 중심으로 이 문제를 검토하였다.

7 최근 출토된 『睡虎地秦墓竹簡』과 『嶽麓書院藏秦簡』의 관련 기사를 중심으로 秦・漢初 士의 문제에 대해 분석하고자 한다.

8 『管子校釋』(이하 『管子』), 「小匡」, 嶽麓書社, 1996, 189면, "農之子常爲農, 樸野而不慝, 其秀才之能爲士者則足賴也. 故以耕則多粟, 以仕則多賢. 是以聖王敬畏戚農."

9 顧炎武, 『日知錄集釋』(이하 『日知錄』라 칭함) 권7, 「士何事」, 花山文藝出版社, 1991, 336면.

사회적 변화 속에서 유리되어[10] 이른바 자신만의 주군主君이 없는 상태에 진입했음을 반영한 것이다.[11] 따라서 학식이나 재능이 있는 자들은 관리가 되고자 하였으며[12] 군주는 이들을 자신의 지배하에 두어 권력의 강화를 도모하고자 하였다.[13] 더욱이 '융戎과 사祀'[14]의 독립성이 주요 특징인 상주시기의 족적族的지배질서와는 완전히 다른 진한시기 군현 지배 질서하에서 군주에게는 통치영역의 확대와 행정 사무의 복잡화 등을 전문적으로 처리할 수 있는 관리가 요구되었다.[15] 그 결과 사는 군주가 체현하고자 하는 '왕자王者의 질서秩序'를 구현시킬 수 있는 실무적 존재였다. 따라서 나라(國)에 현량지사賢良之士의 많고 적음에 따라 정치의 성패가 갈린다는 지적[16] 역시 사士의 중요성을 강조한 내용이다. 이러한 변화는 사의 성격이 '천하天下의 유사游士'에서 '일주一主의 가신家臣'으로 변화해 가고 있음을 반영한다.

전국시기 이후, 각국에서의 변법의 실시와 이를 통한 전쟁과 절대적 군주

---

10 Cho-yun Hsu, *Ancient China in Transition,* Stanford University Press, 1965, Chapter2, "Changes in Social Stratification", pp. 24~52에서는 『漢書』와 『左傳』의 기사에 보이는 516명의 인물를 근거로 춘추시기를 시기적으로 9단계로 구분하였으며 9단계(B.C. 482~464)에서는 士의 비율이 32명, 6%를 차지하여 수량성에서는 커다란 영향을 끼치지 않지만 士의 집단활동(group mobility)의 움직임은 상승과정에 있음에 반하여 卿大夫계층은 오히려 하강하였다고 지적하였다. 더욱이 권력의 중심이 경대부계층에서 사계층으로 전화하고 있음을 지적하고 있다.

11 『日知錄』 권13, 「周末風俗」, 585면, "邦無定交, 士無定主, 此皆變於一百三十三年之間."

12 士가 군주에게 벼슬하는 것은 농부가 쟁기를 손에서 놓지 않는 것과 같다는 지적은 춘추전국시기 孔子·孟子를 비롯한 당시 士들의 목적은 관료가 되고자 함을 알 수 있다(『十三經注疏』, 『孟子』 권6, 「滕文公·下」, 1999, 164면, "吏之仕也, 猶農夫之耕.").

13 『史記』(이하 正史는 중화서국본을 인용) 권126, 「滑稽列傳」, 中華書局, 1959, 3206면, "得士者强 失士者亡."; 吳毓江撰, 『墨子校注』(이하 『墨子』라 칭함) 권2, 「尙賢·上」, 中華書局, 1993, 68면. "故得士則謀不困, 體不勞, 名立而功成, 美章而惡不生, 則由得士也."

14 『左傳』 成公 13年, "國之大事 在祀與戎."

15 『墨子』 권2, 「尙賢·下」, 96면, "而今天下之士君子, 居處言語皆尙賢, 逮至其臨衆發政而治民, 莫知尙賢而使能, 我以此知天下之士君子明於小而不明於大也. 何以知其然乎? 今王公大人有一牛羊之財, 不能殺, 必索良宰. 有一衣裳之財, 不能制, 必索良工."

16 『墨子』 권2, 「尙賢·上」, 66면, "是故國有賢良之士衆, 則國家之治厚, 賢良之士寡, 則國家之治薄."

권의 용인 등은 종래 신분身分·지위地位·사상思想 등에서 자유로운 사士를 점차로 군주에 예속된 신분의 리吏로 변모시켰다. 춘추시대까지 봉건귀족이나 그 일족들이 천자와 더불어 통치를 담당하였다면 전국시기 이후로는 전문적 능력을 갖춘 사가 그들을 대신하게 된 것이다. 그 결과 진의 통일 이후 사인의 성격은 군주에게 직접적으로 예속되는 리의 존재로 변화하게 된 것이다.[17] 이러한 정황을 잘 반영하는 것이 법치주의하에서 관리로서의 실무능력에 따라 '양리良吏'와 '악리惡吏'로 구분한 『수호지진묘죽간睡虎地秦墓竹簡』의 「어서語書」의 내용이다.[18] 즉 법가적 성격의 '리'를 '양良'과 '악惡'으로 구분하고 악리의 배제를 통한 최초의 중앙집권적인 통일제국을 정비하고자 하는 목적을 파악할 수 있다. 그러나 『수호지진간睡虎地秦簡』의 내용이 밝혀지기 전까지는 진·한초 사의 성격을 이해하는 견해들은 대부분 통일제국의 건립에 의한 국가권력國家權力과 사인士人들의 대립으로 해석하였다. 그 대표적인 견해로서 유택화劉澤華는 대립의 요인을 전국시기 사인의 자유로운 사상과 진시황의 전제권력과의 모순과 충돌, 그리고 '분서갱유焚書坑儒'에서 그 요인을 찾고 있다.[19] 우영춘于迎春 역시 유사한 견해를 제출하여 진의 통일 이후, 사인들의 유학游學 또는 유사游仕는 가능하지 않게 되어 육국六國의 잔여 귀족이나 호걸 등과 같이 진에 대해서 적대적인 존재가 되었다고 설명하고 있다.[20] 이와 같이 종래의 진·한초 사인의 성격에 대한 일반적 견해는 '반진反

---

17 『史記』 권6, 「秦始皇本紀」, 255면, "所不去者, 醫藥卜筮種樹之書. 若欲有學法令, 以吏爲師."; 陳奇猷校注, 『韓非子集釋』(이하 『韓非子』), 「五蠹」, 上海人民出版社, 1974, 1067면, "故名主之國, 無書簡之文, 以法爲教; 無先王之語, 以吏爲師."

18 『睡虎地秦墓竹簡』(이하 『睡虎地秦簡』으로 칭함), 「語書」, 文物出版社, 1991, 19면, "凡良吏明法律令, 事無不能殹(也); 有(又)廉絜(潔)敦慤而好佐上; 以一曹事不足獨治殹(也), 故有公心; 有(又)能自端殹(也), 而惡與人辨治, 是以不爭書. ●惡吏不明法律令, 不智(知)事, 不廉絜(潔), 毋(無)以佐上, 緰(偷)隨(惰)疾事."

19 劉澤華, 『士人與社會』, 天津人民出版社, 1992, 5~19면.

20 于迎春, 『秦漢士史』, 北京大學出版社, 2000, 33면.

秦'의 역사적 경험을 통해서 출현한 존재인 유사儒士로서 파악하였다.

진·한초 사인의 성격은『수호지진간』「위리지도爲吏之道(관리된 자가 지켜야할 도리)」의 관련 기사뿐만 아니라 최근 공개 발표된『악록서원장진간嶽麓書院藏秦簡』[21]의「위리치관급검수爲吏治官及黔首(관리된 자가 관 및 민을 다스릴 때 준수해야 할 도리)」의 내용에서도 확인되었다. 이러한 기사의 내용은 적어도 진의 통일 이후 신상필벌에 입각한 법가적 통치사상이 사회 전반에 관철되었어도 관리들에게 유가적 덕목을 요구한 것은 진의 지방통치가 종래 법가적 이념만으로는 한계를 드러낸 것으로 해석할 수 있다.[22] 즉 종래 문헌자료에 의해서 도출된 양자를 대립적으로 이해하는 견해와는 달리 진의 통치이념에서의 유가적 색채는 한초의 유사儒士 출현과 매우 밀접한 관련이 있음을 입증하는 것이다. 이하 본론에서는 출토문헌자료의 기사를 중심으로 진·한초 사의 성격에 대해서 살펴보고자 한다.

2. 진·한초 '사士' 형성의 역사적 연원淵源

서주西周사회의 족적질서族的秩序가 해체되자 국도國都를 대신하여 현비縣鄙로서의 현縣이 출현하였지만, 종래 족적질서는 여전히 잔존하고 있었다.[23] 그런데 전국시기 이후 현縣의 출현은 그 양상을 사뭇 달리하였음은 주지의 사실이다. 중앙에서 장관인 현령縣令을 임명하고 현내縣內의 관리도 호적戶籍

21 朱漢民·陳松長 主編,『嶽麓書院藏秦簡』(이하『嶽麓秦簡』으로 칭함), 上海辭書出版社, 2010.

22 黎明釗,「嶽麓書院秦簡《爲吏之道及黔首》與社會和諧—從《論語·爲政》篇說起」,『中國古中世史硏究』28, 中國古中世史學會, 2012.8을 참조.

23 楊寬,「春秋時代楚國縣制的性質問題」,『中國史硏究』, 1980.4; 殷崇浩,「春秋楚縣略述」,『江漢論壇』1980-4; 五井直弘,「春秋時代の縣についての覺書」,『東洋史硏究』26-4, 1968.

을 통해서 호戶를 파악하는 방식을 취하였음은 최근 출토된 간독자료簡牘資料를 통해서 확인할 수 있다.[24] 대체로 100호를 기준으로 형성된 리里를 최하층 단위조직으로 구성하여 민民은 사작賜爵과 전조田租 및 부역賦役을 납부하는 대상이었고 상호감시를 하여 향촌질서를 유지하였다. 즉 종래 족적질서에 의한 향촌질서를 대신한 군주의 직할통치영역의 확대는 자연스럽게 행정사무의 전문화 또는 복잡화를 수반하였다.[25] 이러한 사회적 변화는 관리기구 운영의 효율적 지배와 통치를 담당할 다수의 관리(臣)가 필요하게 되었다. 족적 질서의 해체와 그에 수반한 국가 통치의 전문화・복잡화 양상은 자연스럽게 하층의 사士에게 학식의 습득을 통해 입신양명 할 수 있는 기회를 더욱 확대시켰다. 따라서 이 시기 학식을 연마하여 관직을 얻으려고 전국을 주유周遊하는 유사游士들의 모습은 자연스러운 현상이었다. 춘추말 조양주趙襄主가 위국魏國 중모현中牟縣의 중장中章과 서기胥己가 수신修身과 박학博學으로 중대부中大夫에 발탁되자 현인縣人의 반 이상이 본업을 포기하고 문학을 업으로 삼고자 하는 사람이었다는 일화[26]나 본래 초국楚國의 말단 소리小吏였던 이사李斯가 순경荀卿에게서 제왕의 학을 배워 진국秦國의 승상丞相에 오른 것은[27] 이 시기 사회적 변화에 따른 사들의 전형적인 모습들을 보여 주는 사례의 하나에 불과할 것이다.

족적질서의 해체와 군현지배질서의 대두는 사의 성격에 커다란 변화를

24 湖南省文物考古研究所 編著,『里耶發掘報告』, 岳麓書社, 2007, 179~211면 참조. 이에 대한 연구로는 拙稿,「진한시기 호구문서와 변경지배」,『낙랑군호구부연구』, 동북아역사재단, 2010; 尹在碩,「진한대 호구부와 그 운영」,『낙랑군호구부연구』, 동북아역사재단, 2010 및 두 편에 소개된 국내외 연구 성과를 참조.

25 Cho-yun Hsu, 앞의 1965 책, 99면.

26 陳奇猷校注,『韓非子集釋』(以下『韓非子』),「外儲說・左」, 上海人民出版社, 1974, 617면, "故中章・胥己仕, 而中牟之民棄田圃而隋文學者邑之半."

27 『史記』 권86,「李斯列傳」, 2539~2540면, "楚上蔡人也, 年少時, 爲郡小吏 …(중략)… 乃從荀卿學帝王之術."

초래하였다. 먼저 춘추 이전 시기 '사'의 성격에 대해서 간단히 보고자 한다. 사士 자字의 기본적 의미가 성년남자를 지칭한다면 그 기본적 임무는 『예기禮記』 등의 관련 기사를 통해서 확인해 보면 '노동(能耕)'과 '전쟁(戎事)'이었음을 알 수 있다.[28] 적어도 상주商周시기 사의 의미는 천자天子나 제후諸侯에게서 "수명受命"하여 관위官位에 있는 자[29]이거나 일반적인 귀족관리의 호칭으로서 지배계층 또는 무사武士계층을 의미한다. 따라서 사는 작명爵命을 받은 신臣의 총칭이라 할 수 있으며 책명을 받지 않은 자제를 포함한 신분세습의 모든 귀족계급을 지칭함을 알 수 있다.[30] 그러나 서주의 통치 질서가 혈연을 매개로 한 천자[周王]에서 제후·경·대부·사에 이르는 계급사회임을 상기한다면,[31] 사는 사회조직의 말단 계층의 칭호였다.[32]

사회계층의 분화는 자연스럽게 각 해당 계층이 수행해야 할 임무를 부여했음은 자명한 사실이다. 『설문해자說文解字』에 보이는 "사는 일을 맡는다라는 의미이다(士 事也)"[33]의 기사와 이와 동일한 구절인 『백호통의白虎通義』 「작爵」의 관련기사에는 "사는 '일하다'의 의미이다. 실무를 맡은 사람을 가리킨다(士者, 事也, 任事之稱也)"[34]라고 명기되어 있다. 이 구절의 의미를 추론하면 사는 본래 씨족의 주요 구성원이며, "사事"는 씨족사회에서 수행한 임무,

28 『禮記』(『十三經注疏』, 1999)·「少儀」, "問 士之子長幼 長則能耕矣, 幼則曰能負薪 未能負薪"; 『禮記』·「曲禮」, "君使士射 不能則辭以疾 言曰 某有負薪之"; 『鹽鐵論』, 「未通」, "古者 …… 二十冠而成人 與戎事."

29 『禮記』, 「表記」, 1492~1493면, "唯天子受命于天 士受命于君 故君命順 則臣有順命."; 『國語』, 「齊語二」, "夫二國士之所圖 無不遂也."

30 閻步克, 『士大夫政治演生史稿』, 北京大學出版社, 1996, 36~42면.

31 松丸道雄, 「殷周國家の構造」, 『世界歷史』 4, 岩波書店, 1970.

32 士가 고대 귀족 계급 가운데 가장 낮은 신분임을 알 수 있는 기사는 『禮記』, 「王制」, "諸侯之上大夫卿·下大夫·上士·中士·下士 凡五等." 이나 『孟子』, 「萬章·下」, "大夫倍上士, 上士倍中士, 中士倍下士, 下士與庶人在官者同祿 祿足以代其耕也." 등에서도 확인할 수 있다.

33 許愼, 『說文解字』, 中華書局, 1963, 14면.

34 陳立 撰, 『白虎通疏證』(이하 『白虎通義』), 「爵」, 中華書局, 1994, 18면.

즉 어렵漁獵·경작耕作을 의미하였을 것이다. 그러나 은주殷周사회 단계에 진입해서는 점차로 귀족·관리를 지칭하며 이들은 사회의 공적 업무를 담당하였을 것이다. 다시 말하면 정사政事를 담당한 계층으로 성장·발전한 존재로 해석할 수 있다. 이런 까닭에 고염무顧炎武가 지적한 사士란 "유직지인有職之人",[35] 즉 세습적 지위의 봉건 귀족으로서 국가 행정의 주요 담당자를 의미한다.

춘추시기까지 천자나 제후의 통치를 주요하게 담당한 계층이 세습적인 봉건 지배층과 그 말단에 위치한 사였다면, 전국시기 이후는 그 양상과 성격을 달리하고 있다. 『곡량전穀梁傳』「성공원년成公元年」조條의 "상고시기에 민은 네 부류가 있다. 즉 사민, 상민, 농민, 그리고 공민이다(上古者有四民, 有士民 有商民 有農民 有工民)"에서 알 수 있듯이 '사민四民' 가운데에서 '사민士民'은 최하층의 귀족이 '민民' 가운데 가장 높은 지위로 전화하였음을 의미한다. 즉 '사민士民'의 출현은 사士의 사회신분이 정식으로 '민民'의 범주내로 확정됨을 의미하는 것으로 춘추 후기 이래 사회 변동의 결과라고 해석할 수 있다.[36] 또한 이 기사에 대한 범령주范寧注에서는 "사민士民"을 "도道와 예藝를 배우고 익히는 자(學習道藝者)"로 해석한 것은 전국시기 이후 사인士人들이 지향한 바가 학學의 연마를 통한 관리로의 진출임을 알 수 있다. 더욱이 상기한 『백호통의白虎通義』의 이 기사의 주석에 "그러므로 『전傳』에 따르면 '옛날과 지금을 고찰하여 타당성 여부를 가려내므로 이를 사士라고 한다(故傳曰, 「通古今 辯然否 謂之士」).'"라고 하여 사士가 일을 담당할 때에는(任事) 반드시 타당함과 부당함을 판별(辯然否)할 수 있는 객관적 능력의 자질 함양이 기본적인 사항이었다. 그러므로 사와 객관적 근거를 요구하는 '학學'은 필연적인 관련을 맺고 있으며 사는 "관리로의 진출(仕)"과 그 의미가 상통하는 것이다.

전국시기 후기, 사는 군주에 의해 관리가 되는 것이 본질이었지만 단지

35 顧炎武, 『日知錄集釋』 권7, 「士何事」, 336면, "則謂之士, 大抵皆有職之人矣."
36 余英時, 『中國知識階層史論(古代篇)』, 聯經出版事業公社, 1980, 22면.

녹봉의 수여와 입신양명만이 아닌 도道의 실행에 중요한 의미를 부여하였다. 군주의 입장에서도 복잡 전문화된 각종 업무에 종사한 '신臣(士)'이 없다면 그 지위와 기능을 수행할 수 없었던 것이다. 이런 까닭에 관직의 세습이나 군주의 일족이기 때문에 관리가 되는 것을 반대하였고 현능賢能한 자만이 관리가 될 수 있다고 주장한 것이다.[37] 그러나 사士들은 관리가 되더라도 군주의 강요나 세속적 이득이 아닌 이상을 구현할 수 있는 조건에 따라 자신들이 주체적으로 군주를 선택했다는 점이 중요했다. 즉 "사로서 도에 뜻을 둔다(士志於道)"[38]나 "사는 넓고 굳세지 않을 수 없다. 맡은 바 임무가 막중하고 길이 멀기 때문이다(士不可以不弘毅 任重而道遠)"[39]라는 구절은 바로 사들에게 "도"의 유무가 사환仕宦의 진퇴를 결정하는 요소였다.

사의 존재가 많고 적음과 자질의 우열優劣이 제후국 국력의 표식이 된 것은 춘추전국시기의 공통적인 인식이었다. 따라서 각 제후국들은 대대적으로 사인들을 초빙하였기 때문에 사인들은 높은 지위를 얻을 수 있었다. 아래의 기사는 이와 같은 사의 지위를 잘 반영하고 있다.

> 이것으로 추자騶子(騶衍)는 제齊나라에서 중요하게 인식되었다. (그가) 양梁나라에 갔을 때 혜왕은 (친히) 교외까지 마중나와 손님과 주인의 예로서 맞이하였다. 조趙나라에 갔을 때 평원군은 옆에서 가면서 옷자락이 자리를 쓸 정도로 경의를 표하였다. 연燕나라에 갈 때에는 소왕이 빗자루로서 (길을 쓸며) 앞장서 나가고 제자의 자리에 앉아서 배우기를 청하였으며 갈석궁을 지어 몸소 나가 (그를) 스승으로 삼았다(是以騶子重於齊. 適梁, 惠王郊迎, 執賓主之禮. 適趙,

37 『墨子』, 「尙賢·上」, 67면, "故古者聖王之爲政, 列德而尙賢, 睡在農與工肆之人, 有能則擧之, 高予之爵, 重予之祿, 任之以事, 斷予之令, 曰..「爵位不高則民弗敬, 蓄祿不厚則民不信, 政令不斷則民不畏.」擧三者授之賢者, 非爲賢賜也, 欲其事之成. 故當是時, 以德就列, 以官服事, 以勞殿賞, 量功而分祿. 故官無貴常, 而民無終賤, 有能則擧之, 無能則下之."

38 『論語』 권4, 「里仁」, 50면.

39 『論語』 권8, 「泰伯」, 103면.

平原君側行撇席. 如燕, 昭王擁彗先驅, 請列弟子之座而受業, 築碣石宮, 身親往師之).[40]

각 국의 군주들은 사인士人들을 예禮로서 맞이했으며 사인을 '師'로 인식한 것이다. 사인은 비록 군왕의 신하였을지라도 군왕의 면전에서도 자신의 자존을 가지고 있었기 때문에 사인은 군주와 인격적으로 평등하였다. 따라서 사인의 '거취去就'의 유무는 예모禮貌의 쇠락이 기준이 되었기 때문에[41] 군주에 대한 사인의 태도 역시 대립적인 성격보다는 군주의 정도政道에 대한 비판적 성격이 강하였다.[42]

추연騶衍이 여러 제후국을 주유周遊할 수 있었던 것은 절대적 권력의 군주와 중앙집권체제가 존재하지 않은 시대적 배경 때문이었다. 이러한 배경 하에서 사인들은 자신들의 자존감을 높이면서 활동할 수 있었다. 즉 유사游士들은 자유롭게 각국을 넘나들며 활동할 수 있었고 특정 군주의 영향 하에 고정적인 신분관계는 형성되지 않았다. 다만 군주에 대한 사인들의 태도는 "살신성인殺身成仁"[43] 또는 "지기자사知己者死"와 같은 도덕적 의무가 있을 뿐이지 절대복종적인 군신대의君臣大義는 존재하지 않았다. 사인들은 법률과 같은 제도화된 사회적 규범에 구속된 것이 아니라 개인의 입신양명을 위하여 자신들의 관점을 선양宣揚하는 것도 허용되었다. 예를 들면 진혜왕秦惠王에게 연횡連橫의 책략을 유세遊說하였지만 실패한 소진蘇秦이 합종책合縱策을 육국의 군주에게 주창하여 진에 대항할 수 있게 되자 당시 사람들은 소진을 "좌우로 다니면서

---

40 『史記』 권74, 「孟子荀卿列傳」, 2345면.

41 『孟子』 권12, 「告子・下」, 346면, "所就三, 所去三. 迎之致敬以有禮, 言將行其言也, 則就之; 禮貌未衰言弗行也, 則去之."

42 맹자가 양혜왕과 제선왕에게 仁義를 중심 내용으로 한 왕도정치를 주창했지만 이에 대해 격노한 반응을 보이지 않은 것은 士를 '尊賢使能'한 존재로서 예우했다기보다는 국가 통치에 필요한 인재를 초빙한다는 목적이 더 강하였음을 고려한다면 군주와 사인의 관계는 대립적이기 보다는 비판적 입장을 견지했을 것이다.

43 『論語』, 「衛靈公篇」, 210면.

나라를 팔고 (쉽게 상황을) 뒤집는 신하이니 장차 반란을 일으킬 것이다"[44]라고 비방하였지만 제齊를 떠나 연燕에 이르러서는 더욱 극진한 대접을 받았으며, 연에서 다시 제로 돌아가자 제선왕齊宣王이 그를 객경客卿으로 임명했다는 기사는 이 시기 사인들의 자유로운 성격을 반영하는 것이다. 더욱이 "추연騶衍과 제齊의 직하선생稷下先生으로부터 순우곤淳于髡, 신도愼到, 환연環淵, 접자接子, 전병田駢, 추석騶奭과 같은 무리들이 각각 글을 지어 (국가의) 치란治亂의 일들을 언급하여 당시 군주들에게 (읽혀지기를) 간구하였으니 어찌 이루다 말할 수 있겠는가?"[45]라는 지적이나 한초漢初 사마담司馬談이 춘추전국시기 각 유파들이 그 방법에서의 차이가 있을지언정 좋은 정치를 구현하려 하였다는 언급은[46] 모두 사인들이 천하를 주유할 수 있는 인신人身과 사상思想의 자유自由를 가지고 있었기 때문이다. 그 결과 정치참여를 희망하는 사인들이 자질의 배양과 정치・사회적 역할을 정립하기 위해서는 자신만의 '학學'을 발전시킬 수밖에 없는 폐단을 낳기도 하였다.

자신의 학문과 사상이 존립기반인 사인들은 관리가 되기 위해서 더욱 적극적이고 주체적인 모습을 지닐 수밖에 없었다. "군자는 일생동안 이름이 일컬어지지 못하는 것을 싫어한다(君子疾沒世而名不稱)"[47]라는 공자의 언급은 당시 사인들이 이름을 알리기 위하여 경주한 것을 상대적으로 추측할 수 있는 구절이기도 하다. 또한 상기 서술한 소진의 경우, 소진 자신이 스스로 낙양부근에 전田 2경頃만 있었어도 6국國의 인수印綬를 찰 수 없었다는 언급[48]은 당시 사인들은 정치적・경제적으로 매우 곤궁한 처지였음을 반영한 것이

44 『史記』 권69, 「蘇秦列傳」, 2264면, "人有毁蘇秦者曰..「左右賣國反覆之臣也, 將作亂」."
45 『史記』 권74, 「孟子荀卿列傳」, 2346면, "自騶衍與齊之稷下先生, 如淳于髡・愼到・環淵・接子・田駢・騶奭之徒, 各著書, 言治亂之事, 以干世主, 豈可勝道哉!"
46 『史記』 권130, 「太史公自序」, 3289면, "夫陰陽・儒・墨・名・法・道德, 此務爲治者也, 直所從言之異路, 有省不省耳."
47 『論語』 권15, 「衛靈公篇」, 214면.
48 『史記』 권69, 「蘇秦列傳」, 2262면, "且使我有雒陽負郭田二頃, 吾豈能佩六國相印乎!"

다. 따라서 이들은 오로지 자신의 재능을 발휘하여 자신의 존재가치와 존영尊榮을 획득하기 위하여 전력을 다했음을 쉽게 알 수 있다.

각국의 군주들이 사인을 구求하는 주요 목적은 국가 위기의 극복이나 천하의 쟁패에 있었기 때문에 군주들은 재능이 뛰어난 사인들을 채용할 수밖에 없었다. 따라서 사인의 재덕才德에 따라 그들이 얻는 존영 또한 동일하지 않았음은 매우 자명한 사실이다. 즉 사인들은 안정되지 않은 현실을 극복함과 동시에 적극적으로 자신의 운명을 개척 또는 성취하는 것이야 말로 유일한 생존 방식이었다.

3. 유사游士에서 리吏로

중앙집권적 지배체제를 지향하는 군주에 의해서 등용된 사의 성격이나 신분은 자신들의 학식이나 재능을 제외하면 정치·경제 등과 같은 방면에서 독자적인 권한은 전국시기 제자백가 즉 유사游士에 비하여 제한적일 수밖에 없었다. 즉 전국시기 활약한 유사들은 진의 통일 이후 자신들의 지위가 이전과는 달리 자유롭게 유환遊宦할 수도 없었을 뿐만 아니라 전국시기 유사와 같이 자유로운 주유에 따른 사상의 전파 역시 보장받지 못했다. 이와 관련하여 『수호지진간』「유사률游士律」의 관련 기사를 검토하여 보자.

> 유사游士가 (현縣에) 거주하면서 증명서(符)를 분실한 경우, 유사가 거주하고 있는 현縣에서 유사에게 자貲1갑甲의 벌금을 부과하고 (증명서 없이 체류한지) 1년이 된 경우, 이를 견책한다. ●원래부터 진나라에 거주해 오던 자가 국경 밖으로 빠져나가거나 명적名籍에서 이름을 삭제하는 것을 도왔을 경우, 도운 자가 상조上造 이상이면 귀신鬼薪에, 공사公士 이하이면 형위성단刑爲城旦에 처한다(游士在, 亡符, 居縣貲一甲; 卒歲, 責之. ●有爲故秦人出, 削籍, 上造以上爲鬼薪, 公士以下刑爲城旦)[49]

유사游士의 증명서 분실에 대한 처벌의 궁극적인 목적은 불법적 이동의 엄격한 금지였다. 왜냐하면 이와 유사한 내용의 『운몽진간』 관련 조항 내용 중, 통행증이 없이 국경國境 넘어 도망하는 자(闌亡者)에 대한 고발 관련 규정[50] 이나 상기 「유사율」의 조항 "●유위고진인출有爲故秦人出" 이하의 내용과 이사가 축객령逐客令 폐지를 상서한 사실[51] 등과 함께 진秦의 국내・외로의 불법 이동을 엄격하게 금하였던 당시 상황을 반영하고 있기 때문이다.[52] 이러한 진의 상황은 전국시대 상인들뿐만 아니라 여불위 같은 대상인 역시 커다란 제약 없이 자유로이 타국을 왕래한 상황과는[53] 양상을 달리하고 있는 것이다.

사인의 자유로운 이동을 금지한 것은 무엇보다도 군주의 지배의지와 상반된 논리를 제시하는 유사를 배제하고 자신의 의지를 적극적으로 수행할 존재로서의 유사가 필요했기 때문일 것이다. 따라서 진왕秦王 정政이 천하를 얻게 되면 천하의 모든 민들은 노비가 되기 때문에 오랫동안 교유할 수 없다고 언급하고 도망가고자 했던 대량인大梁人 위료尉繚가 다시 진국의 관리가 되어 그를 위해 계책을 헌상한 사실은[54] 진의 통일 이후 유사들이 처한 상황을 잘 반영한 것이다. 또한 이와는 반대로 제인齊人 노중련魯仲連의 경우처럼 "예의를 저버리고 군공만을 최선이라 인식하여 권모술수로 사들을 부리고 민을 노예처럼 다루는 진의 민이 되기보다는 동해東海에 빠져 죽겠다"[55]고 언급한

49 『睡虎地秦簡』의 역문은 尹在碩 역, 『睡虎地秦墓竹簡譯註』, 소명출판, 2010의 역문을 참조하였음을 밝혀둔다(이하 같음).

50 『睡虎地秦墓竹簡』「法律答問」, 104면, "告人曰邦亡, 未出徼闌亡, 告不審, 論何也? 爲告黥城旦不審."; 「法律答問」, 125면, "有秩吏捕闌亡者, 以畀乙, 令詣, 約分購, 問吏及乙論何也? 當貲各二甲, 勿購."

51 『史記』 권6, 「秦始皇本紀」, 230면, "(十年) 大索, 逐客. 李斯上書說, 乃止逐客令."

52 宋眞, 「戰國時代 邊境의 출입자 관리와 符節」, 『中國古中世史研究』 27, 中國古中世史學會, 2012, 41~44면.

53 李成珪, 「戰國時代 秦의 外交政策」, 『古代 中國의 理解』 2, 서울大學校 東洋史學研究室 編, 지식산업사, 1995, 68~69면 참고.

54 『史記』 권6, 「秦始皇本紀」, 230면, "誠使秦王得志於天下, 天下皆爲虜矣. 不可與久游. 乃亡去. 秦王覺, 固止, 以爲秦國尉, 卒用其計策."

내용은 당시 유사와 군주의 첨예한 충돌을 보여주는 하나의 사례이다.

진의 강성함으로 인해 자신의 사회 정치적 기반을 상실하기 시작한 사인들은 중앙집권적인 정치구조 하에서 안정적인 신분을 얻고자 하였다. 이러한 까닭에 전국시기 유사에 비하여 사회 정치적 압력은 훨씬 더 가중되었음은 자명한 사실이다. 따라서 전국시기 활약하던 사인들은 진의 통일 후 축소된 자신들의 달라진 위상을 실감하였을 것이다. 특히 사인들 가운데 유사儒士들이 느끼는 위상은 더 심각하였을 것이다.[56] 그 대표적인 사례가 진시황 34년(B.C. 213) 박사 70인이 함양궁에서 시황제를 위해 축수祝壽하는 가운데 복사僕射 주청신周靑臣의 시황제에 대한 찬미에 대해 이를 질책한 박사博士 순우월淳于越의 비판은 사인과 국가권력과의 대립을 보여준 것이다. 이러한 논의 후에 이사의 상서는 통일 이후 사에 대한 성격을 "이리위사以吏爲師"로 명료하게 정의하였다. 상서 내용 가운데 사와 관련된 부분만을 발췌 정리하면 대체로 다음과 같다.[57]

① 이전에는 제후들이 서로 다투었기 때문에 후한 (봉록으로) 游士들을 초빙하였다(時諸侯並爭, 厚招游學).

② 지금 천하가 안정되어 법령이 통일되었고 士들은 법령과 형법을 학습하고 있다(今天下已定, 法令出一, 百姓當家則力農工, 士則學習法令辟禁).

③『詩』·『書』및 諸子書는 모두 불태우게 하고『詩』·『書』를 논하는 자들은 棄市 및 滅族에 처한다(天下敢有藏詩、書、百家語者, 悉詣守、尉雜燒之. 有敢偶語詩書者弃市. 以古非今者族).

④ 법령을 배우고자 하는 자가 있다면 관리를 스승으로 삼게 하옵소서(若欲有學法令, 以吏爲師).

55『史記』권83,「魯仲連鄒陽列傳」, 2461면, "彼秦者, 弃禮義而上首功之國也, 權使其士, 虜使其民. 彼卽肆然而爲帝, 過而爲政於天下, 則連有蹈東海而死耳, 吾不忍爲之民也."

56 于迎春, 앞의 책, 2000, 13~32면.

57『史記』권6,「秦始皇本紀」, 254~255면.

이사 역시 초국楚國 출신의 유사游士였지만, 상기한 상서의 내용은 이전 시기 역사에 대한 진 통치자의 인식 및 지향하고자 하는 현재적 인식을 표명한 것이다. 즉 ①의 '제후諸侯'－'유사游士'의 시대는 종결되고 자유롭고 다원화된 사상의 표출이 아닌 ②와 같은 법령과 형법으로 일원화된 사의 존재가 요구된 것이다. 즉 국가의 법령이나 황제의 권위에 대해 어떠한 도전도 용납하지 않을 뿐더러 사인의 존재는 더 이상 유사가 아닌 국가 통치에 신복臣服하는 존재를 요구한 것이다. 이러한 정치 사회적 요구가 바로 ③의 분서갱유로 이어진 것이며, 그 결과 ①의 유사游士와 같은 존재가 아닌 국가의 통치의지를 획일적으로 수행할 수 있는 성격의 리吏(④)를 요구한 것이다. 따라서 진 통일 이후 ④의 "이리위사以吏爲師"하지 못한 유사들은 현실적으로 의존할 만한 정치・경제적 세력이 없었으며 이들은 육국六國의 잔존귀족 또는 호걸들과 같이 새로운 시기의 도래를 기다릴 수밖에 없는 형편이었다.

이사의 상언上言은 분서에 의한 사상통제와 법령의 일원화를 주장한 것이며, 시황제의 재가에 의하여 곧바로 이러한 통치 방식은 시행되었다. 이러한 법령에 기초한 중앙집권적 지배체제를 실질적으로 지탱한 것은 법가사상에 그 연원을 둔 전국시대 유사로서 진제국의 "이리위사以吏爲師"인 존재들이다. 이러한 변화는 전국시기 사인이 군주에게 직접적으로 예속된 존재인 '리"로 변화되었음을 의미한다. 종래에는 이들의 실체를 규명하기에는 절대적인 사료의 부족으로 인해 진제국의 리의 성격에 대한 이해는 어려움이 있었다. 이런 상황 하에서 『수호지진간』「어서」와 「위리지도」의 발견은 진제국의 리에 대한 이해를 새롭게 조망할 수 있는 중요한 자료임은 두말할 나위가 없다.

『수호지진간』은 진제국 건립을 전후한 시기의 정치・법률분야와 관련한 문서로서 진국에서 오랜 기간 동안 발달되어온 리치吏治 전통傳統의 반영이다. 더욱이 전국시기 제후국이 상호 대립하고 있는 상황을 반영한 리치吏治 경험을 표현한 것이다. 뿐만 아니라 그 내용 역시 매우 세밀하게 서술되어 있어 전국시기에서 통일에 이르는 시기 진의 관리상을 엿볼 수 있다. 특히 『수호지진간』의 내용 가운데 「어서」와 「위리지도」는 의심의 여지없이 진제국의 "이리위사"의 보편적 원칙이었을 것이며, 바로 이사가 주장한 "이리위사"의 리吏의 존재였을 것이다. 『수호지진간』이 부장된 11호 진묘秦墓의 피장자인 희喜 역시 안륙현安陸縣의 어사御史·영사令史 및 언현鄢縣의 영사令史·옥리獄吏 등의 사법 관련 직책을 역임한 것으로 보아[58] 법령法令에 능통한 이른바 "이리위사"였을 것이다. 따라서 「어서」와 「위리지도」의 내용은 묘주인 희가 시행해야 하거나 지켜야 할 근무태도와 정신 및 관리로서의 도리 등을 기술한 내용이다. 「어서」는 진시황 20년(B.C. 227) 4월 초이틀에 남군南郡 군수인 등騰이 관할 현縣과 도道에게 반포한 공문서로서 진秦의 초楚지역에 대한 통치의 양상을 보여주는 사료이기도 하다. 「어서」의 주요 내용은 다음과 같다.

> 법률령法律令은 민을 교도하고 사악한 행위와 나쁜 풍속을 제거하여 민을 선량한 상태에 이르도록 하는 것이다. 지금 법률령이 이미 갖추어져 있으나 리민吏民이 이를 준수하지 않고 지방의 풍속을 음란케 하는 민民이 끊이지 않는다. 이것은 군주의 밝은 법을 폐하는 것이고 사악하고 음란한 민民이 날뛰도록 조장하는 것이다. 이는 나라에 심각한 해가 되고 민民에게 이롭지 못한 것이다. 그러므로 등藤은 이를 바로 잡기 위하여 법률령法律令·전령田令 및 간사한 행위를 징벌하는 법령을 정비하고 이를 하달하여 관리가 이를 분명하게 반포하고 관리와 백성이 분명히 알 수 있게 하여 죄를 범하지 못하도록 하였다[凡法律令者, 以教道(導)民, 去其淫避(僻), 除其惡俗, 而使之之於爲善殹(也). 今法律令已具矣, 而吏民莫用, 鄉俗淫失(泆)之民不止, 是卽法(廢)主之明法殹(也), 而長邪避(僻)淫失(泆)之民, 甚害於邦, 不便於民. 故騰爲是而脩法律令、田令及爲閒私方而下之, 令吏明, 令吏民皆明智(知)之, 毋巨(歫)於罪].

58 『雲夢秦簡』, 「編年記」, 6면, "[四年], □軍. 十一月, 喜□安陸□史."; "六年, 四月, 爲安陸令史."; "七年, 正月甲寅, 鄢令史."

법률에 의한 민民의 교도敎導와 '이풍역속移風易俗'을 통해 지방통치를 실현하고자 한 것이 주요 목적이었다. 리민吏民이 법을 어기고 간사한 행위를 자행한 경우를 "불충不忠", "부지不智", "불렴不廉", "불승임不勝任"으로 "대죄大罪"에 해당한다고 비난한 것이다.[59] 따라서 「어서」에서는 법률의 집행정황과 그 효율성에 따라 관리를 양리와 악리로 구분하였다.

「어서」의 관련 기사 가운데 양리와 악리의 조건에 해당하는 개념을 정리하면 다음과 같다.

〈표 1〉「語書」에 보이는 良吏·惡吏 구분

良吏	무릇 良吏는 법률령에 통달하고 처리하지 못하는 일이 없다. 청렴하고 충성스러우며 성실하여 훌륭하게 윗사람을 보좌한다. 이들은 한 부서의 사무라도 독단적으로 처리해서는 안 된다는 것을 알고 있다. 그러므로 공정한 마음을 가지고 있다. 또한 자신을 바르게 이끌 수 있고 타인과 사무를 나누어 처리하기를 원치 않고 이로 인하여 사무처리 과정에서 타인과 다투지 않는다[凡良吏明法律令, 事無不能殹(也); 有(又)廉絜(潔)敦慤而好佐上; 以一曹事不足獨治殹(也), 故有公心; 有(又)能自端殹(也), 而惡與人辨治, 是以不爭書].
惡吏	惡吏는 법률령을 이해하지 못하고 사무를 어떻게 처리할지를 알지 못하며 청렴하지 않고 윗사람에게 아무런 도움을 주지 못하며 게으르게 대강 일을 처리하거나 일을 맡으면 나태하게 하고 걸핏하면 쌍방을 부추겨 시비를 다투게 하며, 수치를 모르고 경솔하게 나쁜 말을 내뱉고 타인을 모욕하며 공명정대한 마음이 없고 무례한 행동을 하며 이로 인해 말싸움을 잘하고 일을 처리할 때에 언쟁하기를 좋아한다. 일을 처리하는 과정에서 언쟁할 때는 눈을 부릅뜨고 주먹을 움켜쥐어 자신이 용감하다는 것을 드러내고 이러저러한 거짓말을 늘어놓으면서 언성을 높여 자신이 잘하는 것처럼 드러내며, 사리에 어긋난 말을 하고서는 이에 대해 부끄러운 척하고 자신이 무지해서 그런 것인 척하고는 이로써 자신이 스스로를 단속할 수 있다는 듯한 모습을 드러내며, 스스로 대단하다고 여기고 난폭하고 고집을 피움으로써 자신이 강건하다는 것을 드러내는데 윗사람은 이러한 사람을 마치 재능이 있는 것처럼 생각한다[惡吏不明法律令, 不智(知)事, 不廉絜(潔), 毋(無)以佐上, 緰(偸)隨(惰)疾事, 易口舌, 不羞辱, 輕惡言而易病人, 毋(無)公端之心, 而有冒柢(抵)之治, 是以善斥(訴)事, 喜爭書. 爭書, 因恙(佯)瞋目扼捾(腕)以視(示)力, 訏詢疾言以視(示)治, 訏詢醜言麃斫以視(示)險, 阬閬强肮(伉)以視(示), 而上猶智之殹(也)].

59 『雲夢秦簡』, 「語書」, "今法律令已布, 聞吏民犯法爲間私者不止, 私好·鄕俗之心不變, 自從令·丞以下智(知)而弗擧論, 是卽明避主之明法殹(也), 而養匿邪避(僻)之民. 如此, 則爲人臣亦不忠矣, 若弗智(知), 是卽不勝任·不智殹(也); 智(知)而弗敢論, 是卽不廉殹(也). 此皆大罪殹(也)."

전국시기 유사游士의 성격에 대한 분류가 그들이 지향하고 있는 사상적 기반에 의해 구분되었다면, 「어서」에서 확인되는 양리와 악리의 구분의 기준점은 완전히 그 성격을 달리하고 있다. 즉 법률령法律令에 대한 정통함과 직분의 엄수 및 월권행위 등의 여부에 대한 내용으로 주로 법치주의하에서 관리로서의 실무능력 유무가 기준이었다. 물론 양리의 조건 가운데 "청렴하고 충직하고 성실하다[廉絜(潔)敦慤].", "공정한 마음(公心)", "자신을 바르게 하다[自端]." 등과 같이 도덕·예악을 근본으로 하는 개념도 보이지만, 「어서」에서 사용된 이러한 개념은 어디까지나 관료체제하에서 리吏가 실무적으로 발휘할 기본적인 소양인 것이지 개인적인 수양修養에 의해 형성된 개념은 아니었다. 왜냐하면 이러한 개념들은 양리 혹은 악리의 구분의 전제가 "법률령에 통달하다[明法律令]"이기 때문이다. 더욱이 악리의 경우, "리민吏民"을 연칭하여 법을 준수하지 않고 향속鄕俗을 음란케 하는 대상을 민民뿐만 아니라 리도 포함하고 있다. 또한 과오가 가장 많은 관리에 대해서는 군郡 전체에 통보하여 '악리惡吏'로 지탄받게끔 한다는 언급은 통일 이후 이사가 주창한 진의 전형적 관리의 모습인 "이리위사以吏爲師"와는 다른 모습이다.

진의 통일 이후 통치의 철저함을 도모하기 위하여 요구된 리의 존재는 원활한 법치法治의 집행자였다. 그러나 이와 상반된 악리의 존재는 법령의 불철저한 지배를 반영하는 것이며, 그 주체의 하나가 민과 더불어 리였음을 인정한 것이다. 이러한 사실은 철저한 법가적 통치를 근간으로 한 진 제국의 성격을 다시 고찰하는 계기를 제공하기도 한다. 하지만,[60] 「어서」의 내용처럼 법령을 철저히 관철시키고자 명확하게 양리와 악리에 대한 정의를 내림과 동시에 악리에 대한 조치를 시행하고 있다는 사실은[61] 사士를 군주 통치하의

60 湯淺邦弘, 「秦帝國の吏觀念－雲夢秦簡「語書」「爲吏之道」の思想史的意義」, 『日本中國學會報』 47, 日本中國學會, 1995.

61 『雲夢秦簡』, 「語書」, "其畫最多者, 當居曹奏令、丞, 令、丞以爲不直, 志千里使有籍書之, 以

존재인 리吏로 규정짓고자 한 점에서 전국시기 유사游士의 성격과는 분명한 차별을 보이고 있다. 이처럼 「어서」의 내용은 남군수南郡守인 등騰이 진의 법치를 말단 향리사회까지 침투시킬 때에 리吏의 성격을 강조함과 동시에 이를 집행・관철시키는데 장애가 되는 '리吏(惡吏)민民'을 배제하기 위한 구체적인 명령을 하달한 것이다. 양리와 악리의 존재는 향리에서의 법치구현을 통한 중앙집권적 지배체제를 실현시키려는 목적과 국가권력의 의도처럼 일사분란한 법치의 구현이 결코 쉽지 않음을 반영한 것이기도 하다. 즉 진의 법치를 향리사회까지 구현해야 할 리는 단순한 "이법위리以法爲吏"와 같은 존재만으로는 결코 쉽지 않음을 보여준 것이다.

「어서」의 내용이 리에게 "영결廉絜", "공정公正"과 같은 자질을 요구하였어도 "법률령法律令"에 해박한 "이리위사以吏爲師"와 같은 법가적 관리임을 강조한 것이 리라면 동일한 『수호지진간』의 내용 가운데 「위리지도」의 리와 관련하여 서술된 기사는 「어서」와는 다른 내용을 보이고 있다. 「위리지도」의 내용 역시 「어서」와 동일하게 전국말기에서 진의 통일에 이르는 시기에 작성된 문서로 추정된다. 내용은 「어서」에 비해서 매우 복잡한 양상을 보인다. 「위리지도」가 발견되었을 당시에는 법가적 성격이 강조되었지만[62] 근년에는 그 중심 사상을 법가 외에도 유가[63] 혹은 도가[64] 등으로 이해하고 있을 뿐만 아니라 관리를 양성하는 식자교재識字敎材로도 인식하고 있다.[65] 「어서」

爲惡吏."

62 孝感地區第二期亦工亦農文物考古訓練班, 「湖北雲夢睡虎地十一號秦墓發掘簡報」, 『文物』 1976-6, 文物出版社, 1976 및 田昌五, 「秦國法家路線的凱歌—讀雲夢出土秦簡札記」, 『文物』 1976-6, 文物出版社, 1976 참조.

63 歐陽禎人, 「「爲吏之道」的儒家思想發微」, 謝啓容 篇, 『郭店楚簡與早期儒學』, 臺灣古籍出版有限公司, 2002, 273~281면.

64 魏啓鵬, 「文子學派與秦簡「爲吏之道」」, 陳高應 主篇, 『道家文化研究』 18, 北京三聯書店, 163~179면.

65 吳福助, 「<爲吏之道> 宦學識字教材論考」, 『睡虎地秦簡論考』, 文津出版社, 1994; 王德成, 「從《爲吏之道》看儒學與秦代的政治道德」, 『中北大學簡報(社會科學版)』 24-3, 2008.

와는 달리 「위리지도」의 내용이 복잡성을 띠는 이유는 무엇보다도 진 통일을 전후하여 사회 전반에 걸쳐 법가에 의한 통치가 강조되었다 하더라도 효율적 제국질서의 통치를 위해서는 유가를 비롯한 다양한 사상이 실질적으로 다시 요구되었기 때문이다. 「위리지도」에 반영된 다양한 사상 가운데 유가·법가·도가의 주요 사상 내용을 정리·분류하면 다음과 같다.

〈표 2〉「爲吏之道」에 기재된 주요 思想

主要 思想		內容	簡號
儒家	忠孝 慈愛	군주된 자는 온유스러워야 하고, 신하된 자는 충성스러워야 하며, 아비된 자 자애롭고, 자식된 자 효성스러워야 한다(爲人君則鬼, 爲人臣則忠; 爲人父則玆(慈), 爲人子則孝).	貳38-41
法家	法令 준수 운영	상벌은 타당하고 확실하게 해야 한다(審當賞罰).	壹7
		일을 진행할 때마땅함을 살펴야한다(擧事審當).	貳9
		죄없는 자에게 죄를 주지 않고 죄가 없으면 사면해야 한다(毋罪毋(無)罪, 【毋(無)罪】 可赦).	參1
		요역과 상벌을 균등하게 한다(均繇(徭)賞罰).	參4
		무도하게 세금을 징수하는 것을 경계해야 한다(賦斂毋(無)度).	參7
		소송의 처리가 공정하지 않음을 경계한다(夬(決)獄不正).	參44
		임용과 면직을 사사로이 하는 경우를 경계한다(法(廢)置以私).	參46
	직분 충성	명령을 발함에 그 명령이 정확하도록 힘써야 하고 반복적으로 의문을 제기하도록 하는 명령을 발해서는 안된다(將發令, 索其政, 毋發可異史(使)煩請).	五13
		충성과 믿음, 윗사람 공경하는 것(中(忠)信敬上).	貳7
		윗사람에게 잘못을 범하고도 (그것이) 잘못인지를 모른다(犯上弗智(知)害).	貳17
		윗사람을 비난하면 자신이 죽음에 이르게 된다(非上, 身及於死).	貳32
道家	부드러운 태도	생활이 안정되고 번잡스럽지 않게 한다(安静毋苛).	壹6
		엄격하고 강직하되 난폭하지 않고 청렴하면서 남에게 해를 입히지 않는다(嚴剛毋暴, 廉而毋刖).	壹8-9
		과단성있게 일을 처리하되 남에게 해를 입히지 않으며 화가나도 기뻐할 수 있고, 즐거워도 슬퍼할 수 있으며, 지혜로우면서도 어리석을 줄 알고 건장하면서도 나약하며 용감하면서도 남에게 굽힐 수 있고 강직하면서도	壹29-37

		부드러우며, 어질면서도 잔인할 수 있는 자는 아무리 흉폭한 자라도 이러한 사람은 어찌할 수 없다(斷割不刖, 怒能喜, 樂能哀, 智能愚, 壯能衰, 恿(勇)能屈, 剛能柔, 仁能忍, 强良不得).	
	民에 대한 배려 대응	해로움을 없애고 이로움을 흥하게 하며 백성을 자애한다(除害興利, 玆(慈)愛萬姓).	貳50-51
		일에 임하여 공경하지 않고 오만하고 무례하며 트집을 잡아 민을 곤경에 처하게 하고 민의 습속을 바꾸는 행위는 (경계해야 한다)[臨事不敬, 倨驕毋(無)人, 苛難留民, 變民習浴(俗)].	參37-40
		은혜를 베풀어 백성을 기쁘게 하고 정중하게 대하여 백성에게 공경심을 불러일으켜야 하며 혜택을 베풀어 백성을 모이게 하고 관용을 베풀어 백성을 다스려야 하며, 지나치게 엄격하면 백성을 다스릴 수 없다(施而喜之, 敬而起之, 惠以聚之, 寬以治之, 有嚴不治).	參51-肆4
		(이것이) 따라야 할 정치의 강령이다. 관리가 아무 때나 화난 얼굴을 한다면 민들은 멀리 떠나게 될 것이다(從政之經, 不時怒, 民將姚去).	肆41-43

「위리지도」에 법가 외에 유가나 도가의 주요 개념들이 보이는 까닭은 무엇보다도 원활한 제국의 운영을 위해서는 법치만이 아닌 다양한 사상의 절충이 필요했기 때문이라고 해석할 수 있다. 이러한 이유를 유가 관념과 관련지어 언급해 보면 첫째, 「위리지도」 구절이 시작하는 "무릇 관리가 된 자가 지켜야 할 도리로서 반드시 청렴결백하고 몸가짐을 바로하고 곧아야 하며 모든 일을 조사할 때 사사로움이 없어야 한다(凡爲吏之道, 必精絜(潔)正直, 愼謹堅固, 審悉毋(無)私)."의 내용 가운데 "정혈(결)정직"精絜(潔)正直"을 반드시 유가적 개념만으로 보기 어렵기 때문이다. 왜냐하면 "정결精絜(潔)"이란 표현은 법리法吏의 중요성을 강조하는 「어서」에서도 그 의미가 상통하는 "영결(결)廉絜(潔)"이란 표현이 보이기 때문에 유가 혹은 법가의 개념이 혼용된 것으로 이해할 수 있기 때문이다. 둘째 「어서」에서 리吏를 '양리'와 '악리'로 구분하여 "이리위사"의 법리를 강조하고 있듯이 「위리지도」에서도 '관리의 자질(爲吏)'을 '오선五善'과 '오실五失'의 대비로 구분하여 '관리의 자질'을 강조하고 있기 때문이다. '오선五善'과 '오실五失'에 해당하는 기사는 다음과 같다.

- 관리에게는 다섯 가지 훌륭한 덕목이 있다. 첫째, 충성과 믿음으로 윗사람을 공경하는 것, 둘째 청렴하고 타인에게 원한을 갖지 아니하는 것, 셋째 일처리가 확실·타당한 것, 넷째 선행을 즐거이 하는 것, 다섯째 남을 공경하고 양보를 잘하는 것이다. 이들 다섯 가지를 모두 갖추면 반드시 큰 상을 받게 된다[吏有五善 : 一曰中(忠)信敬上, 二曰精(清)廉毋謗, 三曰擧事審當, 四曰喜爲善行, 五曰龔(恭)敬多讓. 五者畢至, 必有大賞].

- 관리에게 다섯 가지 잘못이 있다. 첫째, 사치가 지나쳐 도를 넘는 것. 둘째, 신분이 귀하다고 교만한 것. 셋째, 일을 마음대로 결정하는 것. 넷째, 윗사람에게 잘못을 범하고도 그것이 잘못된 것임을 알지 못하는 것. 다섯째, 사士를 천시하고 재물을 귀하게 여기는 것. (또한) 첫째, 백성을 거만하게 대하는 것. 둘째, 조정을 불안하게 만드는 것. 셋째, 관직에 있으면서 백성에게서 재물따위를 빼앗는 짓을 잘 하는 것. 넷째, 명령을 받고도 공경을 표시하지 않는 것. 다섯째, 집안에 안주하고 관청의 일은 잊는 것. (그리고) 첫째, 친한 사람이라고 조사하지 않고 비호하는 것으로서 친근한 사람을 조사하지 않으면 수많은 원망이 몰려들게 된다. 둘째, 타인을 부리는 방법을 모르는 것으로서 타인을 부리는 방법을 모르면 법도에 정해진 범위 내에서만 이익을 얻을 수밖에 없다. 셋째, 부당하게 일을 벌이는 것으로서 일을 벌이는 것이 타당치 않으면 지시한 것을 백성들이 중시하지 않게 된다. 넷째, 말은 잘하지만 하는 일은 적은 것으로서 이렇게 하면 몸소 의탁해 오는 사士가 없게 된다. 다섯째, 윗사람을 비난하는 것으로서 이렇게 하면 자신이 죽음에 이르게 된다[吏有五失 : 一曰誇以泄, 二曰貴以大(泰), 三曰擅裚割, 四曰犯上弗智(知)害, 五曰賤士而貴貨貝. 一曰見民(倨)敖(傲), 二曰不安其鼂(朝), 三曰居官善取, 四曰受令不僂, 五曰安家室忘官府. 一曰不察所親, 不察所親則怨數至; 二曰不智(知)所使, 不智(知)所使則以權衡求利; 三曰興事不當, 興事不當則民傷指; 四曰善言隋(惰)行, 則士毋所比; 五曰非上, 身及於死].[66]

66 『雲夢秦簡』, 「爲吏之道」, 283~284면.

'오선五善'에 해당하는 관리의 자질로서는 '충경忠敬'·'정렴精廉'·'선행善行'·'공경恭敬' 등은 유가적 관념과 유사하다. 그러나 이러한 개념의 내용들은 "리유오선吏有五善"의 마지막 구절인 "다섯 가지를 모두 갖추면 반드시 큰 상을 받는다(五者畢至, 必有大賞)."로 귀결되어 법가에서 주장하는 '신상필벌信賞必罰'의 의미가 유가적 관념과 접목되고 있음을 알 수 있다. 이 조항은 유가적 관념을 체득한 관리들이 법가적 방식에 의해 국가로부터 상을 받는 경우로 해석할 수 있다. "리유오실吏有五失"의 내용은 「어서」 '악리'의 경우와 마찬가지로 '오선'에 비하여 관련 분량의 내용이 3배에 달한다. 그 까닭은 관리들이 선행의 기회보다는 과실을 범할 경우가 많기 때문에 관리의 행동을 제약해야 할 필요성이 요구되기 때문이다. 예를 들면 '오실五失'의 마지막 구절인 "윗분을 비난하면 자신은 죽음에 이른다(五曰非上, 身及於死)."라는 내용 역시 제도와 법률에 의한 관리의 제약을 의미하기도 하지만 관리 자신의 존재상태에 대한 반성의 표출이라 해석할 수 있기 때문이다. 더욱이 「위리지도」 이貳46-49간簡의 "군주가 온유하고 신하는 충성스러우며 아비는 자애롭고 자식은 효성이 지극한 것이 다스림(政)의 본체이다. 뜻하는 바대로 관철되고 관청의 다스림이 순조로우며 윗사람이 사리에 밝고 아랫사람이 명령을 잘 따름에 이것이 다스림(治)의 대강이다(君鬼臣忠, 父茲(慈)子孝, 政之本殹(也); 志徹官治, 上明下聖, 治之紀殹(也))."의 "정지본야政之本也"에 해당하는 내용들은 유가적 덕목을 제시한 것이라 해도 과언은 아니다. 그렇지만 이 구절의 후반부인 "치지기야治之紀也"에 해당하는 내용은 유가적 덕목이라기보다는 법가적 성격이 농후함을 부정할 수는 없다. 즉 "정지본야"와 "치지기야"라는 상반된 내용을 동일한 구절에서 서술한 것은 바로 진의 통일을 전후한 시기에 국가의 원활한 통치를 위해서는 유儒·법法의 사상을 겸비한 절충적 리吏의 필요성을 강조한 것이다.

이와 같은 "오선"과 "오실"에서 리에게 요구된 내용은 이사가 주장한 "이리위사以吏爲師"의 법리만이 아닌 다양한 사상을 체득한 리를 요구한 것이다.

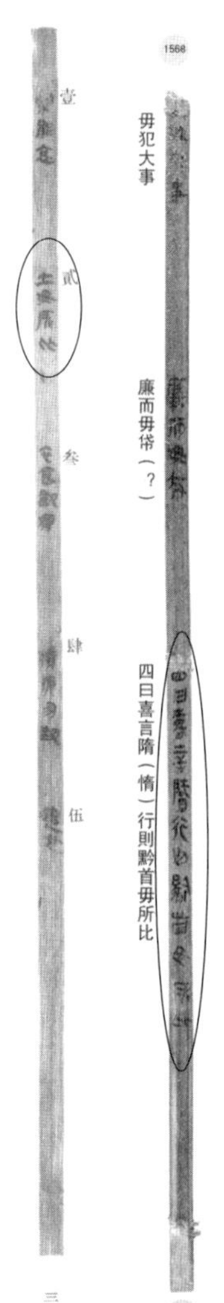

더욱이 "오실"의 내용 가운데 "사士를 천시하고 재물을 귀하게 여기는 것(賤士而貴貨貝)"·"말은 잘하지만 행동이 게으르면 의탁해 오는 사士가 없다(善言隋(惰)行, 則士毋所比)"에서 알 수 있듯이 사가 단독으로 표기된 경우에는 그 개념이 이미 '리'와는 분리된 '민'의 의미로서 더 이상 선진시기 '유사游士'의 성격은 소실되었음을 알 수 있다. 왜냐하면 「위리지도·오실」의 "선언수(타)행善言隋(惰)行, 칙사무소비則士毋所比"와 동일한 내용이 최근 소개된 『악록서원장진간嶽麓書院藏秦簡』「위리치관급검수爲吏治官及黔首」[67]의 내용 가운데 "희언수(타)행喜言隋(惰)行, 칙검수무소비則黔首毋所比(1568)"[68]의 구절에서 확인된다. 두 기사의 내용을 비교하여 보면 사士가 '검수黔首'로 서술되었음을 알 수 있기 때문이다. 진의 통일을 전후한 시기에 사계층의 신분 및 지위는 진의 통일 이후 시기에는 민을 의미하는 '검수'와 통용되고 있음을 의미한다. 즉 진의 통일에 이르기까지의 사회적 변화에 따라 선진시기 전사戰士 혹은 국國의 최하위 지배귀족으로서 사의 신분 및 지위가 일반 민의 지위로 하락되었음을 반영하는 것으로 『수호지진간』에 보이는 '사오士

67 陳松長, 「嶽麓書院所藏秦簡綜述」, 『文物』 文物出版社, 2009-3, 79면에서는 이 簡의 명칭에 대해서 잠정적으로 「箴言」이라 칭한 바 있다. 아울러 이 簡의 개괄적인 내용에 대해서는 氏의 「嶽麓書院藏秦簡《爲吏治官及黔首》略說」, 『出土文獻研究』 9, 中華書局, 2010 참조.
68 朱漢民·陳松長 主編, 『嶽麓書院藏秦簡』(이하 『岳麓秦簡』으로 칭함), 上海辭書出版社, 2010, 33면.

伍'의 성격 역시 상술한 사가 시대적 변화를 거치면서 직능적으로 분화한 존재이며, 법가를 기본 통치이념으로 강조한 진의 경우에는 경전지시耕田之士의 의미를 가진 사오의 존재에서도 이러한 현상을 확인할 수 있다.[69] 이와 같이 확인된 진률의 기사 내용에 근거하면 적어도 진의 통일을 전후한 시기에 사의 의미는 더 이상 선진시기 유사의 성격이 아닌 군주의 통치를 실현하는 '리민吏民'의 존재로서 변모한 것임을 알 수 있다.[70]

선진시기 유사의 성격을 상실한 진 통일 전후시기의 리에게 요구된 자질은 최근 소개된 『악록진간』 「위리치관급검수」의 내용과 비교해 보아도 별다른 차이를 발견할 수 없다.[71] 우선 「위리지도爲吏之道」와 「위리치관爲吏治官」의 추정 하한 연대는 각각 진시황 30년(B.C. 217)과 진시황 35년(B.C. 212년)으로 추정되기 때문에[72] 「위리치관」의 내용 역시 진 통일을 전후한 시기의 관리들이 일상에서 준수해야 할 규칙뿐만 아니라 이 시기 관리들의 정치관념 등을 이해할 수 있게 한다. 「위리치관」의 내용 역시 법가 외의 제가諸家들의 사상이 다양하게 반영되어 작성된 것이다. 주요한 몇 개의 간簡을 소개하면 다음과 같이 정리할 수 있다.

---

69 尹在碩, 「秦代'士伍'에 대하여」, 『慶北史學』 10, 경북대 사학과, 1987, 165~166면. 한편 任仲爀, 「秦漢律의 耐刑—士伍로의 수렴 시스템과 관련하여」, 『中國古中世史硏究』 19, 中國古中世史學會, 2008, 175면에서는 高爵者에게는 奪爵을 통한 신분의 강등, 원래 無爵者는 신분유지, 원래 무작자인 사오는 신분유지, 그리고 徒隷와 奴婢는 신분 해방을 통해 庶人이 된 후, 1년 후에는 사오로 복귀한다고 지적하여 士伍의 신분은 有爵者와 無爵者가 합류할 수 있는 지점이라 언급하였다. 한편 林炳德, 「秦漢時代의 '庶人'再論」, 『中國史硏究』 80, 중국사학회, 2012에는 '士伍'에 관한 기존 연구 성과들이 잘 정리되어 있어 참조할 만하다.

70 상술한 『睡虎地秦簡』, 「語書」에서 확인되듯이 "吏民", "吏", "民"이 혼재되어 표기되고 있는데 이는 진의 통일을 전후한 시기, 선진시기의 士가 직능적 분화를 진행하는 상황에서 나온 현상이라 이해할 수 있을 것이다.

71 陳松長, 「嶽麓書院所藏秦簡綜述」, 앞의 논문, 79~83면 및 肖永明, 「讀岳麓書院藏秦簡《爲吏治官及黔首》札記」, 『中國史硏究』 2009-3, 중국사학회, 2009 참조.

72 『岳麓秦簡』, 앞의 2010 책, 19면, "卅五年私質日(0092背)"의 내용으로 그 하한 연대가 진시황 35년임을 알 수 있다.

〈표 3〉「爲吏治官」에 기재된 주요 思想

<table>
<tr><th>주요 사상</th><th>『岳麓秦簡』,「爲吏治官及黔首」</th><th>관련 문헌</th></tr>
<tr><td rowspan="4">儒家</td><td>군주된 자 은혜롭고 신하된 자 충성스러우며 아비된 자 자애롭고 자식된 자 효성스럽게 될지어다. 사람들 위에 서면 사리에 밝고 사람들 아래에 서면 명령에 순종하게 될 것이며 사람들과 벗되면 다투지 아니하니 이를 행할 수 있다면 궁극에 이르는 것이다[爲人君則惠, 爲人臣忠, 爲人父兹, 爲人子孝, 爲人上則明, 爲人下則聖, 爲人友則不爭, 能行此, 終)(1587)].</td><td>이렇게 하면 군주된 자 온유하고 신하된 자 충성스러우며 아비된 자 자애롭고 자식된 자 효성스럽게 될지어다 이를 세심하게 이행할 수 있다면 관청에서 다스려지지 아니하는 것이 없고 뜻하는 바 관철되지 않는 것이 없으며 사람들 위에 서면 사리에 밝고 사람들 아래에 서면 명령에 순종하게 될 것이다. 군주가 온유하고 신하가 충성스러우며 아비가 자애롭고 자식이 효성스러움에 이것이 “政”의 본체이다 뜻하는 바대로 관철되고 관청의 다스림이 순조로우며 윗사람이 사리에 밝고 아랫사람이 명령을 잘 따름에 이것이 “治”의 대강이다[以此爲人君則鬼, 爲人臣則忠; 爲人父則兹(慈), 爲人子則孝; 能審行此, 無官不治, 無志不徹,爲人上則明, 爲人下則聖. 君鬼臣忠, 父兹(慈)子孝, 政之本殹(也); 志徹官治, 上明下聖, 治之紀殹(也)][「爲吏之道」 貳39-49簡].</td></tr>
<tr><td>공경하고 사양하며 예를 지킨다[恭敬讓禮(1567)].
공경하며 사양한다
[龔(恭)敬多讓(1575)].</td><td>군자는 공경하고 절도를 지키며 물러나 사양하여 예를 밝히는 것이다[君子恭敬 ·撙節·退讓以名禮(『禮記』,「曲禮 上」)].</td></tr>
<tr><td rowspan="2">재물 앞에 서면 이로움이 보이지만 구차히 재부를 취하지 않는다[臨材見利, 不取句富(1501)].
어려움에 임하여 죽음이 보일지라도 구차하게 (모면하려) 하지 아니한다[臨難見死, 不取句(854)].</td><td>재물 앞에 서면 이로움이 보이지만 구차히 재부를 취하지 않는다. ●어려움에 임하여 죽음이 보일지라도 구차하게 모면하려 하지 아니한다[臨材(財)見利, 不取句(苟)富; ●臨難見死, 不取句(苟)免(「爲吏之道」 壹50-51簡)].</td></tr>
<tr><td>재물 앞에 서면 구차하게 얻으려하지 아니하고 어려움에 임해서도 구차하게 피하려 하지 않는다[臨材毋苟得, 臨難苟得免(『禮記』「曲禮 上」)].</td></tr>
<tr><td rowspan="3">儒家</td><td rowspan="3">화와 복은 인접해 있다
[禍與福(福)隣(1529)].</td><td>화와 복은 인접해 있다[禍與福隣(『荀子』「大略」)].</td></tr>
<tr><td>화가 제거되고 복이 깃든다[過(禍)去福存(「爲吏之道」, 貳5簡)].</td></tr>
<tr><td>화는 복의 원인이 되고 복은 화가 숨어 있는 곳이다[禍兮福之所倚, 福兮禍之所伏(『老子』 58章)].</td></tr>
<tr><td>道家</td><td>남을 이기는 것을 력이라 하고 스스로를 이기는 것을 강이라 한다. 남을 아는 것을 지라 하고 자신을 아는 것을 명이라 한다[勝人者力, 自勝者强. 智人者智, 自智者明(1544～1548)].</td><td>남을 아는 것을 지라고 하고 자신을 아는 것을 명이라 한다. 남을 이기는 것을 유력이라 하며 자신을 이기는 것을 강이라 한다[知人者智, 自知者明. 勝人者有力, 自勝者强(『老子』 33장)].</td></tr>
</table>

이처럼 「어서」나 「위리지도」에 보이는 유가적 내용은 법치의 관철을 달성하기 위한 방법으로서 법가 외의 다른 사상을 체득한 관리의 자질을 강조한 것으로 통일 후 진시황 34년(B.C. 213) 이사가 주장한 “이리위사”의 관리와는 그 성격이 차이가 있음을 알 수 있다.

<표 3>에서 알 수 있듯이 「위리치관」의 내용 역시 선진시기 문헌에서 직접 인용한 부분이 결코 적지 않음을 알 수 있다. 어구의 순서만이 바뀐 경우(「위리치관」 1544~1548과 『노자』 33장), 「위리지도」와 동일한 구절(「위리치관」 1501, 854) 또는 거의 유사한 내용(「위리치관」 1587)처럼 문헌의 기재 내용은 이전시기와의 계승관계를 보여주고 있다. 특히 유가와 관련 있는 「위리치관」 1587간簡의 내용은 「위리지도」와의 유사성뿐만 아니라 『대학』의 “임금이 되어서는 인을 가장 중요시해야 하고 신하가 되어서는 공경을 최선으로 여겨야 하며 자식이 되어서는 지극한 효에 이르러야 하고 부모가 되어서는 자애로움으로 대해야 하며 나라 사람들과 교제함에는 믿음을 우선시해야 한다(爲人君, 止於仁; 爲人臣, 止於敬; 爲人子, 止於孝; 爲人父, 止於慈; 與國人交, 止於信)”는 내용과 밀접한 관련이 있음을 알 수 있다. 『대학』의 주요 내용은 군신부자의 다양한 사회적 역할에 상응하는 원칙과 규범이 있음을 제시한 것이고, 나아가 치국평천하의 근본으로 간주한 것이다. 따라서 「위리치관」의 내용 역시 이를 계승한 것이라 할 수 있다. 여기에서 다시금 『악록진간』의 구성과 내용을 상기한다면,[73] 진 통일 전후한 시기의 리의 성격은 다양한 사상을 체득한 존재임을 알 수 있다. 즉 『악록진간』 역시 『수호지진간』과

73 『岳麓秦簡』의 정리를 관장하고 있는 호남대학 악록서원 진송장 교수에 따르면 내용에 근거하여 1) 「質日」, 2) 「爲吏治官及黔首」, 3) 「占夢書」, 4) 「數」書, 5) 「奏讞書」, 6) 「秦律雜抄」, 7) 「秦令雜抄」로 구분하고 있다. 이를 근거로 총 4권의 제1권(2010 발간): 1) 「質日」, 2) 「爲吏治官及黔首」, 3) 「占夢書」; 제2권(2012 발간): 「數」書; 제3권(未刊), 「奏讞書」; 제4권(未刊), 「秦律雜抄」, 「秦令雜抄」로 발간 예정이다. 『악록진간』의 전반적 내용에 대해서는 陳松長, 앞의 논문, 2010 참조.

마찬가지로 진의 법치이념의 실제 운영을 파악할 수 있는 자료이다. 법률 중심의 자료에서 선진시기 여러 유파의 사상이 기재되었음은 물론이고 「질일質日」이나 「점몽서占夢書」의 내용까지도 동일한 자료 안에 있다는 사실은 진의 통일 단계에서는 법가만이 아닌 잡가적인 사상적 특색이 상당히 표현되고 있음을 의미한다. 따라서 상기한 두 『진간秦簡』에 서술된 리들은 적어도 진시황 34년 이사가 주창한 "이리위사"와 같은 법리의 출현이전 단계로 유·도·법 등을 비롯한 제자의 학문적 계통을 계승함과 동시에 종래 유사의 성격에서 점차 탈피하여 새로운 성격의 사로 변모하기 시작한 것이다. 전국시기 유사들은 중앙집권적 지배체제의 구성원이 되면서 국가권력이 요구하는 존재인 법리로 전화해가는 과도기적 모습을 견지한 것이다.

4. '유사游士'의 몰락과 '유사儒士'의 대두

「위리지도」와 「위리치관」의 내용을 통해 진의 통일을 전후한 시기에 유가·도가 등과 같은 제가들의 사상적 영향이 상당했음은 알 수 있었다. 그러나 이러한 사상적 동향은 진대秦代의 전 시기를 대표하는 것은 아니다. 「위리치관」의 하한 연대와 거의 일치하는 시기인 진시황 34년(B.C. 217) 이른바 '분서갱유'로 잘 알려져 있는 이사의 상주上奏가 진시황의 재가를 받은 시기 이후에는 그 양상을 달리한 것이다. '분서'의 일차적 대상은 『시』·『서』, 그리고 제자서인 까닭에 이러한 내용을 주로 인용한 「위리지도」와 「위리치관」 역시 '분서'의 대상이었을 것이다. 따라서 진시황 34년(B.C. 217) 이후에는 「위리지도」와 「위리치관」에서 언급한 관리의 중용은 불가능했을 것이다. 즉 이사가 주장한 "이리위사以吏爲師"인 법리法吏의 존재가 강조되었기 때문이다. 법리의 출현을 강조한 까닭을 이사는 그의 상주에서 다음과 같이 밝히고 있다.

지금 황제께서는 천하를 겸병하시고 흑백을 구분하여 하나의 최고(一尊)를 정하였습니다. (그런데 儒者들은) 사적으로 학문을 전수하며 서로 法教를 비방하고 법령이 반포된 것을 들으면 각자의 학문으로 이를 논박합니다. (조정에) 들어오면 마음속으로 비난하고 나가서는 거리에서 떠들어 댑니다. 군주에게는 虛名을 과시하고 (황제와) 의견을 달리하여 (그 지위가) 높아 보이려 하고 백성들을 자극하여 (황제를) 비난하는 말을 퍼뜨리고 있습니다. 이런 것을 금하지 않으면 위로는 군주의 권위가 실추되고 아래로는 당파가 형성되니 금하는 것이 좋습니다(今皇帝并有天下, 別黑白而定一尊. 私學而相與非法教, 人聞令下, 則各以其學議之, 入則心非, 出則巷議, 夸主以爲名, 異取以爲高, 率群下以造謗, 如此弗禁, 則主勢降乎上, 黨與成乎下. 禁之便).[74]

이사가 상주한 사상적 배경은 두말할 나위 없이 사상의 전제專制를 통한 법가사상의 절대적 지위를 확립함과 동시에 '제자학'의 습득을 금지한 것이다. 환언하면 「위리지도」와 「위리치관」에서 인용한 경전經典 및 제자서의 내용들은 그 존재의 합법성을 상실할 수밖에 없었다. 특히 「위리지도」와 「위리치관」에서 강조한 관리의 모습은 공경恭敬, 예양禮讓, 충신忠信 등과 같은 유가적 사상을 체득한 존재들로서 더 이상 이들은 그 존립의 근거를 확보할 수 없게 되었다.

선진시기 일정 정도의 '유사游士'적 성격을 내포한 「위리지도」와 「위리치관」의 '리吏'들은 다양한 '학學'을 체득한 존재들이 아닌 '정일존定一尊'한 가치인 법가에서 요구하는 '리'로 강요되어야 했다. 그 결과 관리들의 민民에 대한 학살과 잔혹함은 형언할 수 없을 정도였으며,[75] 진말 각지에서의 관리와 민 사이의 첨예한 대립이 야기되어[76] 전형적인 진말 정치의 폐단을 "포악

74 『史記』 권6, 「秦始皇本紀」, 255면.
75 『史記』 권87, 「李斯列傳」, 2557면, "刑者相半于道, 而死人日成積于市."
76 『史記』 권89, 「張耳陳餘列傳」, 2573면, "秦爲亂政虐刑以殘賊天下…(중략)…各報其怨而攻其讎, 縣殺其令丞, 郡殺其守尉."

한 관리들이 형벌과 살육을 제멋대로 자행하다(貪暴之吏 刑戮妄加)"[77] 라고 하기에 이를 정도였다.

폭정暴政과 혹형酷刑은 마침내 진의 멸망을 초래하였다. 이로 인해 각지의 육국六國의 잔존 귀족이나 호걸 등과 같은 반진反秦세력들은 진승陳勝이 봉기하였을 때 신속하게 호응할 수 있었던 것이고[78] 천하에 산재하였던 사士 역시 준웅호걸俊雄豪桀의 세력 하에 결집하기 시작하여[79] 단절되었던 전국시기 제후諸侯와 유사游士와 같은 관계가 새로운 모습으로 전개될 수 있었다. 물론 반진세력이었던 장이張耳나 진여陳餘처럼 어렸을 적에는 유학遊學하였더라도 이들은 전국시기의 유사와 같이 자신들의 책략을 통한 입사入仕를 도모하지는 않은 경우도 있었다.[80] 그러나 장량張良 당시의 유사游士들은 조그마한 영토라도 얻고자 했다는 지적이나 주부언主父偃이 제齊・연燕・조趙・중산국中山國 등을 편유遍游하였지만 자신은 제후들의 객客이 될 수 없었다는 내용은[81] 한초의 제후와 유사의 관계가 기본적으로는 전국시기 양자와의 관계와 유사하다고 할 수 있다.[82] 즉 통일統一 진秦과는 달리 지방 제후들에게 일정한 통치의 자치권이 용인된 한초의 상황에서 유사游士들은 제후들의 관리가 되고자하는 경우가 적지 않았다. 문변文辯이 뛰어나 오왕吳王 비濞에게 발탁된 추양鄒陽・

77 『漢書』 권24, 「食貨志・上」 1137면.

78 『漢書』 권33, 「魏豹傳」, 1845면, "魏豹, 故魏諸公子也. 其兄魏咎, 故魏時封爲寧陵君, 秦滅魏, 爲庶人. 陳勝之王也, 咎往從之."

79 『史記』 권92, 「淮陰侯列傳」, 2623면, "天下初發難也, 俊雄豪桀建號壹呼, 天下之士雲合霧集, 魚鱗襍遝, 熛至風起. 當此之時, 憂在亡秦而已."

80 『史記』 권89, 「張耳陳餘列傳」, 2571면, "張耳者, 大梁人也, 其少時, 及魏公子毋忌爲客. 張耳嘗亡命, 游外黃. 外黃富人女甚美, 嫁庸奴, 亡其夫, 抵父客. 父客素知張耳, 乃謂女曰「必欲求賢夫, 從張耳.」女聽, 乃卒爲請決, 嫁之張耳 是時脫身游, 女家厚奉給張耳, 張耳以故致千里客. 乃宦魏爲外黃令. 名由此益賢. 陳餘者, 亦大梁人也, 好儒術, 數游趙苦陘. 富人公乘氏以其女妻之, 亦知陳餘非庸人也, 餘年少, 父事張耳, 兩人相與爲刎頸交"

81 『史記』 권112, 「主父偃列傳」, 2953면, "家貧, 假貸無所得, 迺北游燕、趙、中山, 皆莫能厚遇, 爲客甚困"

82 漢初시기 游士의 성격에 대해서는 于永春, 앞의 책, 2000, 50~55면 참조.

오엄기吳嚴忌・매승枚乘 등과 같은 자들은 오왕 비가 사방의 유사를 초치하여 발탁된 경우로서 전국시대 각국의 제후나 봉군封君들이 빈객을 초치한 상황과 거의 유사하다.[83]

그러나 한漢 고조 3년年(B.C. 204) 장량은 제후에 대한 봉국封國의 불가함을 언급한 일곱 번째 이유로서 유사들이 가진 모든 것들을 버리고 한고조를 따르는 까닭은 단지 '협소한 봉지封地'만이라도 얻고자 하기 때문이라고 지적하고 있다.[84] 장량의 언급은 한초 유사로부터는 중앙집권적 정치체제에 대한 관심은 찾아볼 수 없으며 동시에 "누구와 같이 천하를 쟁취하겠느냐?"[85]라고 제국 건설을 진력하고자 하는 유사 역시 존재하였음을 엿볼 수 있다. 각자의 제후에게 돌아가지 않고 황제에게 귀속하고자 한 유사의 존재는 상기한 주부언의 경우에서 확인할 수 있다. 그는 제후들에게 입사入仕하기가 쉽지 않자 원광元光 원년元年(B.C. 134) 무제武帝에게 시무時務를 상주하여 마침내 무제에게서 1년에 네 차례나 관직을 옮길 정도로 신임을 얻고 있음을 볼 때[86] 국가권력에 편입된 유사의 존재를 확인할 수 있다.

사실 상기한 『수호지진간』에 보이는 「유사률游士律」의 내용 가운데 유사의 이동을 제한한 것이나 가의賈誼가 문제文帝에게 건의한 내용 가운데 유사에게 제후의 관리가 되지 말 것을 언급한 내용[87] 등은 모두 전국시기에는 볼 수

---

83 『漢書』 권51, 「鄒陽傳」, 2338면, "鄒陽, 齊人也. 漢興, 諸侯王皆自治民聘賢. 吳王濞招致四方游士, 陽與吳嚴忌・枚乘等俱仕吳, 皆以文辯著名."

84 『史記』 권55, 「留侯世家」, 2041면, "且天下游士離其親戚, 弃墳墓, 去故舊, 從陛下游者, 徒欲日夜望咫尺之地."

85 『史記』 권55, 「留侯世家」, 2041면, "今復六國, 立韓、魏、燕、趙、齊、楚之後, 天下游士各歸事其主, 從其親戚, 反其故舊墳墓, 陛下與誰取天下乎?"

86 『史記』 권112, 「主父偃列傳」, 2953~2960면, "爲客甚困. 孝武元光元年中, 以爲諸侯莫足游者, 乃西入關見衛將軍, 衛將軍數言上, 上不召. 資用乏, 留久, 諸公賓客多厭之, 乃上書闕下. 朝奏, 暮召入見. 所言九事, 其八事爲律令 …… 書奏天子, 天子召見三人, 謂曰:「公等皆安在? 何相見之晚也!」 於是上乃拜主父偃、徐樂、嚴安爲郎中. [偃]數見 上疏言事, 詔拜偃爲謁者, 遷(樂)爲中大夫. 一歲中四遷偃."

87 『新書』, 「壹通篇」, "禁游宦諸侯."

없었던 현상으로 모두 통일제국 출현 이후에 보이는 상황인 것이다. 특히 한 문제 15년(B.C. 165)의 조칙은 한초漢初 사인士人의 성격을 분명하게 보여주고 있다.

> 9월 제후왕諸侯王·공경公卿·군수郡守에게 조서詔書로서 현량賢良(의 士)으로서 직언直言과 극간極諫을 할 수 있는 자를 천거케 하여 황제가 친히 책문策問·대책對策하여 그 말을 진술케 하여 중용한다(九月, 詔諸侯王公卿郡守擧賢良能直言極諫者, 上親策之, 傅納以言).[88]

문제 15년의 조칙은 한초 사인의 성격과 관련하여 두 가지 내용을 시사한다. 첫째, 황제가 제후왕·공경·군수에게 현량을 천거하라는 내용이다. 즉 천거의 대상은 지방의 유사일 것이다. 둘째, 황제가 직접 책문하여 관리를 선발한다는 점에서 천거된 유사들은 황제의 신하 즉 '일군지신一君之臣'이 되는 것이다. 그런데 책문의 내용이 국가 통치의 요체에 관한 내용이며[89] 이에 대해 대책자對策者 100여 명 가운데 유일하게 고제高第를 받은 조착鼂錯은 각 항목에 대한 대책으로서 '오제五帝', '삼왕三王', '오백五伯(五覇)'의 도道를 언급하였고 이를 황제가 본받는다면 도덕道德이 순후純厚해지고 민民이 행복해진다는 요지이다.[90] 더욱이 이와 같은 책문과 대책을 통해 임용된 가의賈誼나 조착鼂錯과 같은 자들이 지방의 봉건 제후의 세력을 약화시키기 위해 주장한 제후영역의 박탈이나 제후의 실질적 세력 약화[91] 등의 내용들을 고려한다면 한초의 사인들은 제후왕들의 세력이 약화됨에 따라 차츰 국가권력에 편입하

88 『漢書』 권4, 「文帝紀」, 127면.
89 『漢書』 권49, 「鼂錯傳」, 2290면, "明於國家之大體, 通於人事之始終, 及能直言極諫者."
90 『漢書』 권49, 「鼂錯傳」, 2290~2299면.
91 『漢書』 권48, 「賈誼傳」 2237면, "今賊臣鼂錯擅適諸侯, 削奪之地", "欲天下之治安, 莫若衆建諸侯而少其力."

게 된 것이다.[92]

그렇다면 이들은 어떤 성격을 가진 존재들일까? 먼저 이와 관련하여 문제의 즉위 후의 정치적 변화를 알 수 있는 원앙袁盎과 승상丞相 신도가申屠嘉의 대화 내용에서 짐작할 수 있다. 주요 내용은 원앙은 문제의 시대적 변화에 대한 감지와 새로운 소식을 알고자 하는 태도에 대한 긍정적인 평가와는 달리 승상 신도가는 천하의 소리를 듣지 않으려는 우매함을 비난하면서 변화하는 시대를 선도할 계층은 바로 '현사대부賢士大夫'라고 규정한 것이다.[93] 물론 '현사대부'라는 표현은 문제 이전 시기에도 확인할 수 있다. 고조高祖 11년(B.C. 196) 2월 조서詔書에서 통일된 제국의 효율적 통치를 위하여 '현사대부'의 중용을 강조하고 있다. 그러나 이 조서의 내용 가운데 고조가 현인賢人과 함께 천하를 평정했기 때문에 '현사대부'로서 고조를 따르는 자는 존현尊顯케 하겠다는 의지를 표출하고 있다.[94] 이 조서에서는 현사대부가 존현의 대상인 것은 분명하지만, 그 배경은 현인賢人이 고조와 함께 천하를 평정했기 때문에 이 조서에서의 현인이란 천하를 평정하는데 함께 참가했던 이른바 임협적 집단일 것이다.[95] 따라서 한의 건국 후 등장한 사인의 존재를 통해서 제국의

92 金翰奎, 「賈誼의 政治思想—漢帝國秩序確立의 思想史的一過程」, 『歷史學報』 63, 역사학회, 1974에서는 賈誼를 漢初 새로운 질서의 담당자로서 文·景帝期부터 역사의 전면에 출현하기 시작한 「文學之士」로 설정하였다.

93 『史記』 권101, 「袁盎鼂錯傳」 2741~2742면, "袁盎卽跪說曰..「君爲丞相, 自度孰與陳平·絳侯?」 丞相曰..「吾不如.」 袁盎曰..「善, 君卽自謂不如. 夫陳平·絳侯輔翼高帝, 定天下, 爲將相, 而誅諸呂, 存劉氏; 君乃爲材官蹶張, 遷爲隊率, 積功至淮陽守, 非有奇計攻城野戰之功. 且陛下從代來, 每朝, 郎官上書疏, 未嘗不止輦受其言, 言不可用置之, 言可受採之, 未嘗不稱善. 何也? 則欲以致天下賢士大夫. 上日聞所不聞, 明所不知, 日益聖智; 君今自閉鉗天下之口而日益愚. 夫以聖主責愚相, 君受禍不久矣」 丞相乃再拜曰, 「嘉鄙野人, 乃不知, 將軍幸教」 引入與坐, 爲上客."

94 『漢書』 권1, 「高祖本紀·下」 71면, "賢人已與我共平之矣, 而不與吾共安利之, 可乎? 賢士大夫有肯從我游者, 吾能尊顯之"

95 漢 高祖 집단의 성격에 대해서는 西嶋定生, 「中國古代帝國形成の一考察—漢の高祖とその功臣」, 『中國古代國家と東アジア世界』, 東京大學出版會, 1983 참조.

운영질서를 발견하기는 용이하지 않았다.

문제기 이후 새로운 정치적 변화의 움직임 속에서도 여전히 고조 이래로 위기후魏其侯나 무안후武安侯의 경우에서 알 수 있듯이 제후왕이나 고급관료에 의한 빈객賓客(賢人)의 초치招致는[96] 무제 때까지 지속적으로 진행된 듯하다. 왜냐하면 이에 대해 "무제는 항상 절치切齒했고 그 결과 위기후魏其侯나 무안후武安侯 및 회남왕淮南王 유안劉安의 사건 이후, 위청衛青과 곽거병霍去病이 개절改絶했다"[97]는 구절에서도 알 수 있듯이 유사나 빈객을 초치하던 전국 말 이후의 습속은 적어도 무제에 이르기까지 쉽게 변하지 않은 것이다. 그렇지만 상기 기사에서 비록 무제가 절치부심(天子常切齒)[98]하였더라도 새로운 성격의 사인, 즉 '사대부士大夫와 현인賢人'을[99] 초빙할 수 있는 권한이 있음을 알 수 있다.

그렇다면 황제에 의해서 선발된 현량賢良들은 어떤 존재들인지 논의를 다시 문제 15년에 반포된 조서의 내용 가운데 '현량'에 주목하여 보자. '현賢'의 개념에 대해서는 『신서新書』에 비교적 잘 정리가 되어 있다. 주요 내용을 정리하면 다음과 같다.

- 현명한 군주는 학문을 게을리 하지 않고 도를 좋아해서 싫증을 내지 않으니, 빠르게 스스로 먼저 도리를 통달한다[賢主者學問不倦, 好道不厭, 銳然獨先達乎道理矣(「先醒」)].
- 군주가 현명하면 관리가 어질며 관리가 어질면 민들은 다스려지기 마련이다[君明而吏賢矣, 吏賢而民治矣(「大政・下」)].
- 도를 언급하는 자는 지혜롭다고 하며 도를 배우는 사람은 현명하다고 한

96 『史記』 권111, 「衛將軍驃騎列傳」, 2946면, "自魏其、武安之厚賓客."
97 『漢書』 권92, 「游俠傳」 3669면, "自魏其、武安・淮南之後, 天子切齒, 衛・霍改節."
98 『史記』 권111, 「衛將軍驃騎列傳」, 2946면, "天子常切齒"
99 『史記』 권111, 「衛將軍驃騎列傳」, 2946면, "彼親附士大夫, 招賢絀不肖者, 人主之柄也."

다[言之者, 見謂智, 學之者, 見謂賢(「修政語・上」)].

이러한 개념들은 모두 학문적 수양을 통한 현리賢吏의 자질을 요구한 것이다. 따라서 한대漢代 사인士人에 대한 정의를 "학을 연마하여 지위에 있는 자(學以居位曰士)" 또는 "재능과 지혜가 있는 자(以才智用者謂之士)"라고 규정한 것이다. 따라서 이들은 무력武力으로서 공신功臣이 된 혜제惠帝・여후呂后시기의 공경公卿들과는 완연히 다른 존재였으니 약간 장황하지만 서술의 편의상 『사기史記』, 「유림열전儒林列傳」의 관련 부분의 기사를 인용하면 다음과 같다.

혜제와 여후시대의 공경들은 모두 무력으로 공이 있는 신하들이었다. ①문제시대에 다소 유생이 등용되기는 하였지만 문제는 본래 형명의 학설을 좋아했다. 경제시기에 이르러서는 유가들이 중용되지 않았고 두태후 역시 황로의 학설을 좋아하였으므로 여러 사람들이 형식적인 관직으로 대기할 뿐 승진하는 사람은 없었다. 지금의 황제(무제)가 즉위하자 조관과 왕장 등은 유학에 정통하였고 또 무제 역시 유학에 뜻을 두었다. ②그리하여 방정・현량・문학의 유가들을 초치하게 되었다. …… 두태후가 죽게 되자 무안후 전분이 승상이 되어 황로와 형명 백가의 학설을 배격하고 유학자 수백 명을 초청하였는데 공손홍은 『춘추』로써 한낱 평민에서 천자의 삼공에 오르고 평진 후에 봉해졌다. 이로써 천하에서 학자들은 일제히 유학에 쏠리게 되었다. …… 이로부터 공경・대부・사・리에는 문학지사가 두드러지게 많아졌다(孝惠・呂后時, 公卿皆武力有功之臣. ①孝文時頗徵用, 然孝文帝本好刑名之言. 及至孝景, 不任儒者, 而竇太后又好黃老之術, 故諸博士具官待問, 未有進者. 及今上卽位, 趙綰・王臧之屬明儒學, 而上亦鄕之, ②於是招方正賢良文學之士 …… 及竇太后崩, 武安侯田蚡爲丞相, 絀黃老・刑名百家之言, 延文學儒者數百人, 而公孫弘以春秋白衣爲天子三公, 封以平津侯. 天下之學士靡然風鄕矣 …… 自此以來, ③則公卿大夫士吏斌斌多文學之士矣).[100]

100 『史記』 권121, 「儒林列傳」, 3117~3120면.

먼저 ①의 문제가 등용한 사인들은 장수절張守節이 『정의正義』에서 "효문제가 문학지사를 점차로 등용하여 관위官位에 나가게 했음을 말한다(言孝文稍用文學之士居位)"라고 주석을 하였듯이 '문학지사文學之士'임을 알 수 있다. 이들은 한초 '황노술黃老術'[101]의 막강한 영향력으로 인하여 관리로 진출하기가 용이하지 않았지만 무제武帝의 즉위와 황로술의 강력하게 신봉하고 있었던 두태후의 사망은 문학지사들이 관리로 진출할 수 있는 결정적인 계기가 되었다. 따라서 ②의 무제 즉위 후, 방정方正 · 현량賢良 · 문학지사文學之士를 초치하여 예교적 통치의 기본이 되는 의예儀禮를 논의할 수 있었으며,[102] 그 이후로는 ③과 같이 공경公卿에서 사리士吏에 이르는 자들이 대부분은 『한서漢書』 「동방삭전東方朔傳」에 보이는 자들이었다.[103] 따라서 무제가 즉위하고 나서 제자백가의 사상을 파罷하고 역易 · 시詩 · 서書 · 예禮 · 악樂 · 춘추春秋의 육경六經을 표장表章했다는 반고班固의 언급은[104] 전국시기戰國時期 이래의 '유사游士'의 몰락과 '유사儒士'의 본격적인 출현을 의미한다.

5. 맺음말

춘추전국시기에서 진한 초에 이르는 시기의 다양한 역사적 현상 가운데 유사游士의 변화 과정은 고대 중국을 이해하기 위한 하나의 관건이라 할 수

---

101 戰國 · 秦漢時期 黃老術에 대한 이해로서는 陳麗桂, 『戰國時期的黃老思想』, 聯經出版事業公事, 1991; 熊鐵基, 『秦漢新道家』, 上海人民出版社, 2001; 淺野裕一, 『黃老道の成立と展開』, 創文社, 1992 등을 참조.

102 『史記』 권23, 「禮書」, 1161면, "今上卽位, 招致儒術之士, 令共定儀, 十餘年不就."

103 『漢書』 권65, 「東方朔傳」, 2863면, "是時朝廷多賢材, 上復問朔, 「方今公孫丞相 · 兒大夫 · 董仲舒 · 夏侯始昌 · 司馬相如 · 吾丘壽王 · 主父偃 · 朱買臣 · 嚴助 · 汲黯 · 膠倉 · 終軍 · 嚴安 · 徐樂 · 司馬遷之倫, 皆辯知閎達, 溢于文辭, 先生自視, 何與比哉?」"

104 『漢書』 권6, 「武帝紀」, 212면, "贊曰 …(중략)… 孝武初立, 卓然罷黜百家, 表章六經."

있다. 전국시대 제자백가諸子百家라 불리는 다양한 사인士人들은 제후국을 주유하면서 자신의 정치적 사상을 주장할 수 있었다. 그러나 통일제국의 출현과 함께 이들의 자유로움은 특정 군주에게 예속되는 현상이 전개되었다. 특히 한초 이들을 둘러싼 중앙정부와 제후국 사이의 갈등을 거쳐 무제시기에 이르러서는 유사계층은 그 활동 범위에 제약을 받으면서 그 지위를 상실하고 군주권의 지배하에 있는 '유사儒士'로서 그 성격을 변모하였다.

선진시기 사인들의 특징은 개인의 사회적 책임과 도덕적 책임감을 강조함과 동시에 개인의 권리와 가치에 대해서도 주장하였다. 오랫동안 비천한 신분이나 곤궁함에 처해 무위無爲에 자신을 의지하는 것은 사인의 뜻이 아니라고 주장한 이사[105]나 군신관계에서의 예禮와 충忠의 강조와[106] 천하의 대도大道를 행하는 것을 강조한 내용[107]들은 모두 유・법가의 사상적 차이를 막론하고 모두 사인의 주체적 정신을 강조하고 있다. 한초에서 무제시기에 이르기까지 다양한 사상의 혼재 속에서 마침내 유가사상은 정통적인 지위를 차지하였다. 한대 이후 유가사상은 중앙집권적인 전제권력의 이념적 기초를 확립했으며, 이러한 과정에서 종래의 '유사적游士的 전통傳統'은 점차 상실되어 갔으며 사인들은 자신들의 존재를 황제를 정점으로 한 전제권력의 구성원으로 위치 지웠다. 한무제시기 동중서董仲舒가 언급한 '천天 — 군君 — 인人'[108]의 수직적 관계는 군신君臣의 합일성合一性과 군권君權의 신성성神聖性을 고양한 것이다. 이처럼 선진시기에서 한무제에 이르는 시기의 사인의 성격은 점차 황제를 중심으로 전제권력의 지배하의 '유사儒士'로서 변모해 간 것이다.

---

105 『史記』 권87, 「李斯列傳」, 2539면, "故詬莫大於卑賤, 而悲莫甚於窮困. 久處卑賤之位, 困苦之地, 非世而惡利, 自託於無爲, 此非士之情也."

106 『論語』, 「八佾」, "君使臣以禮, 臣事君以忠."

107 『孟子』, 「滕文公・下」, 162면, "居天下之廣居, 立天下之正位, 行天下之大道, 得志與民由之, 不得志獨行其道."

108 董仲舒, 『春秋繁鲁』, 「玉杯」, 31~32면, "『春秋』之法, 以人隨君, 以君隨天. …(중략)… 故屈民而伸君, 屈君而伸天, 『春秋』之大義也."

'유사游士'에서 '유사儒士'로의 변모는 종래의 견해에 따르면 진시황 34년의 이사가 이른바 '분서갱유'와 '이리위사'의 조치를 상주한 이후, 제자학의 폐지에 따른 법리의 중용, 그리고 폭정에 따른 진의 멸망과 이에 반하는 사인의 출현 등으로 설명되어 왔다. 그러나 『진간』 「위리지도」와 「위리치관급검수」에 서술된 진의 통일을 전후한 시기의 사인들에게 요구된 자질은 법가적 이념만이 아닌 유·도가의 이념 역시 공존하고 있었음을 알 수 있었다. 아울러 이러한 변화과정 시기인 진말秦末·한초漢初에서 무제武帝에 이르는 시기는 춘추전국시기의 사인인 '유사游士'의 존재와 한대 사인인 '유사儒士'의 두 유형의 사인층士人層들이 혼재한 시기였다. 예를 들면 관부灌夫[109]나 급암汲黯[110]과 같은 자들은 춘추전국시기의 사인의 속성인 '유협지풍遊俠之風'을 그대로 가지고 있었다. 이에 반해 공손홍公孫弘과 장탕張湯[111]과 같은 인물들은 한漢 유사儒士의 전형적인 인물이다. 특히 공손홍은 "유학으로서 잘 다듬어져 무제가 매우 기뻐하였다(緣飾以儒術 上大說之)"[112]고 할 정도로 유학적 풍모를 갖춘 인물로서 춘추전국시기의 사인의 풍모는 완전히 찾아볼 수 없을 뿐만 아니라 전형적인 무제武帝의 가신家臣인 유사儒士였다.

한초에 공존한 두 부류 사인의 존재는 '유사儒士'의 출현이 결코 '반진적 정서'에서만 기인한 것이 아님을 입증한 것이다. 따라서 선진시기 사인과

---

109 『史記』 권107, 「魏其武安侯列傳」, 2847면, "灌夫爲人剛直使酒, 不好面諛. 貴戚諸有勢在己之右, 不欲加禮, 必陵之; 諸士在己之左, 愈貧賤, 尤益敬, 與鈞. 稠人廣衆, 薦寵下輩, 士亦以此多之. 夫不喜文學, 好任俠, 已然諾. 諸所與交通, 無非豪桀大猾. 家累數千萬, 食客日數十百人."

110 『史記』 권120, 「汲鄭列傳」, 3106면, "黯爲人性倨, 少禮, 面折, 不能容人之過. 合己者善待之, 不合己者不能忍見. 士亦以此不附焉. 然好學, 游俠, 任氣節, 內行脩絜, 好直諫, 數犯主之顔色, 常慕傅柏·袁盎之爲人也."

111 『史記』 권120, 「汲鄭列傳」, 3110면, "非肯正爲天下言, 專阿主意. 主意所不欲, 因而毁之; 主意所欲, 因而譽之."

112 『史記』 권112, 「平津侯主父列傳」, 2950면, "弘爲人恢奇多聞, 常稱以爲人主病不廣大, 人臣病不儉節. 弘爲布被, 食不重肉. 後母死, 服喪三年. 每朝會議, 開陳其端, 令人主自擇, 不肯面折庭爭. 於是天子察其行敦厚, 辯論有餘, 習文法吏事, 而又緣飾以儒術, 上大說之."

진 · 한초 사인의 전통은 '왕사王師 및 군우君友'에서 '일군지신一君之臣'으로의 변화에 따른 사인의 군주에 대한 인격적 평등과 자존의 상실, 미천한 출신의 사士에서 전제권력 리吏로의 변화에 따른 독립성 상실, 그리고 '사민士民'에서 '유신儒臣'으로의 변화로 인한 주체성 상실 등으로 설명할 수 있다.

진한시기秦漢時期의 '사대부士大夫'

링원차오(凌文超)*

1. 주周나라 내작內爵 · 진秦나라 군공작제軍功爵制와 사대부士大夫

중국 역사에서 '사대부士大夫'는 관료官僚와 지식분자知識分子의 역할을 하는 사람들의 결합체로 인식되고 있다.[1] 그러나 초기 경전經傳과 제자서諸子書에 보이는 '사대부'에는 그 문인관료文人官僚적 특징이 분명하게 드러나지 않는다. 예컨대 『좌전左傳』, 소공昭公 30년에 다음과 같은 기록이 있다.

> 先王의 제도에, 諸侯의 喪에는 士가 조문하고, 大夫가 送葬합니다. 오직 조회와 빙문 · 연향 · 三軍의 일에라야 卿을 보냅니다. 晉나라에 喪事가 있을 때, 우리나라가 한가할 때는 우리 선군께서 친히 상여를 끄는 줄을 잡으셨습니다. 한가롭지 못할 때는, 비록 士와 大夫라도 그 수를 채우지 못했습니다.[2]

---

* 중국사회과학원 역사연구소 조리연구원助理研究員.

1 閻步克, 『士大夫政治演生史稿』, 北京大學出版社, 1996, 5면.

2 楊伯峻 編著, 『春秋左傳注(修訂本)』, 北京: 中華書局, 1990, 1506~1507면, "先王之制: 諸侯之喪. 士弔, 大夫送葬; 唯嘉好 · 聘享 · 三軍之事於是乎使卿. 晉之喪事, 敝邑之間, 先君有所助

여기에서의 '사대부'는 '사士'와 '대부大夫'의 병렬구조로 이루어진 용어로, 『신서新書』, 「계급階級」에서 말한 "옛날에 성왕聖王께서 제정하신 열등列等에는, 안으로는 공公·경卿·대부大夫·사士가 있고. 밖으로는 공公·후侯·백伯·자子·남男이 있다"[3]고 한 것과 결부시켜 본다면, 사와 대부는 곧 공경公卿보다 낮은 작위이다. 그래서 『순자荀子』, 「강국彊國」에서는 다음과 같이 말하였다.

> 옛날에 明主가 大事를 일으키고 大功을 세워서, 大事를 다 이루고, 大功을 다 이룩하면, 임금은 그 성공을 누리고, 君臣들은 그 功을 누리며, 사대부는 爵을 더하고, 官人들은 秩을 더하며, 庶人들은 祿을 더하게 된다.[4]

이 '사대부'가 '관인官人', '서인庶人'과 병렬된 것으로 보면, 이미 독립적으로 쓰인 용어라는 것을 알 수 있다. "사대부는 작을 더하고"라는 한 것은 '사대부'라는 용어가 작제爵制에서 변형된 사실을 반영하고 있다.

사와 대부는 본래 주周나라의 내작內爵인 '공·경·대부·사'에서 가장 낮은 두 작급爵級이었다.[5] '사대부'는 작제 집단 내에서 지위가 상대적으로 낮았다. 예컨대 『순자』, 「군도君道」에서 이르길,

> 德을 논하여 次序를 정하고 力量을 헤아려 官을 주는 것은 모두 그 사람에게 그 일을 맡겨 알맞게 일을 처리하게 하려는 것이다. 上賢으로 三公을 삼고, 次賢으로 諸侯를 삼으며, 下賢으로 士大夫를 삼으니, 이것은 그 사람들을 크게

執紼矣. 若其不聞, 雖士大夫有所不獲〔禮〕數矣."

3 閻振益·鐘夏 校注, 『新書校注』, 北京: 中華書局, 2000, 80면, "古者聖王制爲列等, 內有公·卿·大夫·士, 外有公·侯·伯·子·男."

4 王先謙 撰, 『荀子集解』, 北京: 中華書局, 1988, 295면, "古者明主之擧大事, 立大功也, 大事已博, 大功已立, 則君享其成, 群臣享其功, 士大夫益爵, 官人益秩, 庶人益祿."

5 陳立 撰, 『白虎通疏證』, 北京: 中華書局, 1994, 16면, "公·卿·大夫者, 何謂也? 內爵稱也."

드러내려는 까닭이다.[6]

라고 하였고, 『순자』, 「정론正論」에서는 다음과 같이 말하였다.

작위의 서열(爵列)을 높이고, 공물과 녹봉(貢祿)을 두텁게 하며, 形勢를 당당하게 하여, 위로는 천자와 제후가 되고, 아래로는 卿·相·士·大夫가 되는 것은 영화가 밖으로부터 이르는 것이니, 대저 이를 일러 '勢榮'이라 한다.[7]

이른바 "하현下賢으로 사대부를 삼고", "아래로는 경상사대부卿相士大夫가 된다"고 한 것을 보면, 이 '사대부'는 주周나라 통치 집단의 중하층中下層을 구성하였고, 세경세록世卿世祿의 시대에서 그들은 문화文化를 독점하였을 뿐만 아니라 군사軍事적 의무도 갖고 있었다는 것을 알 수 있다. 각국의 전쟁이 빈번하던 시기, 지위가 상대적으로 낮았던 '사대부'는 자연스럽게 군대의 중하급지휘관과 직접적인 참전자가 되었고, 이들은 군대의 출동과 전쟁에서 중추적인 역할을 담당하였다. 이는 여러 제자서諸子書에 많이 기록되어 있다. 예를 들면 다음과 같다.

…… 군대를 펴서 에워싼 후에 晉陽의 물을 터서 진양으로 쏟아 붓고는 진양을 3년 동안 에워쌌다. 성중이 물바다가 되니 사람들은 새 둥지처럼 집을 만들어 거하였고, 솥을 걸어 취사를 하였으나, 재물과 음식이 바닥나 士大夫들이 여위고 병들게 되었다. 襄子가 張孟談에게 일러 말하길 "양식이 다하고, 재력이 바닥나 士大夫들이 여위고 병이 들었으니, 내 지킬 수 없을까 두렵도다"라고 하였다.[8]

6 王先謙 撰, 『荀子集解』, 237~238면, "論德而定次, 量能而授官, 皆使其人載其事而各得其所宜. 上賢使之爲三公, 次賢使之爲諸侯, 下賢使之爲士大夫, 是所以顯設之也."

7 王先謙 撰, 『荀子集解』, 342면, "爵列尊, 貢祿厚, 形勢勝, 上爲天子諸侯, 下爲卿相士大夫, 是榮之從外至者也, 夫是之謂勢榮."

> 士大夫가 절조를 지키고 사력을 다해 직무를 지킨 이후에 군사들이 힘을 내고, 百吏들이 먹줄을 따르듯이 법을 두려워한 연후에 나라가 안정되어 혼란스럽지 않게 된다.[9]

> 孫卿子가 가로되 "장수는 목숨을 걸고 북을 치고, 말 모는 자는 목숨을 걸고 고삐를 잡으며, 百吏들은 목숨을 걸고 직분을 지키고, 사대부들은 목숨을 걸고 行伍에 서서, 북소리를 들으면 나아가고, 쇳소리를 들으면 물러난다."[10]

> 지금 吳나라와 越나라가 서로 참살을 자행하면서, 士大夫들은 간과 폐를 밟으면서 함께 죽고, 나는 吳王과 더불어 목과 팔이 얽혀 같이 쓰러지는 것이 내 큰 바람입니다.[11]

> 完子가 사대부들을 이끌고 越나라 군대를 맞이할 것을 청하였다. 반드시 전쟁을 치를 것을 청하였다. 전쟁하면 반드시 패하겠다고 청하였다. 패한다면 반드시 죽겠다고 청하였다.[12]

이러한 겸병전쟁兼倂戰爭의 과정 속에서 우세를 점하기 위해, 부국강병富國强兵은 각국에 가장 절박한 목표가 되었다. 부국강병을 위해 각국에서는 변법개혁變法改革을 시행하였는데, 그 중 진秦나라 상앙商鞅의 변법으로 세워진 군국체제軍國體制가 가장 큰 성공을 거두었다. 상앙변법은 경전耕戰을 중심으로 삼

---

8 王先愼 撰,『韓非子集解』, 北京: 中華書局, 1998, 68면, "因舒軍而圍之, 決晉陽之水以灌之, 圍晉陽三年. 城中巢居而處, 懸釜而炊, 財食將盡, 士大夫羸病. 襄子謂張孟談曰, '糧食匱, 財力盡, 士大夫羸病, 吾恐不能守矣.'"

9 王先謙 撰,『荀子集解』, 329면, "士大夫務節死制然後兵勁. 百吏畏法循繩然後國常不亂."

10 王先謙 撰,『荀子集解』, 378면, "孫卿子曰: '將死鼓, 御死轡, 百吏死職, 士大夫死行列, 聞鼓聲而進, 聞金聲退.'"

11 許維遹 撰,『呂氏春秋集釋』, 北京: 中華書局, 2009, 203면, "今吳、越之國, 相與俱殘, 士大夫履肝肺, 同日而死, 孤與吳王接頸交臂而僨, 此孤之大願也."

12 許維遹 撰,『呂氏春秋集釋』, 659면, "完子請率士大夫以逆越師, 請必戰, 戰請必敗, 敗請必死."

았는데, 작위를 높이는 것에 군공軍功이 가장 중요하게 작용했다는 것이 작제爵制 방면에서 가장 두드러졌다. 진秦나라의 군공작제軍功爵制는 종법적인 신분으로 작위를 획득하던 전통을 무너뜨렸다. 문화의 독점과 출생 신분에 상응하는 군사적인 의무는 더 이상 작위를 획득하는 근거가 되지 못했다. 오히려 공로功勞가 작위를 얻는 기본적인 근거가 되었다. 진나라의 군공작제는 선진先秦 시기 세경세록世卿世祿에 대한 혁명을 실현시킨 것이었다. 설사 진나라가 주周나라 내작內爵제도를 참조하여 군공 이십등작二十等爵을 '후侯 · 경卿 · 대부大夫 · 사士'의 작층爵層으로 나누었다 하더라도, 진나라 군공작제는 주周나라 작제爵制와 본질적으로 달랐다. 그것이 가장 두드러지게 나타난 것은 바로 사대부들의 문화적인 특징, 곧 문화를 독점했었던 특성이 사라져 버렸다는 것이다.

진나라 군공작제에 대해 『상군서商君書』, 「경내境內」에 다음과 같이 말하고 있다.

> 操 및 校 이상 大將등 行間에 있었던 관리들에 모두 상을 내린다. 원래 爵이 公士인 자는 곧 上造가 되고, 원래 爵이 上造인자는 곧 簪褭가 되며, (원래 爵이 簪褭였던 자는), 不更이 되고, 원래 爵이 (不更이었던 자는), 大夫가 된다. 爵이 吏인 자가 縣尉가 되면 虜 여섯을 하사하고, 5,600전을 더해 준다. 爵이 大夫로 나라를 다스리는데 참여했던 자는, (官)大夫가 되고, 원래 爵이 (官)大夫였던 자는 公大夫가 되며, (원래 爵이 公大夫였던 자는) 公乘이 되고, (원래 爵이 公乘이었던 자는) 五大夫가 되는데, 稅邑 300家를 받는다. 원래 爵이 五大夫였던 자는 (左)庶長이 되고, 원래 (爵)이 (左)庶長이었던 자는 (右庶長이 되며, 원래 爵이 右庶長이었던 자는), 左更이 된다. 원래 四更이었던 자 가운데, (爵이 左更이었던 자는 右更이 되고, 원래 爵이 右更이었던 자는 小良造가 되며, 원래 爵이 小良造였던 자는) 大良造가 된다. 모두 邑 300家를 하사 받고, 300家의 稅를 하사 받는다. 爵이 五大夫로 稅邑 600家가 있는 자는 客卿이 된다. 大將 · 御參은 모두 爵 三級을 하사 받는다. 원래 (爵이) 客卿이었던 자는 그 의견에 따라서 正卿이 될 수도 있다. 전쟁으로 죽은 적군은, 그 수급을 세 번 조리돌리고, 사흘 동안

> 검열한 후, 확실한 것으로 士大夫들에게 공로에 맞는 작위를 하사한다. (사흘이 지났는데도 사대부들에게 공로에 맞는 작위를 하사하지 않으면) 그 縣의 네 尉를 파면하고, 그들에 대한 처벌은 丞尉가 맡아서 한다. 만약 작위가 있는 적군의 수급을 하나 얻는 자가 있으면, 그에게 작위 1급을 하사하고, 다시 田 1頃을 더해주며, 주택지 9畝를 더해 준다. 그리고 작위 1급을 주면서 庶子 한 명도 하사하여 이에 兵官의 관리를 채울 수 있게 한다.[13]

이 기록에서는 작爵으로써의 '대부大夫'와 '작리爵吏'·'사로賜虜', 그리고 '오대부五大夫'와 '사세읍賜稅邑'의 관계가 중점적으로 두드러진다. 그리고 이를 근거로 진나라의 군공작을 셋으로 나눠 볼 수 있다.[14] 곧 대부 이하, 대부에서 오대부, 그리고 오대부 이상이다. 여기서 바로 주나라 내작제도인 '경卿'·'대부大夫'·'사士'의 그림자를 발견 할 수 있다.

또 조위曹魏 시기 유소劉劭의 『작제爵制』에 다음과 같이 이르고 있다.

13 蔣禮鴻 撰, 『商君書錐指』, 北京: 中華書局, 1986, 116~119면, "吏自操及校以上大將, 盡賞行間之吏也. 故爵公士也, 就爲上造也. 故爵上造, 就爲簪裹. (故爵簪裹), 就爲不更. 故爵(不更), (就)爲大夫. 爵吏而爲縣尉, 則賜虜六, 加五千六百. 爵大夫而爲國治, 就爲(官)大夫 ; 故爵(官)大夫, 就爲公大夫. (故爵公大夫), 就爲公乘. (故爵公乘), 就爲五大夫. 則稅邑三百家. 故爵五大夫, 就爲大(左)庶長. 故(爵)大(左)庶長, (就爲右庶長. 故爵右庶長), 就爲左更. 故四更也(爵左更, 就爲右更. 故爵右更, 就爲小良造. 故爵小良造), 就爲大良造. 皆有賜邑三百家, 有賜稅三百家. 爵五大夫, 有稅邑六百家者受客卿. 大將、御參, 皆賜爵三級. 故(爵)客卿, 相論盈就正卿. 以戰, 故暴首三, 乃校三日, 將軍以不疑致士大夫勞爵. (過三日有不致, 士大夫勞爵, 罷)其縣四尉, 訾由丞尉, 能得爵(甲)首一者, 賞爵一級, 益田一頃, 益宅九畝. 一(級)除庶子一人, 乃得人(入)兵官之吏." 괄호 안의 校訂 내용과 인용문 교정에 대한 구체적인 상황은 위의 책과 다음 책을 참고(守屋美都雄, 「『商君書·境內篇』解讀」, 『中國古代的家族與國家』, 上海古籍出版社, 2010, 12~26면).

14 守屋美都雄은 지적하기를, 당시 秦나라가 아직 諸侯였기 때문에, 秦公의 대신들은 卿·大夫·士의 반열에는 들어갈 수 있었지만, 秦公과 같은 등급인 '侯'의 등급까지는 오르지 못하였다. 그래서 爵制를 정할 때, 商鞅은 '列侯'의 작위를 세울 것을 고려하지 않았다. 守屋美都雄, 앞의 논문, 27~28면.

秦나라는 古制에 의거해, 그 軍에서 爵을 사여하는 데 等級을 두어, 그 師人은 모두 吏卒로, 功이 있으면 爵을 하사하니, 곧 軍吏의 예이다. 가장 낮은 爵에서 不更까지의 네 등급은 모두 士이다. 大夫에서 五大夫에 이르는 다섯 등급은 모두 大夫이다. 이 아홉 등급은 九命의 뜻에 의거하였고, 左庶長부터 大庶長에 이르기 까지는 九卿의 뜻에 의거하였다. 關內侯는 옛날 圻內 子男의 뜻이다. 秦은 효산 서쪽(山西)에 도읍하였기 때문에, 關內는 곧 王畿이니, 그러므로 關內侯라 부른 것이다. 列侯는 옛날 列國諸侯의 뜻이다. 그렇다면 이는 卿大夫士 아래의 品으로 모두 옛것을 모방하여 조정의 상황에 맞게끔 제정하면서 그 이름을 다르게 한 것이니, 이는 또한 軍國이기 때문에 다르게 한 것이다.

옛날에 車戰을 할 때, 兵車 1乘에 步卒 72인을 左右로 나누었다. 車에는 大夫가 왼쪽에 앉고, 禦者가 가운데 있으며, 勇士가 오른쪽에 있으니, 모두 75인이 된다. 가장 낮은 爵을 公士라 하는데, 步卒 가운데 爵이 있는 사람이 公士가 된다. 두 번째 爵은 上造라 하는데, 造는 成의 뜻으로, 옛날에는 士로 司徒에 오른 자를 造士라 하였다. 비록 이 이름을 딴 것이지만, 모두 步卒이었다. 세 번째 爵은 簪褭라고 하는데, 駟馬를 모는 자이다. 要褭는 옛날의 名馬이다. 駟馬를 멍에하는 것의 형상이 비녀(簪)와 비슷하니, 그러므로 簪褭라고 한 것이다. 네 번째 爵은 不更이라고 하는데, 不更은 전차의 오른 쪽에 있는 자로, 더 이상 보통 吏卒들과는 같지 않았다. 다섯 번째 爵은 大夫라고 하는데, 大夫는 수레의 왼쪽에 있는 자이다. 여섯 번째 爵은 官大夫이고, 일곱 번째 爵은 公大夫이며, 여덟 번째 爵은 公乘이고, 아홉 번째 爵은 五大夫로 모두 軍吏이다. 吏民爵은 公乘을 넘을 수 없는데, 公乘을 초과해야 할 때는, (초과된 작 만큼을) 아들과 동복형제에게 줄 수 있다. 그렇다면 公乘은 軍吏爵가운데 가장 높은 자이다. 비록 직접 전쟁에 참여하지는 않아도, 공적인 卒과 車를 얻을 수 있었으니, 그러므로 公乘이라 하였다.

열 번째 爵은 左庶長이고, 열한 번째 爵은 右庶長이다. 열두 번째 爵은 左更이고, 열세 번째 爵은 中更, 열네 번째 爵은 右更이다. 열다섯 번째 爵은 少上造, 열여섯 번째 爵은 大上造이고, 열일곱 번째 爵은 駟車庶長, 열여덟 번째 爵은 大庶長이며, 열아홉 번째 爵은 關內侯이고, 스무 번째 爵은 列侯이다. 左庶長에서 大庶長에 이르기 까지는 모두 卿大夫이고, 모두 軍將이다. 이들이 이끄는 자들은 모두 庶人과 吏卒이니, 그러므로 '庶'와 '更'으로 이름한 것이다. 大庶長은 곧 大將軍이고, 左・右庶長은 곧 左・右偏將軍과 裨將軍이다.[15]

유소劉劭는 공사公士・상조上造・잠뇨簪裹・불경不更을 사작층士爵層으로 분류하였고, 대부大夫・공대부公大夫・공승公乘・오대부五大夫를 대부작층大夫爵層으로 분류하였으며, 오대부五大夫 이상을 또 경卿・후작층侯爵層으로 분류하였다. 분명한 것은 주나라 내작제의 영향을 받아 이차적인 분류를 했다는 것이다. 진나라 군공작제가 후侯・경卿・대부大夫・사士의 네 계층으로 나눠졌다는 것은 장가산한간張家山漢簡『이년율령二年律令』의 관련 기록을 통해서도 증명할 수 있다.[16]

진나라 작제에 대한『상군서商君書』,「경내境內」와 유소劉劭의『작제爵制』의 기록을 비교해 보도록 하자.『상군서』,「경내」에는 이른 바 "조操 및 교校 이상 대장大將 등 행간行間에 있었던 관리들에 모두 상을 내린다", "…… 사흘 동안 검열한 후, 확인된 것에 한해 사대부들에게 공로에 맞는 작위를 하사한다"에서 "행간行間에 있던 관리들에게 모두 상을 내린다"와 "사대부들

15『續漢書』,「百官5」注에서 인용한 劉劭의「爵制」, 北京: 中華書局, 1965, 3631~3632면, "秦依古制, 其在軍賜爵爲等級, 其帥人皆更卒也, 有功賜爵, 則在軍吏之例. 自一爵以上至不更四等, 皆士也. 大夫以上至五大夫五等, 比大夫也. 九等, 依九命之義也. 自左庶長以上至大庶長, 九卿之義也. 關內侯者, 依古圻內子男之義也. 秦都山西, 以關內爲王畿, 故曰關內侯也. 列侯者, 依古列國諸侯之義也. 然則卿大夫士下之品, 皆放古, 比朝之制而異其名, 亦所以殊軍國也. 古者以車戰, 兵車一乘, 步卒七十二人, 分翼左右. 車, 大夫在左, 禦者處中, 勇士居右, 凡七十五人. 一爵曰公士者, 步卒之有爵爲公士者. 二爵曰上造. 造, 成也. 古者成士升于司徒曰造士, 雖依此名, 皆步卒也. 三爵曰簪裹, 禦駟馬者. 要裹, 古之名馬也. 駕駟馬者其形似簪, 故曰簪裹也. 四爵曰不更. 不更者, 爲車右, 不復與凡更卒同也. 五爵曰大夫. 大夫者, 在車左者也. 六爵爲官大夫, 七爵爲公大夫, 八爵爲公乘, 九爵爲五大夫, 皆軍吏也. 吏民爵不得過公乘者, 得貰與子若同産. 然則公乘者, 軍吏之爵最高者也. 雖非臨戰, 得公卒車, 故曰公乘也. 十爵爲左庶長, 十一爵爲右庶長, 十二爵爲左更, 十三爵爲中更, 十四爵爲右更, 十五爵爲少上造, 十六爵爲大上造, 十七爵爲駟車庶長, 十八爵爲大庶長, 十九爵爲關內侯, 二十爵爲列侯. 自左庶長已上至大庶長, 皆卿大夫, 皆軍將也. 所將皆庶人・更卒也, 故以庶更爲名. 大庶長卽大將軍也, 左右庶長卽左右偏裨將軍也."

16 李均明,「張家山漢簡所反映的二十等爵制」,『中國史硏究』, 2002.2, 37~41면 ; 朱紹侯,「西漢初年軍功爵制的等級劃分:『二年律令』與軍功爵制研究之一」,『軍功爵制考論』, 北京: 商務印書館, 2008, 233~241면; 邢義田,「張家山漢簡『二年律令』讀記」,『地不愛寶: 漢代的簡牘』, 北京: 中華書局, 2011, 176~192면.

에게 공로에 맞는 작위를 하사한다"는 그 뜻이 같고, '리吏'와 '사대부'가 가리키는 군체群體도 같다. 한편 유소는 "가장 낮은 작爵에서 불경不更까지의 네 등급은 모두 사士이다. 대부大夫에서 오대부五大夫에 이르는 다섯 등급은 모두 대부大夫이다."라고 하면서, 첫 번째 작爵인 공사公士부터 아홉 번째 작爵인 오대부五大夫까지 모두 군리軍吏로 여겼다.[17] 이는 또한 사士와 대부급大夫級 작위를 가진 사람들을 '군리'로 여겼다는 것이다. 『상군서』, 「경내」와 유소 『작제』에서 기술한 '군리'와 '사대부'는 모두 공로에 의해 취득한 아홉 번째 작 이하의 군리 군체이다. 이는 주나라에서 문무직능을 겸비했던 '사대부'와는 다른 특색을 띠고 있는 것이다.

'사대부'라는 용어는 수호지진간 『진률십팔종秦律十八種』, 「전식률傳食律」에도 기록되어 있다.

> 그 爵이 있는 자 가운데, 官士大夫이상은 爵에 의해 녹을 받는다.[18]

17 劉劭는 "아홉 번째 爵은 五大夫로 모두 軍吏이다."라고 하였고, 또 "吏民爵은 公乘을 넘을 수 없는데, 公乘을 초과해야 할 때는, (초과된 작 만큼을) 아들과 동복형제에게 줄 수 있다. 그렇다면 公乘은 軍吏의 爵 가운데 가장 높은 것이다." 라고 하였는데, 이처럼 앞뒤에 모순이 생긴 것은 劉劭가 살았던 漢魏 시기에는 二十等爵의 네 分層이 이미 와해되어, 五大夫는 官爵이 되었고, 公乘이 民爵가운데 가장 높은 爵級이 되었기 때문이다. 그래서 劉劭는 "그렇다면 公乘은 軍吏의 爵 가운데 가장 높은 것이다."라고 한 것인데, 당시 民爵을 사여하는 습관의 영향을 받았음이 분명하다.

18 睡虎地秦墓竹簡整理小組, 『睡虎地秦墓竹簡』, 北京: 文物出版社, 1990, 60면, "其有爵者, 自官士大夫以上, 爵食之." 秦代의 傳食는 "爵食之", 곧 官吏의 爵級을 本位로 하였다. 그러나 張家山漢簡 『二年律令』, 「傳食律」의 "사인이지만 吏가 아닌 경우, 음식을 먹일 수 있는 종자(使非吏, 食從者)"는 모두 爵을 秩에 맞춘 후에 제공해 주고 있다. 곧 작위를 秩級의 표준을 참조한 후 집행한 것이다(張家山二四七號漢墓竹簡整理小組, 『張家山漢墓竹簡〔二四七號墓〕(釋文修訂本)』, 北京: 文物出版社, 2006, 40면). 그렇다면, 秦代도 漢代처럼 官을 爵에 맞춘 적이 있었는가? 秦代의 爵-秩관계는 소원하여 분명치 않지만, 官이 있으면 반드시 爵이 있는 것은 분명 보편적인 현상이었다. 秦漢 시기의 傳食의 기준이 爵에서 秩로 바뀌는 현상은 官僚 結構가 爵本位에서 官本位로 변화하는 추세를 반영한 것이다. 관련 연구 성과로는 閻步克, 『從爵本位到官本位: 秦漢官僚品位結構硏究』, 北京: 三聯書店, 2009 참조.

정리자는 주석에서 "관사대부官士大夫는 진작秦爵 제5급 대부大夫와 관대부官大夫이다."[19]라고 하였다. 하지만 이 주석은 '사士'의 함의를 간과했기 때문에 정확하지 못하다. '관사대부官士大夫'의 '관官'은 '관방官方'・'관부官府'의 함의를 갖고 있다. 진秦나라 향리鄕里의 편호민編戶民들은 대부분 또 사와 대부급 작위를 갖고 있었지만(後術), 관방의 파견을 받은 경우를 제외하고는 평소에 전식傳食을 누리지는 못하였다. 그렇기 때문에 여기서 말하는 '관사대부'는 바로 관부의 임직을 받은 '사대부'만이 "작식지爵食之", 곧 작위에 의한 녹을 받을 수 있다는 것을 강조한 것이다. 사와 대부의 작위를 가진 보통 민중들은 이러한 권익을 받지 못하였다. 이 사대부는 당연히 사와 대부계층, 곧 공사公士・상조上造・잠뇨簪褭・불경작不更爵과 대부大夫・관대부官大夫・공대부公大夫・공승公乘・오대부작五大夫爵을 가리키는 것이 분명하다.

2. 군리軍吏・편호민編戶民과 사대부

진한秦漢 시기 사와 대부급 작위 군제는 진秦이 육국六國을 멸하는데 주요한 역량이었을 뿐만 아니라, 유방劉邦이 한漢을 세우는데도 기초가 되었다. 사서史書에 보면 "고제高帝가 친히 사대부士大夫를 이끌고 천하를 평정하여 제후를 세우시고, 황제들의 태조太祖가 되셨다."[20]라고 하였다. 한초漢初 평민들(布衣)이 장군과 재상을 맡았던 국면에서,[21] 이 '사대부'는 구체적으로 말하자면 분명 사와 대부급 작위를 가졌던 중견中堅 군공계층軍功階層이었을 것이다.[22]

---

19 睡虎地秦墓竹簡整理小組, 앞의 책, 60면, "官士大夫, 指秦爵第五級大夫和第六級官大夫."

20 『史記』 권10, 「孝文本紀」, 北京: 中華書局, 1959, 419면, "高帝親率士大夫, 始平天下, 建諸侯, 爲帝者太祖."

21 趙翼, 『廿二史箚記』 권2, 「漢初布衣將相之局」, 王樹民, 『廿二史箚記校證』, 北京: 中華書局, 1984, 36~37면.

그래서 『사기史記』, 「장승상렬전張丞相列傳」에서 이르길 "한漢이 일어났을 때부터 효문제孝文帝에 이르기까지의 20여 년, 천하가 처음 안정되었는데, 장상공경將相公卿은 모두 군리軍吏들이었다"[23]라고 하였고, 『한서漢書』, 「임오전任敖傳」에서는 "한漢이 일어난 지 20여 년, 천하가 처음 안정되었는데, 공경公卿은 모두 군리軍吏였다"[24]라고 한 것이다. 군공작제軍功爵制 하에서 '사대부'와 '군리'는 같은 집단을 가리키는 것이었다. 이 영향으로, 서한西漢 시기의 '사대부'는 장사將士를 가리키는 말로 많이 쓰였다. 이러한 용법은 『사기』와 『한서』에 많이 보인다.

> …… 또 나는 평소에 士大夫들을 어루만질 수도 없었소. 이는 이른 바 "저자 사람들을 몰아다가 전쟁하게 한다."는 것이니, 그들을 사지에 몰아넣고서 사람들 마다 자신을 위해 싸우게 하지 않으면 …….[25]

> 북을 들어 軍門에 세워두고, 士大夫로 하여금 기꺼이 죽음을 각오하고 戰鬥에 임하게 하는 것은, 제가 任安에 미치지 못합니다.[26]

> 朕이 素服을 입고 正殿을 피해 있을 때, 將軍들은 그 士大夫들을 권면하여 反虜들을 공격하였다.[27]

> 처음 馬邑의 일을 계획한 것은 恢입니다. 그래서 天下의 군사 수십만을 내어

22 漢初 軍功 階層의 구체적인 상황에 대해서는 李開元, 『漢帝國的建立與劉邦集團: 軍功受益階層硏究』, 北京: 三聯書店, 2000 참조.

23 『史記』 권96, 「張丞相列傳」, 2681면, "自漢興至孝文二十餘年, 會天下初定, 將相公卿皆軍吏."

24 『漢書』 권42 「任敖傳」, 北京: 中華書局, 1962, 2098면, "漢興二十餘年, 天下初定, 公卿皆軍吏."

25 『史記』 권92, 「淮陰侯列傳」, 2617면, "且信非得素拊循士大夫也, 此所謂'驅市人而戰之, 其勢非置之死地, 使人人自爲戰."

26 『史記』 권104, 「田叔列傳」, 2781면, "提桴鼓立軍門, 使士大夫樂死戰鬥, 仁不及任安."

27 『史記』 권106, 「吳王濞列傳」, 2834면, "朕素服避正殿, 將軍其勸士大夫擊反虜."

그 말을 따랐는데 이지경이 되었습니다. 또 單于를 놓아 두어 잡지도 못한 것은 고사하고 恢가 이끈 부대가 그 輜重을 공격했더라면 자못 큰 공을 세워서 士大夫들의 마음을 위로할 수 있었을 것입니다. 지금 恢를 주살하지 않으면 天下에 사죄할 만한 것이 없습니다.[28]

(李)廣 군대의 士大夫 등 전군이 모두 곡하였다. …… 죽는 날에 天下의 그를 아는 자와 모르는 자 모두 슬픔을 다하였다. 그 충성스럽고 신실한 마음이 진실로 사대부들의 신뢰를 얻게 한 것인가?[29]

巴蜀太守에게 고하길, "蠻夷들이 멋대로 굴고 있지만, 토벌하지 않은지 오래되었습니다. 저들은 때때로 변경을 침범하여 士大夫를 수고롭게 하고 있습니다."[30]

지금의 계책은 갑옷을 풀어 병기를 쉬게 하면서, 百里 안의 소와 술을 가져오게 하여 士大夫들에 잔치를 베풀어 주는 것만 못합니다.[31]

李陵은 평소에 士大夫들과 좋은 것을 나누는 것이 드물었는데도, 사람들로 사력을 다해 싸우게 할 수 있었으니, 비록 옛 名將이라도 이를 넘지는 못할 것입니다.[32]

---

28 『史記』 권108, 「韓長孺列傳」, 2863면, "首爲馬邑事者, 恢也, 故發天下兵數十萬, 從其言, 爲此. 且縱單于不可得, 恢所部擊其輜重, 猶頗可得, 以慰士大夫心. 今不誅恢, 無以謝天下."

29 『史記』 권109, 「李將軍列傳」, 2876~2878면, "廣軍士大夫一軍皆哭. …… 及死之日, 天下知與不知, 皆爲盡哀. 彼其忠實心誠信于士大夫也?"

30 『史記』 권117, 「司馬相如列傳」, 3044면, "告巴蜀太守, '蠻夷自擅不討之日久矣, 時侵犯邊境, 勞士大夫.'"

31 『漢書』 권34, 「韓信傳」, 1871면, "當今之計, 不如按甲休兵, 百里之內, 牛酒日至, 以饗士大夫."

32 『漢書』 권62, 「司馬遷傳」, 2730면, "以爲李陵素與士大夫絶甘分少, 能得人之死力, 雖古名將不過也."

지금 監禦史는 공공연하게 軍垣에 구멍을 뚫어 물건을 팔아 이득을 챙길 생각으로, 사사로이 군사들과 매매하면서, 剛毅한 마음과 勇猛한 절도를 세우려 하지 않고, 士大夫들을 앞에서 이끌어야 한다는 것을 잊었으니, 더욱 그 도리를 어기고 공변됨을 잃은 것입니다.[33]

羌虜들이 邊境에 침입하여 吏民들을 죽이면서 심히 天道를 거슬렀으니, 그러므로 將軍을 파견하여 士大夫들을 이끌고 천벌을 내려야 합니다.[34]

심지어 魏晉 시기의 史籍에도 이러한 흔적이 보이기도 한다. 예를 들면 다음과 같다.

지금 부고에 재물을 쌓아 두고 賞功에 인색하면서, 士大夫들로 전쟁에서 사력을 다하라고 하니, 할 수 있겠습니까![35]

'사대부'의 군공작제軍功爵制 색채는 편호민編戶民의 신분에 큰 영향을 미쳤다. 진한秦漢 시기의 사졸士卒들은 주로 편호민編戶民들로 구성되었기 때문에 그들이 바로 군공작軍功爵을 수여받는 주요한 대상이었다. 군공작의 네 분층分層들 사이에는 제한이 있었다. 그래서 그 분층을 넘어가기 위해서는 그에 상응하는 '관직官職'과 '군공軍功'을 만족시켜야 했다. 그렇기 때문에 절대다수의 사졸들은 전쟁에서 적의 머리를 베는 공만 가지고서는 높은 작위를 획득하기 어려웠다. 그들은 사와 대부 같은 낮은 등급의 작위를 가진 자에 불과했다.[36] 이 사졸들은 편호민 가운데서 징발되었다가 또 편호민으로 돌아

33 『漢書』 권67, 「胡建傳」, 2910면, "今監禦史公穿軍垣以求賈利, 私買賣以與士市, 不立剛毅之心, 勇猛之節, 亡以帥先士大夫, 尤失理不公."

34 『漢書』 권79, 「馮奉世傳」, 3298면, "羌虜侵邊境, 殺吏民, 甚逆天道, 故遣將軍帥士大夫行天誅."

35 『三國志』 권32, 「蜀書 · 先主傳」 注에서 인용한 『魏書』, 881면, "今積帑藏之財而恡於賞功, 望士大夫爲出死力戰, 其可得乎."

36 凌文超, 「漢初爵制結構的演變與官、民爵的形成」, 『中國史研究』 2012-1, 33~45면 참조.

갔다. 이러한 과정 속에서 진한제국은 사와 대부 등의 낮은 등급의 작위를 제수하면서 기층基層 민중民衆의 개인적 신분을 확정지었고, 아울러 그 작위를 편호민의 호적에 기록하였다. 작위는 제국이 편호민을 지배하는데 중요한 수단이었다. 이는 진한 시기 호적류戶籍類 사료 가운데, 사士와 대부大夫급 작위를 가진 편호민은 볼 수 있어도, 경卿급 이상의 높은 작위를 가진 편호민을 볼 수 없는 현상에 반영되어 나타나고 있다.[37]

장가산한간『이년율령』,「호률戶律」에는 다음과 같이 규정되어 있다. "오대부五大夫 이하로부터 택지가 인접한 자들을 오伍로 구성하고, 권券을 나눈 것을 증빙으로 하여 거처에서 서로 살피고, 출입을 서로 규찰한다. 도적질하거나 도망자가 있으면 즉시 리吏와 전典에게 알린다."[38] 오대부五大夫는 진한 시기에 편호민의 가장 높은 작위였다. 지금까지 발표된 진한 호적류 자료들 가운데, 향리鄕里의 관할을 받는 편호민 작위 중 가장 높은 것이 오대부였다. 예컨대, 수호지진간「봉진식封診式·경첩원서黥妾爰書」에서 "승丞 모某가 모향某鄕의 책임자에게 고하길, 모리某里의 오대부五大夫 을乙의 가리家吏 갑甲이 을乙의 첩妾인 병丙을 데리고 왔다"[39]고 하였다. 리야진간里耶秦簡 호적류戶籍類 자료들 가운데에서도 편호민의 작위는 오대부 이하의 작급이 많다. 예를 들면

---

37 杜正勝은 秦爵이 軍功을 모든 인민의 신분 계급의 기준으로 삼은 근본정신은 오히려 참신한 창제였다고 생각하였다. 낮은 네 등급은 編戶齊民과 더욱 관계가 깊었는데, 평민들 가운데서도 신분을 설정하는 것은 더욱 유례없는 것이었다. 그리고 秦나라 軍功爵制 하에서, 작위를 지닌 사람들의 절대 다수는 모두 제1급에서 4급 사이에 집중되어 있었고, 그들이 秦나라 사회의 중견적인 基礎를 구성하였다고 생각한 것이다(杜正勝,『編戶齊民: 傳統政治社會結構之形成』, 臺北: 聯經出版事業有限公司, 1990, 333·359면). 그러나 士卒의 작위가 주로 士급 작위에 집중되어 있었다는 것은 분명 秦나라 軍功爵이 막 창제된 시기의 상황이다. 공로에 따른 빈번한 拜爵은 士卒들도 날로 大夫급 작위를 지니게 되는 경우가 증가하게 하였다. 秦漢 시기 戶籍類 자료 가운데, 자주 보이는 것은 바로 大夫급 작위이다.

38 張家山二四七號漢墓竹簡整理小組, 앞의 책, 51면, "自五大夫以下, 比地爲伍, 以辨券爲信, 居處相察, 出入相司. 有爲盜賊及亡者, 輒謁吏·典."

39 睡虎地秦墓竹簡整理小組,『睡虎地秦墓竹簡』,「封診式·黥妾爰書」, 155면, "丞某告某鄕主, 某里五大夫乙家吏甲詣乙妾丙."

다음과 같다.

1. ⧄□ 二戶
   夫=(大夫) 一戶
   夫=(大夫)寡 三戶
   不更 一戶
   小上造 三戶
   小公士 一戶 (第一欄)
   士五(伍) 七戶⧄
   司寇 一戶⧄
   小男子 □⧄
   大女子 □⧄
   ・凡廿五⧄(第二欄) (8-19)[40]

2. 今見, 一邑二里, 夫=(大夫)七戶・夫=(大夫)寡二戶・夫=(大夫)子三戶
   ・不更
   五戶⧄(8-1236)

3. 南里 戶人 官夫=(大夫) 布⧄
   口數 六人⧄
   大男子 一人⧄
   大女子 一人⧄
   小男子 三人⧄(9-2299)[41]

---

40 湖南省文物考古研究所編著, 『里耶秦簡[壹]』, 北京: 文物出版社, 2012, 편호 (8-19) 중 '19'는 簡의 번호이고, '8'은 층별 번호이다. 아래도 같은 방법으로 편호를 매겼다.

41 張春龍, 「里耶秦簡中戶籍和人口管理記錄」, 中國社會科學院考古硏究所・中國社會科學院歷史硏究所・湖南省文物考古硏究所 編, 『里耶古城: 秦簡與秦文化硏究』, 北京: 科學出版社, 2009, 193~194면.

진한 시기 편호민들에는 대부급의 오대부·관대부·대부만 있었던 것이 아니라, 사士급의 불경不更·(小)상조上造·(小)공사公士도 있었고,[42] 또 작위가 없는 사오士伍와 사구司寇 등도 있었다. 진한 초년, 사오士伍는 작제爵制 서열로 들어가는 가장 낮은 자격으로 이십등작二十等爵의 등차에 연속되고 있었으나, 사구는 통제를 받는 역도役徒였기 때문에 군공작제軍功爵制에 있어서 신분적인 제약을 받고 있었다. 그러나 장가산한간 『이년율령』, 「부률傅律」의 규정에 의하면 사구 아들의 부적傅籍이 사오士伍가 되어, 작제爵制 서열로 들어갈 수 있는 기본 조건을 얻는 것을 볼 수가 있다. 곧 작爵이 없는 사오·사구 등도 작제 서열에 종속되고 있었다고 할 수 있다.[43] 진한 시기에, 제국은 작위를 사여하는 것으로써 개별 인신에 대한 지배를 실현시켰는데,[44] 작위의 높고 낮음은 부세와 요역의 경중을 나타내는 것이었다. 이러한 각도에서 보자면, 사와 대부급 작위는 물론 심지어 사오·사구 등도 작제에 종속되어 있었다는 것은 이들도 또한 제국의 성원으로 부역負役의 의무를 지니고 있었고, 또 작위를 수여하고 박탈하는 것이 제국의 편호민에 대한 통제와 향촌사회 건설에 아주 중요한 수단이었다는 것을 나타내 주고 있는 것이다.

진한 시기에 제국은 공로功勞를 기준으로 사졸士卒과 소리小吏에게 사와 대부 등 낮은 등급의 작위를 수여하였는데,[45] 이들 '사대부'들이 향리鄕里로

---

42 '小上造'·'小公士'는 곧 '小爵'으로, '小爵'은 '小未傅', 곧 어려서 아직 명적에 기록되지 않은 자이다. 이에 대해서는 凌文超, 「『漢晉賦役制度識小』之一『小未傅』」, 『簡帛』 6, 上海古籍出版社, 2011, 475~477면 참조.

43 凌文超, 「走馬樓吳簡所見"士伍"辨析」, 『吳簡研究』 3, 北京: 中華書局, 2011, 158~159면.

44 西嶋定生은 二十等爵制에 대해 "황제를 중심으로 하여, 아래로는 里에 거주하는 서민들을 포함한 인민들을 모두 일원적인 질서로 조직하는 것으로, 이 爵制는 국가 질서로 작용하는 성격을 띠고 있는 것이다."라고 하였다(西嶋定生 著, 武尚清 譯, 『中國古代帝國的形成與結構: 二十等爵制研究』, 北京: 中華書局, 2004, 440면).

45 宮崎市定은 다음과 같이 여겼다. "春秋 말부터 戰國에 걸쳐 서민의 해방이 행해졌다. 이것은 주로 군제의 개혁에 의한 것으로 서민까지도 군사에 참가시키기 위해 그 대가로 서민에게 자유를 주어야 했던 사정에 의한다. 그래서 서민도 士가 되고 더욱이 功績에 따라서는 大夫에도 오를 수 있게 되었다. 그러나 후자는 드물게 일어날 수 있는 경우이고, 서민은

돌아갈 때, 그들이 얻은 작급 및 작위에 수반되는 권익의 크기와 부역의 경중輕重은 그들 자신의 신분 고하를 결정할 뿐만 아니라, 일단 남성이 호주가 되면, 그 가호家戶의 권익도 또한 이와 긴밀하게 연관되었는데, 심지어는 그가 죽은 후에도 그 과처寡妻와 고자孤子의 신분 지위까지도 결정지었다. 예컨대, 위에 열거한 간簡1・2의 작爵으로 계수計數한 호戶 가운데 '대부과大夫寡'・'소상조小上造' 등의 가호家戶가 보이는 것이 그러한 것이다. 곧 이 시기에 군공을 위해 종군했던 '사대부'들이 편호민으로 돌아가서는 편호민 향리사회 등급 질서를 형성했던 것이다. 바로 『사기史記』, 「상군열전商君列傳」에 이른 바 "존비尊卑・작질爵秩 등급等級을 밝혀서 각기 등차等次에 따라 전택田宅을 이름하고, 신첩臣妾들은 의복으로 집의 차등을 삼는다"[46]라고 한 것과 같은 것이다. 장가산한간 『이년율령』, 「호률戶律」에도 곧 작위 등급에 따라 전택田宅의 이름에 차이를 두고 있다. 그 밖에도, 부적傅籍[47]・환로睆老[48]・면로免老[49]・죽미鬻

士까지밖에 오를 수 없는 실정이었을 것이다. 그렇다면 실제로는 옛날대로의 지배자와 피지배자의 대립 혹은 특권 계급과 평민 계급의 구별이 존속한다." 宮崎市定 著, 韓昇・劉建英 譯, 『九品官人法研究: 科擧前史』, 北京: 中華書局, 2008, 338면; 한국어 번역본, 임대희・신성곤・전영섭 역, 『구품관인법의 연구』, 조합공동체 소나무, 2002년, 483~484면. 秦漢 시기에 이르러서, 전쟁이 빈번해 짐에 따라 軍功으로 작위를 획득한 群體가 확장되었다. 출토문헌을 통해 봤을 때, 이 때 編戶民들 가운데 大夫급 작위를 지닌 자들이 자못 자주 보인다. 秦나라는 耕戰으로 세워진 나라로, 分封을 폐하고 郡縣을 세웠는데, 이는 '天地 대 변혁의 격국(天地一大變局)'이었다(趙翼, 『廿二史箚記』 권2, 「漢初布衣將相之局」, 王樹民, 『廿二史箚記校證』, 36면). 軍功爵制 하에서, 개인은 功勞에 의해 官爵을 획득할 수 있었고, 심지어는 高級 官爵도 획득할 수 있었다. 이는 先秦시기의 世卿世祿제도를 무너뜨린 것이었다. 魏晉 이후 서민이 관료로 진출하는데 많은 제약이 따랐다. 또 신분의 淸濁, 貴賤의 구분도 있었다. 그래서 秦나라의 軍功爵層의 상하구분은, 기존의 귀족과 평민의 구별과도 달랐고, 후대의 士庶의 차이와도 달랐다.

46 『史記』 권68, 「商君列傳」, 2230면, "明尊卑爵秩等級, 各以差次名田宅, 臣妾衣服以家次."

47 『二年律令』, 「傅律」, "不更 이하의 子는 20세, 大夫 이상 五大夫까지의 子 및 小爵이 不更 이하 上造까지는 22세, 卿 이상의 子 및 小爵이 大夫 이상은 24세가 되면 모두 명적에 등록한다(不更以下子年廿歲, 大夫以上至五大夫子及小爵不更以下至上造年廿二歲, 卿以上子及小爵大夫以上年廿四歲, 皆傅之)." 張家山二四七號漢墓竹簡整理小組, 앞의 책, 58면.

48 『二年律令』, 「傅律」, "不更은 58세, 簪褭는 59세, 上造는 60세, 公士는 61세, 公卒, 士伍는 62세면 모두 睆老에 해당한다. 不更年五十八, 簪褭五十九, 上造六十, 公士六十一, 公卒・士

米[50]・수장受杖[51]・사물賜物[52] 등의 여러 방면에서도, 그 권익은 작급에 따라 조금씩 증가하였다. 작위로 죄를 감면 받기도 하고, 형벌을 면제받는 권리를 누릴 수도 있다. 예컨대, 『상군서商君書』, 「경내境內」에 이르길, "이급이상二級以上의 작위를 가진 사람이 형벌을 받을만한 죄가 있으면, 작위를 강등하여 면죄 받을 수가 있지만, 일급이하一級以下의 작위를 가진 사람이 형벌을 받을 만한 죄가 있을 경우에는 작위를 제한다"[53]고 하였는데, 이로부터 '사대부' 작급은 또한 향리사회질서를 구성하는 축이었다는 것을 볼 수 있다.

五(伍)六十二, 皆爲睆老." 整理小組는 注에서 "睆老는 요역 복무를 반으로 줄인다(減半服徭役)."라고 하였다. 張家山二四七號漢墓竹簡整理小組, 앞의 책, 57~58면.

49 『二年律令』, 「傅律」, "大夫 이상은 58세, 不更은 62세, 簪裹은 63세, 上造는 64세, 公士는 65세, 公卒 이하는 66세면 모두 免老에 해당된다(大夫以上年五十八, 不更六十二, 簪裹六十三, 上造六十四, 公士六十五, 公卒以下六十六, 皆爲免老)." 整理小組는 注에서 "免老는, 나이가 많아서 요역 복무를 면제 받는다(因年高免服徭役)."라고 하였다. 張家山二四七號漢墓竹簡整理小組, 앞의 책, 57면.

50 『二年律令』, 「傅律」, "大夫 이상은 90세, 不更은 91세, 簪裹는 92세, 上造는 93세, 公士는 94세, 公卒·士五(伍)는 95세 이상인 자에게 매월 鬻米 1石을 지급한다(大夫以上[年]九十, 不更九十一, 簪裹九十二, 上造九十三, 公士九十四, 公卒・士五(伍)九十五以上者, 稟鬻米月一石)." 張家山二四七號漢墓竹簡整理小組, 앞의 책, 57면.

51 『二年律令』, 「傅律」, "大夫 이상은 70세, 不更은 71세, 簪裹는 72세, 上造는 73세, 公士는 74세, 公卒・士五(伍)는 75세가 되면 모두 杖을 지급한다(大夫以上年七十, 不更七十一, 簪裹七十二, 上造七十三, 公士七十四, 公卒・士五(伍)七十五, 皆受仗(杖))." 張家山二四七號漢墓竹簡整理小組, 앞의 책, 57면.

52 『二年律令』, 「賜律」, "五大夫 이상에게는 문양이 있는 비단 겉감을, 公乘 이하에게는 문양 없는 겉감을 (사여하되) 안감(裏)은 모두 帛으로 (된 것을) 사여한다(五大夫以上錦表, 公乘以下縵表, 皆帛裏, 司寇以下布表・裏)."; "棺享(槨)을 사여하려는데 돈으로 받기를 원하는 경우에, (左庶長부터 大庶長까지의) 卿 이상은 棺錢으로 (級당) 1,000錢、享(槨)錢으로 (級당) 600錢을 주며, 五大夫 이하는 棺錢으로 (級당) 600錢、享(槨)錢으로 (級당) 300錢을 주고, 毋爵者에게는 棺錢으로 300錢을 준다 (賜棺享(椁)而欲受齎者, 卿以上予棺錢級千・享(椁)級六百；五大夫以下棺錢級六百・享(椁)級三百, 毋爵者棺錢三百)." 張家山二四七號漢墓竹簡整理小組, 앞의 책, 48~49면.

53 蔣禮鴻 撰, 『商君書錐指』, 120면, "爵自二級以上有刑罪則貶, 爵自一級以下有刑罪則已."

3. 작질체제爵秩體制의 변천變遷과 사대부 함의含意의 변화

진秦나라 군공작제가 비록 작층爵層마다 한계를 두었지만, 군공작의 대량 수여는 방대하고도 번잡한 군공작 군체의 형성을 초래하였고, 또 부단히 확장되어 군공작의 분층적分層的 한계에 충격을 가하기에 이르렀다. 저급低級 작층爵層이 점점 고급高級 작층을 침식해 나가면서, 각 작층爵層 사이의 한계가 점점 모호해지게 되었다. 사와 대부급 작층은 어렵지 않게 넘을 수 있었다. 작층이 분화됨과 동시에, 높은 작위와 낮은 작위의 새로운 구분이 나타나기 시작했다. 한대 이십등작제는 진나라의 군공작제를 계승하여 발전시킨 것으로, 특히 한나라 제국이 건립된 후, 난세亂世가 치세治世로 전환되면서, 사기士氣를 진작시키기 위한 군공작이 점점 제국의 관료와 리민을 관리하기 위한 사작제賜爵制로 바뀌었다. 한초의 빈번한 사작賜爵은 고작高爵의 한계작급限界爵級이 부단히 상향조정되는 결과를 낳았는데, 공대부公大夫에서 공승公乘으로, 다시 오대부五大夫로 상향되어, 이십등작은 사실상 고작高爵과 저작低爵의 두 부분으로 나뉘게 되었다. 한 제국은 고작이 계속 양보되는 것을 원치 않았고, 이십등작제도 보호해야 했기 때문에, 대부작층大夫爵層이 이미 분화된 사실을 이용하여 부단히 평가절하 되고 있던 '대부급 작위'(五大夫제외)를 사급士級 작위와 함께 저작低爵으로 돌리고, 아울러 작급爵級을 질급秩級에 종속시켜, 상대적으로 안정된 육백석 질급과 오대부를 결합시킨 후, 관작官爵과 민작의 분계선을 확정지었다.[54] 민작民爵은 제1급인 공사公士에서 제8급인 공승公乘으로 일반 서민과 하급관리들에게 사여賜與하였고, 관작은 제9급 오대부 이상으로 질육백석秩六百石의 관리부터 수여 받을 수 있었다. 이때, 원래 '사대부' 군체群體에 속해 있던 오대부는 관료집단으로 귀속되었다. '오대부'의 관작화

54 凌文超, 『漢初爵制結構的演變與官、民爵的形成』, 33~45면.

官爵化는 편호민들로 더 이상 오대부작五大夫爵을 갖지 못하게 하였기 때문에, 서한 중기 이후 서북西北 변새邊塞지방과 내지內地의 간독자료簡牘資料 속에는 오대부작五大夫爵을 가진 보통사졸과 평민들이 보이지 않는다.[55] 원래의 '사대부'계층도 또한 이로 인하여 분화되었다. 이십등작제가 관작과 민작으로 분화된 것은 사회계층의 새로운 분화를 이끌었다. 곧 오대부작五大夫爵 이상의 관료집단과 공승작公乘爵 이하의 리민 군체가 그것이다. 작제적 의의를 띠던 '사대부'라는 말은, 관작과 민작의 구분이 초래한 계층분화에 적합하지 않게 되어, 그 '사대부급 작위'라는 함의는 점점 사라지게 되었다.

한대 이십등작제 기능의 이완에 따라 민작民爵으로 건설된 향리등급질서鄕里等級秩序도 또한 점점 해체되기 시작했다. 특히, 조착晁錯은 "작爵이라는 것은 황제가 맘대로 할 수 있는 것으로, 입에서 나오는 대로 무궁무진하게 작을 내릴 수 있다"[56]라는 말로, 곡식을 납부하면 작위를 사여賜與하는 방책을 제기하였는데, 작위와 민중의 재부財富를 바꾸려는 것이었다. 실제로 한 제국은 가끔씩 재해 때문에 민작民爵의 매매를 윤허한 적이 있었다. 예컨대, 한문제漢文帝 후后6년年(前158)에 "천하天下에 가뭄과 메뚜기 떼의 재앙이 왔다. 황제가 은혜를 베풀어, 제후諸侯들에게 명하여 공납을 들이지 말라 하고, 산택山澤의

55 張家山漢簡『二年律令』, 「戶律」에 "五大夫 이하로부터 택지가 인접한 자들을 伍로 구성한다(自五大夫以下, 比地爲伍)."고 규정되어 있는데, 이는 분명 漢初 이전의 상황을 말한 것이다. 官爵과 民爵을 나누어 준 이후로, 五大夫는 官爵에 속했기 때문에 더 이상 編戶民에게 수여되지 않았다. 비록 睡虎地秦簡 「封診式」·張家山漢簡 「奏讞書」에 '某里 五大夫' 등이 적혀있다고 하더라도, 五大夫 작위는 秦漢 시기에 이미 高爵이었다. 예컨대, 漢나라 高帝 5년 5월 詔書에 이르길, "七大夫·公乘 이상은 모두 高爵"이라고 하였고, 또 "예전, 秦나라의 民爵 公大夫 이상은 令丞과 禮가 대등했다."고 한 것이다(『漢書』 권1下, 「高帝紀下」, 54~55면). 제7급 작위인 公大夫는 이미 高爵에 속했고, 令丞과 예가 대등할 수 있었으니, 제9급 작위인 五大夫는 어떠했겠는가! 그들에 대한 관리는 일반 鄕里의 伍로 묶여 있는 평민들과 같을 수 없었다. 秦漢 시기의 編戶民들 가운데 五大夫 爵을 지니고 있던 사람들은 극히 적었을 것 같다. 里耶秦簡 戶籍類 簡牘 가운데, 현재 볼 수 있는 編戶民들 가운데 가장 높은 작위는 제6급인 官大夫에 불과하다.

56 『漢書』 권24상, 「食貨志上」, 1134면, "爵者, 上之所擅, 出於口而亡窮."

금령을 풀어 주었으며, 조정에 제공하는 개나 말 등의 수량을 감하고, 조정 관원의 수를 줄였으며, 창고의 곡식 등을 발하여 백성들을 구제하였고, 백성들이 작爵을 팔수도 있게 하였다."[57] 이것은 부유한 사람이면 반드시 고작高爵을 지닐 수 있는 국면을 초래하였고, 민간 경제 질서는 이 때문에 제국 기층의 정치질서에 크게 영향을 끼치게 되었다. 작위 사여가 빈번해 짐에 따라, 민작이 날로 범람하게 되었고, 민작에 수반되던 권익도 점차 없어지게 되었다. 민작 등급도 또한 전택의 다소, 요역의 경중, 권익의 대소를 대표하지 않았으며, 리민吏民들이 공승작公乘爵을 갖는 것도 점점 보편화되어, "백성들은 작이 무엇인지 모르니, 그것을 빼앗아도 백성들은 또한 두려워하지 않고, 사여해도 또한 기뻐하지 않으니, 헛되이 만든 문서로 쓸모가 없다."[58]라고 할 정도로, 민작의 등급 의의는 이렇게 사라지게 되었다.

손오孫吳 시기가 되어서는, 공승公乘만이 민작民爵 가운데 유일하게 실제로 사용되고 있었다. 가화嘉禾 4년, 소무릉향小武陵鄉 "응부호적부應賦戶籍簿"를 보면, 비록 "호인간戶人簡"에는 공승작公乘爵이 기록되어 있지만, 호구간戶口簡에는 대부분 공승작이 기록되지 않았다. 예를 들면 다음과 같다.

4. 吉陽里 戶人 公乘 區張 年廿八 算一 給州吏 (壹・10367・116)
   張父 釦□ 年七十五 (壹・10349・94)

5. 高遷里 戶人 公乘 張喬 年卅 算一 給縣吏 (壹・10412・161)
   喬兄 年廿八 算一 刑左足(壹・10400・149)

57 『史記』 권10, 「孝文帝本紀」, 432면, "天下旱、蝗. 帝加惠: 令諸侯毋入貢, 弛山澤, 減諸服御狗馬, 損郎吏員, 發倉庾以振百姓, 民得賣爵."
58 『藝文類聚』 권51, 「封爵部」에 인용된 王粲의 「爵論」, 上海古籍出版社, 1965, 916면, "民不知爵者何也, 奪之, 民亦不懼, 賜之, 民亦不喜, 空設文書而無用也."

6. 高遷里 戶人 公乘 松棐 年卅四 算一 給縣吏 (壹・10080)
棐叔父 負 年廿八 算一 (壹・10079)

가화嘉禾 6년, 광성향廣成鄕의 "응역호적부應役戶籍簿"의 호인간戶人簡에서는 공승작公乘爵도 더 이상 엄격하고도 정제된 형식으로 기록되지 않았다. 그러나 어떤 호구간戶口簡에는 공승작을 기록해 두고 있다.[59] 예를 들면 다음과 같다.

7. 郡卒 潘囊 年廿三 (貳・1708・70)
囊妻 大女 初 年廿六 囊父 公乘 尋 年六十一 苦虐(?)病 (貳・1696・57)
尋妻 大女 司 年卌四 踵(腫)右足 囊男弟 公乘 祀 年十一 (貳・1694・55)

8. 民男子 楊禿 年六十 禿妻 大女 姑 年卌九 筭一 (貳・1795・204)
禿子 仕伍 白 年四歲 禿弟 公乘 期 年五十 腹心病 (貳・1799・208)

이를 통해, 손오孫吳 시기의 민작民爵에서는, 공승公乘만이 유일하게 사용되고 있었지만, 그것의 기록 여부는 그리 중요하지 않았다는 것을 알 수 있다. 이 시기 작위가 갖고 있던 신분등급의 의의는 이미 거의 사라진 상태였다. 편호민의 작제적 신분도 또한 이로 인해 평등화 되었다. '사대부'가 갖고 있던 작제 등급적인 함의도 또한 사라져서, 위진魏晉 이후의 사서史書 가운데서 이러한 용례는 더 이상 찾아 볼 수 없게 되었다.

'사대부'의 군사, 작제적 색채가 날로 옅어짐과 동시에, '사대부'의 문인관료적 특징이 점차 뚜렷해지고 있었다. 바로 여영시余英時가 지적한 "『사기』의 사대부는 주로 무인武人(軍官)을 가리켜 말한 것으로 무장열전武將列傳에 자주

59 凌文超, 「走馬樓吳簡所見"士伍"辨析」, 『吳簡研究』 3, 9~64면; 「走馬樓吳簡采集簡"戶籍簿"復原整理與研究: 兼論吳簡"戶籍簿"的類型與功能」, 앞의 책, 153~166면.

보인다. …… '사대부'는 한 초기에 주로 무인을 가리키던 것이었지만, 점점 시간이 흐를수록 비교적 광범한 사회적 함의를 갖게 되었다. …… 신중하게 말하자면, 최소한 동한정권이 건립될 즈음에는, 현재 우리가 사용하는 뜻의 '사대부계층'이라는 의의가 있었다고 할 수 있다"[60]고 한 것과 같은 것이다. '사대부'가 문인관료文人官僚를 가리키는 용법으로 쓰인 것은 사마천의 『사기』 이전에는 그 흔적을 찾기가 힘들다. 그러나 반고班固가 『한서漢書』를 쓴 이후에는 점점 많아져서, 전적典籍 가운데 종종 기록되어 있는 것을 발견할 수 있다. 여기서 몇 가지 예를 들어보도록 하겠다.

> 玄成은 원래 名聲이 있었다. 士大夫들은 그가 형을 피해 작위를 사양하려 한다고 많이 생각하였다. …… 玄成은 부득이 하게 爵을 받았다. 宣帝는 그 절개를 높이 사서, 玄成으로 河南太守를 삼았다.[61]

> 이 때, 宿儒 가운데 清河 사람 胡常이라는 사람이 있었는데, 方進과 같은 경학을 하였다. 常이 선배였으나, 名譽가 方進보다 못하자 속으로 그 재능을 질투하여, 論議를 할 때 方進을 존중하지 않았다. 方進이 이를 알고, 常이 학생들에게 수업할 때를 기다려, 門下의 여러 학생들을 常에게 보내 경전 大義 가운데 의심되고 어려운 부분을 묻게 하고는 그 설을 기록하게 하였다. 이렇게 오랜 시간이 지나자, 常은 方進이 자신을 존중하며 겸양했다는 것을 알게 되었고, 맘이 편할 수 없었다. 그 후 士大夫들 사이에 있을 때, 方進을 칭찬하지 않은 적이 없었고, 이에 서로 친한 벗이 되었다.[62]

---

60 余英時, 『士與中國文化』, 上海人民出版社, 2003, 238~242면.

61 『漢書』 권73, 「韋玄成傳」, 3109면, "玄成素有名聲, 士大夫多疑其欲讓爵辟兄者. …… 玄成不得已受爵. 宣帝高其節, 以玄成爲河南太守."

62 『漢書』 권84, 「翟方進傳」, 3411~3412면, "是時宿儒清河胡常, 與方進同經. 常爲先進, 名譽出方進下, 心害其能, 論議不右方進. 方進知之, 後伺常大都授時, 遣門下諸生至常所問大義疑難, 因記其說. 如是者久之, 常知方進之宗讓己, 內不自得, 其後居士大夫之間未嘗不稱述方進, 遂相親友."

梁鴻이 병이 난 연고로, 高伯通 및 會稽의 士大夫에게 말하여 가로되, "옛적 延陵季子는 자식을 嬴땅과 博땅 사이에 매장하고서, 그 고향으로 돌아가지 않았소. 삼가 내 처자식이 이 시체와 관을 가져가지 못하게 해주시오."[63]

隗囂는, 원래 宰府의 掾吏로, 文書에 능하여, 매번 上書하고 移檄문서를 지었을 때, 士大夫들 가운데 이를 읽고 외지 않는 이가 없었다.[64]

剛이 장차 돌아가려 할 때, (隗)囂에게 글을 주어 가로되, "將軍은 평소에 忠孝로써 현달 하셨는데, 이렇게 士大夫 때문에 千里를 멀다 하지 않으시니, 그 德義를 사모하고 또 기뻐합니다."[65]

…… 이에 詡을 朝歌長으로 삼았다. 친구들이 모두 조문하여 가로되 "朝歌를 얻으면 衰한다네!"라고 하였다. …… (馬)稜이 권면하여 가로되, "그대는 儒者이니, 마땅히 廟堂에서 모의를 해야 하는데, 어찌 도리어 朝歌에 계십니까?"라고 하니, 詡이 가로되, "처음 제수 받은 날, 士大夫들이 모두 조문하면서 권면하였습니다. 저를 위해 점을 쳐보기도 했지만, 어쩔 수 없다는 것만 알았습니다"라고 하였다.[66]

---

63 『東觀漢記』 권18, 「梁鴻傳」, 吳樹平 校注, 『東觀漢記校注』, 鄭州: 中州古籍出版社, 1987, 829면, "梁鴻病因, 與高伯通及會稽士大夫語曰: '昔延陵季子葬子于嬴博之間, 不歸其鄕, 愼弗聽妻子持尸柩去."

64 『東觀漢記』 권23, 「隗囂載記」, 870면, "隗囂, 故宰府掾吏, 善爲文書, 每上書移檄, 士大夫莫不諷誦之也."; 『後漢書』 권13, 「隗囂傳」, 526면에서는 "(隗)囂가 賓客과 掾史들 가운데 文學生들이 많았는데, 매번 일을 보고할 때마다, 當世의 士大夫들이 모두 이를 외고 다닐 정도였다. 그러므로 황제가 답사를 할 때마다 더욱 주의를 기울였다(囂賓客·掾史多文學生, 每所上事, 當世士大夫皆諷誦之, 故帝有所辭答, 尤加意焉)."라고 하였다.

65 『後漢書』 권29, 「申屠剛傳」, 1016면, "剛將歸, 與(隗)囂書曰: '將軍素以忠孝顯聞, 是以士大夫不遠千里, 慕樂德義."

66 『後漢書』 권58, 「虞詡傳」, 1867면, "乃以詡爲朝歌長. 故舊皆弔曰: '得朝歌何衰!' …… (馬)稜勉之曰: '君儒者, 當謀謨廟堂, 反在朝歌耶?' 詡曰: '初除之日, 士大夫皆見吊勉. 以詡譸之, 知其無能爲也.'"

(關)羽는 卒伍들에는 잘 대해주지만, 士大夫들에는 교만하고, 飛는 君子를 사랑하고 공경하지만 小人들을 불쌍히 여기지 않습니다.[67]

한대漢代 '작爵—질체제秩體制'의 변혁은 '사대부'라는 함의의 변화에 직접적인 영향을 끼쳤고, 아울러 그 군체群體의 분화를 초래하였다. 그렇다면 왜 '사대부'라는 단어가 계속 보존되어 내려 올 수 있었고, 그 신분도 문인과 관료의 이중적인 역할을 하는 사람들로 변화가 된 것일까? 앞에서 논한 바와 같이, 주周나라 작제爵制 하의 '사대부' 군체는 문무文武의 직능을 겸비한 사람들로, 그들은 전쟁을 치러야 하는 계층일 뿐만 아니라 또한 문화도 독점한 계층이었다. 다만 진나라 때 '사공事功'을 높이면서, '사대부'의 문화적 특질이 점차 사라지게 되었다. 예악禮樂이 무너지고 문화가 보편화되면서, '배워서 관직을 얻는' '사士'들이 나타나게 되었고,[68] 그들은 '사농공상士農工商'으로 분류되는 사민四民의 머리가 되었다. 이들 '사士'는 진한 시기의 겸병과 통일 및 한대 치국의 과정에서 극히 중요한 작용을 발휘하였다. 특히 한나라가 건립되고 평화로운 시기에 들어가면서, 황제와 신하들 모두가 '말 위에서 천하를 다스릴 수 없다.'는 것을 점점 인식하게 되었다. 그래서 관료제도도 치세治世의 요구에 맞게 조정을 하면서, 유학儒學이 또한 날로 존숭을 받게 되자, 사인계층士人階層이 크게 발전하게 되었다. 이와 동시에, 작제爵制의 발전은 군리群吏 '사대부' 군체의 분화를 가져와 그 군사적인 색채도 날로 흐려지게 되었지만, '사대부'가 원래 갖고 있던 문화적인 특질이 재조명되면서 한대 '작—질체제'의 발전 속에서 '사'·'사대부'와 지식관료집단의 결합의 촉진이 날로 두드러지게 되었다. 특히 강조하고 싶은 것은 '사대부'의 문화적

67 『三國志』 권36, 「蜀書·張飛傳」, 北京: 中華書局, 1982, 944면, "(關)羽善待卒伍而驕于士大夫, 飛愛敬君子而不恤小人."
68 『漢書』 권24상, 「食貨志上」, 1117~1118면.

특색이 재조명되는 과정 속에는, 주진양한周秦兩漢 시기 '자대부子大夫'라는 말이 계속 쓰였던 것도 또한 아주 중요한 작용을 하였다는 것이다.

4. 자대부子大夫와 사대부

'자대부子大夫'라는 말은 제자서諸子書에서는 현사賢士에 대한 존칭으로 쓰였다. 예를 들면 다음과 같다.

> (齊桓)公이 가로되, "子大夫께서 정사를 맡지 않으시면, 寡人은 일을 감당할 수 있겠지만, 子大夫께서 정사를 맡지 않으신다면, 寡人은 무너질까 두렵습니다"라고 하니, 管仲이 허락하는 뜻에서, 두 번 절하면서 재상 자리를 받아들였다.[69]

> "城이 약하면 적들이 공격해 들어오고, 저장해 놓은 것이 없으면 적들이 에워싼다. 天下에 이러한 걱정이 있는데, 齊나라는 유독 그것을 도모하지 않는 것인가? 子大夫들은 五穀과 콩 등의 양식을 갖고 있어도 감히 어찌하지를 못하는 것 같으니, 청컨대 싼 가격으로 그대들의 것을 취하겠소'라고 한 다음, 그들에게 소정의 계약증서를 주는데, 측량한(釜鏂) 수는 많게 해서도 안 되고 적게 해서도 안 됩니다."[70]

> (齊景)公이 가로되, "大夫께서 寡人을 가르쳐 주지 않으셨다면, 큰 죄를 지어 社稷에 까지 연루시킬 뻔 했습니다. 지금 子大夫께서 가르쳐 주고 계시니, 社稷

69 黎翔鳳 撰, 『管子校注』, 「小匡」, 北京: 中華書局, 2004, 446면, "(齊桓)公曰: '子大夫受政, 寡人勝任, 子大夫不受政, 寡人恐崩.' 管仲許諾, 再拜而受相."

70 黎翔鳳 撰, 『管子校注』, 「輕重甲」, 1404면, "城脆致橫衝, 無委致圍, 天下有慮, 齊獨不與其謀? 子大夫有五穀菽粟者, 勿敢左右, 請以平賈取之子, 與之定其券契之齒, 釜鏂之數, 不得爲侈弇焉."

의 福입니다. 寡人은 命을 받겠습니다."[71]

> 子大夫께서 밤낮으로 寡人을 질책하심이 조금도 남기지 않으시듯 하셨는데, 寡人은 오히려 淫泆함을 거두지 못하여, 百姓들의 원망을 중하게 얻었습니다. 지금 하늘이 齊나라에 화를 내렸는데, 寡人에 내리지 않고, 夫子께 내리셨으니, 齊國의 社稷이 위태로워 졌습니다. 百姓들이 장차 누구에게 하소연 하겠습니까![72]

나라의 임금이 관중管仲·안자晏子를 높여서 '자대부子大夫'로 불렀다. 위에 열거한 예문 가운데, '자대부'와 '자子'·'대부大夫'·'부자夫子'는 모두 경칭敬稱으로, 도덕道德·학식學識·성망聲望·직위職位가 있는 사람을 가리키던 말이었다. 진한 시기 사적史籍 가운데, '자대부'도 자주 보인다. 예컨대 다음과 같다.

> 지금 子大夫께서 先王의 術을 닦으시고, 聖人의 義를 사모하시어, 『詩』·『書』·百家의 말을 외는 것이 셀 수 없을 만큼 많으십니다. 竹帛에 저술 하시며, 스스로 海內에 짝이 없다고 여기시니, 곧 식견이 넓으시고 지혜와 언변이 뛰어나다(博聞辯智) 이를 만합니다.[73]

> 朕이 不敏하여 덕을 널리 펼 수 없었으니, 이는 子大夫들도 보고 들은 바이다. 賢良한 자들은 古今 王事의 본체에 밝으니, 策을 주어 살펴 물으면, 모두 다 글로써 대답하고, 그것을 간책에 기록하도록 하라. 朕이 친히 열람할 것이다.[74]

---

71 吳則虞 撰, 『晏子春秋集釋』, 「內篇諫下」, 北京: 中華書局, 1962, 101~102면, "(齊景)公曰: '微大夫教寡人, 幾有大罪以累社稷, 今子大夫教之, 社稷之福, 寡人受命矣.'"

72 吳則虞 撰, 『晏子春秋集釋』, 「外篇」, 517면, "子大夫日夜責寡人, 不遺尺寸, 寡人猶且淫泆而不收, 怨罪重積于百姓. 今天降禍于齊, 不加於寡人, 而加于夫子, 齊國之社稷危矣, 百姓將誰告夫!"

73 『史記』 권126, 「滑稽列傳」, 3206면, "今子大夫修先王之術, 慕聖人之義, 諷誦『詩』『書』百家之言, 不可勝數. 著於竹帛, 自以爲海內無雙, 即可謂博聞辯智矣."

그 큰 죄를 지은 자가, 명을 듣고서 北面하고 두 번 절한 후, 무릎을 꿇고 자진하면, 주상께서는 사람을 보내 그의 머리를 잡고 형을 집행할 필요가 없이, "子大夫들 스스로 죄를 지었을 뿐이다! 나는 그대들(子)을 예로써 대우했노라" 고 하시면 됩니다. 그들을 예로써 대우하시면 群臣들도 스스로 기뻐할 것이고, 그들을 廉恥로 대하시면 사람들은 節行을 자랑할 것입니다. 주상께서 廉恥・禮義로 그 신하들을 대우하시는데, 신하들이 節行으로써 주상께 보답하지 않는다면, 그들은 사람도 아닙니다.[75]

(漢武帝가) 制를 지어 가로되, "朕은 선제의 아름다운 덕을 계승하여 무궁히 전하고, 한 없이 베풀려 하니, 임무가 크고 자리가 중하니, 이 때문에 밤낮으로 쉴 겨를이 없이, 萬事를 길이 다스릴 것만 생각하면서도 오히려 미치지 못하는 것이 있을까 두렵다. 그래서 널리 四方의 호걸준재들을 널리 불러 모아, 郡國의 諸侯들과 公들이 현량하고 덕이 있으며 학식이 넓은 선비들을 추천하였으니, 내 그들로부터 大道의 요체와 지극한 언론을 듣고자 한다. 지금 子大夫들은 탁월한 식견으로 우수하게 선발되었으니, 朕이 심히 기뻐하는 바이다. 子大夫들은 그 마음과 생각을 정성스럽게 다하도록 하라. 朕은 다음과 같은 것들을 묻고 경청할 것이다. …… 子大夫들은 선대 성왕들의 업에 밝고, 풍속 변화의 도리와 만물의 시작과 끝에 대해 익숙하며, 높고 심오한 도리를 강술하고 들은 지도 오래 되었을 터이니, 그것으로써 朕을 밝게 깨우쳐 주길 바란다. 조리 있게 분별하되, 지나치게도 또 너무 간략하게도 하지 말며, 각자의 배운 학술에서 취하여 삼가 그 방안을 내어 놓아, 그 정직하지 못한 자, 충성을 다하지 않는 자, 제멋대로 편법을 써서 일하는 자 등을 빠짐없이 기록하면, 朕이 친히 살펴보고 처리할 것이니, 후환을 근심하지 말라. 子大夫들은 그 마음을 다하여 숨김없이 기록하라. 朕이 장차 친히 열람할 것이다."

"지금 子大夫로 조서를 대하는 자가 백여 명이 있는데, 혹은 세상의 일에

74 『漢書』 권6, 「武帝紀」, 161면, "朕之不敏, 不能遠德, 此子大夫之所睹聞也. 賢良明於古今王事之體, 受策察問, 咸以書對, 著之於篇, 朕親覽焉."

75 『漢書』 권48, 「賈誼傳」, 2257면, "其有大辠者, 聞命則北面再拜, 跪而自裁, 上不使捽抑而刑之也, 曰, '子大夫自有過耳！吾遇子有禮矣.' 遇之有禮, 故群臣自憙, 嬰以廉恥, 故人矜節行. 上設廉恥禮義以遇其臣, 而臣不以節行報其上者, 則非人類也."

대해 말로만 할 줄 알지 실제로 하지는 못하고, 상고시기의 다른 점을 상고하여 현실에 적용하려 하나 행하기 어려우니, 글에 묶여서 내닫을 수 없는 것이 아니겠는가? 이는 서로 다른 학술로 인하여 서로 다른 말을 하기 때문인가? 각자 남김없이 다 간책에 적으면서, 담당 관리들을 꺼리지 말라. 그 요지와 방략을 밝히고, 세세히 궁구하여, 朕의 뜻에 부응하길 바란다."

"지금 子大夫들은 陰陽이 어떻게 造化되는지에 밝고, 先聖의 道業을 익혔지만, 문장으로 다 나타내지 않으니, 당세의 일에 의혹됨이 없다는 말인가? 조리 있게 다 정리하지를 못하여 그 뜻을 밝혀내지 못하는 것 같으니, 朕이 그 뜻에 밝지 못하기 때문인가? 아니면 들으면서 미혹되기 때문인가? 대저 三王의 가르침이 종지로 삼고 있는 바가 다르기 때문에, 모두 부족한 바가 있다고 하기도 하고, 혹자는 오래되어도 바뀌지 않는 것이 道라고 이르기도 하니, 그 뜻이 다르다는 말인가? 지금 子大夫들은 이미 大道의 지극함을 적었고, 治亂의 실마리를 폈으니, 그것을 더 자세하게 궁구하여, 다시 잘 알아 볼 수 있게 하도록 하라. 『詩』에 이르지 않았는가? '아아! 君子는 편히 살려고만 해서는 안 되는 법, 신중히 법도를 따르면서 커다란 복을 추구하기를.' 朕이 장차 친히 열람할 것이니, 子大夫들은 그것을 풍부하게 밝히도록 하라."[76]

(한무제가 制를 지어) 가로되, "子大夫들은 옛 성왕들의 법을 닦고, 君臣의 義에 밝아서, 講論하면 그 식견이 넓음을 알 수 있어, 當世에 명성이 자자하니, 감히 子大夫들에게 묻겠다. 天人의 道가 가장 근본으로 삼는 것이 무엇인가?

76 『漢書』 권56, 「董仲舒傳」, 2495・2498면, "制曰: '朕獲承至尊休德, 傳之亡窮, 而施之罔極, 任大而守重, 是以夙夜不皇康寧, 永惟萬事之統, 猶懼有闕. 故廣延四方之豪俊, 郡國諸侯公選賢良修絜博習之士, 欲聞大道之要, 至論之極. 今子大夫褎然爲擧首, 朕甚嘉之. 子大夫其精心致思, 朕垂聽而問焉. …… 子大夫明先聖之業, 習俗化之變, 終始之序, 講聞高誼之日久矣, 其明以諭朕. 科別其條, 勿猥勿并, 取之於術, 愼其所出, 乃其不正不直, 不忠不極, 枉于執事, 書之不泄, 興于朕躬, 毋悼後害. 子大夫其盡心, 靡有所隱, 朕將親覽焉.'"; 앞의 책, 2507면, "今子大夫待詔百有餘人, 或道世務而未濟, 稽諸上古之不同, 考之于今而難行, 毋乃牽于文繫而不得騁與? 將所繇異術, 所聞殊方與? 各悉對, 著于篇, 毋諱有司. 明其指略, 切磋究之, 以稱朕意."; 앞의 책, 2513~2514면, "今子大夫明于陰陽所以造化, 習於先聖之道業, 然而文采未極, 豈惑虖當世之務哉?條貫靡竟, 統紀未終, 意朕之不明與? 聽若眩與? 夫三王之教所祖不同, 而皆有失, 或謂久而不易者道也, 意豈異哉? 今子大夫旣已著大道之極, 陳治亂之端矣, 其悉之究之, 孰之復之. 『詩』不云虖? '嗟爾君子, 毋常安息, 神之聽之, 介爾景福.' 朕將親覽焉, 子大夫其茂明之."

吉凶의 나타남을 어떻게 알 수 있는가? 禹湯시기의 홍수와 가뭄은, 그들의 무슨 허물을 인함이었는가? 仁·義·禮·知, 이 네 가지의 마땅함을 어떻게 펴야 하는가? 제통의 계승과 생사의 변화, 그리고 天命의 징조, 이 모든 것의 폐함과 흥함은 어떠한 것인가? 天文·地理·人事의 기강에 대해서는 子大夫들도 익히 알고 있을 것이다. 그 뜻을 다하여 정도에 맞는 것을 의론하되, 상세하게 대답하여 간책에 기록하도록 하라. 朕이 친히 열람할 것이니, 숨기는 것이 없도록 하라."고 하였다.[77]

조서에 가로되, "朕이 곧은 선비를 사모하여, 側席에서 공경히 서로 다른 의견을 듣고자 한다. 그 먼저 이른 자들은 각자 마음 속 불만을 토로하여, 子大夫들의 뜻을 대략 알게 하라. 모두 내 좌우에 두어서 여러 일에 대해 묻고 살펴 받아들일 것이다."[78]

文學은 모두 山東에서 나왔지만, 국가 대사에 대해 토론하는 일은 적었다. 子大夫들은 京師에 있은 지 오래 되었으니, 政治의 得失과 관련된 일에 대해 밝혀서, 그 원인을 분석해 주길 바란다.[79]

이들 예문 속에 보이는 '자대부'의 특징은 바로 "선왕先王의 술術을 닦고, 성인聖人의 의義를 사모하여, 『시詩』·『서書』·백가百家의 말을 외는 것"과 "고금古今 왕사王事의 본체에 밝으며", "선대 성왕들의 업에 밝고, 풍속 변화의 도리와 만물의 시작과 끝에 대해 익숙하며", "음양陰陽이 어떻게 조화造化되는

77 『漢書』 권58, 「公孫弘傳」, 2614면, "制曰: '子大夫修先聖之術, 明君臣之義, 講論洽聞, 有聲乎當世, 敢問子大夫, 天人之道, 何所本始? 吉凶之效, 安所期焉? 禹湯水旱, 厥咎何由? 仁義禮知四者之宜, 當安設施? 屬統垂業, 物鬼變化? 天命之符, 廢興何如? 天文地理人事之紀, 子大夫習焉. 其悉意正議, 詳具其對, 著之於篇, 朕將親覽焉, 靡有所隱.'"

78 『後漢書』 권3, 「章帝紀」, 140면, "詔曰: '朕思遲直士, 側席異聞. 其先至者, 各以發憤吐懣, 略聞子大夫之志矣, 皆欲置於左右, 顧問省納.'"

79 王利器 校注, 『鹽鐵論校注』, 「國疾」, 北京: 中華書局, 1992, 333면, "文學皆出山東, 希涉大論, 子大夫論京師之日久, 願分明政治得失之事, 故所以然者也."

지에 밝고, 옛 성왕의 도업道業을 익혔으며", "옛 성왕들의 법을 닦고, 군신君臣의 의義에 밝아서, 강론講論하면 그 식견이 넓음을 알 수 있어, 당세當世에 명성이 자자한", "경사京師에 있은 지 오래 되어, 정치政治의 득실得失과 관련된 일에 대해 밝힐 수 있는" 자들이다. 구체적으로 말하자면, '현량賢良'·'사방의 호걸과 준재(四方豪俊)'·'현량하고 덕이 있으며 학식이 넓은 선비들(賢良修絜博習之士)'·'임금의 조서를 대하는 자(待詔)'·'곧은 선비(遲直士)' 등도 모두 '자대부'라 일컬어 졌다. 한대의 '자대부'는 우수한 유학儒學적 소양을 갖추었을 뿐만 아니라, 정사에 적극적으로 참여하여 관직을 갖고 있었다. 이는 한대 이후의 '사대부'와 같은 것으로, 문인과 관료의 두 가지 역할을 겸비하고 있었던 것이다. 동한東漢 시기에 이르러서는 '자대부'와 '사대부'는 동일한 대상을 가리키는 것으로 같이 쓰이기도 하였다.

'자대부'와 '사대부'의 함의가 어떻게 같아졌을까? 우리는 역대 주해注解 속에서 그 원인을 찾아볼 수 있다. 『시경詩經』, 「왕풍王風·대차大車」의 "어찌 그대를 생각 않으리! 그대가 두려워 감히 못가는 거지(豈不爾思, 畏子不敢)."라는 구절의 모전毛傳에서는 "자대부의 정사를 두려워 하니, 끝내 감히 할 수 없었다."고 하였고, 정전鄭箋에서는 "자子는 존경하는 대상을 일컫는 말이다." 라고 하였다.[80] 서한西漢의 모형毛亨이 봤을 때, '자'와 '자대부'는 같은 것이었다. 『공양전公羊傳』 선공宣公 6년, "그대는 대부이니, 그것을 보시고 싶으시면 가서 보십시오(子, 大夫也, 欲視之, 則就而視之)"의 하휴何休 주注에는, "옛날 사대부를 통칭 '자子'라고 하였다"라고 하였다.[81] 동한 시기 하휴는 옛날에는 '사대부'를 '자'라고 통칭했다고 생각했던 것이다. 모형과 하휴의 주해에 의하

80 『十三經注疏』, 『毛詩正義』, 「王風·大車」, 北京: 中華書局, 1980, 333면, 毛傳에서는 "畏子大夫之政, 終不敢."이라 하였고, 鄭箋에서는 "子者, 稱所尊敬之辭."라고 하였다.
81 『春秋公羊傳注疏』, 北京大學出版社, 1999, 331면, 何休 注에는, "古者, 士大夫通曰子."라고 하였다.

면, '자'·'사대부'·'자대부'는 모두 존칭으로 그 뜻이 같다. 그래서 『한서』에 보이는 '자대부'에 대해 복건服虔은 "자子, 남자에 대한 미칭이다."라고 하였고,[82] 안사고顔師古는 "자는 사람에 대한 미칭으로, 대부는 그 관官을 들어 말한 것이다. 뜻이 인재를 우대하고 존중하는 데에 있는 것이니, 그러므로 자대부라 한 것이다"라고 하였다.[83]

또 『문선文選』, 「한무제현량조漢武帝賢良詔」의 "이는 자대부도 보고 들은 바이다(此子大夫之所覩聞也)."에 대해 이선李善은 다음과 같이 주注를 달았다. "『국어國語』의 '월왕越王 구천句踐이 가로되 진실로 자대부의 말씀을 들었습니다.'에 대해 가규賈逵는 '친하고 가까우니 그러므로 자대부라 한다.'라고 하였다." 또 여향呂向 주注에는 "자대부는 현능하고 어진 사람을 이르는 것이다. 이는 천자의 공경하는 말이다."라고 하였다.[84] 『문선文選』, 「영명구년책수재문永明九年策秀才文」의, "짐은 나라의 넓은 기반을 계승하여, 이 지극한 도를 널리 베풀려 생각하니, 해와 달로 그 길한 징조를 내게 하고, 비·바람으로 사시의 절도에 맞게 하며, 밝은 덕의 아름다움에서 떨어지지 않게 하고, 하늘을 공경하는 의義를 돌아오게 하고자 하니, 이에 대해 자대부는 어떻게 생각하는가?(朕獲纂洪基, 思弘至道, 庶令日月休征, 風雨玉燭, 克明之旨弗遠, 欽若之義復還, 於子大夫何如哉?)"에 대해 유량劉良은 주에서 "자대부는 수재秀才이다."라고 하였다.[85] 『사기史記』, 「월왕구천세가越王句踐世家」의 "군자 육천인(君子六千人)"에 대해 『집해集解』에서는 위소韋昭를 인용해, "군자君子, 왕의 친근한 자들 가운데 지행志行이 있는 자로, 오나라에서 이르는 '현량賢良', 제나라에서 이르는 '사士'와

82 『漢書』 권48, 「賈誼傳」, 2258면; 『漢書』 권56, 「董仲舒傳」, 2496면, 顔注에서 服虔을 인용하여 "子, 男子之美號也"라고 하였다.

83 『漢書』 권6, 「武帝紀」, 162면, 顔注, "子者, 人之嘉稱. 大夫, 擧官稱也. 志在優賢, 故謂之子大夫也."

84 『六臣注文選』, 北京: 中華書局, 1987, 664면, 李善 注, "『國語』, '越王句踐曰, "苟聞子大夫之言."' 賈逵曰, '親而近, 故曰子大夫也.'" 呂向 注, "子大夫, 謂賢良人也, 此天子之敬辭."

85 『六臣注文選』, 北京: 中華書局, 1987, 677면, 劉良 注, "子大夫, 秀才也."

같은 것이다."라고 하였다.[86] 가규賈逵와 위소韋昭는 군왕 주위의 지행志行이 있는 자들을 '자대부'·'군자'·'현량'·'사'라고 일컫는다고 생각하였다. 그러나 『예기禮記』 권29, 「옥조玉藻」에 보면, "군자는 여우의 푸른 털로 만든 가죽옷과 표범가죽 소매에는, 검은색의 생사로 만든 옷을 석의裼衣로 입는다(君子狐青裘豹褎, 玄綃衣以裼之).", 정현鄭玄은 주注에서 "군자, 사대부이다."라고 하였다.[87] '대부사大夫士'가 또한 '군자君子'라고도 불린 것은, '사대부'라는 단어가 원래 주나라 작제인 '공公·경卿·대부大夫·사士'에서 유래했기 때문이다. 종합적으로 말하자면, 동한東漢 이후 '자'·'자대부'·'사대부'·'군자'·'사'·'현량' 등의 호칭이 가리키는 대상은 같았는데, 바로 '사인士人' 계층이었다.

동한 이후 '사대부'와 '자대부'는 한동안 같은 뜻으로 쓰였다. 그러나 위진魏晉 이후의 사적史籍 속에서 '사대부'는 점점 많아졌지만, '자대부'는 갈수록 줄어들다가[88] 양당서兩唐書 이후에는 정사正史에 '자대부'라는 말이 더 이상 보이지 않게 되었다. '사대부'가 자대부라는 말을 완전히 대신하게 된 것이다. '사대부'는 어떻게 '자대부'를 대신 할 수 있었는가? 이는 사회계층의 발전 및 언어학적인 단어 의미 체계의 내부적 조정과 밀접한 관계가 있다. 한편으로는, 양한兩漢 이후 사인계층士人階層이 큰 발전을 이룩하면서, 관료정치와 사회문화 속에서 큰 작용을 하였다. 사인은 관원의 주요한 공급처였을 뿐만 아니라, '사·농·공·상'의 사회구조 속에서 가장 중요한 지위를 점

86 『史記』 권41, 「越王句踐世家」, 1744~1745면, "韋昭曰, '君子, 王所親近有志行者, 猶吳所謂'賢良', 齊所謂'士'也.'"

87 孫希旦, 『禮記集解』, 北京: 中華書局, 1989, 805면, 鄭玄 注, "君子, 大夫士也."

88 『漢書』 이후 '子大夫'는 『後漢書』 권3, 「章帝紀」, 140면; 『三國志』 권8, 「魏書·公孫度傳」 注에서 인용한 『魏略』, 255면; 『三國志』 권8, 「魏書·王烈傳」, 356면; 『晉書』 권52, 「阮種傳」, 1444·1447면; 『晉書』 권55, 「夏侯湛傳」, 1492면; 같은 책 同卷, 「張協傳」, 1523면; 『魏書』 권62, 「李彪傳」의 인용문, 1387면; 『北史』 권40, 「李彪傳」, 1457면; 『舊唐書』 권190하, 「劉蕡傳」, 5065면; 『新唐書』 권178, 「劉蕡傳」, 5290면에만 보인다.

하고 있기도 하였다. 이는 사인계층을 중화제국의 가장 특수한 계층으로 만들어 버렸다.[89] 이 계층은 하나의 적합한 대명사가 필요했다. 또 한편으로는, 언어 경제성 원칙의 제약을 받았다. 같은 시간과 공간 속에서 같은 뜻을 가진 두 개의 단어들 사이에는 선택과 경쟁이 존재하기 마련이다. 그 중 하나의 단어만이 살아남아 전승되고, 다른 단어는 사라지게 된다. '사대부'라는 단어의 '사'의 의미가 돋보이는데, 바로 '사인'을 연상시키기 때문이다. 하지만 '자대부'가 '사인'의 뜻을 포함한다고 하기에는 조금 견강부회하는 감이 없잖아 있다. 그렇기 때문에 '사대부'가 '자대부'를 대신해 '사인'·'문인관료'의 뜻을 가진 상용어가 된 것이다.

5. 결어

'사대부'는 원래 주나라 내작內爵제도의 '공·경·대부·사' 중 가장 낮은 두 작급을 가리키던 말로, 주나라 통치 집단 가운데 중하층을 구성하면서 문무文武의 직능을 겸비하고 있었다.

진나라 상앙변법 이후, 군공작제는 종법적인 신분으로 작위를 획득하던 전통을 무너뜨렸다. 문화의 독점과 출생 신분에 상응하는 군사적인 의무는 더 이상 작위를 획득하는 근거가 되지 못했다. 오히려 공로가 작위를 얻는 기본적인 근거가 되었다. '사대부'는 군공작제 하에서 사·대부급 작위를 얻었던 것은 군리軍吏로 군사적인 색채가 농후해진데 반해, 그 문화적인 특징은 오히려 사라져 버렸다. 서한시기에 이르러서도 '사대부'는 여전히 장사將士를 가리키는 말로 많이 쓰였다.

---

89 余英時, 『士與中國文化』, 上海人民出版社, 2003; 閻步克, 『士大夫政治演生史稿』, 北京大學出版社, 1996; 于迎春, 『秦漢士史』, 北京大學出版社, 2000 참조.

진한 시기에 사졸士卒은 주로 편호민에서 공급되었고, 또 다시 편호민으로 돌아갔다. 이러한 과정 속에서 진한제국은 군공을 통해 사・대부 등 저급작위低級爵位를 배수拜授하였는데, 이는 기층 민중 개인의 신분을 확정함과 동시에 그들의 작위를 편호민의 호적 속에 기록함으로써, 제국의 편호민에 대한 지배를 실현시켰다. 이는 진한 시기의 호적류 자료에 반영되어 있다. 곧 편호민들이 사와 대부급 작위를 가지고 있는 것은 자주 보이지만, 경卿급 이상의 고작高爵을 가진 경우가 보이지 않는 것이다. 이러한 측면에서 보자면, '사대부'는 사실상 편호민의 신분이었다.

한 제국 건립 후, 난세亂世에서 치세治世가 되면서 사기士氣를 진작시키기 위한 군공작은 점점 제국을 관리하기 위한 관료와 리민吏民에 대한 사작제賜爵制로 변화되었다. 제국 통치자들은 상대적으로 안정적인 질급秩級을 이용하여, 질육백석秩六百石과 오대부를 결합시킴으로써 관작과 민작의 분계선을 확정지었다. 이때, 원래 '사대부' 군체에 속하던 오대부는 관료집단으로 전속轉屬되었다. '오대부'의 관작화는 편호민들이 더 이상 오대부작을 소유하지 못하게 하였으며, 이로써 '사대부' 작제 군체의 분화를 초래하였다. 더욱이 갈수록 민작을 남발하면서 향리의 작제질서가 점점 해체되었고, 결국 '사대부'의 군사・작제적 색채도 사라지게 되었다.

한대 관료제의 발전과 유학儒學에 대한 추숭推崇으로 사인계층이 장대하게 발전하면서, '사대부'가 원래 지니고 있던 문화특질이 재조명 되었다. 동한 이후, '사대부'는 우수한 유학적 소양을 지니고 적극적으로 정사에 참여하면서 관직을 지닌 문인관료를 가리키는 말이 되면서, '자대부'라는 말과 같이 쓰이기도 하였다. 그러나 '사대부'를 구성하는 '사'의 의미가 '사인'계층을 더 잘 나타내 주기 때문에 '사대부'가 '자대부'를 대신하여 '사인'・'문인관료'의 뜻을 지닌 상용어가 되었다.

위진남북조魏晉南北朝 시기의 '사士'에 관한 일시론一試論

일본日本 학계에서의 '귀족貴族'론에 대한 재검토를 중심으로

하원수(河元洙)*

1. 서론

'사士'로 불린 이들이 중국의 역사 속에서 행한 중요한 역할은 누구도 부정하지 않는다. 그러나 누가 사士인가라는 질문에 대한 답은 쉽지 않다. 사士가 주대周代에 지배층의 최하위 등급을 뜻하였음은 주지의 사실이지만, 고대국가의 신분제가 와해되는 춘추전국시대春秋戰國時代를 거치면서 제도적 위상이 바뀔 수밖에 없었기 때문이다. 게다가 이 변혁기에는 자신들의 이념적 의미를 스스로 모색하려는 사士들도 있었으므로, 제도와 별개의 개념 역시 생겨날 수가 있었다.[1] 이와 같이 사회적으로 규정된 사士의 구체적인 실체가 시대에

* 성균관대학교 사학과 교수.

1 『論語』, 「子路」 편에 나오는 子貢과 子路의 "何如斯可謂之士矣?"라는 물음과 이에 대한 孔子의 답변들은(『論語注疏』 권13, 北京: 北京大學出版社, 2000, 201~202면과 205면. 이하 13經은 모두 이 北京大學出版社本에 의거한다) 그 좋은 예로서, 士의 사회적 실체가 혼란스러워진 당시 그 의의를 독자적으로 찾으려는 움직임은 儒家에서 뚜렷이 드러난다. 그리고 孔子의 "士志於道"(同上 권4, 「里仁」, 54면)나 曾子의 "士不可以不弘毅"(同上 권8, 「泰伯」, 115면), 孟子의 "[士]尙志"(『孟子注疏』 권13하, 「盡心章句上」, 434면)라는 말 등에서 강조된

따라 변하여 갔고, 이들의 추상적 가치관에 입각한 자기정체성 또한 마찬가지였던 것이다.[2] 따라서 장구한 중국의 역사 속에서 사士에 대한 일의적一義的 설명은 불가능하고, 본고는 위진남북조 시기의 제도적 위상을 중심으로 이 문제에 접근하고자 한다.

황제를 정점에 둔 진한제국秦漢帝國이 관료제官僚制를 철저히 정비해 가면서, 士의 성격도 당연히 변화하였다. 이와 관련하여 『백호통의白虎通義』의 다음과 같은 기록은 매우 흥미롭다.

> 士는 '일하다'는 뜻으로 실무를 맡은 사람을 가리킨다. 그래서 『傳』에 따르면 "옛날과 현대를 연결시키고 타당성과 부당성을 가려내므로 '士'라고 한다." [우리는] 士가 작위에 해당되지 않는 것을 어떻게 알 수 있는가? 『禮』에 보면 "40세쯤에 [남자는] 지향이 확고하고 벼슬자리에 나아간다."라고 한다. [여기에서] "士 작위를 받는다."고 말하지 않는다. 50세가 되면 大夫 작위를 받는다.[3]

후한後漢의 장제章帝(재위 75~88)가 발의하고 재가裁可한 논의에 기초해 만들어진 이 책은 당시 조정의 공식적 입장의 표명이라는 점에서 중요하다. 그런데 여기에서 사士를 대부大夫 등의 "內爵"과 이처럼 명확히 구분하였던 것이다. 사士를 관작으로 인정하지 않는 이러한 인식은 일찍부터 보인다. 전한초前漢初에 가의賈誼는 「복조부服鳥賦」에서 "大夫는 계책을 올리고 士는 백성들의 말을 전한다."[4]라고 하여 대부大夫와 사士의 역할을 확실히 구분하였기 때문

士의 내면적 가치는 실제로 儒家의 영향력이 커진 이후 士의 중요한 속성으로 인식되었다.

2 Peter K. Bol, *"This Culture of Ours": Intellectual Transitions in T'ang and Sung China*, Stanford: Stanford University Press, 1992, pp. 34~35의 설명처럼, 사회적 집단으로서 士의 변화는 일면 이들이 집단적으로 공유한 가치에 대한 定義와 불가분의 관계에 있었다(심의용 역, 『중국 지식인들과 정체성』, 북스토리, 2008, 95면에서는 이 책의 "士(shih)"를 "사대부"로 번역하였다).

3 班固 저, 신정근 역, 『백호통의』, 소명출판, 2005, 제1편 「爵位 內爵」, 51~52면. 陳立 찬, 『白虎通疏證』 권1, 「作」, 北京: 中華書局, 1994, 18~19면, "士者, 事也. 任事之稱也. 故『傳』曰, '通古今, 辯然否, 謂之士.' 『禮』曰, '四十强而仕', 不言'爵爲士'."

이다. 따라서 한대漢代의 사士는 정사에 직접 관여할 수 있는 대부大夫와 달리 민民에 가까운 존재였다고 여겨진다.

그런데 『한서漢書』는 "學以居位曰士, 闢土殖穀曰農, 作巧成器曰工, 通財鬻貨曰商."[5]이라고 "四民"을 설명하였다. 이 또한 사士를 농農·공工·상商과 같은 민民의 하나로 보았다는 점에서 위의 기록들과 유사하다. 그러나 그 서술 방식의 차이, 다시 말해 士의 경우 "居位"라고 하여 여타 민民들에게 없는 "位"를 인정하였다는 점에 주의할 필요가 있다. 이것이 단순한 표현의 문제가 아님은 『춘추春秋』 주석가들의 논란에서 잘 드러난다. 당대唐代에 양사훈楊士勛은 "德能居位曰士"[6]라고 한 하휴何休의 『공양전公羊傳』 주注를 비판하면서, 사士가 "居位"한다면 "民"이 아니라고 하였기 때문이다.[7] 즉 "位"는 민이 가질 수 없고, "居位"한다고 설명된 사士는 농·공·상과는 상이한 존재인 것이다. 그렇다면 위의 기록들에 나오는 한대漢代의 사士는 관작이 없으면서도 일반민과는 다른 매우 독특한 성격을 가졌다고 하겠다.[8]

물론 진한秦漢 시기의 문헌에 나타나는 실제 사士의 존재 형태는 다양하다. 게다가 사士는 '유사遊士'나 '유사儒士'처럼 다른 글자와 자주 연칭되고, 이러

---

4 『漢書』 권48, 「賈誼」, 北京: 中華書局, 1962, 2249면에서 "大夫進謀, 士傳民語."라고 하였다. 이하 중국의 正史는 모두 이 中華書局本에 의거한다.

5 『漢書』 권24상, 「食貨志上」, 1118면, 박기수 등 역주, 『사료로 읽는 중국고대사회경제사』, 청어람미디어, 2005, 289면에서는 이 구절을 "학문을 해서 관직을 담당하는 자를 士라 하고, 토지를 개척하여 곡식을 심는 자를 農이라 하며, 교묘한 기술을 부려 器物을 만드는 자를 工이라 하고, 재물을 소통시키고 화물을 파는 자를 商이라 한다."고 번역하였다.

6 『春秋公羊傳注疏』 권17, 成公元年 3월조, 427면.

7 『春秋穀梁傳注疏』 권13, 成公元年 3월조, 242면.

8 "禮不下庶人, 刑不上大夫"라는 『禮記』의 유명한 구절도 士의 이러한 성격과 상통한다. 禮와 刑의 적용이 모두 가능한 士는 庶人과 大夫의 중간적인 존재이기 때문이다. 이러한 시각에서 볼 때 秦漢 시기에 "士가 여타 문명의 지식집단처럼 독립된 정치, 종교 조직이나 등급 제도를 발전시키지 않아서 사회의 다른 계층과 그렇게 대항하거나 分立하지 않았다. 비록 그들이 농민이나 통치귀족과 확실히 달랐지만, 그 사이를 자연스럽게 오가며 함께 교류하고 있었"음을 강조한 于迎春, 『秦漢士史』, 北京: 北京大學出版社, 2000, 2면의 지적은 중요하다.

한 용례까지 고려한다면 그 성격을 획일적으로 규정하려는 시도는 무망해 보인다. 그러나 당시 사회의 편제에서 중요한 작제상爵制上 사士란 말이 최하위의 '공사公士'에만 들어갈 뿐이고, 그 아래 "無爵"자者까지 '사오士伍'라고 불린 것도 사실이다.[9] 이것은 이 시기에 사士로 일컬어진 이들의 제도적 위상이 관官과 민民의[10] 사이에 끼인 애매한 지위였음을 재차 확인시켜준다. 사士와 '이吏'라는 말을 합친 '사리士吏'라는 관직이 한초까지 보이지만, 그 직위는 결코 높지 않았다.[11]

그러므로 진한 시기의 사士는 대개 관官과 민民의 중간에 위치한다고 해도 좋을 듯하다. 이러한 시각에서 볼 때, 서민庶民이 관인官人으로 되는 과정 중의 사람들 역시 사士라고 불린다고 해서 결코 이상하지 않다. 실제로 한대漢代의 찰거察擧 대상자는 통상 "사士"로 일컬어졌는데,[12] 일반민 중에서 임관 자격을 갖춘 이들이야말로 관官과 민民 사이의 전형적인 존재였던 것이다. 당시 사민四民 가운데 사士에게만 특별히 인정된 "位"의 근거 곧 "學"과 "德能"이 바로 관인官人의 조건일 수 있다면 더욱 그러하다. 따라서 사士의 문제는 일면 관인 선발제도와 불가분의 관계를 가지고 있다고 생각된다. 사실 『예기禮記』는

---

9 衛宏, 紀昀 등 輯, 『漢官舊儀』 下; 孫星衍 등 輯, 『漢官六種』, 北京: 中華書局, 1990, 51~53면. 특히 士伍의 경우 당시 "有爵者와 徒隸層이 합류할 수 있는" 신분으로서 "編戶"의 저변을 형성하고 있었다는 임중혁, 「秦漢律의 耐刑-士伍로의 수렴 시스템과 관련하여」, 『中國古中世史硏究』 19, 중국고중세사학회, 2008의 지적도 있어 매우 흥미롭다.

10 본고에서 대비된 '官''과 民'은 기본적으로 瞿同祖, 『中國法律與中國社會』, 北京: 中華書局, 1981, 207~220면의 설명처럼 법률적 특권을 누리는 "貴"한 官人과 "賤"한 "平民"을 뜻한다. 中國 前近代 官人은 閻步克, 『中國古代官階制度引論』, 北京: 北京大學出版社, 2010의 지적과 같이 특별한 "品位"를 보장받아 일반 백성과 확연히 구분되었던 것이다. 물론 이러한 官과 民의 차이가 秦漢帝國의 성립 이후 분명해졌고, 官·民의 구체적인 범주도 시대에 따라 바뀔 수 있다. 따라서 그 중간적 존재 역시 획일적으로 규정하기 어렵지만, 여기에서는 일단 士에 초점을 맞추어 논의를 진행하려 한다.

11 水間大輔, 「秦·漢初における縣の'士吏'」, 『史學雜誌』 120-2, 東京大學文學部史學會, 2011 참조.

12 福井重雅, 『漢代官吏登用制度の硏究』, 東京: 創文社, 1988, 377면.

수사秀士부터 진사進士까지 사士로 호칭되는 여러 단계를 관작 취득 절차로 설정하였고,[13] 명청明清 시기의 과거科擧 응시자들도 자주 '사자士子'라고 불렀다. 사士의 성격을 이해하기 위하여 선거제도選擧制度에 주목하지 않을 수 없는 까닭은 바로 이 때문이다.

실제로 위魏의 성립을 전후하여 구품중정제九品中正制[14]라는 새로운 관인 선발제도가 만들어진 뒤, 사士의 성격은 크게 바뀌었다. "士庶區別, 國之章也."[15]라는 말에서 잘 드러나듯이 사士는 서庶 곧 일반민과 확연히 달라졌고, 이 변화가 구품중정제의 시행과 결코 무관하지 않아 보이는 것이다. 그리고 이러한 현상은 "流品"[16]이나 "氏族"[17]에 대한 중시 풍조와 맞물려 그 이전에 보이지 않던 '사족士族'의 출현을 낳았다. 따라서 '족族'의 외피外皮를 쓴 사士들의 활약이 위진남북조 시기에 특히 주목되었고, 이에 관한 많은 연구들이 축적되어 왔다. 가문의 우위를 자랑하며 사회적으로 위세를 떨치던 이들이 진한 시기의 사士와 상이하다는 사실은 이미 중국사 학계의 상식이라고 하여도 과언이 아니다.[18]

그러나 위진남북조 시기 사士의 구체적 존재 형태는 아직도 많은 논란거리를 남기고 있다. 이 시기의 사士라고 해서 반드시 사회적 지위가 높지 않았으며, '사가士家'로 불린 이들처럼 군적軍籍에 올려진 낮은 신분인 경우도[19] 존재

---

13 『禮記正義』 권13, 「王制」, 472~479면.

14 후술하듯이 漢魏交替期에 만들어진 이 새로운 官人 선발제도의 성격에 대하여 많은 논란이 있고, 그 명칭 또한 마찬가지이다. 宮崎市定나 陳長琦 등과 같이 이것을 '九品官人法'이라고 불러 '九品中正制'라는 舊來의 命名에 이견을 갖는 연구자들도 있는 것이다. 그러나 여전히 전통적 호칭을 선호하는 이들이 더욱 많으므로, 본고에서는 이 제도를 '구품중정제'로 부르고자 한다.

15 『南史』 권23, 「王球傳」, 630면.

16 顧炎武, 『日知錄』 권13, 「流品」, 臺北: 世界書局, 1991, 315~316면.

17 趙翼, 『陔餘叢考』 권17, 「六朝重氏族」, 上海: 上海古籍出版社, 2011, 287~291면.

18 박한제, 「魏晉南朝 貴族制의 展開와 그 성격」, 서울대동양사학연구실 편, 『講座中國史』 2, 지식산업사, 1989 참조.

19 『三國志』 권25, 「辛毗」, 696면의 "帝欲徙冀州士家十萬戶實河南."이라는 기록에서 "士家"는

한다. 물론 이것은 예외적인 경우라 하더라도, 당시의 일반적인 士에 대한 학계의 호칭도 '사족士族', '사대부士大夫', '세족世族', '문벌門閥', '귀족貴族' 등 갖가지이다. 이처럼 다양한 명칭들은 곧 이 시기 사士의 특징에 대한 인식의 불일치를 뜻하는 것이다. 그런데 여기에서 특히 필자의 관심을 끄는 것은 이들을 '귀족貴族'으로 개념화하여 그 전후 시기의 사士와 차별화하는 일본 학계의 독특한 연구 경향이다. 이러한 일본의 연구들은 위진남북조 시기의 사士에 대한 이해를 일면 심화시켰지만, 한편으로 그 시각의 편향성偏向性으로 인한 부작용 역시 우려되기 때문이다. 본고가 기존의 많은 연구들에도 불구하고 위진남북조 시기 사士의 성격을 재검토해 보고자 하는 이유는 바로 여기에 있다.

2. 일본日本 중국사中國史 학계에서의 '귀족貴族'

1) 내등호남內藤湖南의 중국사 시대구분론과 '귀족'

일본 학계에서 위진남북조 시기의 사士를 '귀족'이라고 부를 때, 그 인식의 저변에서 귀족貴族은 하나의 단순한 역사적 현상이 아니라 특정한 '시대'의 표징表徵으로 개념화된 경우가 많다. 이러한 연구 경향은 청말淸末까지 중국의 역사를 상고上古, 중세中世, 근세近世로 삼분三分하여 체계화한 내등호남內藤湖南(1866~1934)의 시대구분론으로부터 비롯한다. 그의 이 독창적 이론은 1921·1922년 경도대학京都大學에서의 강의를 정리한 유고 『지나상고사支那上古史』의 「서언緖言」에 간명하게 정리되어 있다.[20] 그리고 이즈음 쓴 「개괄적당송시대

당시 일반민보다 더 賤視된 兵戶들이다.

20 內藤湖南, 『支那上古史』(1944 원간), 『內藤湖南全集』 10, 東京: 筑摩書房, 1969, 11~12면. 이

관概括的唐宋時代觀」이란 논문은 이 가운데 중국 "中世"의 구체적 특징을 "貴族"과 확실히 결부시켜 두었다. 즉 당대唐代까지의 중세와 송대宋代 이후의 근세를 먼저 "貴族政治"와 "君主獨裁政治"로 구분한 뒤, 지방의 명망가名望家로 영속永續해 온 가문으로부터 자연스럽게 생긴 "귀족"은 이른바 "郡望"이라는 것의 "本體"라고 하였던 것이다.[21] 귀족을 중심에 둔 이러한 그의 중세관中世觀은 말년까지 변함이 없었다.[22]

내등호남의 이와 같은 시대구분론時代區分論의 싹은 일찍부터 보이나,[23] 이를 명확히 알 수 있는 것은 「군주제君主制인가 공화제共和制인가」라는 시론詩論이다.[24] 이 글에서 "近世紀"를 경험한 중국이 결국 "平民"의 정부인 공화제를 선택하리라고 예상하는데, 당唐 중엽 이후 "귀족정치"에서 "군주독재정치"로의 역사적 변화를 이미 거쳤기 때문이라는 그 논거가 곧 이 시대구분론에서 핵심적 요소이기 때문이다. 이것은 내등호남의 이 거시적 가설이 일본의 학계에서 자랑하듯이 중국 문화 전반에 걸친 폭넓은 이해에서 나왔을 뿐만 아니라,[25] 중국의 현실에 대한 진지하면서도 예민한 관심의 소산이기도 함을

원고의 저본에 관하여서는 이 책의 「あとがき」, 526면 참조.

21 內藤湖南, 「概括的唐宋時代觀」, 『東洋文化史研究』, 東京: 弘文堂書房, 1936, 125~126면. 이 글은 원래 『歷史と地理』 9-5, 1922에 실린 것이다.

22 1927년 內藤湖南의 마지막 대학 강의에 의거한 유고 『支那中古の文化』(1947 원간)는 끝에 「貴族中心時代」란 제목 아래 "中古" 곧 중세의 특징을 설명하였다(전게 『內藤湖南全集』 10, 324~331과 333면 참조). 福原啓郎, 『魏晉政治社會史研究』, 京都: 京都大學學術出版會, 2012, 4~5면에서 內藤湖南의 '貴族' 개념을 세 단계로 구분하였으나, 이들 사이에 존재하는 時代區分論에 입각한 내재적 의미 연관성은 분명하다.

23 小林義●, 「內藤湖南の中國近世論と人物論」, 內藤湖南研究會 편, 『內藤湖南の世界』, 名古屋: 下合文化 教育研究所, 2001, 307면에 의하면, 內藤湖南 近世論의 단서는 그의 1909년 강의에서부터 나타난다.

24 이 글은 1914년에 나온 『支那論』의 첫 장(『內藤湖南全集』 5, 東京: 筑摩書房, 1972, 308~329면)으로 실려 있다.

25 宮川尙志, "The Naitō Hypothesis", *Far Eastern Quarterly* 14, Association for Asian Studies, 1955나 谷川道雄, 「"唐宋變革"的世界史意義－內藤湖南的中國史構想」, 『魏晉南北朝隋唐史資料』, 武漢大學歷史系, 2006 등에서 보듯이, 일본 학계는 이를 높이 평가하고 외국에 널리 소개하였다.

의미한다. 내등호남은 서구의 역사 발전 모델을 도식적으로 따르기보다 중국사 자체의 고유한 역사 전개에 주목하였고, 이를 통해 얻어진 연구들이 현재까지 생명력을 갖는다. 그의 이러한 장점은 시대구분론에 응축되어 있다고 해도 좋다.

그러나 내등호남의 '현실감' 있는 가설에서 간과해서 안 될 것은 그가 살던 당시 현실 자체의 성격이다. 주지하듯이 명치유신明治維新 이후 '근대화'에 어느 정도 성공한 일본은 제국주의의 길로 들어섰고, 그 결과 청일전쟁과 중일전쟁을 야기하였다. 그리고 이 과정에서 중국인들의 반일의식이 커지는 이상으로 일본인들의 중국에 대한 혐오감도 고조되었다.[26] 내등호남의 경우 상대적으로 중국을 우호적으로 인식하였던 듯하지만, 이러한 시대적 분위기로부터 결코 자유로울 수가 없었다. 1918년 중반 이후 중국의 반일운동이 거세지자, 중국의 현실을 보는 그의 시각 역시 매우 비판적으로 바뀐다.[27] 5·4운동마저 선동煽動의 결과라고만 여겼던 그는 1923년의 중국이 "일본인에 대한 輕侮心으로부터 이어져서 다른 외국인에 대한 태도까지 점점 횡포스러워져 가는 때, 그래서 일본은 참고 또 참은 끝에 결국 폭발하지 않을 수 없을 것 같은 길을 걷고 있는 때"라고 격분하였던 것이다.[28]

이러한 현실 인식은 무기력해진 중국이 일본의 적극적 역할을 필요로 한다는 주장으로 이어진다. 내등호남은

> 支那의 혁신에 일본의 힘이 덧보태어지는 것은 단순히 한때의 사정에서 생긴

---

26 礪波護, 「日本にとって中國とは何か」, 尾形勇 등 편, 『中國の歷史』 12, 東京: 講談社, 2005, 334~339면 참조.

27 Joshua A. Fogel, *Politics and Sinology: The Case of Naitō Konan(1866~1934)*, Cambridge: Harvard University Press, 1984, 226~235면.

28 內藤湖南, 『新支那論』, 전게 『內藤湖南全集』 5, 489~498면(인용문은 498면). 이 글은 1923년 『大阪每日新聞』에 「支那を何うするかの問題に當面して」라는 제목으로 연재한 것이다(「あとがき」, 546면).

문제가 아니다. 이것은 東洋文化의 발전 [과정]의 역사적 관계로부터 오는 당연한 귀결이다. …… 동양문화의 발전은 [일본과 중국, 조선, 월남] 국민의 차이와 무관하게 일정한 경로를 거쳐서 진행해 왔던 것이다. …… 일본이 오늘날 동양문화의 중심이 되어서, 그것이 지나의 문화에 하나의 세력이 된다고 해도 전혀 이상하지 않다.[29]

라고도 하였다. 당시 "東洋"에 대한 일본의 개입을 당연시한 이 발언은 국수주의적國粹主義的 경향의 언론인이었던 그의 전력마저[30] 떠올리게 한다.

학자와 언론인으로서의 내등호남을 구분해야 한다면, 이처럼 지나친 확대해석은 금물일 수 있다. 그러나 위 인용문의 논거가 역사에 있다는 사실은 주의할 필요가 있다. '동양문화의 중심 이동'이란 현상은 내등호남 시대구분론의 기본적인 관점이었기 때문이다. 『지나상고사支那上古史』는 중국사의 시대구분을 설명하기 전에, "支那文化 發展의 波動에 의한 大勢를 보아야 하고, 內外 양면으로부터 생각하지 않으면 안 된다."고 하였다. 그리고 중앙에 있는 중국의 문화가 사방으로 확산되어 주변 "野蠻種族"의 새로운 자각을 촉진시켜서 그 중 유력한 종족이 가끔 중국 내부로 그 영향을 미쳤다고 강조하는 것이다.[31] 물론 이것이 학문적으로 불가능한 가설은 아니다. 그러나 내등호남의 이러한 인식이 그의 시대구분론과 20세기 초의 미묘한 중일관계 사이의 상관성을 시사示唆하는 것 또한 사실이다.

그러므로 내등호남의 시대구분론은 오늘날의 관점에서 확실히 재고의 여지가 없지 않다. 우선 중국과 그 주변 지역의 관계를 중시한 중국사의 시대구분은 일국사를 벗어난 거시적 관점으로서의 장점을 가진 반면 중국사의 주체를 애매하게 만들어 버릴 위험성도 내포한다. 실제로 그의 경도대학京都大學

29 상게 『新支那論』, 508~509면.
30 嚴紹璗, 『日本中國學史』, 南昌: 江西人民出版社, 1991, 388면.
31 전게 『支那上古史』, 10~11면.

동료였던 상원척장桑原隲藏(1870~1931)이 당唐까지의 상고上古·중고中古와 송宋 이후의 근고近古·근세近世를 시대구분하면서 중심 민족의 차이를 그 기준으로 설정하여 중국 학계의 반발을 초래한 적이 있다.[32] 뿐만 아니라 내등호남은 중국사의 지속적 발전을 상정하지 않았다는 사실 역시 주목된다. 정객政客과 상인의 역할이 커지면서 "鄕團自治"의 풍조가 생겨난 중국을 "지렁이처럼 저급한 동물같이 일부분을 잘라내어도 다른 부분은 느끼지 못하고 생활을 계속하는 國體가 되었다."라고 경멸적으로 표현한 것은[33] 그 좋은 예이다. 진보사관進步史觀과는 애당초 무관했던 그의 시대구분론은 송대 이후 중국사의 발전에 대하여 회의적이었던 것이다.[34]

이러한 관점에서 보면,

> 요컨대, 六朝時代는 귀족이 중심이었고 이것이 支那 中世 모든 것의 근본이 되었다. 이것이 변화하고 붕괴하기까지가 지나의 중세인데, 이것은 唐末 경으로서 五代 시기에 완전히 붕괴해 버렸다. …… 이 귀족시대에 일어난 여러 가지 문화적인 것, 經學·문학·예술 등 모든 것이 이 시대의 특색을 갖추었다. 이것이 支那文化의 근본이 되었고, 오늘날의 지나문화도 그 위에서 구축된 것이다.[35]

라는 내등호남의 말은 시사하는 바가 크다. "六朝부터 唐代까지 名族이 모든 문화를 점유하고 있었던 時代"[36]로서의 "중세"가 당시까지 이어지는 중국문화의 근간이고, 그 사이에 존재하는 '근세'란 시대의 의의는 축소되고 마는

32 Prasenjit Duara 저, 문명기·손승회 역, 『민족으로부터 역사를 구출하기: 근대 중국의 새로운 해석』, 삼인, 2004(1995 원간), 70~73면.

33 전게 『新支那論』, 501~502면과 499면.

34 佐伯有一, 「日本の明清時代研究における商品生産評價をめぐって」, 鈴木俊 등 편, 『中國史の時代區分』, 東京: 東京大學出版會, 1975, 257~258면. 內藤湖南의 시대구분론에 대한 이와 유사한 비판들은 전게 *Politics and Sinology*, 194~195면에 잘 소개되어 있다.

35 전게 『支那中古の文化』, 331면.

36 전게 『新支那論』, 533면.

것이다. 이것은 중국사의 계기적 발전에 대한 그의 인식 부족을 잘 드러낸다.

물론 내등호남의 시대구분론에서 송대 이후 근세의 역사적 중요성은 분명하고, 그의 중국사관中國史觀을 단순히 정체론停滯論으로 폄훼하기는 어렵다.[37] 그러나 내등호남에게 귀족貴族이 주도하던 중국의 중세, 특히 당대唐代가 각별한 관심 대상이었음은 분명하다.[38] 이것은 그와 함께 일본 동양사학東洋史學의 기초를 닦은 백조고길白鳥庫吉의 인식과 상통한다. 즉 中日의 교류가 3세기 전후에 시작하여 중국의 문예부흥기文藝復興期이던 당대唐代에 가장 왕성하였고, 이 "唐代의 문화를 수입했기 때문에 일본은 支那國의 정수를 충분히 흡수해버렸다고 해도 된다."는 주장과 무관하지 않아 보이는 것이다.[39] 그러므로 중국사에서 중세까지를 가장 역동적 시기로 보고 그 이후 드러난 무기력을 일본의 활력과 대비시키는 내등호남의 논리가 중국을 객체화客體化하려던 20세기 전반의 특수한 일본의 상황에서 생긴 '지나支那 담론談論'의 하나라는 비판 또한 가능하다.[40] 그렇다면 이러한 내등호남의 역사 인식과 긴밀히 연계된 일본 학계의 귀족 개념 역시 재검토할 필요가 있다.

---

37 內藤湖南, 『支那近世史』(1947 원간), 제1장 「近世史の意義」(전게 『內藤湖南全集』 10, 347~359면) 참조. 1920년대 초 중국의 현실에 분노하면서도 그가 중국의 "자발적 혁신의 가능성"을 기대하였던 것(전게 『新支那論』, 517~524면)도 이러한 인식과 무관하지 않을 수 있다.

38 전술하였듯이 內藤湖南의 시대구분론은 「君主制か共和制か」에서부터 그 싹을 보이는데, 이 글에서 '貴族政治'의 현상으로 설명한 것은 대개 唐代의 일이다. 이를 특징으로 한 '中世'의 歷史像이 六朝 시기까지 본격적으로 소급된 것은 전게 *Politics and Sinology*, 179면의 지적처럼 1920년대의 일로 생각된다.

39 Stefan Tanaka 저, 박영재 등 역, 『일본 동양학의 구조』, 문학과지성사, 2004(1993 원간), 260면.

40 상게 『일본 동양학의 구조』, 276~288면.

2) 일본日本에서의 '귀족貴族' 관련 연구

내등호남의 시대구분론은 이후 학계에 큰 반향을 일으켰다. 특히 당唐 이전과 송宋 이후의 차이를 강조한 이른바 '당송변혁론唐宋變革論'의 경우, 20세기 후반의 중국사 연구에 지대한 영향을 주었다고 해도 좋다.[41] 이러한 현상은 당연히 일본에서 더욱 두드러진데,[42] 주지하듯이 내등호남이 속한 경도학파京都學派와 대립된 동경학파東京學派도 당唐과 송宋을 경계로 중국사를 시대구분한다는 점에서는 동일하다. 그리고 이들 또한 위진魏晉부터 수당隋唐까지를 독자적인 하나의 '시대'로 보지 않을 뿐, 이 시기의 '귀족貴族' 혹은 이에 준하는 존재의 중요성을 인정하고 있다. 당대唐代의 관료제를 신분身分으로 규정된 '귀족관료제貴族官僚制'라고 이해하는 일본 학계의 통설에 크게 기여한 지전온池田溫이[43] 당대唐代까지를 '고대古代'로 설명한 동경학파東京學派의 일원이라는 사실이 그 좋은 예이다.

내등호남이 중국의 중세를 특징짓는다고 본 귀족은 전술하였듯이 당시 "모든 문화를 점유하고 있었던" "名族"이었고, 지방의 명망가名望家로서 영속永續해 온 "郡望"의 "本體"이기도 하였다. 이들의 구체적인 존재형태는 『지나중고支那中古의 문화』에 비교적 상세히 설명되어 있는데, 그 중심에는 문벌門閥이 존재한다.[44] 자신의 가문을 크게 자부하였던 이들이 구품중정제를 "門閥選擧"로 바꾸어 버렸고, 만약 이처럼 자존심 센 문벌이 없었다면 "君主獨裁政

41 張廣達, 「內藤湖南的唐宋變革說及其影響」, 『唐研究』 11, 北京大學出版社, 2005, 38~53면 참조.

42 중국 학계도 근래 內藤湖南의 時代區分論에 큰 관심을 보이고 있다. 『唐研究』 11과 13이 특집으로 삼은 "唐宋時期的社會流動與社會秩序"와 "從漢魏到隋唐: 變遷與延續"이란 주제도 이와 무관하지 않을 것이다. 단 중국의 연구자들은 상대적으로 각 '시대'별 차이보다는 연속성을 강조하는 경향이 큰 듯하다.

43 小島浩之, 「日本における唐代官僚制研究－官制構造と昇進システムを中心として」, 『中國史學』 20, 朋友書店, 2010, 178~184면.

44 전게 『支那中古の文化』, 314~323면.

治"와 대비되는 "貴族政治"라는 개념은 성립하기 힘들 것이다. 다시 말해, "天子에 의하여 영토와 인민을 받"지 않은[45] 귀족이 중세라는 시대의 주인공이라는 내등호남의 주장은 가문의 우위를 자랑하는 문벌을 빼고는 설명되지 않는다.

이처럼 군주로부터 독립적인 문벌에 중심을 둔 내등호남의 귀족貴族 개념은 그의 시대구분론과 함께 일본 학계에 큰 영향을 미쳤다. 물론 일본의 패전과 중화인민공화국의 성립 이후 중국사의 정체성론은 설 자리가 없어졌고, 새로운 관점과 논쟁들이 귀족에 대한 이해를 더욱 풍부하게 만들었다. 이 과정에서 귀족을 '기생관료寄生官僚'로 이해하여 내등호남內藤湖南의 견해와 상반된 주장도 없지 않았으나, 학계의 주류는 여전히 '귀족의 자율성'을 강조하는 쪽이었다.[46] 현재까지 이어지는 이러한 연구 경향[47] 속에서 특기할만한 것은 곡천도웅谷川道雄과 천승의웅川勝義雄이 주창한 '공동체론共同體論'이다. 1970년을 전후하여 나온 이 이론은 중국의 중세를 "共同體의 自己發展"의 결과 생겨난 "豪族共同體"로 이해함으로써[48] 내등호남內藤湖南의 가설과는 전혀 달라 보이기 때문이다.

많은 논란을 야기한[49] '공동체론'은 분명히 패전 후 중국사의 발전을 적극

---

45 전게 「槪括的唐宋時代觀」, 125면. 전게 『支那近世史』, 347면에 그대로 되풀이된 이 말과 유사한 내용은 전게 『支那論』, 313면부터 보인다.

46 이러한 일본 학계의 연구 경향은 中村奎爾, 「六朝貴族論」, 谷川道雄 편, 정태섭 등 역, 『일본의 중국사논쟁－1945년 이후』, 신서원, 1996(1993 원간)에 잘 정리되어 있다.

47 "中國 貴族"의 여러 屬性들 중에서 그 존재를 특징짓는 것은 "황제권력으로부터의 자율성" 뿐이라고 한 渡邉義浩, 「所有と文化－中國貴族制研究への一視角」, 『中國－社會と文化』 18, 東大中國學會, 2003은 그 전형적인 예이다. 특히 그는 후술할 谷川道雄 등의 '共同體論'처럼 비슷한 경향의 연구들까지 "所有"에 주목한다고 비판하면서 "文化"의 중요성을 역설한다. 이것은 敗戰 이후 '경제' 문제를 중시한 일본 학계의 움직임과 일정한 거리를 두는 반면 '문화'를 강조하던 內藤湖南의 중국사 인식에 도리어 더 가까워지는 듯한 인상까지 준다.

48 川勝義雄・谷川道雄, 「中國 '中世史' 연구의 입장과 방법」(1970 원간), 민두기 편, 『中國史時代區分論』, 창작과비평사, 1984.

적으로 평가하기 시작한 일본학계의 변화를 보여주는 좋은 예이다. 그러나 이 가설의 근저에도 귀족의 자율성이라는 명제는 온존하고 있다. 이러한 이론을 다듬어 가던 당시, 곡천도웅은 육조六朝 시기 귀족에 대한 연구가

> 당시의 지배층 [귀족]이 국가권력의 존재에 의하여 비로소 성립될 수 있다는 의미에서의 관료인가, 아니면 지배층은 국가권력의 존재를 전제하지 않고도 스스로 지배층이며 단지 그 존재형태에서만 관료적 성격을 띠는 것인가라는 문제에 귀착한다.[50]

고 하면서, 자신은 기본적으로 후자의 편에 선다.

따라서 위진남북조 시기의 '호족공동체豪族共同體'도 결국 "국가권력"으로부터 거리를 둔 귀족을 그 주체로 삼으며, 이 점에서 내등호남의 논리를 더 강화시킨 측면도 있다. 이처럼 지속적인 내등호남의 영향력은 곡천도웅을 중심으로 '공동체론'을 제기하고 이끌어 갔던 일본의 '중국중세사연구회中國中世史研究會'의 근저近著에서도 여실히 드러난다. 이 책의 저자들은 '호족공동체豪族共同體'의 논리에 대하여서는 혹 회의할지라도, 위진魏晉~수당隋唐 시기를 중세라는 "時代"로 규정하고 그 중심에 귀족貴族을 둔다는 입장만은 확고한 것이다.[51] 여기에 실린 곡천도웅의 글이 다시 내등호남의 시대구분론으로써 "中國中世"의 재고再考를 시작한다는 사실[52] 또한 마찬가지 맥

---

49 谷川道雄, 「'共同體'論爭について－中國史研究における思想狀況」, 『中國中世の探究』, 東京: 日本エディタースクール出版部, 1987 참조.

50 谷川道雄, 「六朝貴族制社會の史的性格と律令體制への展開」(1966 원간), 『中國中世社會と共同體』, 東京: 國書刊行會, 1976, 153면.

51 中國中世史研究會 편, 『中國中世史研究・續編』, 京都: 京都大學學術出版會, 1995, 「まえがき」, 7~9면.

52 谷川道雄, 「'中國中世'再考」, 상게 『中國中世史研究・續編』, 16~18면. 단 여기에서 谷川道雄이 강조한 것은 증대하는 인민의 힘에 대한 內藤湖南의 중시이고, 본고의 논점과 상이하다. 따라서 그의 중국사 시대구분론의 핵심이 무엇인가에 대한 논의도 필요할 터이나, 여

락에서 이해된다.

그렇다면 내등호남 이래 일본 학계는 어떻게 이처럼 귀족의 자율성을 계속 강조할 수 있었던가? 이와 관련하여 위에 인용한 곡천도웅의 글이 궁기시정宮崎市定의 『구품관인법九品官人法의 연구』와 관련된 논평이란 점이 주목된다. 대담한 가설과 치밀한 논리로써 궁기시정은 중정中正이 결정한 "鄕品" 곧 '중정품中正品'[53]과 초임初任 관품官品 사이의 불가분한 대응관계를 설명하였고, 곡천도웅은 그 논지를

> 官品이 鄕品에 의하여 결정된다는 사실은 귀족의 신분·지위가 왕조권력에 의하여 부여된 것처럼 보이지만, 본원적으로는 그 鄕黨社會에서의 지위·권위에 의하여 결정되는 것으로서 왕조는 그것의 승인기관—당연히 이 승인은 큰 역할을 차지하였으나—에 지나지 않는다. 단적으로 말하면 귀족을 귀족일 수 있게 하는 것은 본원적으로 왕조 내부가 아니라 그 바깥에 있는 것이다.[54]

라고 해석한다. 구품중정제에서의 중정품이 왕조권력의 밖에 있는 "鄕黨社會"에 의하여 결정되었고, 이를 통해 관인이 된 귀족은 황제권으로부터 자율성을 갖는 것이다.

기에서는 일단 內藤湖南이 일본의 중국사 학계에서 끊임없이 呼名된다는 사실만을 분명히 해 둔다.

53 中正이 결정한 等級은 宮崎市定이 '鄕品'이라고 부른 이후 학계에서 상당히 일반화되었지만, 실상 이러한 표현은 당시 문헌에 보이지 않는다. 따라서 이를 '資品'(陳長琦) 혹은 '中正品'(閻步克)이라고 일컫는 연구자도 존재하는데, 이처럼 상이한 호칭은 中正이 결정한 등급의 성격에 대한 인식 차이와 관련이 있다. '鄕品'이란 명칭은 이것이 鄕黨에서의 輿論 곧 귀족의 자율성에 근거한다는 전제와 무관하지 않은 것이다. 따라서 이러한 전제를 그대로 받아들이기 어렵다면, 단지 '中正이 결정한 등급'이라는 의미로서의 '中正品'이란 표현이 더 적절해 보인다. 그러므로 본고에서는 필자의 글을 직접 인용하거나 그 의도를 분명히 드러낼 필요가 없을 경우 이를 '중정품'으로 부르겠다.

54 전게 「六朝貴族制社會の史的性格と律令體制への展開」, 152면.

궁기시정의 『구품관인법의 연구』에 의하여, 내등호남이 일찍이 언급하였던 "門閥選擧"로서의 구품중정제와 자율적인 귀족 사이의 상관성은 확실히 입증되었다. 위에 인용한 곡천도웅谷川道雄의 글에서도 그 단서가 드러나지만, "鄕論"이 "貴族制"로 체제화體制化되는 과정을 더욱 체계적으로 논리화한 천승의웅川勝義雄의 주장에서도 그 주요 논거 중의 하나가 이 책이었다.[55] 따라서 20세기 후반 일본의 중국 중세사 연구를 특징짓는 '공동체론'에서도 『구품관인법의 연구』는 매우 중요하며, 내등호남의 중국사 인식과 '공동체론'이 궁기시정宮崎市定의 주장을 든든한 연결고리로 삼았다고 해도 과언이 아니다. 물론 관인官人의 기생성寄生性을 강조하는 입장에서 이에 대한 반론도 없지 않았다. 하지만 패전 뒤 일본의 위진남북조사 연구에 가장 큰 영향을 주었다고도 평가되는[56] 이 책의 논지 곧 중정품과 초임 관직 사이의 구조적 연관성을 마련해 준 구품중정제의 성격이 일본 학계의 중국 중세사 인식에서 관건적인 자리를 차지한다고 해도 좋다.

궁기시정의 중국사 이해는 일견 내등호남의 중국사관中國史觀과 상이한 부분도 있다. 그러나 『중국사』의 「총론」에서 밝힌 그의 입장은 기본적으로 그 발전적 계승으로서,[57] 중세에 대한 설명 역시 마찬가지이다. "불경기" 등 경제적 측면의 강조나 "봉건제든 귀족제든 그 자체로서는 時代性이 없다."

---

55 川勝義雄, 「貴族制社會의 성립」, 임대희 등 역, 『세미나 위진남북조사』, 서경문화사, 2005(1970 원간), 147~148면.

56 전게 「六朝貴族論」, 110면.

57 宮崎市定의 『中國史』(1977~1978 원간. 이 책은 국내에서도 조병한이 1998년 역민사에서 同名으로 편역하여 출판하였다), 『宮崎市定全集』 1, 東京: 岩波書店, 1993에서는 중국사를 네 '時代'로 나누었으나, 실은 辛亥革命 이후 시기를 "最近世"로 덧보태었을 뿐이다(37면). 그리고 서양사와 다른 중국의 역사 전개 과정에 대한 주목이나 "중국의 근세는 송대에 이르러 거의 완성에 가까운 경지에 이르면서, 그 이후는 약간 정체의 경향을 보이게 되었다."(67면)는 지적 등도 內藤湖南과 유사하다. 따라서 宮崎市定은 단지 內藤湖南 시대구분론의 경제사적 토대를 탐구하고 세계사 속에서의 연관성을 밝혔을 뿐 그 근본적인 틀을 바꾸지는 않았다. 高明士, 「日本에서의 '古代史' 區分 論爭」(1975 원간), 전게 『中國史 時代區分論』, 76면에서 그를 "內藤史學의 集大成者"라고 부른 것은 이 때문이다.

는 서술 등은 문화사적 관점에 입각한 내등호남의 중세 인식과 혹 달라 보일 수 있다. 하지만 "우리들은 중국 중세의 정치 형태를 귀족제도로 이해한다. 이것은 내등호남 박사가 주창했던 것으로서 …… [군주가] 개별 귀족은 없앨 수 있으나, 貴族群 전체에게 호령하여 마음대로 움직인다거나 혹은 귀족군 전체의 이익을 침해하는 입법이나 시책을 행할 수는 없었다."면서, "중세 귀족제"가 중국에서는 분명히 "통용되는 원칙"이라고 하였다.[58] 그리고 "중세적 귀족의 몰락"에서 근세의 성립을 찾는 그의 입론도 내등호남과 차이가 없다.[59]

그런데 궁기시정은 『중국사中國史』에서 구품중정제에 대한 설명에 앞서,

> 고대의 도시국가 내부에 있던 '士'와 '庶'의 구별은 戰國[時代] 이후 점차 약해져서, 한대에 들어오면 일단 완전히 없어졌던 것 같이 보였다. …… [그러나 魏에서 "官尊民卑"가 제도로 정착하자] 관리 가운데 봉건제와 비슷하여 혼동되는 特權貴族이 출현하기에 이른다. …… 새롭게 생긴 귀족계급은 다시 士라고 불렸는데, 이 새로운 士는 武事를 천시하고 문화·교양을 존중하였다는 점에서 본질적으로 武士이던 고대의 士와 크게 다르다. 여기에서 또한 고대와 중세의 차이가 인정되는 것이다.[60]

라고 하여 흥미롭다. 구품중정제의 시행 결과 등장하는 "貴族"을 그 이전의 "士"와 엄격히 구분하고, 그 차이를 시대의 특징과 관련지었던 것이다.

이러한 주장은 궁기시정의 중국 중세사 인식에서 '귀족'이란 존재의 중요성을 재확인시켜 줌과 동시에 중국의 사士에 대한 그의 통시적인 이해도 드러낸다. 이에 따르면, 위진남북조 시기의 사士가 '문사文士'로서 "고대"의

58 상게 『中國史』, 47~59면 참조. 인용 부분은 55면과 51~52면.
59 상게 『中國史』, 60면.
60 상게 『中國史』, 180~181면.

그것과 다를 뿐더러, "봉건제"에서 허용된 것과 유사한 "특권"을 갖는다는 점에서 귀족의 속성을 지닌다. 즉 귀족으로 개념화될 수 있는 중국 중세의 士는 세습적 존재였던 춘추시대春秋時代 이전의 사士처럼 서庶와의 차별성이 다시 커진 데서 그 특징을 찾을 수 있는 것이다. 이와 비슷한 설명은 『구품관인법의 연구』에도 나오며,[61] 그 변화의 중요한 계기를 구품중정제라는 새로운 관인 선발제도 및 이와 연계된 관품官品 제도에서 찾았다고 여겨진다. 이것은 군주권으로부터 독립된 중국 중세 귀족의 자율성을 설명할 때 매우 유용한 논거이겠지만, 위진남북조와 한대漢代의 사士가 실제로 이처럼 본질적 차이를 갖는지는 좀 더 검토해 볼 필요가 있다. 이를 위하여 사士의 문제를 중심으로 구품중정제를 둘러싼 당시 사회의 실상을 고찰하고자 한다.

3. 구품중정제九品中正制의 시행과 사士

1) 구품중정제九品中正制에 따른 사士의 변화

구품중정제九品中正制에 관한 많은 연구들의 결론은 서로 매우 달라 갈피를 잡기가 힘들다. 중국 학계에서는 이 제도의 명칭, 출현 시기 그리고 당시 관인 선발제도 안에서 중정中正의 역할이 갖는 중요성 정도 등 근본적인 문제에서조차 이견이 분분하다.[62] 일본의 경우에도, 궁기시정의 『구품관인법의 연구』가 나온 뒤 세세한 부분에서 다채로운 논의를 진행하여 왔다.[63] 여기에

---

61 宮崎市定 저, 임대희 등 역, 『九品官人法의 硏究』, 소나무, 2002(1956 원간), 483~486면.
62 景有泉, 「近年來九品中正制硏究綜述」, 『中國史硏究動態』 1999-8, 中國社會科學院, 1999와 李毅婷, 「20世紀以來九品中正制硏究綜述」, 『中國史硏究動態』 2011-1, 中國社會科學院, 2011 참조.
63 전게 「六朝貴族論」, 110~116면.

서 이 복잡한 연구사를 다시 정리하기는 어려우나, 중정이 결정한 중정품과 초임 관품의 관계에 대한 상이한 연구 경향만은 지적해 둘 필요가 있다. 일본에서는 보통 양자가 서로 긴밀히 대응된다고 보지만,[64] 중국의 연구자들 중에는 이에 대한 반론이 만만치 않은 것이다.[65] 이러한 양상은 구품중정제를 매개로 한 귀족의 자율성을 전반적으로 긍정하는 일본 학계와 이를 의문시하는 중국 학계의 인식 차이와 무관하지 않아 보인다.

물론 지금까지의 연구들이 대부분 동의하고 있는 사실도 당연히 많다. 우선 구품중정제가 위진남북조 시기에 상당히 보편적으로 시행된 제도였음을 부정하지 않는다. 그리고 설령 구체적인 운용 방법이 시기나 지역에 따라 달랐더라도, 다음과 같은 이 제도의 기본적인 틀은 대개 인정한다. 중앙에서 임명한 중정中正이 지방의 인물들을 평가하여 등급을 부여하였고, 이 중정품은 그 인물이 관인으로 입사入仕하는 데 어떤 식으로든 영향을 미쳤다는 것이 그것이다. 따라서 구품중정제가 일종의 관인 선발제도였음은 분명하며, 이 새로운 제도가 당시의 士에게 큰 영향을 미쳤다는 것 역시 의문의 여지가 없다.[66]

여기에서 주의해야 할 점은 중정이 부여한 중정품이 곧 관인으로의 임용을 뜻하지 않는다는 사실이다. 구품중정제가 위진魏晉 이래 원칙상 중정품보다 4품 낮은 관직을 주었다고 본 궁기시정도 중정은 단지 임관의 자격만 부여하였을 뿐 실제 임명은 상서尙書의 역할이었다고 한다.[67] 따라서 중정품을 받은 자는 일정 기간 관품을 갖지 못한 상태에 있을 수밖에 없고, 특히

64 상게 「六朝貴族論」, 112면.

65 閻步克, 『品位與職位』, 北京: 中華書局, 2002, 334~348면 참조.

66 魏晉南北朝 시기 官人의 선발이나 士의 지위 부여가 오로지 九品中正制만에 의거하지 않았음은 물론이나, 이 시대의 특징을 찾으려고 하는 본고에서는 일단 九品中正制를 중심으로 논의를 진행하고자 한다.

67 전게, 『九品官人法의 硏究』, 107~124면.

6품 이하의 중정품을 가진 경우 관품을 지닌 정식 관인으로서 일반민과 확실히 달라질 때까지 꽤 긴 시간을 필요로 하였을 것이다.[68] 이와 같은 상황에 있는 이들은 관官도 아니며 민民도 아닌 애매한 상태라는 점에서 한대의 사士와 유사하다. 그러나 이미 중정품을 얻은 이상, 한대 찰거察擧 대상자로서의 士와는 확실히 다르다. 이들 역시 선관選官의 과정 중에 있더라도 벌써 중정을 통해 조정으로부터 그 지위를 공식적으로 승인받았기 때문이다.

이러한 시각에서 볼 때, 구품중정제는 관官과 민民 사이에 존재하는 사士를 공인公認한 제도라는 사실이 중요하다. 다시 말해, 위진남북조의 새로운 관인 선발제도는 그 이전과 달리 국가로부터 인정된 특별한 사士를 만들었다는 점에서 그 역사적 의의가 크다. 물론 이 시기에도 많은 사士들이 여전히 '사민四民'의 하나였을 뿐이었겠지만, 그 중 일부는 중정품을 얻음으로써 농農·공工·상商과 다른 '위位'를 제도적으로 보장받았던 것이다. 진대晉代에 유의劉毅가 구품중정제를 "위로는 중앙 조정의 평가 권한을 앗아가고, 아래로는 浮華하게 朋黨을 짓는 士를 길러내었다."[69]고 비판하였는데, 여기에서의 "士"는 단순히 전술한 한대漢代 문헌에 보이는 "學以居位"·"德能居位"하는 사士가 아니다. 공식적으로 예정된 출사出仕가 이들의 "浮華"와 "朋黨"을 조장하였고, 이것은 일면 '공인公認된 사士'들의 적극적인 정치·사회적 활동을 뜻할 수도 있다.

구품중정제의 실시는 이러한 사士들을 전국 각지에 양산하였다.[70] "지금

---

68 宮崎市定은 자신의 가설에 입각하여 九品中正制와 관료제의 구조적 관계를 도식화하여 설명한다. 이에 따르면 魏晉 시기의 중정품 6품 이하를 받을 자는 모두 "流外"가 되었고, 그가 상정한 이 시기의 流外란 職吏나 散吏 등이다(상게 『九品官人法의 硏究』, 125·239면). 그런데 이러한 職任들은 『通典』 권37, 「職官19」, 北京: 中華書局, 1988, 1006면에서 "內外文武官"과 구분한 "職掌"으로서 일반민과 다른 특권과 禮遇를 누린 官人으로 보기는 어렵다.

69 『晉書』 권45, 「劉毅」, 1276면.

70 주지하듯이 처음 郡에 두었던 中正은 이후 州와 縣에도 설치되었다(『通典』 권14, 「選擧2」,

한 주州[國]의 사士는 많은 경우 수천 명"[71]이라고 한 위 유의劉毅의 글이나, "千億"이나 되는 "羣士"들이 세력가를 쫓아다니며 관직을 구하였다는 왕심王沈의 「석시론釋時論」은[72] 당시 사士들의 증가와 그 동태를 잘 전한다. 물론 이러한 전문傳聞에 나오는 사士가 모두 구품중정제로 임관 자격을 공인 받은 사士라고 단정하기는 어렵다. 그러나 입사入仕의 조건을 갖추어 그 권위가 높아진 사士가 증가하고 확산되면서, 이들을 중심으로 사士의 저변이 확대되고 그 활력도 높아졌을 것은 틀림이 없다. 한대와 달라진 양대梁代의 현실을 "'士子'들이 매우 많아서 대략 萬으로써 헤아려야 하고, 항상 관직이 적고 '才[士]'는 많아 그들을 둘 데가 없음을 걱정한다."[73]고 한 심약沈約은 이러한 사회적 변화를 명확히 지적하였다.

이와 같이 위진남북조 시기에 두드러진 사士의 부상浮上이 새로운 관인 선발제도의 출현과 무관하지 않다면, 이 시기의 士를 국가권력으로부터 자율적인 '귀족'으로 개념화할 수 있는지 의문이 생긴다. 전술하였던 것처럼 일본 학계에서 일반화된 이러한 견해도 나름의 근거는 있다. 중정이 "上品에 寒門이 없고, 下品에는 勢族이 없다."[74]라고 할 만큼 가문의 우열에 따라 등급을 부여하였다는 비판이 일찍부터 나오고, 당시 씨족氏族의 중시 분위기와 구품중정제도가 맞물려서 이른바 '사족士族'을 낳았음은 부정할 수 없다. 이 시기에 처음 등장하는 "士姓"[75] · "吏姓"[76]과 같은 표현에서 잘 드러나듯이 사士나

340면). 그리고 胡寶國, 「魏西晉時代的九品中正制」, 『北京大學學報』, 北京大學出版社, 1987-1, 88~89면의 지적처럼 中正이 중정품을 줄 수 있는 사람의 수가 제한되지 않았다면, 이러한 士의 증가와 확산은 매우 급속히 진행되었을 것이다.

71 위와 같음. 원문의 "國"이 '州'를 가리킨다는 것은 閻步克, 「北魏北齊"職人"初探」, 『文史』 48, 中華書局, 1999, 35면 참조.

72 『晉書』 권92, 「王沈」, 2383면.

73 『通典』 권16, 「選擧4」, 388면.

74 『晉書』 권45, 「劉毅」, 1274면, "上品無寒門, 下品無勢族."

75 『梁書』 권47, 「劉曇淨」, 654면.

76 『梁書』 권49, 「文學傳上」, 694면.

관인의 지위가 성씨姓氏와 긴밀히 연관되었다면, 이들의 정치·사회적 위상은 황제권력과 무관한 듯도 하다. 그러나 당시 사회에서 실제로 이들의 지위를 단지 혈통血統만의 산물로 여겼는가는 별개의 문제이다.

그런데 궁기시정宮崎市定은 구품중정제가 문벌門閥 위주로 운용됨으로써 "起家" 곧 초임직이 "선천적인 조건으로 결정"되었음을 강조하고, 이처럼 "탄생에 의하여 모든 것이 결정된다는 사상"인 "貴族主義"를 이 시기의 특징으로 지적한다.[77] 그러나 위진남북조魏晉南北朝 시기에 좋은 가문 덕택으로 높은 중정품을 받아 고위 관직에 오른 이가 많았더라도, 혈통을 절대시하는 귀족주의貴族主義를 당시의 사회적 통념이었다고 보기는 어렵다. 이러한 문벌 중심의 시대상時代相은 구품중정제가 애당초 "任子의 정신"으로 "任子制的으로 운용"되었다고[78] 본 그의 임의적 해석에 기인한 일면도 있다. 일례로, 그는 북위의 효문제孝文帝(재위 471~499)가 "門閥의 家는 가령 當世에 쓰이지 않은 자라도 요컨대 스스로 德行이 純篤하다."라고 하여 "귀족제를 옹호"했다고 설명하였지만, "문벌의 家"로 번역된 『위서魏書』의 원문은 실상 "君子之門"이다.[79] 효문제가 긍정한 것은 결코 "문벌"의 가계家系 그 자체가 아니라 "군자"로서의 문화적 가치를 전제한 가문인 것이다.[80]

---

77 전게 『九品官人法의 研究』, 333면과 295면.

78 상게 『九品官人法의 研究』, 120·152면.

79 상게 『九品官人法의 研究』, 388~390면. 단 이 번역은 『宮崎市定全集』 6에 수록된 그의 原著, 361면에 의거하였고, 여기에는 『魏書』 권60, 「韓顯宗」, 1343~1344면의 원문도 병기되어 있다.

80 이와 관련하여 『禮記正義』의 "天子之元子, 士也. 天下無生而貴者也. 繼世以立諸侯, 象賢也."(권26, 「郊特牲」, 945~946면)라는 말은 주목할 만하다. 중국의 전통적인 이념상 태어나면서부터 "貴"한 이가 없으므로 天子의 큰아들조차 일면 "士"로 간주되고, 제후에게 세습을 보장한 까닭도 그 가정 안에서 "賢"의 학습이 가능하기 때문인 것이다. 따라서 이 시기에 현실적으로 家門이 중시되었을지라도 혈통만으로써 이를 정당화하기 어려웠음에 틀림이 없다. 이러한 시각에서 볼 때, 趙郡 李氏 "家門(clan)"이 "생물학적 실체(biological entity)"라기보다 "관념(idea)"이었다는 Jhonson, "The Last Years of a Great Clan: The Li Family of Chao Chün in Late T'ang and Early Sung", *HJAS* 37-1, Harvard-Yenching Institute, 1977, p. 47의 지적은

이 시기에 뚜렷해진 사士와 '서庶'의 구별은 기존의 연구들에서 이미 잘 밝혀져 있고, 재론의 여지가 없다. 그리고 이러한 현상이 혈연적 신분을 중시하는 '귀족주의'로 단정하기 어렵다고 해서, 곧 구품중정제라는 관인 선발제도가 사서士庶 준별의 이유라고 말하는 것도 섣부르다. 위진남북조 시기를 특징짓는 사士와 서庶의 차별은 다양한 양상으로 드러나고, 그 까닭 또한 복합적이다.[81] 하지만 이러한 변화에서 구품중정제와 함께 출현한 '공인된 사士'의 존재를 홀시할 수는 없다고 생각된다. 조정으로부터 승인된 관官과 민民의 중간 자리를 확보한 이들은 그 지위가 애매하던 한대의 사士에 비하여 훨씬 자존감이 높았을 것이기 때문이다. 그리고 이들에 대한 사회적 명망 또한 높아졌다면 더욱 그러하다. "四民"의 구분을 곧 "士庶"의 구별로 이해하여 사士와 농農·공工·상商의 서庶로 양분한 당시의 상주上奏는[82] 이와 같은 인식의 발로라고 하겠다.

이와 관련하여 주목되는 것은 위진魏晉 이후 빈출하는 "士類"·"士流"[83]라는 표현에 담긴 당시 사士의 집단적 정체성이다. 물론 이 사士가 중정품을 받은 이들만을 가리키지 않는다. 그러나 인물 품평品評의 주체로 자주 등장하는[84] 이런 말들은 구품중정제에서 중요하였던 여론의 평가와 무관하지 않아

매우 중요하다.

81 中村圭爾, 「'士庶區別'小論」(1979 원간), 『六朝貴族制研究』, 東京: 風間書房, 1987은 南朝 시기 士와 庶의 다양한 구별 기준을 잘 설명하고 있다. 물론 이 글 역시 鄕里社會에서 형성된 鄕論과 "鄕品"을 그 기준으로 특별히 중시한다는 점에서 일본 학계의 일반적 경향과 다르지 않다.

82 『魏書』 권60, 「韓顯宗」, 1341면에 전하는 韓顯宗의 上書에서는 옛 聖王이 "四民異居" 시킨 것을 道武帝가 "分別士庶, 不令雜居"하도록 한 일과 대비시키고 있다.

83 『後漢書』에도 "士類"란 표현이 보이지만(권68, 「郭太」, 2225면과 권78, 「宦者傳」, 2518면), 이것이 後漢 後期 당시의 말인지 이 책을 쓴 南朝人 范曄의 해석인지 분간하기 어렵다. 그러나 晉人의 글에 분명히 나타나는(常璩, 『華陽國志校補圖注』 권11, 「後賢志」, 上海: 上海古籍出版社, 1987, 629면; 干寶, 『新校搜神記』 권5, 臺北: 世界書局, 1982 7판, 38면) 이 표현은 『三國志』 이후 正史에 자주 등장한다.

84 『晉書』의 "性清愼, 有裁斷, 得士類歡心."(권62, 「劉羣」, 1691면), "少有才氣, 倜儻不羈, 爲士

보인다. 달리 말해, 새로운 관인 선발제도로부터 비롯한 담론이 사士의 내부적 동질성을 강화하고 그 응집력을 증대시키는 데 일조하였다고 생각되는 것이다. 중정품을 받은 이들이 관인官人으로 되어 지방과 중앙을 오가며 자신들의 활동 영역을 넓혔다면 더욱 그러하다. 그 결과 위진남북조 시기의 "士類"가 "羣庶"와 더욱 뚜렷이 대비되었고,[85] 이러한 사士는 설령 법제화된 신분이 아니더라도[86] "君子"로서의 권위를 갖는다는 사회적 인식을 일반화시켰을[87] 수 있다. 이것은 앞서 본 북위北魏 효문제孝文帝의 말에서 잘 드러나며, 이처럼 황제까지 인정한 사士의 이념적 우위는 한대에는 상상하기 힘든 일이다. 송宋 무제武帝(재위 420~422)가 『한서漢書』에서 "士卒"과 대비된 무관武官 "士大夫"를 "小人"과 대비되는 "賢"·"士"로서의 "士大夫"의 의미로 오독한 것도 이 시기에 변화한 사회적 통념의 소치所致일 수 있다.[88]

類所稱."(권83, 「袁耽」, 2170면)이나 『魏書』의 "閨門守靜, 手執經書, 刊定乖失, 愛好人物, 善誘無倦, 士類以此高之."(권24, 「張袞」, 614면), "[崔]徽爲政務存大體, 不親小事. …… 士類無不歎惜."(권24, 「崔徽」, 624면) 등이 그 좋은 예이다.

85 『宋書』 권71, 「徐湛之」, 1846면에서 "士類未明其心, 羣庶謂之同惡"이라고 하여 士와 庶를 나누어 표현하고 있다.

86 『宋書』 권42, 「王弘」에 전하는 "同伍連坐" 관련 논란에서, "同伍犯法, 無士人不罪之科."(1317면), "尋律令旣不分別士庶."(1320면)라는 말은 당시 士와 庶의 법률상 구별이 없었음을 분명히 보여준다. 물론 이때 "至於士庶之際, 實自天隔."(1318면)이라는 주장도 있지만, 이것은 단지 사회적 관행의 문제였다.

87 『宋書』에 전하는 "吾凡人短才, 生長富貴, 任情用己, 有過不聞, 與物無恒, 喜怒違實, 致使小人多怨, 士類不歸."(권69, 「孔熙先」, 1824면)란 范曄의 편지나 "君子小人, 旣雜爲符伍, 不得不以相檢爲義. 士庶雖殊, 而理有聞察, 譬百司居上, 所以下不必躬親而後同坐. 是故犯違之日, 理自相關."(권42, 「王弘」, 1318면)이라는 孔默의 주장 등에서 "士" 혹은 "士類"가 "君子"로 표현되거나 "小人"과 대비되어 쓰인다.

88 武帝는 아들 江夏王에게 보낸 편지에서 "禮賢下士, 聖人垂訓 …… 『漢書』稱衛青云, '大將軍遇士大夫以禮, 與小人有恩.'"(『宋書』 권61, 「武三王傳」, 1641면)이라고 하였는데, 여기에 인용된 『漢書』의 원문은 "[伍]被曰, '臣所善黃義, 從大將軍[衛青]擊匈奴, 言大將軍遇士大夫以禮, 與士卒有恩, 衆皆樂爲用.'"(권45, 「伍被」, 2169면)이다. 이 편지는 원래 군대 안에서의 "士大夫"와 "士卒" 관계를 관할 지역 내 "士大夫"·"小人"의 문제로 바꾸어버렸으며, 그 결과 "士大夫"는 문맥상 "賢"한 "士"를 뜻하게 된다. 이러한 誤讀은 士와 庶를 확연히 나누고 전자에게 특별히 禮遇하여야 한다는 南朝 사회의 인식 변화와 무관하지 않아 보인다. 『宋書』의 이 내용은 『南史』 권13, 「宋宗室及諸王上」, 370면에도 그대로 옮겨져 있다.

물론 기존의 연구들에서 잘 밝혀졌듯이, 이 士의 집단 안에도 다양한 층위가 있었다. 이를 단적으로 보여주는 것이

> [구품중정제의 폐단이] 날이 갈수록 나빠지고 그 풍조가 점점 굳어져서, 무릇 "衣冠"은 [중정품] 2품이 아닌 자가 없었고 그 아래는 마침내 "卑庶"가 되어버렸다. 周나 漢의 道는 지혜로운 이로써 어리석은 이를 부리게 하였으나 …… 魏와 晉 이후에는 귀한 이로써 천한 이를 부리게 하였으므로 "士庶"의 구분은 뚜렷이 나뉘게 되었다.[89]

는 심약沈約의 말이다. 이에 따르면 당시 중정품 2품을 받은 이른바 '문지이품門地二品'과 그 아래 사람들은 결코 같지 않았고, 후자의 경우 마치 '사士'가 아닌 '서庶'처럼도 여겨진다. 그러나 당시 중정품 3품 이하를 받은 이들도 '차문次門' 혹은 '후문後門'으로서 서민庶民인 '삼오문三五門'과 달랐으므로,[90] 이 말에는 분명 과장이 있다.[91]

그러므로 이런 이야기를 근거로 하여, 위진남북조 시기 사士의 문제를 '문지이품門地二品' 혹은 '갑족甲族'이라고 불리던 최고 지배층만으로 그 대상을 국한시킬 수는 없다. 사실 이 최상층의 사士는 당시 가문家門의 중시 분위기

---

89 『宋書』 권94, 「恩倖傳」, 2302면, "歲月遷訛, 斯風漸篤, 凡厥衣冠, 莫非二品, 自此以還, 遂成卑庶. 周漢之道, 以智役愚, 臺隸參差, 用成等級; 魏晉以來, 以貴役賤, 士庶之科, 較然有辨."

90 九品中正制에서 향품과 관품의 대응 관계를 강조하여 "制度的 신분"으로서의 '族門制'라는 독특한 개념을 주창한 越智重明 역시 이처럼 낮은 중정품을 받은 이들도 "士人"이라는 사실을 부정하지 않는다(「南朝의 國家와 社會」, 전게 『세미나 위진남북조사』, 218~219면과 『魏晉南朝の貴族制』, 東京: 硏文出版, 1982, 233~246면). 물론 그가 당시 "政治的 支配者層"이라고도 본 것은 중정품 2품 이상을 얻은 "甲族"만이고(「魏晉南朝の最下級官僚層について」, 『史學雜誌』 74-7, 1965), 이 시기의 士에 대한 일본 학계의 일반적 인식과 기본적으로 동일하다.

91 이것은 변변치 못한 가문 출신이 많은 "恩倖"의 권력 농단을 비판하기 위한 이 글의 의도를 생각할 때 쉽게 이해되는 일이다. 따라서 이 글은 당시 士와 庶의 실제적인 구분 기준을 보여준다기보다 이러한 구별이 상당히 주관적으로 이루어졌음을 알게 하는 사료라고 하겠다.

속에서 자신의 우월한 지위를 당연히 혈연이라는 폐쇄적 틀 안에서 독점적으로 유지하려고 하였을 것이다. 이와 같은 지배층으로서의 배타적인 士의 행태에 주목할 때 이 시기의 士는 확실히 문벌이고, 국가권력으로부터 자율적인 귀족이기도 하다. 이러한 귀족의 성격으로부터 '중세'의 특징을 추출한 내등호남은 그 좋은 예이다. 구품중정제가 후한대後漢代의 가문 중시 풍조의 산물로 본 그에게 "門閥選擧"로의 이행은 자연스러운 일이고,[92] 상대적으로 낮은 가문의 사士는 내등호남의 시야에서 비껴났다. 구품중정제가 "오로지 官界의 상층부를 대상으로 입안된 것"이라고 단언하는[93] 궁기시정 또한 마찬가지이다. 그러나 위진남북조 시기에 광범위하게 확산된 사士의 일반적 성격을 제대로 이해하려면 중하층中下層의 사士에게도 관심을 가져야만 한다.

2) 중하층中下層 사士의 존재와 역할

구품관인법九品官人法의 시행과 함께 출현한 '공인된 사士'들은 위진남북조 시기의 사士가 그 이전과 다른 모습을 띠게 되는 중요한 배경이었다. 이 제도를 통하여 일반민과 공식적으로 구별된 사士가 각지에서 양산되고, 이들을 중심으로 서庶와 구분되는 집단적 정체성을 명확히 하며 사회적 · 문화적 권위를 높인 새로운 사士들이 늘어날 수 있었던 것이다. 물론 당시의 모든 사士가 중정품의 소지자라고는 말하기는 어렵다. 이들 중에는 한대처럼 민民과의 차이가 애매한 상태에서도 사士를 자칭한 인물들도 당연히 있었을 터이고, 특히 씨족을 중시하던 이 시기에 '족族'의 외피 아래 사士라고 여겨져 위세를 부린 경우도 많았을 것이다.[94] 위진남북조 시기의 사士가 자주 '사족士

92 전게『支那中古の文化』, 320~321면.
93 전게『九品官人法의 연구』, 238면.

族'으로 일컬어지는 까닭도 이 때문이다.

사실 위진남북조 시기는 모든 면에서 극도로 혼란스러웠고, 이러한 상황에서 혈연집단만큼 좋은 보호막이 없었다. '삼오문三五門'으로 불린 서민庶民마저 '문門' 곧 '가家'를 단위로 파악된 것은 혹 지배의 방편일 가능성도 있겠지만, 뚜렷한 명문名門이 아닌 사士들 역시 '차문次門' 혹은 '후문後門'이라고 일컬어졌던 것이다. 이러한 분위기 속에서 문벌門閥은 특별히 중요해졌고, 구품중정제도 이들을 위주로 운용되었을 터이다. 그러나 중요한 사실은 구품중정제에서 "上品"을 받지 못하였다는 이들도 "寒門" 혹은 "賤族"이라고 표현되어[95] 있다는 점이다. 다시 말해 당시 씨족氏族은 문벌만의 문제가 아니며, 사족士族이 곧 귀족貴族이라고 부를 만한 최상층의 지배층을 뜻하지는 않는다. 석륵石勒이 이주시킨 "士族"에는 "掾屬"과 같은 하급 관인官人까지 포함되었던 것이다.[96]

그러므로 사족士族으로 위진남북조 시기의 사士를 특징짓더라도, 여기에서 중하층中下層의 인물들을 배제할 필요가 없다. 그리고 이들도 특별히 우대된 '문지이품門地二品'은 아니지만 3품 아래의 중정품은 기대할 수 있었다는 점에서 역시 새로운 관인 선발제도와 무관하지 않다. 하지만 문제는 당시 문헌에서 낮은 중정품을 받은 인물들에 관한 기록이 매우 적다는 사실이다. 따라서 서진西晉 말 이후 중정품이 부풀려져서 실제로 중정이 준 등급은 7품 정도까지였다거나,[97] 나아가 7품 이하의 중정품은 애당초 없었다는 주장조차 있다.[98] 그렇다면 이 시기에 중하층의 사士가 구품중정제 안에서 갖는 위상이

---

94 南齊 때 "庸陋"한 인품의 인물이 좋은 家門을 빌미로 婚事에서 많은 聘財를 받을 수 있었던 것(『文選』 권40, 沈約 「奏彈王源」, 上海: 上海古籍出版社, 1986, 1812~1816면)은 氏族을 중시하던 당시의 시대상을 잘 보여준다.

95 『晉書』 권45, 「劉毅」, 1274면과 『宋書』 권94, 「恩倖傳」, 2301면.

96 『晉書』 권105, 「石勒載記下」, 2737면에서 "徙朝臣掾屬已上士族者三百戶于襄國崇仁里, 置公族大夫以領之."라고 한다.

97 전게 『九品官人法의 硏究』, 215~237면.

모호해진다. 혹 그 일부가 본래 자신들에게 허용되었을 중정품보다 높게 평가되어 더 좋은 관직으로 나갈 수 있었을지라도, 새로운 관인 선발제도 속에 중하층 사士들이 끼일 자리가 없어 보이기 때문이다.

하지만 『진서晉書』의 진민陳敏 관련 기록은 중정품 7품과 무관하지 않아 보이고,[99] 구품중정제에서 유독 최하위의 두 등급만 없는 까닭을 납득하기 어렵다.[100] 이러한 시각에서 볼 때, 『통전通典』의

> 魏가 새로운 왕조를 개창하자 州·郡·縣에 모두 大·小 中正을 두고, 각각 諸府의 公卿이나 臺·省의 郎吏이던 그곳 출신 사람을 뽑아 임용하여, 관할 지역의 인물들을 "9등"으로 구별해 확정지었다. 言行이 잘 닦여지면 [중정품을] 5품에서 4품으로 혹은 6품에서 5품으로 올려주고, 만약 道義에 문제가 생기면 5품에서 6품으로 혹은 6품에서 7품으로 [중정품을] 낮추었다.[101]

는 기록이 주목된다. 일반적인 평가제도에서 중간 등급이 가장 많은 것이 상례라면, 이 글에 예시된 4품부터 7품까지의 중정품을 받은 자가 오히려 다수였다고 생각되기 때문이다. 사실 일부 낮은 등급의 중정품 없이 이 제도를 운용하였다는 주장은 구품중정제라는 명칭조차 혼란스럽게 만들고, 별로

---

98 전게 『品位與職位』, 312~321면.

99 『晉書』 권100, 「陳敏」, 2617면의 "今以陳敏倉部令史, 七第頑冗, 六品下才, 欲躡桓王之高蹤, 蹈大皇之絶軌, 遠度諸賢, 猶當未許也."라는 글에서 "七第"의 해석을 둘러싸고 이견이 많으나, 張旭華, 『九品中正制略論稿』, 鄭州: 中州古籍出版社, 2004, 113~117면의 설명처럼 이것을 7품의 중정품으로 이해하는 것이 타당해 보인다.

100 7품 이하의 中正品이 없었다는 閻步克의 주장에서 중요한 근거는 上·中·下 3품으로 다시 나눌 수 있는 9품에서 "下品"에 속하는 7품 이하를 주고받는다는 것이 "常人常情"에 어긋난다는 점이었다(전게 『品位與職位』, 320면). 그러나 중정품이 『漢書』의 「古今人表」와 같이 上·中·下의 구분 논리에 입각한 것인지 분명하지 않으며, 7품이 실재하였다면 더욱 그러하다.

101 『通典』 권14, 「選擧2」, 327~328면, "魏氏革命, 州郡縣俱置大小中正, 各取本處人任諸府公卿及臺省郎吏有德充才盛者爲之, 區別所管人物, 定爲九等. 其有言行修著, 則升進之, 或以五升四, 以六升五; 儻或道義虧闕, 則降下之, 或自五退六, 自六退七矣."

설득력이 없어 보인다.[102]

물론 8품 이하의 중정품을 받았다고 명기된 위진남북조 시기의 인물이 현존 문헌에 보이지 않음은 분명하다. 그러나 이것은 당시 특별한 극소수의 사람들에 관한 기록만 남은 사료의 한계라고 생각된다. 실제로 이 시기에 중정품 4품이나 5품을 가진 이들의 임직任職을 각각 "四品吏"[103]나 "五品吏"[104]와 같이 부를 만큼 일군一群의 중급 관직이 있었지만, 이러한 지위의 관인들은 지금 거의 알 수가 없다. 그리고 하급자가 상급자보다 많을 수밖에 없는 관료조직의 속성을 생각하면, 이들 아래에 우리가 모르는 더 많은 관인이나 직장인職掌人이 있었을 것이다.[105] 따라서 비교적 낮은 중정품을 받은 중하층 사士들 개인의 면면을 현재 확인할 수 없다고 해서, 위진남북조 시기 이들의 존재 자체를 부정하여서는 안 된다.

이러한 관점에서 보면, 중하층의 사士가 칠직七職, 훈위勳位・훈품勳品, 온위蘊位 등과 같은 위진남북조 시기 특유의 하급직들과 갖는 관계를 홀시할 수 없다. 그런데 이러한 직위들에 대한 기존 연구들의 결론이 너무나 분분하여,[106] 현재의 필자로서는 솔직히 이 문제에 개입하기 어렵다. 다만 여기에서

102 이와 관련하여 "[周]馥理識清正, 兼有才幹, 主定九品, 檢括精詳."(『晉書』 권61, 「周浚」, 1663면)이라고 한 表文도 주목된다. 여기에서 "九品"은 곧 中正品과 관련이 있어 보이기 때문이다.

103 『晉書』 권36, 「張華」, 1078면.

104 『南史』 권77, 「恩倖傳」, 1933면.

105 『通典』에 기록된 魏晉南北朝 시기의 관인 수가 漢이나 隋・唐에 비하여 적은 편이나(권19, 「職官1」, 480~481면), 여기에는 內外職掌人의 숫자가 빠져 있다(권36, 「職官18」, 984면~권40, 「職官22」, 1106면). 특히 『宋書』 권3, 「武帝」, 57면의 "初限荊州府置將不得過二千人, 吏不得過一萬人; 州置將不得過五百人, 吏不得過五千人."이라는 永初2년의 조처를 보면, 당시 각 지방에 무척 많은 "吏"들이 존재하였음은 틀림이 없다.

106 閻步克은 전게 『品位與職位』, 307~334면에서 이와 관련된 기존의 다양한 연구들을 정리하면서 자신의 견해를 분명히 하였다. 그러나 7품 이하의 중정품이 없었다는 사실을 전제로 한 이 주장을 그대로 따르기 어려울뿐더러, 본인도 최근의 저서에서는 다른 시각으로 이 문제에 접근하고 있는 듯하다. 전게 『中國古代官階制度引論』, 97~99면에서 밝혔듯이, 이와 직결된 梁의 18班 제도에 관한 자신의 기존 입장을 수정하였기 때문이다.

는 위진魏晉 시기에만 나타나는 '사도리司徒吏'와 북위北魏 · 북제北齊 때 관官과 민民의 중간 지위에 있던 '직인職人'이 구품중정제와 무관하지 않을 수 있음을 지적하고 싶다. 일찍이 이들에 주목하였던 염보극閻步克은 왕관王官 · 사도리司徒吏와 직인職人이 이 시기의 독특한 '관인 후보군候補群'으로서 그 수가 매우 많았음을 잘 밝혔던 것이다.[107] 그는 사도리司徒吏에 대하여서만 중정품과의 관계를 언급하였으나, 이와 비슷해 보이는 "구주직인九州職人" 역시 중정품을 가지고 각지에 산재하던 중하층 士들 없이는 설명하기 힘들어 보인다.[108]

이와 같은 중하층 사士의 존재와 관련하여 빠뜨릴 수 없는 문제가 양梁 무제武帝(재위 502~549)의 관제官制 개혁이다. 천감天監 7년(508)에 관직을 문관文官 18반班, 유외7반流外7班, 삼품온위三品蘊位, 삼품훈위三品勳位 그리고 무관武官 24반班, 유외8반流外8班으로 나누었고, 이것과 그 이전 구품관제九品官制의 관계가 일찍부터 주목되어 왔다. 궁기시정은 『수서隋書』의 "位不登二品者, 又爲七班."[109] 등의 기록을 근거로 하여, 이것이 중정품 2품을 받아 6품의 관직으로 입사入仕한 이들을 주된 대상으로 하는 18반班과 그 아래 중정품을 가진 이들에게 주로 준 관직인 유외7반流外7班으로의 관제 재편이라고 해석하였다. 다시 말해, 새 제도가 "貴族主義의 편의"를 위해 문지이품門地二品의 문벌을 중심으로 한 유내관流內官과 유외관流外官을 구분한 "귀족적 관료제의 집대성"이라는 것이다.[110] 이 시기의 귀족적 특징을 드러내는 데 매우 유용한 이 설명은

---

107 전게 「北魏北齊"職人"初探」. 이 글의 논지는 전게 『中國古代官階制度引論』, 113~114면에 중국사 전체의 흐름 속에서 다시 잘 정리되어 있다.

108 극히 제한된 사료로 인해 섣부른 결론을 내리기는 어려우나, 閻步克의 논지를 좀 더 발전시켜 볼 가능성은 있다. 우선 『通典』에서 "州國之吏"와 명확히 대비되어 있는 것은 "王官"이고, 이것과 司徒吏의 성격을 완전히 동일시하기 어렵다. 그리고 職人의 성격이 北魏 太和 연간의 관제 개혁을 전후하여 변하였을 수 있고, 특히 그 이후 나타나는 "九州職人"의 성격은 司徒吏와 더욱 유사하다. 따라서 적어도 이 둘은 중정품을 가지고 入仕를 기대하던 각지의 士로 보아도 무방하지 않을까 한다.

109 『隋書』 권26, 「百官上」, 733면. 이와 유사한 기록은 『唐六典』에 자주 나오고(권14, 「太常寺」, 395면 등), 『通典』 권37, 「職官19」, 1014면에서도 확인된다.

당연히 일본 학계에서 적극적으로 받아들여졌다.[111]

그러나 이 새로운 제도의 성격은 다양한 해석의 가능성이 있는데,[112] 특히 김유철의 연구가 주목된다. 관위官位는 물론 관직官職까지 고려하면서 기존의 9품관제와 18반제18班制를 비교한 그의 결론은 양梁 무제武帝의 개혁이 귀족貴族의 청탁관념淸濁觀念에 의해 왜곡되지 않은 관료체제官僚體制를 확립하여 황제의 위상을 강화하는 방법이었다는 것이다. 유내流內, 유외流外, 온위蘊位, 훈위勳位와 같은 품계品階의 다양화 현상이 일면 분권적分權的인 듯이 보이지만, 당시 문벌이나 토호土豪에 의하여 장악되어 있던 관계官界의 현실을 고려할 때, "官位體系의 확대와 세밀화를 통하여 분권화된 정치권력을 관위체계를 흡수·수용하면서 통제하려"고 한 이것이 오히려 황제 중심의 집권화에 유용하였다는 그의 지적은 매우 설득력이 있다.[113] 따라서 양梁 무제武帝 시기가 국가권력으로부터 자율적인 귀족의 '시대'라는 선입견에서 벗어나 이 관제官制 개혁에 접근하여야 마땅하다.

실제로 이 조처에 앞서 천감 4년(505)에 무제武帝는 "寒門儁才"를 위해 정원의 제한이 없는 오관五館을 새로 만들어서,[114] 그 학생들을 시험하여 "吏"로 등용하였다.[115] 이것은 가문을 불문하고 능력에 따라 관인을 선발하려 한

110 전게 『九品官人法의 硏究』, 281~299면. 인용문은 294·286면.

111 일본 학계에서도 이 제도를 宮崎市定과 달리 이해하는 연구도 있다. 예를 들어 越智重明, 「梁の天監改革と次門層」, 『史學硏究』 97, 廣島史學硏究會, 1966은 이것을 "次門層"에 의하여 주도된 개혁의 결과로 보고, 安田二郎, 「南朝の皇帝と貴族と豪族·土豪層」, 中國中世史硏究會 편, 『中國中世史硏究』, 東京: 東海大學出版會, 1970은 이 개혁의 시대적 배경으로 "門閥體制 하에서의 不滿分子"의 존재를 강조한다. 그러나 그 결론은 더 뚜렷해진 士와 庶의 차이(越智重明)거나 "新貴族主義"의 출현(安田二郎)으로 귀착하여 魏晉南北朝에 대한 일본 학계 특유의 時代相으로 되돌아간다.

112 예를 들면, 閻步克의 경우 梁의 18班 제도가 官品 제도와 본질적으로 다른 "任官 자격을 관리하는 位階"라고 독특하게 설명한다(전게, 『中國古代官階制度引論』, 97~99면 참조).

113 金裕哲, 「梁 天監初 改革政策에 나타난 官僚體制의 新傾向」, 『魏晉隋唐史硏究』 1, 위진수당사연구회, 1994. 인용문은 177면.

114 『隋書』 권26, 「百官上」, 724면.

황제의 의지를 잘 보여주는데, 천감 7년 초에 새로 만든 관제官制도[116] 이러한 기획의 연장선상에서 이해된다. 바로 이때 "膏粱"과 "寒素"의 차별 없이 인재를 발탁할 목적으로 주州·군郡·향鄕에 각각 주중州重(州望)·군종郡宗·향호鄕豪를 두었다면,[117] 이들은 중정中正을 도와[118] 한사寒士의 중정품을 높여 그 입사入仕를 도왔을 것이기 때문이다. 그러므로 천감 7년의 새로운 관제는 문지이품門地二品과 같은 문벌이 아니라 중하층 사士에게 유리한 제도였을 가능성이 훨씬 크다. 이즈음 등장하는 "吏姓寒門"이라는 말도[119] 이러한 천감 연간의 분위기를 생각할 때 쉽게 이해된다. 상대적으로 낮은 지위의 사士들이 대거 관직으로 진출한 결과, 이러한 표현이 생긴 것이다.

이와 같은 입장에서 보면, 양梁 무제武帝 시기의 새로운 관제는 당시 광범위하게 산재하던 많은 중하층 사士의 존재를 전제로 구상된 것이라고 해도 좋을 듯하다. 지방에서 성장해 온 사士들은 구품중정제를 통해 관官과 민民 사이의 공인된 지위를 확보하였지만, 문벌 위주의 사회 안에서 제약이 많았다. 이러한 고충은 문벌이 주도하는 관계官界 안에서 자신의 권력을 제대로 행사할 수 없었던 황제의 경우도 마찬가지이었다. 물론 오랜 사회적 관습으로 굳어진 현실의 개혁은 타협이 불가피하였고, 관인 조직을 유내流內와 유외流外·온위蘊位·훈위勳位로 크게 양분시킬 수밖에 없었다. 이것은 분명히 좋은 집안의 상층 사士와 낮은 가문 출신의 사士를 이류異類로 만들었고, 외형상 "귀족적 관료제의 집대성"처럼도 보인다. 하지만 그 이면裏面에는 위세威勢가 약화된 문벌의 한계가 엿보인다. 자신과 동일시하기 싫은 중하층의 사士들이

---

115 『南史』 권71, 「儒林傳」, 1730면.

116 『資治通鑑』 권147, 「梁紀3」, 北京: 中華書局, 1956, 4576면에 의하면, 天監7년 1월에 文官 18班制를 만들고 다음달에 武官 24班制를 만들었다.

117 『通典』 권14, 「選擧2」, 335면. 『梁書』 권2, 「武帝紀中」, 47면에 따르면, 이 조처는 天監7년 2월의 일이다.

118 전게 『九品官人法의 연구』, 324~325면.

119 『梁書』 권49, 「文學傳上」, 694면.

황제의 지원 아래 관계官界로 다수 진출해 오는 현실 앞에서, 이들은 일부 하위 관직들을 포기해야만 하였기 때문이다.

물론 이러한 추론은 유내관流內官에서 배제된 관직들에 대한 좀 더 면밀한 검토를 요한다. 전술하였듯이 온위蘊位와 훈위勳位의 성격을 명확히 밝히기는 어려우나, 영사令史·서승署丞·정위율박사廷尉律博士·옥승獄丞 등과 같이 실무를 전담한 이 직임職任들이 국가 행정에 긴요하였음은 확실하다.[120] 그리고 "流外에는 7班이 있는데, '寒微士人'으로 임용하였다. 이 [流外]班에서 나온 자는 [流內]第一班으로 올라갈 수 있다."[121]는 기록을 보면, 중하층의 사士로 충원된 유외관流外官이 유내관流內官으로 승진하는 것이 불가능하지 않았다. 따라서 온위蘊位나 훈위勳位보다 제도적 지위가 높았던[122] 이들이 유내관流內官과 본질적으로 달랐다고 생각되지 않는다. 이 시기의 유외관은 당唐 중엽 이후의 그것과 상이하며,[123] 천감天監 7년의 관제 개혁은 "귀족주의의 편의"로 만들어졌다기보다 중하층 사士의 출사出仕에 거부감을 줄일 수 있는 방편이었던 것이다.

만약 이러한 결론이 틀리지 않는다면, 북위北魏 효문제孝文帝 시기의 관제官制 변화 역시 유사한 맥락에서 이해할 수 있다. 유내관流內官과 유외관流外官을 나눈 이 개혁도 굳이 "貴族主義의 채용"이라는 관점에서만[124] 보아야할 필요

---

120 『通典』 권37, 「職官19」, 1017면. 전게 『品位與職位』, 333~334면에서는 이러한 관직들이 "身分"과 달리 "行政等級"上 오히려 流外보다 높았을 수 있음을 지적한다.

121 『通典』 권38, 「職官20」, 1036면. 이와 유사한 내용은 『隋書』 권26, 「百官上」, 741면에도 보인다.

122 『唐六典』에는 梁代에 "在七班之下, 爲三品勳位"(권18, 「大理寺鴻臚寺」, 506면)였다는 典客館의 令·丞, "在七班之下, 爲三品蘊位"였다는 導官令·丞(권19, 「司農寺」, 528면) 등의 기록이 보인다.

123 天監 7년의 새 관제에서 流外官의 이러한 성격은 전게, 「梁 天監初 改革政策에 나타난 官僚體制의 新傾向」, 158~170면에 잘 설명되어 있다. 葉煒, 『南北朝隋唐官吏分途研究』, 北京: 北京大學出版社, 2009의 치밀한 연구에서 밝혔듯이, 官과 吏의 차별이 명확해진 것은 唐 玄宗 이후의 일이다.

124 전게 『九品官人法의 研究』, 347~362면. 인용문은 354면.

가 없기 때문이다. 이 문제는 호족胡族 정권인 북위北魏의 특수성과 이즈음 행해진 이른바 '성족상정姓族詳定'의 성격 등을 함께 고려할 필요가 있고, 지금 당장 결론을 내리기는 어렵다. 그러나 이 새 제도가 "門品高下"를 중시하여 마치 "資蔭"처럼 운용되었다는[125] 기록을 재고해 볼 여지도 있다. 우선 주의 중정에게 "鄕之民望"을 추천하여 "令長"으로 삼게 한 조처[126] 등 당시 지방의 중하층 士를 적극적으로 등용하려는 기도가 있었다. 그리고 효문제孝文帝의 9품관品官과 그 아래 관직의 구분 이유가 "君子"와 "小人"의 차이였다는 사실[127] 또한 간과할 수 없다. 이것은 그를 이은 선무제宣武帝(재위 499~515)의 경우도 마찬가지이다.[128] 앞서 지적하였듯이 '군자君子'라는 말이 당시 '소인小人'으로서의 서庶와 자주 대비되었더라도 그 안에 전제된 가치의 개념을 무시한 채 바로 문벌과 동일시할 수 없는 것이다. 효문제孝文帝·선무제宣武帝 시기에 관인의 고과제도考課制度가 마련되고 비교적 철저히 시행되었음을[129] 생각하면 더욱 그러하다. 따라서 북위北魏의 중하층 사士들도 양梁 무제武帝 연간의 상황과 별로 다르지 않았을 개연성이 크다.

지금까지의 고찰은 국가권력으로부터 자율성을 가진 귀족을 중심으로 위진남북조 시기의 사士를 설명하거나, 나아가 이들로써 이 시대를 특징짓는 것을 회의롭게 만든다. 구품중정제를 통하여 관官과 민民 사이의 지위를 공인받은 사士들은 전국 각지에 광범위하게 축적되어 왔고, 비록 현재 익명으로 남은 중하층 사士들이라고 할지라도 당시 역사의 전개에 홀시할 수 없는 역할을 하였던 것이다. 남북조시대 후기의 관제 개혁은 이 사실을 확인시켜 줌과 동시에 그 뒤 더욱 커졌을 이들의 중요성을 짐작하게 한다. 물론 이와

---

125 『魏書』 권22, 「孝文五王傳」, 592면.
126 『魏書』 권7하, 「高祖紀下」, 179면.
127 『魏書』 권59, 「劉昶」, 1310~1311면.
128 『魏書』 권88, 「良吏傳」, 1904면.
129 陶新華, 『北魏孝文帝以後北朝官僚管理制度研究』, 成都: 巴蜀書社, 2004, 7~68면 참조.

같은 본고의 결론은 당시 중하층 사士들의 구체적인 모습을 통해 명확해질 것이다. 이와 관련하여, 『남제서南齊書』 이후 이어지는 정사正史의 '문학文學' 관련 유전類傳이[130] 주목된다. 이것은 남북조 시기 중반 이후 문학적[131] 소양이 뛰어났던 인물들의 집단적 정체성이 사회적으로 인정되었음을 뜻하며, 이 유전類傳에서 사士와 문학의 관계를 당연시하고 있는 것이다.[132] 그런데 여기에 입전立傳된 인물들 중에는 중하층의 사士로 보이는 인물이 많다.[133] 그리고 입전立傳 인물과 관직官職의 관계도 남조南朝의 경우 점차 더욱 긴밀해지는 경향을[134] 보인다. 이것은 문학을 매개로 한 士의 정치사회적 성장을 시사示唆하는 듯하여 흥미로운데, 이 문제는 더 많은 사료의 폭넓고 치밀한 검토를 기다린다.

130 『南齊書』 이후 南北朝의 正史에서 「文學傳」이나 「文苑傳」이 없는 것은 『周書』 뿐이다. 따라서 이 시기에 文學 관련 類傳의 서술이 정착되었다고 생각된다. 물론 『後漢書』, 『晉書』에도 「文苑傳」이 있지만, 주지하듯이 이 책들이 쓰인 것은 南朝 이후의 일이다.

131 이 시기의 문헌에서 '文學'이라는 말은 현재 'literature'의 번역어로 쓰이는 '문학'에 비하여 그 의미가 넓다(아래에서 이러한 현대적 의미의 경우 한글로 써서 구분한다). 그러나 '문학'과 더욱 유사한 의미의 '文詞'가 「文學傳」이나 「文苑傳」의 중심에 있음은 분명하다.

132 『南齊書』 권52, 「文學傳」, 908면에서 "輪扁斲輪, 言之未盡, 文人談士, 罕或兼工."라고 하여 "文人"과 "士"의 관계를 春秋時代 齊에서 수레바퀴의 明匠이던 輪扁과 바퀴의 관계로 대비시킨 것은 그 좋은 예이다. "凡百士子, 可不務乎!"(권85, 1877면)라는 말로 끝나는 『魏書』의 「文苑傳」도 士와 文學의 불가분성을 전제하고 있다. 단 『魏書』의 補闕된 부분에 나오는 이 표현은 『北史』 권83, 「文苑傳」의 기록과 동일하여 혹 後代의 서술일 가능성도 없지 않다.

133 『南齊書』, 『梁書』, 『陳書』를 비교하면, 立傳된 인물 중 初任職이 명기된 이의 비율이 증가하지만 그 대부분은 流外官이다. 특히 이들 중에는 "家貧無書"하였다는 袁峻(『梁書』 권49, 「文學傳上」, 688면)과 任孝恭(『梁書』 권50, 「文學傳下」, 726면) 등과 같이 극히 빈한했던 인물도 적지 않다.

134 『南齊書』에 1명뿐이던 奉朝請 初任者가 『梁書』에서는 5명으로 늘고, 『陳書』에는 秘書郎처럼 주요 관직을 초임으로 받은 자도 등장한다. 이처럼 높은 중정품을 받았으리라고 추측되는 이들의 상대적 증가 추세는 그 父와 祖의 官歷을 생각하더라도 마찬가지이다. 본인이나 유관 인물의 열전에 관직 기록이 없는 경우 無官者로 간주하면, 父·祖 모두 관직을 가졌던 자의 비율이 『南齊書』, 『梁書』, 『陳書』에서 늘어나는 경향을 보이는 듯한 것이다.

4. 결론

진한제국秦漢帝國의 철저히 정비된 관료체제 안에서 사士는 관官과 민民 사이의 애매한 존재였다. 이들은 관작을 갖지 않은 '사민四民'의 하나였지만, 농農・공工・상商이 갖지 못한 '위位'를 특별히 인정받았던 듯하다. 이러한 중간적 지위는 당시 찰거察擧 대상자를 통상 사士라고 불렀던 사실에서도 잘 드러나는데, 이들은 선거選擧를 통해 서민庶民에서 관인官人으로 옮겨가는 과정에 있었던 것이다. 따라서 관인 선발제도는 사士의 성격과 불가분의 관계에 있었으며, 한위교체기漢魏交替期에 출현한 구품중정제가 이들의 위상位相에도 큰 영향을 미쳤다고 생각된다.

위진남북조 시기의 사士가 당시 '유품流品'과 '씨족氏族'의 중시 풍조와 맞물려서 '사족士族'의 형태를 띠고, 이들의 정치사회적 위상이 그 이전보다 훨씬 높아졌음은 주지周知의 사실이다. 그런데 이들을 '귀족貴族'으로 개념화하는 일본 중국사 학계의 통설은 당시 사士의 성격에 매우 특별한 의미를 부여한다. 이에 따르면 황제권 혹은 국가권력으로부터 자율성을 가진 이들이 위진남북조 역사의 중심이었고, 이러한 현상을 특징으로 하는 '시대時代'로서의 '중세中世'가 당대唐代까지 연장되고 있기 때문이다. 이와 같은 중국사의 인식은 20세기 초 내등호남의 시대구분론으로부터 연유한다. 송대宋代 이후 근세의 "君主獨裁政治"와 달랐던 위진魏晋~수당隋唐 시기의 "貴族政治"에서 '중국中國 중세中世'의 기본적인 특성을 찾았던 것이다.

내등호남의 이 독창적인 가설은 중국사의 고유固有한 역사 전개 과정에 주목한 것으로서 매우 '현실감'이 있다. 그러나 이때 간과할 수 없는 것은 그가 살던 시기의 '현실' 곧 중국을 비롯한 '동양'과 일본의 첨예한 모순이다. 당시 중국의 상황에 불만을 키워간 내등호남은 중국사 자체의 지속적인 발전에 대하여 회의적이었다. 현재까지 이어지는 "支那文化의 根本"이 중세中世에 이미 형성된 것처럼도 설명한 그의 중국사 인식은 이를 잘 보여준다. 그리고 그가 특히 주목하였던 당대唐代는 일본과의 관계가 가장 밀접한 시대였다는 점이 흥미롭다. 이처럼 일본을 중심에 둔 내등호남의 역사 인식은 20세기 전반에 중국을 객체화客體化하려던 일본 특유의 '지나支那 담론談論'과 무관하지 않은 듯하다.

패전敗戰 이후 일본의 중국사 학계는 많은 변화와 발전이 있었고, 중세사의 경우 곡천도웅谷川道雄·천승의웅川勝義雄 등의 이른바 '공동체론'은 그 대표적인 성과이다. 중국에서 "共同體의 自己發展" 과정에 주목한 이들은 일견 내등호남과는 크게 달라 보인다. 그러나 '귀족의 자율성'을 강조하며 이로써 '중세'를 특징짓는다는 점에서는 차이가 없을뿐더러, 오히려 그 논리를 더욱 보강한 측면도 있다. 일본 학계의 이처럼 일관된 연구 경향의 바탕에는 궁기시정의 명저名著『구품관인법九品官人法의 연구硏究』가 존재한다. 구품중정제九品中正制에서 "鄕品" 곧 중정품과 초임 관품 사이의 구조적인 대응관계를 강조한 이 책은 왕조권력과 무관한 향론鄕論에 의하여 정치사회적 지위를 영속화한 귀족의 존재를 잘 설명할 수 있게 하였기 때문이다. 이러한 위진남북조 시기에 대한 인식은 내등호남의 중국사中國史 시대구분론과 완전히 일치하며, 이것은 이 시기 사士의 성격을 설명할 때 자신의 가문家門을 자부하던 문벌門閥과 "貴族主義"에 초점을 맞추게 만들었다.

위진남북조 시기에 시행된 구품중정제九品中正制라는 새로운 관인 선발제도가 당시 사士의 성격에 큰 변화를 가져온 것은 확실하다. 이때 무엇보다 중요한 점은 중정품을 가졌으나 아직 공식적 관인官人으로서 출사出仕하지 않은 상태의 인물들이 전국 각지에 증가하고 확산되었다는 사실이다. 이들은 국가권력이 관官과 민民 사이의 중간적 존재로 승인한 '공인된 사士'이었다. 그 결과 높은 자존감과 권위를 가진 이 사士는 '사민四民'의 하나였던 사士와 달리 자신을 '서庶'와 확연히 구분할 수 있게 되었고, 사회에서도 이를 인정하였다. 물론 이 시기의 문헌에 나오는 사士가 모두 이러한 '공인된 사士'라고 보기는 어렵다. 그러나 "士類"라는 말의 출현에서 잘 드러나는 魏晉南北朝

시기 사士의 뚜렷한 집단적 정체성이나 황제까지 이들을 '군자君子'·'사대부士大夫'로 여기게 되는 사회적 통념의 변화가 이들의 존재 없이는 설명하기 어려울 것이다.

위진남북조 시기의 사士들 안에는 다양한 층위가 존재한다. 극도의 혼란 상황에서 혈연의 보호막이 중요하였던 당시, 씨족氏族과 연계된 사족士族이 등장하고 이를 단위로 한 분층分層 역시 생겼다. 그러나 분명한 것은 이러한 현상이 문벌을 형성한 최상층의 사士에만 국한되지 않았다는 사실이다. 따라서 이 시기 사士의 일반적 성격을 이해하기 위하여 3품 이하 중정품을 받은 다수의 중하층 사士에 특히 주목할 필요가 있다. 문제는 이들의 구체적 모습이 현존 문헌에 잘 드러나지 않는다는 점인데, 이를 근거로 당시 이들의 존재 자체를 부정할 수는 없다. 수많은 불분명한 이력의 한사寒士나 다수의 하급 관직들은 중하층 사士와 무관하지 않을 것이다. 이와 관련하여, 양梁 무제武帝 천감 7년에 생긴 새로운 관제가 황제의 위상을 강화하기 위한 개혁의 결과라는 사실이 중요하다. 이것이 문지이품門地二品을 중심으로 한 "귀족적 관료제의 집대성"이라고 본 일본 학계는 당시 유내관流內官과 유외관流外官의 차별화를 강조하였지만, 한국과 중국의 최근 연구들은 남북조南北朝 시기 양자의 본질적인 차이를 부정한다. 그러므로 이 개혁은 당시 광범위하게 산재하던 중하층 사士들의 존재를 전제로 구상된 것인 듯하다. 뿐만 아니라 그 뒤 이들은 문벌의 거부감을 완화시키면서 상대적으로 원활한 입사入仕가 가능하였고, 이후 새로운 시대를 여는 단서를 마련할 수도 있었다.

이상과 같은 본고의 내용은 아직 충분한 실증을 거치지 못한 시론試論에 불과하다. 좀 더 명확한 결론은 중하층 사士의 구체적 동향이나 북조北朝와 남조南朝의 차이 등에 관한 면밀한 검토를 요구하는 것이다. 그러나 지금으로서도 다음과 같은 사실은 분명히 지적할 수 있다. 위진남북조 시기의 사士를 문벌이라는 최고 지배층을 중심으로 이해하고, 이를 근거로 이 '시대'의 특징 나아가 중국사의 특성까지 설명하려는 연구의 위험성이 그것이다. 한대에 그 정치사회적 지위가 상대적으로 미미하였던 사士가 점차 그 지위를 제고시켜 중국 특유의 지식인 혹은 지배층으로 자리 잡아 갔다면, 이와 같은 사士의 계기적繼起的 발전의 과정을 통시적通時的으로 조망하여야만 한다. 그런데 일본 학계에서 두드러진 위진남북조 시기의 귀족론貴族論에서 제시된 사士의 모습은 극히 제한된 그 일부에만 주목함으로써 당시 사士 전체의 일반적인 성격 파악을 교란시킬 가능성이 있다. 중국사를 추동시켜 온 사士의 고유한 특성과 그 역사적 의미가 이로 인해 오해되거나 홀시될까 두려운 것이다. 이러한 시각에서 볼 때, 일찍이 여영시余英時가 지적한 사士의 이념적, 문화적 성격과[135] 함께 선거選擧를 매개로 한 그 제도적 위상도 더욱 다각적이고 치밀한 연구를 필요로 한다.

135 余英時, 『士與中國文化』, 上海: 上海古籍出版社, 2003(1987 初版) 참조.

:: 2부

사회적 네트워크와 '사士'의 성장

무사가 정치를 담당하게 된 것은 12세기 말 가마쿠라(鎌倉) 막부幕府가 성립 되면서부터였다. 하지만 무사는 고대 사회가 동요기에 접어든 10세기 말부터 전투를 전문으로 하는 집단으로 성장하기 시작했다. 그 무렵부터 무사들 은 독특한 생활방식을 갖게 되었다. 무사들은 평소부터 최악의 상황에 대비하는 생활을 했다. 주택은 실용성이 강조되었고, 의복은 검소했고, 식단은 매우 간단했다. 무예를 연마하는 데 게으르지 않았다. 무사의 자제들은 책을 읽을 시간을 내지 못할 정도로 가혹 한 훈련을 했다. 싸움이 벌어지면 무사들은 친족 단위로 부대를 편성해 출진 했다. 그들의 목표는 승리였다. 이러한 독특한 생활방식 속에서 독자적인 무사도가 형성되었다. 그것은 무사가 평상시에도 긴장감을 늦추지 않는 생활 속에서, 또 전쟁터를 전전하며 주군과 생사를 같이 하면서 형성된 것이었다. 일본 역사상 무사가 가장 치열하게 살았던 시기는 아마 전국시대戰國時代일 것이다. 소위 난세亂世라고 하는 전국시대의 무사야말로 가장 전형적이고 또 전문적인 전투원이었다고 할 수 있다. 그런데 전국시대는 오다 노부나가(織田信長), 도요토미 히데요시(豊臣秀吉) 시대를 거치면서 서서히 종언을 고하고 있었다. 1600년 도쿠가와 이에야스가 세키가하라의 전투에 서 승리하고, 1603년에 쇼군(將軍)에 취임하면서 에도에 막부幕府를 개설 했다. 이에야스가 명실상부하게 일본 최고의 통치자로 군림하게 된 것이다. 그것은 난세가 종언을 고하고 평화 시대의 시작을 알리는 것이었다. 평화의 회복은 아이러니하게도 무사가 그 존립의 근거를 상실하는 것이기 도 했다. 전국시대의 무사는 전투에서의 활약에 그 존재의 근거가 있었다. 전투는 무사를 무사답게 하는 것이었다. 무사는 명예를 드높이기 위해 전쟁 터를 누볐다.

일본중세日本中世 귀족사회貴族社會의 가격家格과 문인관료文人官僚

가격질서家格秩序의 형성이 문인관료층文人官僚層에게 끼친 영향을 중심으로

신미나(申美那)*

1. 머리말

일본의 전근대에서 중국이나 조선의 '사士' 혹은 '사대부士大夫'와 같은 계층을 찾기는 쉽지 않다. 일본은 중세이후 '무武'를 전문으로 하는 무사武士의 시대가 시작되고 '무사의 나라'가 일본의 정체성을 대표하고 있기 때문일 것이다. 시대적 변천에 따른 세부적인 조건을 무시하고 광범하게 유교적 교양을 바탕으로 한 지배계층이라는 의미에서 '사士'를 정의한다면, 일본의 고古·중세中世에 '문인귀족文人貴族' 혹은 '문인관료文人官僚'의 범주에 들어가는 사람들이 이에 해당할 것이다. 일본에서 관료가 본격적으로 양산되기 시작하는 것은, 7세기 후반에서 8세기 초에 걸친 율령국가 건설과정에서 '대학료大學寮'라는 교육기관을 설치하면서부터일 것이다. 대보령大寶令이 제정될 당시, 대학료大學寮의 학과는 경經·산算·서書·음音의 4과科가 있었지

* 성균관대학교 동아시아학술원 인문한국(HK)연구소 연구교수.

만, 후일 기전紀傳·명경明經·명법明法·산算의 4도道로 구성되게 되었다. 기전紀傳은 중국의 역사와 한문학을 가르치는 학과이고, 명경明經은 유교경전, 명법明法은 율령법, 산算은 산술算術을 가르치는 학과였다. 율령律令의 규정에 의하면 대학료大學寮의 학생 수는 명경도明經道가 400명이고, 5위位 이상의 자손, 동서사부東西史部의 자제, 때로는 8위位 이상의 자제가운데 13세 이상~16세 이하에서 채용되었다. 졸업시험인 과시課試에 합격한 후 수재秀才·명경明經·진사進士·명법明法 등의 국가시험을 치르고 그 성적에 준하여 위계位階를 받고 관료로 출사하였다. 그러나 수재秀才·명경明經의 서위敍位기준이 매우 높았고, 합격 후 받는 위계도 음서蔭敍로 받는 위계와 그다지 차이가 없었는데 연력延曆 연간(782~806)의 수차례 개편을 통해서 대학료 학생의 관계진출이 유리해지고, 관료의 등용문으로서의 성격이 강화되었다.[1]

대학료大學寮 출신의 인재들이 관료사회의 핵심인 3위位 이상의 공경公卿까지 진출하는 활약이 두드려졌던 시기는 9세기부터 10세기 초두이다. 그 이후로 갈수록 대학료大學寮 출신자들은 정치의 중추기구에서 점점 멀어졌고, 공경公卿까지 출세하는 경우는 점점 더 드물어졌다. 헤이안平安 시대의 문인관료는 결국 경세치국經世治國을 담당하는 지배적·지도적 계층으로 성장하는 데는 실패한 것이다. 헤이안平安 초기에 의도한 천황 중심의 유교적 관료체제가 뿌리를 내리지 못한 이유로 종래에 자주 지적되는 것이 헤이안平安 중기 이후 섭관정치攝關政治의 확립이다.[2] 그러나 문인관료가 성장하는 토양이 형성되지 못한 것은 중국이나 조선과 달리 유교원리에 입각한 통치이념이 일본사회에 정착하지 못한 사실에 연계되기 때문에, 일본의 문인관료를 고찰하기 위해서는 정치 제도적 측면뿐 아니라 사회다방면으로부터의 폭넓은 관점에서 분석할 필요성이 있을 것이다.

---

1 大塚富士夫, 「勸學院創設の背景」, 『史學』 50 記念號, 慶應義塾大學, 1980, 75면.
2 佐藤道生, 「詩體と思想-平安後期の展開」, 『日本文學史』 3, 岩波書店, 1996, 238면.

일본 고대古代의 문인관료는 한문학漢文學의 주된 담당자였고 정치적으로 큰 활약을 보인 경우는 몇몇 인물을 제외하면 드물기 때문에 문학적 업적이 정치적 업적보다 두드러진 경우가 많다. 그렇기 때문에 일찍부터 국문학 쪽에서 문학자로서의 측면에 주목한 연구가 많이 행하여 졌고, 역사학적 관점에서 문인관료라는 범주를 따로 정의하여 분석대상으로 삼은 연구는 별로 보이지 않는다.[3] 일본의 문인관료를 언급하고 있는 기존연구의 가장 큰 문제점은 개개인 혹은 개별 영역으로 초점이 분산되어 있어 하나의 사회적 집단으로 문인관료의 전체상을 그려내는 시각이 결여된 점과, 시기적으로 그나마 문인관료의 전성기라고 할 수 있는 헤이안 시대 전기~중기에 집중되어 있어서 통시대적인 분석이 누락된 점이라 할 수 있을 것이다. 본고 역시 문인관료의 제상諸相에 배려한 포괄적인 연구에는 미치지 못하겠지만, 고대에서 중세로 전환하는 과정에서 문인관료 계층의 정치적 지위地位와 사회적 위상位相의 변화를 가격질서家格秩序의 형성과 관련하여 논하고자 한다. 그 이유는 고대에서 중세로 넘어오는 과정에서 일본의 귀족사회는 이에(家)의 집합체로 재편성되면서, 각각의 이에가 가격에 준하여 일정한 관직을 고정적으로 세습하는 체제가 성립하는데, 이러한 가격질서의 형성이 고대말기에 이미 그 존재기반이 약체화되고 있었던 문인관료층의 존립에 커다란 영향을 끼쳤을 것으로 추정되기 때문이다. 이에의 성립이 중세 사회 전반에 끼친 영향에 대해서는 많은 논의가 되고 있지만,[4] 문인관료의 존재 양태에 관련하여 논해

3 漢文學적인 관점에서 문인관료를 다룬 연구로는 藤原克己의 『菅原道眞と平安朝漢文學』(東京大學出版會, 2001)나 後藤昭雄의 『平安朝漢文學論考』 補訂版(勉誠出版, 2005) 등이 있다. 그 외 桑原朝子는 『平安朝の漢詩と「法」 文人貴族の貴族制構想の成立と挫折』(東京大學出版會, 2005)에서 漢詩와 法텍스트를 대비하면서 스가와라노 미치자네(菅原道眞)의 귀족제 정치구상을 논하였고, 井上辰雄은 『嵯峨天皇と文人官僚』(塙書房,2011)에서 嵯峨天皇朝에 활약한 여러 문인관료를 논하고 있다.

4 中世貴族社會의 家에 관한 대표적인 연구서로는 玉井力의 『平安時代の貴族と天皇』, 岩波書店, 2000과 笠谷和比古가 편찬한 『公家と武家』 II, 思文閣, 2005 등이 있다.

진 적이 없다. 그렇기 때문에 본고에서는 이에 및 가격 질서의 형성이 중세의 문인관료를 어떤 식으로 재편하였는가를 검토하겠다.

2. 헤이안시대平安時代 문인관료文人官僚의 양상樣相

헤이안平安시대의 관직제도는, 기본적으로 율령제의 관제官制에 기초하고 있다. 일본은 701년에 당의 율령을 모방하여 『대보율령大寶律令』을 제정하였다. 『대보율령大寶律令』은 현재 남아있지 않지만, 편찬자와 내용이 거의 같은 것으로 전해지는 『양로율령養老律令』이 남아있고, 그 가운데 「직원령職員令」에서 관제를 상세하게 규정하고 있다. 시대의 변천에 따라서 필요 없는 관직을 폐지하거나 새로운 관직을 설치하거나 하였지만 기본적인 큰 틀은 영제令制의 규정에서 벗어나지 않았다.

「직원령職員令」에 의하면, 친왕사계親王四階, 제왕십사계諸王十四階, 제신삼십계諸臣三十階의 위계位階가 정해져 있다. 즉, 신하의 위位는 정일위正一位부터 소초위하少初位下까지 삼십계三十階로 나뉘고, 그 가운데서도 5위位 이상은 특별히 우대받았다. 이들 5위位 이상의 위位를 가진 사람들을 귀족이라 통칭할 수 있다. 나아가 5위位 이상 가운데서도 3위位 이상은 공경公卿이라 하여 더욱 특별한 그룹에 속하였다. 공경公卿은 율령제하의 최상위 귀족집단이다. 또한 관위상당官位相當이라 하여, 관직과 위계의 상관관계가 정하여져 있었다. 모든 관직에 대하여 각 관직에 상당하는 위位가 정해져 있어서 그 상당하는 위계에 가까운 자를 골라서 관직에 임명하였다. 그러나 실제로는 후대에 갈수록 관위상당의 원칙은 지켜지지 않고 대체로 실제로 관직에 임명되는 사람의 위位가 그 관직에 상당한 위位보다 높은 경우가 많아졌다. 관직은 문관文官과 무관武官, 경관京官과 외관外官의 구별이 있어서 오위부五衛府・군단軍團 등이 무관武官이고, 그 외가 문관文官이었다. 경관京官은 평안경平安京에 근무하는 관리이고, 외관外官은 지방관地方官을 일컫는다.

평안平安 시대의 기록물에서 '문인文人'으로 일컬어지는 사람들은 대부분 황실이나 귀족의 저택에서 열리는 시연詩筵에서의 헌시자獻詩者들이고 이들은 주로 기전도紀傳道 출신들이었다.[5] 기전도紀傳道는 앞서 설명하였지만 대학료大學寮에서 『사기史記』·『한서漢書』·『후한서後漢書』 등의 역사歷史와 『문선文選』 등의 시문詩文을 가르치는 과목이다. 대학료大學寮의 설립 초기에는 '주역周易'·'상서尙書' 등 유교 경전을 가르치는 명경도明經道가 주요 과목이었다. 그런데 헤이안平安시대 초기에 연이어 편찬된 칙찬삼한시집勅撰三漢詩集인 『능운집凌雲集』·『문화수려집文華秀麗集』·『경국집經國集』의 공통된 이념으로 지적되고 있는 소위 '문장경국文章經國'사상이 사가(嵯峨)천황기에 정치이념으로 성립하게 되면서 양상이 달라진다.[6] 문장경국 사상의 유행이 명경도明經道를 제치고 기전도紀傳道를 대학료大學寮의 중심 교육 과정으로 자리 잡게 한 것이다. 이는 9세기 초에는 명경도明經道를 가르치는 교관인 명경박사明經博士의 위계가 정육위하正六位下인데 반하여 기전도紀傳道를 가르치는 문장박사文章博士의 위계는 당초의 정칠위하正七位下에서 종오위하從五位下로 격상된 사실로도 확인할 수 있다.[7] 대학료大學寮를 졸업한 후 명경도明經道 전공자가 임명되는 최고 관직인 대사大史는 6위位, 명법도明法道가 임명되는 최고 관직인 대외기大外記는 7위位인데 반하여, 기전도紀傳道 출신자가 임명되는 유자儒者의 전문직專門職인 식부대보式部大輔·대학두大學頭는 5위位이고 경우에 따라서는 3위位 이상의 공경까지도 진출할 수 있었다. 즉 4도道 가운데 유일하게 기전도紀傳道는

---

5 藤原克己, 「詩人,鴻儒,文人」, 『日本文學史』, 岩波書店, 1996, 253면.

6 大塚英子, 「「文章經國」の比較文學的一考察—勅撰三漢詩集の編纂をめぐって—」, 『國文學解釋と鑑賞』 55－10, 至文堂, 1990, 103~105면.

7 『類聚三代格』 卷5, 弘仁十二年二月十七日, 太政官符、定文章博士官位事、右依去天平二年三月廿七日格、置件官員、定正七位下官、今被右大臣宣稱、奉勅案唐令國子博士正五品上官、其文章博士宜改易前格定從五位下官.

기본적으로 5위位 이상의 관직에 임명되고 공경까지도 바라볼 수 있었다. 그렇기 때문에 본고에서 문인관료 혹은 문인귀족이라 칭하는 대상은 주로 기전도紀傳道 출신자가 되겠다.

그런데 기전도紀傳道를 수학修學하여 관료로 진출하는 것은 그리 수월하지 않았다. 도유행桃裕行의 선행연구에 의하면 그 과정은 대략 다음과 같다.[8] 기전도紀傳道의 전문가가 되기 위해서는 대학료大學寮에 입학한 후 우선 대학두大學頭가 감독하는 료시寮試에 합격하여 의문장생擬文章生이 되었다. 의문장생擬文章生은 다시 식부성式部省이 주관하는 성시省試에 합격하여 문장생文章生에 봉해졌다. 문장생文章生의 정원은 20명으로 진사進士라고도 불렀다. 문장생文章生 가운데 2명이 시험이나 추천을 통해서 진학하는 과정이 문장득업생文章得業生이었다. 문장득업생文章得業生은 수재秀才, 성업成業, 대업大業이라고도 불리었고, 관리등용시험의 최고관문인 대책對策・헌책獻策에 급제한 후 관직에 임용되었다. 문장생文章生이 진출하는 관직은 일반인과 별로 차이가 없었지만, 문장득업생文章得業生이 되어 대책對策까지 가는 경우는 전문적專門的인 유직儒職에 진출하였기 때문에, 문장득업생文章得業生까지 올라가는 자들은 대부분이 유학을 전문으로 하는 집안의 자제들이었다.[9] 당대의 기록물에서 '문인文人'이라는 용어가 일반적인 기전도紀傳道 출신자를 가리킨다면, 최고과정까지 이수한 정예 엘리트들은 '유자儒者'로 칭해지는 경우가 많았다.

헤이안平安 시대 중기에 기전도紀傳道를 전문으로 하는 집안으로 일찍부터 자리 잡은 일족은, 9세기에 기요키미(淸公), 고래요시(是善), 미치자네(道眞)의 3대가 문장박사에 임명되고 공경으로 승진한 스가와라(菅原)씨였다. 그 후 10세기에 오오에(大江)씨의 고래토키(維時), 아사쓰나(朝綱) 등이 문장박사에 진출하면서 스가와라(菅原)씨의 세력을 잠식하였다. 이 두 집안이 기전도 유

8 桃裕行, 『上代學制の硏究〔修正版〕』, 思文閣出版, 1994, 254면.
9 桃裕行, 앞의 책, 282면.

자들 사이에서도 특별한 지위를 차지하고 있었던 것은 대학료大學寮의 기전도紀傳道 학생의 강당이자 기숙사인 문장원文章院의 서조西曹를 스가와라(菅原)씨가 관리하였고, 동조東曹를 오오에(大江)씨가 관리한 것으로도 알 수 있다.[10] 이러한 상황 하에서 다른 일족 자제들이 새롭게 기전도紀傳道에 입문하는 것은 당연히 진입장벽이 높았을 것이다. 그러나 11세기이후 문장박사文章博士 역임자를 살펴보면 후지와라(藤原)씨 유자가 눈에 띈다. 고이치조(後一條) 천황기를 전후하여 같은 후지와라(藤原)씨인 섭관가의 정치적·경제적 지원에 힘입어 후지와라씨 유자가 대거 등장한 것이다. 그리하여 스가와라(菅原)씨와 오오에(大江), 후지와라(藤原)씨의 남가南家·식가式家·북가北家의 5가문을 헤이안시대를 대표하는 문인관료 집안으로 꼽을 수 있겠다.

그런데, 문인관료 집안의 양적인 팽창이 곧바로 문인관료 계층의 질적인 상승을 의미하지는 않는다. 즉 문장경국文章經國 사상이 지배적이었던 헤이안 초기까지만 해도 유학을 수학한 문인귀족들이 조정의 고직에 중용되는 일은 적지 않았다. 8세기 후반에서 9세기 전반에 활약한 스가와라노 기요키미(菅原淸公)는 문장박사文章博士에서부터 대학두大學頭·식부대보式部大輔·좌중변左中弁 등을 역임한 후 종삼위從三位까지 올랐다. 기요키미의 아들인 고래요시(是善)도 문장박사文章博士·대학두大學頭·식부대보式部大輔를 거친 후 참의參議에 임명되어 공경公卿에 반열에 들어선 후 종삼위從三位까지 올랐다. 고래요시와 동시대에 활약한 오오에노 오톤도(大江音人)는 동궁학사東宮學士·대내기大內記를 거친 후 좌소변左小弁·우중변右中弁·우대변右大弁을 역임한 후 참의參議에 임명되고 종삼위從三位까지 올랐다. 기요키미와 고래요시가 유자의 경력에

10 가마쿠라시대 초기에 저술된 미요시노 다메야스(三善爲康)의 『二中歷』 卷二 「儒職歷」에 의하면, 문장원의 東曹에는 三善氏·紀氏·藤原南家·藤原式家(藏下麻呂流)·藤原北家(魚名流)·高階氏 등의 유자가 소속되어 있었고, 西曹에는 橘家·藤原式家(淸成流)·藤原北家(日野流)의 유자가 소속되어 있었다. 三善爲康, 『二中歷』, 改定史籍集覽 23, 近藤活版所, 1901.

치중된 반면 오톤도의 경우 변관弁官이라는 실무직의 경력이 두드러지는 차이점이 있지만 어느 경우든 간에 9세기까지는 문인귀족이 유교적 소양을 바탕으로 공경에 진출할 수 있는 길이 비교적 보장되어 있었다.

그러나 고래요시의 아들인 미치자네(道眞)의 영화와 몰락은 스가와라씨의 쇠퇴 이상으로, 문인귀족 전반의 쇠퇴를 상징한다. 후지와라 섭관제의 진전과 함께 갈수록 '일본화'해 가는 정치 환경 속에서 기전도紀傳道 출신의 유자儒者가, 중국의 한림학사翰林學士와 같은 천자天子 직속의 브레인으로 정치에 참여하는 것이 더 이상 불가능하다는 사실을 결정적으로 보여준 사례가 바로 스가와라 미치자네(菅原道眞)인 것이다.[11] 뛰어난 시인이자 학자, 관료였던 미치자네는 우다(宇多) 천황의 총애를 받고 다이고(醍醐) 천황의 치세에 종2위從二位 우대신右大臣까지 승진했지만 당시의 최고귀족가문인 후지와라씨 관관가關官家의 모함에 의해 대재권수大宰權帥로 좌천당하고 903년 대재부大宰府에서 생을 마감하였다. 미치자네의 좌절은 헤이안平安시대 문인귀족 전체의 좌절이라 할 수 있을 것이다.

10세기에 들어서면 누대의 가문 출신이라 하더라도 더 이상 출세의 길이 보장된 것은 아니었다. 미치자네의 손자인 후미토키(文時)는 식부대보式部大輔를 10년이나 역임한 후 두 번의 상소를 올린 끝에 나이 83세로 죽기 며칠 전에 겨우 종3위從三位로 오를 수 있었다.[12] 또한 오오에씨의 적자로 태어나 10세기 후반을 대표하는 유자로 일컬어졌던 오오에노 마사히라(大江匡衡)도, 동궁학사東宮學士·문장박사文章博士·식부대보式部大輔·시독侍讀 등 유자의 요직을 모두 거치고 공경이 되기를 평생 꿈꾸었지만 정사위하正四位下로 생을

---

11 藤原克己, 앞의 논문, 249면.

12 『本朝文粹』 卷第六에 스가와라노 후미토키(菅原文時)가 天延 2년(974)에 올린 奏狀 「請殊蒙天裁依勤積及儒勞叙從三位狀」와 天元 3년(980)에 올린 奏壯인 「請特蒙 天恩依当省幷儒學勞被上叙從三位狀」가 남아 있다.

마감하였다.[13]

문인관료가 전반적으로 침체하는 가운데서도, 스가와라씨와 오오에씨의 지배력 저하는 새롭게 대두한 후지와라씨 유자儒者들에게 호기好期로 작용했을 수도 있다. 식가式家 유자는 문장文章의 수집蒐集과 편찬編纂으로 큰 업적을 남기면서 가문의 기반을 다졌다. 시조始祖인 후지와라 아키히라(藤原明衡)는 기가起家 출신으로 냉대를 받다가 1033년, 나이 40세가 넘어서 겨우 급제하였다. 승진이 빠르지는 않았지만 문장박사文章博士・동궁학사東宮學士・대학두大學頭 등 유자의 요직을 거쳐서 위계는 종사위하從四位下에 올랐다. 아키히라는 사가(嵯峨) 천황의 홍인연간弘仁年間(810~824)부터 고이치조(後一條) 천황의 장원長元 3년(1030)까지의 뛰어난 문장 432편篇을 모아서 39종種의 문체에 따라 분류한『본조문수本朝文粹』14권卷을 편찬하였다. 이는 당시 한문학을 배우던 사람들의 바이블이었던 중국의『문선文選』을 본 따서 만든, 일본의 문장을 모은 사화집詞華集이었다.[14]『본조문수本朝文粹』는 당시의 귀족사회의 요청에 응하여 편찬된 것으로 식가 유자의 초석을 쌓는데 크게 기여하였다. 아키히라 이후 식가의 유자는 대대로 류취類聚 편찬을 가업家業으로 삼았다.[15]

또한, 후지와라씨 유자 가운데 가장 큰 세력을 떨쳤던 것은 북가北家 황실 교육과 사무 관료로서 조정에 기반을 다졌다. 시조始祖인 히로나리(廣業)와 스케나리(資業)의 경우, 후지와라노 가네이에(兼家)와 미치나가(道長) 등 섭관가

---

13 後藤昭雄,「卿相を夢見た人—大江匡衡」,『國文學解釋と鑑賞』55-10, 1990, 86면.

14 당시 일본에서 사용하던 文體가 모두 文選에 망라된 것은 아니었고, 또한 문체의 서식도 六期朝이전의 중국과는 적합하지 않는 점이 많았다. 아키히라는『本朝文粹』를 편찬하면서 작품의 분류, 배열이라는 형식면은 文選을 모델로 하면서도, 내용에 있어서는 文選에 비하여 奏狀이나 詩序를 돌출하여 많이 수록하였고, 文選에는 안 보이는 願文, 諷誦文과 같은 불교행사에 관한 문체를 더하는 등, 일본의 실정에 맞게 궁리하였다.(佐藤道生, 앞의 논문, 225면)

15 佐藤道生,「藤原式家と二つの集—本朝文粹と本朝無題詩」,『國文學解釋と鑑賞』55－10, 至文堂, 1990, 125면.

의 가사家司로 근무하면서 이치조(一條) 천황기의 유능한 경상卿相으로도 이름 높았던 실무 관료형 문인이었던 부친 아리쿠니(有國)의 영향을 결정적으로 받았다.[16] 히로나리와 스케나리 역시 섭관가의 가사家司로 활약하면서 조정에서는 문장박사文章博士・식부대보式部大輔・(비)참의(非)參議 등 유자의 엘리트 코스를 밟고 공경에 올랐다. 이들은 관료로 활동하는 동안 업무에 관련된 시나 문장을 제외하면 거의 저작물을 남기지 않았다. 시인이나 학자보다는 실무에 능한 사무 관료의 성격이 두드러진 것은 이후의 북가 유자의 전반적인 특징이다.

헤이안平安시대 후기의 문인관료의 상황을 개괄하면, 11세기 이후 후지와라씨 유자가 양산되면서 새로운 세력이 문인관료에 참여하였지만, 문인관료 집단이 가지는 정치적 파워는 분명히 줄어들고 있었다. 중하급 문인 귀족은 점차적으로 상급귀족에 종속되어 갔다. 그런데, 이와 같이 정치적 입지가 좁아지고 있던 문인귀족의 운명에 다시 한 번 결정적인 영향을 끼치게 되는 것이 다음 장에 서술하듯이, 11세기에서 12세기에 걸쳐서 형성되는 귀족사회의 가격 질서일 것이다.

3. 중세초기中世初期 가격家格의 형성과 문인관료文人官僚의 재편再編

고대에서 중세로 전환하는 과정에서 일본의 귀족사회는 씨족氏族을 중심으로 한「우지(氏)」사회에서 부계父系 중심의 가家를 중심으로 한「이에(家)」사회로 전환되고, '이에'를 구성하는 권문의 집합체로 재편된다. 다마이 지카라(玉井力)씨는 12세기경에 이르면 귀족층에 가격家格에 의한 이에의 서열이 정

16 후지와라 북가 유자의 시조에 관해서는, 申美那,「후지와라 북가 유학의 확립-廣業와 資業-」,『歷史教育論集』46, 歷史教育學會, 2011을 참조하기 바란다.

해지고, 각각의 이에는 가격에 상응한 관직이나 직무를 세습하고 고정화된 승진 코스를 답습하는 체제가 성립한다고 하였다.[17] 귀족사회의 서열을 나타내는 가격家格에서 3위 이상의 공경까지 오를 수 있는 당상가堂上家로 분류되는 그룹은 섭관가攝官家・청화가清華家・대신가大臣家・우림가羽林家・명가名家・반가半家로 나누어진다. 가격이 정해지는 기준은 대체로 선조의 혈통에 좌우되고 있어서, 우림가羽林家 이상은 헤이안平安시대 이래의 상층 귀족의 출자이고, 명가・반가는 중하위급 귀족의 출자들이다. 중세 이후 거의 고정적인 귀족사회의 가家와 가격家格에 대하여 간단히 설명하면 다음과 같다.[18]

섭관가攝官家는 섭관攝官・관백關白에 오르는 가문으로 공가公家의 가격家格의 정점에 위치한다. 후지와라씨의 적류嫡流로 후지와라씨의 대표인 씨장자氏長者도 섭관가攝官家에서 선출된다. 고노에(近衛), 구조(九條), 니조(二條), 이치조(一條), 다카츠카사(鷹司)의 오가五家가 있고 오섭가五攝家라고 부른다. 섭관가攝官家의 자제는 대납언大納言・우대신右大臣・좌대신左大臣・태정대신太政大臣까지 승진할 수 있고, 천황의 유소幼少시 정무를 대신하는 섭정攝政이나 성인이 된 후 정무를 보좌하는 관백關白은 섭관가 자제만이 취임할 수 있었다. 청화가清華家는 고노에대장(近衛大將)・대신(大臣)을 겸한 후 태정대신(太政大臣)까지 오르는 가문이다. 산조(三條), 사이온지(西園寺), 도쿠다이지(德大寺), 이마데가와(今出川) 등 구가九家가 있다. 대신가大臣家는 청화가清華家에 준해서 승진하고, 사가(嵯峨), 산조니시(三條西), 나카노인(中院)의 삼가三家이다. 우림가羽林家는 근위소장近衛小將・중장中將 등 무관직을 거쳐 대납언大納言까지 오르는 가문이다. 우림羽林이란 근위부近衛府의 차관인 고노에중장・고노에소장의 중국풍 호칭

17 玉井力, 『平安時代の貴族と天皇』, 岩波書店, 2000, 100면. 初出은 「『院政』支配と貴族官人層」, 『日本の社會史』 3, 岩波書店, 1987.

18 『故實叢書』 第十(故實叢書編集部編, 明治圖書出版, 1993)에 수록된 『故實拾要』와 『官職知要』 등을 참조하였다.

이다. 우림가羽林家의 시조는 섭관가攝官家나 청화가淸華家의 서자庶子인 경우가 많다.

이상의 섭관가攝官家, 청화가淸華家, 대신가大臣家, 우림가羽林家의 승진 코스는 모두 근위부近衛府 관직을 거치는 무관武官 코스이고, 이들 다음에 위치하는 명가名家가 문관文官코스를 거쳐 승진하는 가격이다. 즉, 명가名家는 변관弁官과 같은 문관직을 거쳐서 중납언中納言, 때로는 대납언大納言까지 오른다. 가마쿠라 시기에 명가는 가쥬지(勸修寺), 히노(日野), 다이라(平)의 3가3家였다. 명가名家는 대부분 여원女院・섭관가攝官家・청화가淸華家 등 권문세가와 주종관계를 맺고 가사家司로 봉사하면서 잡무를 처리하고 실무 경험을 쌓는다. 그리고 그러한 공로를 바탕으로 관직 임용에 있어서 권문의 추천을 받는다. 반가半家는 당상가堂上家 가운데 최하위의 가격이다. 문관 혹은 무관 양쪽의 관직에 임명되어 우림가羽林家, 혹은 명가名家의 코스에 준해서 참의參議나 대납언大納言까지 승진하는 가문이다. 특정한 지식과 기술을 가지고 조정에 봉사하는 경우가 많다. 명경도明經道의 기요하라(淸原)씨, 신기도神祇道의 요시다(吉田)씨, 천문도天文道・음양도陰陽道의 아베(安倍)씨 등이 반가半家에 속한다.

헤이안平安시대 후기에 이에가 성립하는 배경으로 자주 거론되는 것이 사토 신이치(佐藤進一)가 주장한 관사청부제官司請負制이다. 관사청부제官司請負制는 특정 씨족이 특정 관직에 세습적으로 취임하고 특정 관청을 세습적으로 운영하는 경향, 즉 「직職」과 「가家」가 결합하는 경향이다. 사토는 관사청부제官司請負制가 특히 두드러지게 나타나는 분야로 변관국弁官局과 외기국外記局, 검비위사청檢非違使廳의 하급 관리를 지적하였다. 즉, 변관국弁官局에서는 오즈키(小槻)씨가 대부사大夫史를 독점적으로 세습하고 국가의 경리 부문인 주계主計・주세主稅를 미요시(三善)씨와 공동 내지 교대로 운영하였고, 외기국外記局에서는 나카하라(中原)씨와 기요하라(淸原)씨가 대외기大外記를 세습하였고, 교토의 경찰권을 담당한 검비위사청檢非違使廳에서는 사카노우에(坂上)씨와 나카하라(中原)씨가 대판사大判事・검비위사위檢非違使尉를 세습하였다는 것이다.[19]

사토가 관사청부제의 대표적 예로 제시한 씨족들은 모두 대학료大學寮의 4도를 가학으로 전수하면서 박사를 세습해온 집안들이다. 즉, 오즈키씨와 미요시씨는 산도算道를 가업으로 하였고, 기요하라씨는 명경도明經道를, 나카하라씨는 명법도明法道와 명경도明經道를, 사카노우에씨는 명법도明法道를 가업으로 한 씨족들이다. 대학료大學寮에서 기전도紀傳道보다 낮은 지위에 있던 과목들이 관청에서 그들의 전문 분야 속에서 존재감을 높여가게 된 것이다.

그렇다면 기전도紀傳道 유자들은 관사청부제와 가격이 형성되는 가운데 어떠한 변화를 맞이하였을까? 헤이안平安시대의 대표적 문인관료 지적한 스가와라씨・오오에씨・후지와라씨 3가家를 통해 살펴보자. 스가와라씨는 가격질서 가운데 반가半家에 들어갔고, 이후 6개의 분가分家를 배출하였다. 오오에씨는 본류가 폐절되고 방류가 이어져서 역시 반가半家에 들어갔다. 즉, 헤이안平安 초기에 기전도紀傳道의 누대累代의 가家로서 가장 큰 영향력을 가지고 있었던 스가와라씨와 오오에씨는 가격질서의 최하위층인 반가半家에 속하게 된 것이다. 한편, 후지와라씨 유자의 경우를 보면 식가式家 유자와 남가南家 유자는 각각 원정기와 가마쿠라 초기에 크게 활약하지만 가마쿠라 시대 후반에는 거의 쇠퇴해 버리고, 북가北家 유자인 히노가(日野家)는 명가名家의 반열에 들어갔다. 다른 문인관료들이 중세 이후 이에가 가세가 축소하는데 반하여 히노가는 중세에 더욱 번창하여 무로마치室町 시대에는 많은 분가分家를 배출하였다. 문인관료 가운데 유일하게 히노가가 명가의 가격을 확립한 배경에 관해서는 다음 장에서 좀 더 자세히 논하겠다.

이에의 확립이 관료사회에 끼친 가장 큰 영향은 이에 별로 가업과 가격이 정해지면서 고정된 관직을 세습하는 것이 공가 사회의 전통으로 굳어지게 된 것이라 하겠다. 관사청부제에 의한 특정 관직의 특정 이에 세습 경향은

19 佐藤進一, 『日本の中世國家』, 岩波書店, 2001, 25~40면.

이미 10세기 이후부터 나타나기 시작하지만 가격질서의 형성은 이러한 경향을 전 귀족 사회, 전 관직으로 확대시켰다. 가격질서가 형성된 이후는 모든 이에는 선례에 따라 조상이 임명된 관직에만 임명되었고, 관례를 무시한 파격적 인사나 승진은 터부시되었다.

가격에 의한 승진 코스의 고정화는 문인관료 사회에 어떠한 영향을 끼쳤을까? 유자 출신의 문인관료가 부임하는 관직은 대체로 식부성式部省이나 중무성中務省 소속의 대내기大內記, 문장박사文章博士, 대학두大學頭, 동궁학사東宮學士, 시독侍讀 등 기전도紀傳道의 전문직이었다. 그리고 모든 관료의 궁극적 목표인 공경은 대신大臣과 납언納言으로 구성되었고, 이중 제일 낮은 종3위는 중납언中納言이다. 『관직비초官職秘鈔』에 의하면 중납언에 승진하는 길은 통상 5가지가 있다.[20] 일반적으로는 4위 참의參議를 15년 근무하면 자격이 주어지는데, 참의參議를 하면서 대변大弁, 근위중장近衛中將, 혹은 검비위사檢非衛司 별당을 겸하는 경우는 참의參議근무 연수가 경감되었다. 이중 문관계 관직은 태정관太政官 요직인 대변大弁이다.

유자 전문의 관직만을 거쳐서는 일단 참의參議까지 오르기도 힘들었고, 운좋게 참의參議에 임명되어도 중납언中納言까지 승진하는 일은 거의 불가능했다. 문인관료가 중납언中納言까지 승진하기 위해서는 변관弁官을 거치는 것이 가장 확실한 방법이었다. 그렇기 때문에 거의 대부분의 문인관료는 변관弁官에 임명되는 것을 희망했으나 변관弁官은 임용 숫자가 정해져있고, 중하급 귀족 뿐 아니라 상급귀족도 소망하는 인기 있는 관직이었다. 가격질서의 형성은 변관弁官을 명가名家의 이에가 진출하는 관직으로 고정시켜 버렸고, 이후 명가名家의 가격을 획득한 소수의 이에만이 변관弁官에 임용되게 되었다.

---

20 有五道,所謂參議大弁, 同近衛中將, 檢非違司別當, 攝政關白子息爲二位三位中將, 參議勞十五年以上輩也, 此外歷坊官參議又任之(平基親, 『官職秘鈔』, 群書類從5, 續群書類從完成會, 1960, 578면).

유자의 이에 가운데 명가에 속한 이에는 후지와라 북가 출신의 히노가뿐이고 스가와라씨나 오오에씨, 다른 후지와라씨 이에는 반가에 들어갔다. 이후 히노가 유자는 유교적 소양을 바탕으로 유식고실有識故實을 감안勘案하여 조정에 봉사하는 것을 가업으로 삼게 되었고, 반가에 속한 스가와라씨 등은 이에 전래의 학문을 전수하는데 힘쓰게 되었다. 문인관료 사회는 이미 9세기 후반에 시詩를 중시하는 유자와 경세經世적 이론을 중시하는 유자로 분열되어 있었는데,[21] 가격질서의 형성은 문인관료 사회를 사무행정 담당자와 학문 담당자로 이등분 하였다. 그리고 비록 그 사회적 위상이 낮아지고는 있었지만 헤이안平安시대 이후로 여러 학문 가운데서도 우월적 지위를 차지하고 있었던 기전도紀傳道는 더 이상 특별하지 않은, 반가半家의 다른 가학들인 명경明經・신기神祇・천문天文・음양陰陽 등과 함께 여러 '기술技術' 가운데 하나로 전락하였음을 분명히 선고하였다.

4. 변관직弁官職의 변천變遷을 통해 본 문인관료文人官僚의 소외疏外

헤이안平安 시대의 문인귀족이 대부분 당상가堂上家의 제일 마지막 가격인 반가半家의 대열에 속해서, 유학을 가업으로 하는 일종의 기술자가 되어버렸는데, 유일하게 명가의 가격을 확립하고 태정관 요직인 변관弁官을 세습한 이에가 히노가이다. 4장에서는 유자가 변관弁官에서 소외되어 가는 배경에 대하여 고찰하겠다.

우선 변관弁官에 대하여 좀 더 자세히 살펴보자. 변관국弁官局은 태정관太政官의 문서행정을 총괄하는 중추조직이라 할 수 있다. 태정관은 의정국議政局과

21 木村茂光, 『「國風文化」の時代』, 青木書店, 1997, 167면.

외기국外記局, 변관국弁官局의 3부문으로 구성된다. 의정국議政局은 태정관 최고의 의결기관으로 태정대신太政大臣·좌우대신左右大臣·대납언大納言으로 구성된다. 태정대신太政大臣은 상설직은 아니다. 의정국議政局의 구성원은 5위位 이상의 관인官人 가운데서도 특히 커다란 특권을 가지고 대우를 받는 최상위 귀족층이다. 외기국外記局은 주奏와 선宣을 담당하는 천황의 비서국으로 소납언小納言·대외기大外記·소외기小外記·사생史生으로 구성된다. 변관국弁官局은 신기관神祇官과 8성省 이하 국군國郡 등, 중앙과 지방 행정 전체를 통괄하는 행정국이다. 좌우로 나뉘어 각각 대변大弁 1명, 중변中弁 1명, 소변少弁 1명과 권관權官 1명, 계 7명을 둔다.

좌변左弁은 중무성中務省, 식부성式部省, 치부성治部省, 민부성民部省의 4성省을 관할하고 우변右弁은 병부성兵部省, 형부성刑部省, 대장성大藏省, 궁내성宮內省의 4성省을 관할하면서, 최고의결기관인 공경=의정관과 여러 관청과 지방 행정구역을 중개한다. 공경이하 실무를 담당하는 관료 가운데 가장 중요한 엘리트 사무관료직이었다. 일반적으로 소변부터 임명되어 중변－대변을 차례로 밟고 올라가는 것을 관례로 하였기 때문에, 중간에 갑자기 중변이나 대변으로 임명되는 것은 극히 드물었다. 그렇기 때문에 일단 우소변에 취임하는 것은 사무 관료로서 첫 출발을 내딛는 중요한 의미를 지닌다. 1200년경에 저술된 관직해설서인 『관직비초』에는 중소변을 다음과 같이 설명하고 있다.

> 延喜년 이후, 중변과 소변에 반드시 儒者文章生을 두었다. 대변이 비록 유자인 경우라도 반드시 중변과 소변에 (유자문장생)을 두었다. 이것은 詔勅과 宣命을 草案해야하기 때문이다. 단 (유자문장생)을 두지 않은 예도 있었다. 延長七年 이후 承平 元年에 이르기까지, 長治二年이후 嘉承 元年에 이르기까지, 久安四五年이 그러한 예이다. 단, 그때도 문장생변인 아사타카(朝隆)나 權官이 있었다. 왕년에는 좌중변에 많이 두었고 근대에는 우중변에 많이 두었다. 단, 편의에 따라서 중변이나 소변에 둔다.[22]

연희延喜 이후 중변中弁이나 소변少弁 중에 반드시 유자문장생을 두었다. 대변大弁이 유자儒者인 경우도 반드시 중소변中少弁에 문장생을 두었는데 이는 소칙과 선명의 초를 작성하기 때문이다. 『관직비초』에서 중소변에 문장생을 두지 않았던 예로 나오는 장치長治2년(1105)의 상황을 당시의 기록인 『중우기中右記』를 통해 살펴보자.

> 3월16일, 오늘 除目에서 右少弁은 다메타카(爲隆)가 임명되었다. (中略). 다메타카(爲隆)는 원래 구로도(藏人) 중궁대진(中宮大進) 목공두(木工頭)였다. 左少弁인 아키타카(顯隆)의 형이다. 형제가 나란히 弁官이 되었다. 또 (변관에) 유자를 발탁하지 않았다. 사람들을 놀라게 하였다. 단, 5位 구로도(藏人)로서 7년간 열심히 일했고, 주야로 봉사한 노고를 인정하였는가. 무라카미(村上) 천황 이후 七弁 가운데 유자가 없는 예는 보지 못했다.[23]

이 날 인사에서 후지와라노 다메타카가 우소변에 임명되었다. 다메타카는 나중에 명가의 하나로 꼽히는 가쥬지류(勸修寺류)의 인물이다. 5위 구로도를 7년이나 근무했기 때문에, 일기의 기주記主인 무네타다(宗忠)는 일단 이 인사가 도리에 어긋나지 않는다고 생각하지만, 그래도 무라카미 천황이후로 7변弁 가운데 유자를 두지 않은 예는 본 적이 없다는 감상을 적고 있다. 이는 이미 12세기 초에는 변관弁官 임명 자격으로 유자가 가진 문필文筆의 재능보다

22 延喜以後、中少弁間必置儒者文章生。大弁雖爲儒者必置中少弁。是依可草詔勅宣命也。但不置例。延長七年以後至于承平元年。長治二年以後至于嘉承元年。久安四五年。但有文章生弁朝隆。又權官。往年多在左中弁。近代多加右中弁。只隨便宜。加中少弁也(平基親, 앞의 책, 579면). 인용문 가운데 나오는 후지와라노 아사타카(藤原朝隆)는 文章生 출신으로 久安四五年에 左中弁이었다.

23 長治二年三月十六日條, 今日除目右少弁爲隆, …(中略)…, 爲隆者元藏人中宮大進木工頭也, 左少弁顯隆兄也, 兄弟相並, 又被止儒者袖賞, 人驚耳目歟, 但五位藏人勞七年于玆, 夙夜奉公之勞所致歟, 村上以後七弁中無儒者例又以不見(藤原宗忠, 『中右記』 3, 增補史料大成 11 普及版, 臨川書店, 1965).

도 구로도 등을 근무한 자의 실무實務 능력이 우선시 되었다는 것을 의미한다.

이 후 변관弁官에 유자를 뽑지 않는 상황은 점점 더 고착되어 갔다. 보안保安 3년(1122) 식부대보式部大輔와 중변中弁에 동시에 결원이 생겼을 때, 후지와라노 아쓰미쓰(敦光)는 "右尙書를 뽑을 때, 유자를 우선하여, 혹은 서너 명, 혹은 두세 명 을 뽑아서 겸직하게 하는 것이 고금의 예이다."[24]라고 하면서, 자신을 양쪽 자리에 다 임명해 달라는 서장을 제출했지만 결국 그는 식부대보式部大輔에는 임용되었지만 중변中弁에는 임용되지 못하였다.

일반적으로 유자儒者가 공경公卿에 오르는 전형적인 방법은 식부대보式部大輔의 공로로 참의參議에 임명되어 공경公卿으로 승진하는 길일 것이다. 『관직비초官職秘鈔』에는 참의參議가 되는 7가지 길로서 장인두藏人頭·대변大弁·근위중장近衛中將·다년간 근무한 좌중변左中弁·식부대보式部大輔로서 제왕의 스승을 근무한 사람·7개국에 합격한 수령受領·산삼위散三位를 들고 있다. 그러나 실제로는 식부대보式部大輔의 공로만을 가지고 참의參議에 오르는 것은 어려웠고 다른 후보자들에게 추월당하기 십상이었다. 그렇기 때문에 태정관太政官의 요직이고 승진에서 우선순위가 주어지는 변관직弁官職에 취임하고 싶은 유자儒者의 희망은 날이 갈수록 강해졌지만, 현실적으로는 그 길은 섬섬 더 좁아지고 있었다.

『官職秘鈔』에서는 중소변에 문장생을 두는 이유가 소칙이나 선명을 기초해야 하기 때문이라고 하였으나 실제로는 대내기가 소칙·선명을 작성하고 있다. 대내기는 『官職秘鈔』에 의하면 많은 경우 문장득업생을 임용하고 문장생을 임용하는 경우도 있었다.[25] 『職原鈔』에 의하면, 大內記는 儒門 가운데 문필 능력

24 右尙書之選, 儒者爲先, 或三四人, 或二三人, 同時相兼者, 古今之例也藤原敦光(「兩箇所望事」, 『本朝文粹』 卷7, 新日本古典文學大系 27, 岩波書店, 1992). 尙書는 변관의 唐名이다.

25 多用大業人。或有文章生任之例。諸蔭是也。或有六位內記叙留例。保胤是也。又有二人相並例、朝綱ト橘好古。俊生ト令茂。凡授此官輩殊被撰才幹名譽(平基親, 앞의 책, 588면).

이 아주 뛰어난 사람을 임명하는데 이는 詔勅과 宣命을 초안하기 때문이라고 한다.[26] 단, 『禁秘鈔』는 詔書에 관하여 "상경이 勅을 받들면, 內記에게 명하여 詔書를 만들게 한다. 내기가 없을 때는, 弁官이 초안한다. 무릇 천하의 大事는 儒弁이 초안한다." 고 설명하고 있다.[27]

내기內記가 없을 때 유변儒弁이 조서詔書를 초안하는 예는 기록에서 확인할 수 있다. 다음은 조서天承 원년(1131)의 미나모토노 모로토키(源師時)의 일기 『장추기長秋記』의 기사이다.

정월 29일, 改元에 관한 의론이 있었다. …… 大內記 무네미쓰(宗光)가 병으로 불참하였다. 그래서 詔를 쓸 사람이 없었다. 전례에는 文章博士나 儒者弁이 이를 하였다. 그러나 근래에는 中弁 가운데 儒者가 없다. 文章博士가 쓴 예로 忠玄이 있다. 또한 다른 예를 물으니, 대변이 쓴 예도 있다고 한다. 그래서 右大弁 사네미쓰(實光)를 불렀다.[28]

연호를 바꾸고 소칙을 작성해야 하는데 서기관인 대내기 무네미쓰가 병으로 결석하여 대변을 불러서 작성하게 했다는 내용이다. 대내기가 출근하지 못 할 경우는 문장박사나 유자 변관弁官이 대신 하는데 이때는 중변에 유자가 없었기 때문에, 히노가 유자이고 우대변인 사네미쓰(實光)를 부르고 있다. 원래 대변은 변관국弁官局을 총괄하는 최고 관리직이지만 이때는 중변에 유자가 없었기 때문에 대신 부른 것이다.

---

26 儒門之中堪文筆者任之。草詔勅宣命故也。上下諸人位記悉內記所奉行也。故雖爲中務被官。別云內記局(北畠親房, 『職原鈔』, 群書類從 5, 續群書類從完成會, 1960, 610면).

27 上卿奉勅、仰內記令作詔書、無內記之時、弁草之、凡天下大事事ハ儒弁草之(順德天皇, 『禁秘鈔』, 群書類從26, 續群書類從完成會, 1960, 399면).

28 天承元年正月二九日條, 改元定也, …(中略)…, 大內記宗光依病不參, 仍無可候詔之人, 前例文章博士, 儒者弁取之, 而近日中弁中無儒者, 文章博士例忠玄也, 仍又被尋例所, 有大弁例, 仍召右大弁實光也 (源師時, 『長秋記』 2, 增補史料大成, 臨川書店, 1965).

또한 1156년의 『산괴기山槐記』 기사를 보면, 기년곡봉폐祈年穀奉幣의 선명宣命을 대내기大內記가 초안草案해야 되는데 대내기大內記였던 모로아키(遠明)가 4위位에 서임하고 그만둔 후, 아직 후임이 정해지지 않았다. 그러면 유자변儒者弁이 대신해서 초안해야 하는데, 당시 우소변右少弁이고 유자儒者였던 후지와라노 스케나가(藤原資長)가 상喪을 당해서 며칠 간 조정에 출사하지 못하기 때문에, 문장득업생文章得業生이면서 소내기少內記였던 다카스케(孝佐)가 초안하였다는 내용이 보인다.[29]

변관국弁官局에서 유자의 필요성이 줄어 든 이유는 변관弁官 업무의 성격, 나아가 공가 정치에서 문서 작성이 차지하는 비중이 바뀌었기 때문인 것으로 생각된다. 즉, 문서작성은 대내기大內記와 같은 하급 문인관료가 담당하는 단순 작업이 되어 버리고, 변관弁官은 사무행정 관료로서의 성격이 강해지면서 문필文筆 능력보다 실무實務 능력을 중시하게 되었다. 그런데 고급 관료로서 기전도紀傳道 유자의 진출이 어려워지는 같은 시기에 하급 관료에서 명경明經・명법明法・산算 전문가의 관사 청부는 강화되고 있다. 가마쿠라 시대에 들어서면 원청院廳에서 소송을 담당한 문전文殿에서도 기전도紀傳道 유자는 소외되고 명가名家와 명법明法・명경明經・산算의 전문가와 같은 실무형 관료들이 대거 기용되었다.[30] 중국 문화를 모방하던 고대 국가 초기에 중국의 역사와 한문학에 대한 강한 동경이 기전도紀傳道에 특별한 지위를 부여하였다면, 고대 국가 체제가 해체되면서 대두하는 현실 사회 문제에 실제적으로 유용한 지식에 대한 요구가 증대하였기 때문일 것이다. 기전도紀傳道의 쇠퇴는 일본

29 久壽三年二月十日條, 天陰時々雨降, 今日祈年穀奉幣也, 早旦參內, 行事藏人式部丞俊光奉仕御裝束, 二間, 東弘庇擬南殿也, 其儀巽間供御座, 御半帖一枚, 其下敷小筵二枚, 立廻太宋御屛風, 巽角開之, 午刻民部卿宗輔, 被參候仗座, 余仰宣命趣, (割注略), 次內記持奏宣命草, 入筥, 須大內記草也, 然遠明叙四品之後, 其替未任者, 儒者弁可草也, 而右少弁資長有輕服日數之故, 成業少內記孝佐所草也(藤原忠親, 『山槐記』 1, 增補史料大成, 臨川書店, 1965).

30 本鄕和人, 『中世朝廷訴訟の研究』, 東京大學出版會, 1995, 212면.

이 중국적인 유교 국가를 지양하는 것을 멈추고 일본적인 사회로 발전하기 시작하였음을 상징한다고 볼 수 있겠다.

이에와 가격이 정해지고 관직의 세습화가 고정된 이후는 변관弁官은 특정 소수 이에만이 취임하는 관직이 되어 버렸다. 『관직비초』보다 약 100년 정도 후인 남북조시대 초기에 저술된 관직해설서인 『직원초職原鈔』의 중소변 부분을 보자.

> 명가에서 대대로 내려오는 집안의 사람을 임명한다. 대부분 우선 오위 구로도를 경험하고 나서 변관에 임명된다. 구로도를 하면서 변관을 겸하면 상당한 영예이다. 고노에부의 중・소장 가운데 재능과 명망이 있는 자를 변관으로 전임하기도 한다. 혹은 고노에 중・소장과 겸임하기도 한다. 이도 명예로운 일이다. 5位의 변이 4位에 서임하는 날 변관직을 그만둔다. 근대에는 많은 사람들이 그만두지 않고 그대로 머문다. 또한 중변에는 많은 수가 4位이다. 최근에 생긴 예이다. 또한 중변이나 소변 가운데 權官 한 사람을 반드시 둔다. 그래서 7弁이라 한다.[31]

『직원초』에는 변관弁官에 임용되는 자격으로 '명가보대名家譜代'란 조건을 들고 있다. 『관직비초』에서 본 문장생이라는 자격은 사라졌다. 즉 귀족사회의 가직과 가격이 정해지면서, 개인의 재능보다는 출신 이에가 관직에 취임하는 첫째 조건이 된 것이다. 명가의 가격이 정해지는 12세기 이후, 히노가 외의 유자가 변관弁官에 진출하는 길은 사실상 거의 불가능해졌다고 할 수 있을 것이다. 그렇다면 히노가는 어떻게 弁官을 이에의 가직으로 확보할 수 있었을까? 히노가는 후지와라씨 북가 우치마로(內麿)의 후손들이다. 우치마로

31 名家譜代任之, 多者先補五位藏人乃任弁也, 藏人帶之, 頗淸撰也, 近衛中少將中有才名之人遷任弁官, 或兼之, 爲規模矣, 五位弁叙四位之日去其職者也, 近代多叙留, 又中弁者多分四位也, 少弁者多分五位, 是近來例也, 又中少弁之間, 權官一人必任之, 仍謂之七弁(北畠親房, 앞의 책, 608면).

의 자손은 11세기 초 히로나리(廣業)와 스케나리(資業)가 유학에 입문하면서부터 유학을 가업으로 하게 되었다. 이후 대대로 문장득업생을 배출하고 문장박사文章博士・식부대보式部大輔 등 유자의 전문직을 섭렵하였다. 특히 히로나리 이후 황실의 어탕전독서御湯殿讀書, 동궁학사東宮學士, 시독侍讀을 대대로 역임하여 황실교육을 전문적으로 담당한 집안이었다. 히노가가 신흥 유가임에도 불구하고 헤이안平安 후기에 유가로서 확고부동한 지위를 구축하게 된 배경에는 히노가와 같은 후지와라 북가인 섭관가의 지원을 빼놓을 수 없다.

가마쿠라 후기부터 히로나리의 자손은 쇠퇴하고 스케나리의 자손이 번창하여 명가의 가격을 확립하였다. 그런데 히노가의 변관弁官 진출은 처음부터 계속적으로 이어진 것은 아니었다. 조상인 스케나리는 좌소변에 임명된 경력밖에 없다. 스케나리의 아들 중 유자의 전통을 이어받는 사람은 사네쓰나(實綱)와 사네마사(實政)인데, 사네마사는 좌대변까지 밟고 공경에 승진했다가 다자이후에 임관하는 길에 하치만궁의 가마를 활로 쏘는 실책을 범하고 이즈로 유배되었다. 당시 좌소변이었던 그의 아들 아쓰무네(敦宗)도 함께 관직을 박탈당하였다. 그 후 사네쓰나의 아들이 우중변까지 오르지만 공경까지 승진하지는 못했다.

히노가가 변관에 계속적으로 임용되고 공경에 진출한 것은 12세기에 들어서이다. 11세기 후반에 활약한 사네미쓰(實光)는 히노가의 명가적名家的 전통을 쌓은 시조始祖이다. 사네미쓰는 도바(鳥羽)와 스토쿠(崇德) 2대에 걸쳐 시독侍讀을 근무하고, 정위좌廷尉佐, 장인藏人, 변관弁官을 역임하고 중납언中納言까지 승진하였다.[32] 사네미쓰가 밟은 경력은 나중에 명가의 전형적인 출세코스로

32 사네미쓰는 38세에 右소변, 47세에 左소변, 49세에 5위구로도라는 굉장히 늦은 속도로 승진하고 있었다. 이대로라면 공경에 오르지 못하고 끝날 확률이 커고, 3대 계속해서 4위에 머물렀다면, 히노가는 중하위귀족으로 전락하였을 것이다. 하지만 53세에 간가쿠인(勸學院) 별당으로 발탁되면서 급격히 출세하는데 이는 관백 요리미치(賴通)의 발탁에 의한 것이었다. 여기서도 섭관가의 지원이 히노가가 명가로 자리 잡는데 중요한 역할을 했음을

불리는 것으로 아들인 스케나가(資長)와 손자인 가네미쓰(兼光)에게도 이어졌다. 스케나가가 죽었을 때 『삼장기三長記』에 다음과 같은 기사가 보인다.

> 10월 6일, 오늘 밤 히노 中納言 스케나가(資長)가 죽었다. 자식은 中納言에 오르고, 손자는 弁官에 임용되었다. 귀한 신분도 아니면서, 살아서 이러한 영광을 본 것은 선례가 없다. 비록 장수하고 행복하였지만 사람의 목숨은 모두 끝이 있다. 슬픈 일이다.[33]

중납언中納言이었던 스케나가의 아들 가네미쓰도 중납언에 오르고, 손자 스케자네는 변관弁官에 임용되었는데, 상류귀족도 아니면서 이런 영광을 보는 것은 선례에 없다는 것이다. 변관弁官을 거쳐 중납언中納言에 오르는 경력이 사네미쓰 이후 4대에 이르기까지 계속 이어지고 있었다. 사네미쓰 이후 3~4대가 활약한 시기는 그야말로 공가의 이에와 가격 질서가 형성되는 12세기로, 모든 귀족 계급이 치열한 관직 쟁탈전을 벌이던 시기이다. 섭관가攝關家나 여원女院과 같은 권문세도가와의 주종관계는 히노가의 관직임용에 일조一助하였을 것이다. 그러나 히노가와 유사한 조건에서 경쟁하고 있었던 히로나리의 후손들이 결국 명가로 자리 잡지 못하고 실추한 예를 보더라도, 이에의 운명을 좌우하는 것은 이에 스스로의 부단한 노력과 실력이다. 모든 정치가 의식화하고 선례를 우선시한 공가 사회에서 관료의 경쟁력을 가장 좌우하는 것은 바로 선례先例와 고실故實의 축적, 이에 독자의 작법作法을 보유하는 것이다. 히노가의 자손인 쓰네미쓰의 일기에 의하면 히노가의 작법은 가네미쓰대에 유식고실가有識故實家로 알려진 후지와라노 무네이에(藤原宗家)에게 전수를

알 수 있다.

33 建久六年十月六日條, 今夜日野入道中納言資長入滅, 賢息昇黃門, 嫡孫帶蘭台, 非貴種之外, 存日見此榮光, 且無先例, 雖爲壽幸人之命, 皆有終, 可悲(藤原長兼, 『三長記』, 增補史料大成, 臨川書店, 1965).

받고 만들어진 것이라 한다.[34] 12세기를 통해서 히노가는 관료로서의 활용성이 떨어지고 있던 유자의 기반에 실무에도 정통한 사무행정관의 부가가치를 더함으로써 변관을 가직家職으로 확보하고 명가의 가격을 확립하였던 것이다.

사네미쓰 이후 자손들의 경력을 보면, 부모와 같은 관직에 오르기까지의 나이가 후대로 내려갈수록 빨라진다. 히노가의 승진 코스가 관례로서 이미 굳어졌기 때문이다. 명가의 가격을 확립한 히노가 유자는 가마쿠라 후기가 되면 문장박사 등 유자전문 관직을 짧은 기간 동안 형식적으로 역임하게 된다. 이는 스가와라씨의 유자가 문장박사文章博士, 식부대보式部大輔 등 유자의 관직을 독점적으로 세습하는 사실과 대조된다. 중세에 들어와서 침체해있던 스가와라씨는 12세기말에 '당대대재當代大才'로 칭해진 다메나가(爲長)가 천황 5대의 시독을 역임하고, 섭관가의 총애를 받으면서 이에를 중흥시켰다. 그러나 그 역시 1204년 문장박사에 재직하면서 중변에 겸임되기를 소망하였으나 이루지 못했다. 가격 질서가 형성된 후 히노가 이외의 유자가 弁官에 임용되는 길은 거의 불가능해졌다고 볼 수 있을 것이다.

5. 맺음말

이상 고대에서 중세로의 전환기에 형성된 공가 사회의 가격 질서가 문인관료 사회를 어떻게 변화시켰는지에 관하여 살펴보았다. 일본에서 문인관료가 본격적으로 배출되기 시작한 것은 관리양성 기관인 대학료大學寮가 설립되고 나서인 8세기 초반부터일 것이다. 대학료大學寮의 과목은 기전紀傳・명경明經・명법明法・산算의 4도道로 정비되었다. 초기에는 유교 경전을 공부하는

34 『民經記』 寬喜 3년 2월 18일조(藤原經光, 『民經記』 6, 大日本古記錄, 東京大學史料編纂所, 岩波書店, 1992).

명경도明經道가 중심과목이었으나 9세기 이후 중국의 역사와 문장을 배우는 기전도紀傳道의 인기가 다른 과목을 압도하게 되었다. 4도道 가운데서도 기전도紀傳道는 특별한 지위에 있어서 수학修學한 후 3위 이상의 관직에까지도 진출할 수 있었다. 기전도紀傳道 유자 가운데 가장 큰 세력을 차지하고 있었던 스가와라・오오에・후지와라 3가家가 헤이안平安시대를 대표하는 문인관료라 할 수 있겠다.

율령국가 초기에는 유교가 정치이념으로 중요시 되었지만, 섭관정치가 발달하는 헤이안 중기 이후 유학의 권위가 쇠퇴하면서 유자들이 조정의 최고 정책결정기관인 태정관의 의정관까지 진출하는 길은 점점 좁아지고 있었다. 그러한 가운데 11세기에서 12세기에 걸쳐서 귀족 사회는 기존의 씨氏를 대신하여 가家를 기본 단위로 재편되었다. 각 이에는 섭관가攝關家를 필두로 청화淸華・대신大臣・우림羽林・명가名家・반가半家로 가격의 서열화가 이루어졌고, 각 이에의 구성원은 가격에 상응한 승진코스를 대대로 세습하는 시스템이 굳어졌다.

귀족사회의 가격에서 상층 귀족의 출자로 구성되는 상위 4개는 무관 계통의 관직을 거쳐서 승진하고, 하위의 명가名家와 반가半家가 문관 계통의 승진코스를 거친다. 중하급 귀족 출신인 문인관료는 명가와 반가에 들어갈 수 있는데 유일하게 명가에 속한 히노가를 제외한 나머지 문인관료는 모두 반가에 들어갔다. 명가는 태정관 요직인 변관弁官을 거쳐서 공경에 진출하였고, 반가는 명가의 코스에 준하였다. 그렇지만 반가는 여러 학문과 기술에 관한 전문적 지식을 가학家學으로 전수하는 귀족 사회의 최하층 집단을 구성하고 있었다.

명가가 세습하는 변관弁官직은 전통적으로 유자를 중용하였으나 이미 12세기경부터 문장력보다 실무 경험을 우선시하게 되어 유자의 임용은 축소되고 있었다. 중국적인 율령 국가 체제가 해체되고 일본적인 왕조국가 체제로 전환하는 당시대가 필요로 한 것은 역사나 문필의 능력보다 사회 제반의 현실적인 문제를 처리할 수 있는 실무 능력이었다. 히노가가 명가의 가격을 확립한 것은 이러한 시대적 요구를 파악하여 실무형 유자 관료로 가업家業을 정립하였기 때문이다.

가격 질서의 형성은 이미 약체화 되고 있던 문인 관료 사회를 이분하고, 정치적 역할을 축소시켰다. 그리고 문인관료층의 대부분은 문화적 창의성을 상실한 채 과거의 유산을 답습하는 폐쇄적인 기술 집단으로 남게 되었다. 가격에 기초한 공가 사회는 조상의 유산을 가업이라는 명분하에 계승하는 것으로 이에의 존속을 보장하기 때문이다. 무로마치 시대에 선종이 주체가 되어 주자학을 수입하고 오산문학을 꽃피운 것은, 내부적인 발전 동력을 잃어버린 중세의 문인관료를 대체한 것으로도 볼 수 있겠다.

『안동권씨성화보安東權氏成化譜』에 나타난 13~15세기 관료 재생산과 혈연관계

이상국(李相國)*

1. 서론

전근대 사회에서 개인의 사회적 지위는 부父와 조祖 등 조상의 사회적 지위에 따라 결정되었다고 알려져 있다. 사회적 지위는 법적・제도적 장치에 의해 세습적・폐쇄적으로 유지되었으므로, 이 당시 사회적 지위는 신분적 지위가 된다.[1] 개인의 신분적 지위를 측정하는 가장 주요한 척도는 개인의 관직 유무이다. 경제력 또한 개인의 신분적 지위를 결정짓는 요소이지만, 관직의 유무에 따라 경제력의 고하가 결정된다는 점에서 경제력은 부수적인 요소라고 할 수 있다.[2] 그러므로 관직의 획득과 세습은 상위 신분층이 그들의

* 아주대학교 사학과 교수.

1 지승종, 「身分槪念과 身分構造」, 『社會階層』, 다산출판사, 1991; 홍승기, 「신분제도」, 『고려 전기의 사회와 대외관계』, 한국사 15, 국사편찬위원회, 1995.

2 고려의 전시과제도와 고려 말기에서 조선 초에 이르는 과전법 체제의 운영원리는 직역에 따라 차등있게 토지를 분급하는 것이었다. 姜晋哲, 『高麗土地制度史硏究』, 고려대 출판부, 1980; 李景植, 『朝鮮前期 土地制度硏究－土地分給制와 農民支配－』, 一潮閣, 1986.

사회적 지위를 유지·재생산하기 위한 필요조건이었다.

관직 획득의 세습적 경향에 대한 연구는 주로 지배 가문들의 정치적 위상을 분석하는 과정에서 이루어졌다. 연구대상 가문이 토성이족土姓吏族에서 기가起家하여 성장하는 과정을 가계家系에 따라 추적하면서, 가문 구성원의 관직 현황을 검토하였다. 족보에 기록된 가문 구성원들의 관직 등 정보를 문헌사료와 서로 대조하여 정확하게 복원하는 방식이었다.[3] 이러한 연구로 인해 전근대시기 개인의 관직 획득에 개인의 능력뿐만 아니라 가문의 배경이 주요한 요소였다는 점에 의심의 여지가 없게 되었으며, 전근대 사회의 특징으로 규정되기에 이르렀다.

그럼에도 불구하고, 관직 획득에 미친 부父와 조祖 등 선조의 영향력이 어느 정도였는가에 대한 구체적인 연구는 드문 실정이다.[4] 그것은 개별 가문의 사례 분석을 통해 개인 정보의 규명에 초점을 맞춘 연구사적 경향에 기인하는바 크다고 할 수 있다. 또한 선조의 영향력을 측정하기 위한 방법론의 부재도 주요한 원인 중 하나라고 생각된다.

---

3 朴龍雲, 「高麗時代 海州崔氏와 坡平尹氏 家門 分析」, 『白山學報』 23, 白山學會, 1977; 閔賢九, 「高麗後期 安東權氏 家門의 展開－元 干涉期의 政治的 位相을 중심으로－」, 『道山學報』 81, 道山學會, 1979; 崔在錫, 「朝鮮時代의 族譜와 同族組織」, 『歷史學報』 81, 歷史學會, 1979; 李萬烈, 「高麗 慶源李氏 家門 分析」, 『韓國學報』 21, 일지사, 1980; 金光哲, 「高麗後期 世族의 家系와 그 특징」, 『高麗後期世族層硏究』, 동아대출판부, 1991; 李樹健, 「高麗前期 土姓吏族의 성장과 분화－安東權氏를 중심으로－」, 『李基白古稀紀念 韓國私學論叢 (上)』, 一潮閣, 1994; 金龍善, 「高麗時代 家系記錄과 '族譜'」, 『李基白古稀紀念 韓國私學論叢 (上)』, 一潮閣, 1994; 이수건, 『한국의 성씨와 족보』, 서울대출판부, 2006; 朴龍雲, 「安東權氏의 사례를 통해 본 高麗社會의 一斷面－'成化譜'를 참고로 하여－」, 『歷史學報』 94, 歷史學會, 2005; 朴龍雲, 「儒州(始寧·文化)柳氏의 사례를 통해 본 高麗社會의 一斷面－'嘉靖譜'를 참고로 하여－」, 『韓國史學報』 24, 고려사학회, 2005; 孫炳圭, 「13~16세기 호적과 족보의 계보형태와 그 특성」, 『大東文化硏究』 71, 성균관대 대동문화연구원, 2010.

4 최근 『安東權氏成化譜』에 기재되기 위한 주요한 요소로 사회적 지위인 관직의 고하였음을 실증적으로 밝힌 연구가 제출되었다. Lee, Sangkuk, "The Impacts of Birth Order and Social Status on the Genealogy Register in Thirteenth－to Fifteenth－Century Korea", *Journal of Family History* 35－2, Sage Periodicals Inc, 2010.

이 글의 목적은 개인의 관직 획득에 미친 부父와 조祖의 영향력을 측정하여 혈연관계에 따른 관료 재생산 구조를 구명하는 것이다. 가문이라는 폐쇄적 집단보다는 한 개인을 중심으로 한두 세대에 걸친 관직 획득의 지속성을 살펴보고, 이를 바탕으로 상위 신분층 내 신분의 이동성의 일단도 적출해보고자 한다. 이를 위해 통계 방법론을 적용해 관직 획득에 미친 선조의 영향력을 측정하였다.[5] 대상 시기는 주로 13세기 전후부터 15세기 중엽이다. 분석 대상은 1476년에 간행된 현존하는 최고最古의 족보인 『안동권씨성화보安東權氏成化譜』(이후 『성화보』)이다.

2. 자료 소개 및 분석 방법

이 글의 분석 대상인 『성화보』는 현존하는 최고最古의 족보라는 점뿐만 아니라 기재된 내용의 정확성이라는 측면에서도 연구자들의 주목을 받았다.[6]

---

5 본고의 통계 처리와 관련된 부분은 아주대학교 경제학과 김태용 강사에게 도움을 받았다. 역사학 사료를 수량화하여 분석하고 의미 있는 결과를 도출하고자 하는 필자에게 다양한 조언과 방법론을 소개해 주는데 수고를 아끼지 않았다. 이 자리를 빌려 감사의 뜻을 표한다. 하지만 본 논문에 적용된 통계학적 방법론과 그 해석, 그리고 결과에 대한 모든 책임은 필자에게 있다.

6 權寧大, 「成化譜攷」, 『大韓民國 學術院論文集』 20, 대한민국 학술원, 1981; Edward W. Wagner, 「1476년 安東權氏族譜와 1565년 文化柳氏族譜-그 性格과 意味에 관한 考察-」, 『石堂論叢』 15, 동아대 석당학술원, 1989; 盧明鎬, 「解題; 安東權氏 成化譜에 대하여」, 『安東權氏成化譜』, 1992; 崔在錫, 「朝鮮時代 族譜와 同族組織」, 『歷史學報』 81, 歷史學會, 1979; 宋俊浩, 「韓國에 있어서의 家系記錄의 歷史와 그 解釋」, 『歷史學報』 87, 歷史學會, 1980; 閔賢九, 「高麗後期 安東權氏 家門의 展開」, 『道山學報』 5, 道山學會, 1996; 朴永鎭, 「安東權氏 『成化譜』 硏究」, 『동양예학』 12, 동양예학회, 2004; 朴龍雲, 「安東權氏 사례를 통해 본 高麗社會의 一斷面-'成化譜'를 참고로 하여-」, 『歷史教育』 94, 역사교육연구회, 2005; 권기석, 「15~17세기 族譜의 編制 방식과 성격-序跋文의 내용 분석을 중심으로-」, 『奎章閣』 30, 서울대 규장각 한국학연구원, 2007; 이정란, 「족보의 자녀 수록방식을 통해서 본 여말선초 족보의 편찬 배경-『안동권씨성화보』·『文化柳氏嘉靖譜』를 중심으로」, 『한국중세사연구』 25, 한국중세사학회, 2008; 미야지마 히로시, 「『안동권씨성화보』를 통해 본 한국 족보의 구

고려후기 이후 한국 사회에는 가계구성원들의 가계의식이 싹트기 시작했고,[7] 『성화보』에는 이러한 의식이 확대되어 가는 1476년 간행 당시의 역사성이 담겨져 있다고 할 수 있다. 『성화보』의 특징으로 지적되는 출생의 순서에 따른 자녀 기록, 여성의 재가再嫁와 관련된 기록, 사위 계열에 대한 상세한 기록 등은 고려에서 조선 초기 사회상이 반영된 것이다.

『성화보』에는 혈연이나 70여개 성씨와의 혼인관계로 맺어진 안동권씨 구성원들이 기록되어 있다. 시조인 권행에서부터 8대 권이여에 이르는 동안에는 한 사람만이 기록되다가,[8] 9대에 이르러 8대 권이여의 아들들인 권수평, 권차평, 권성원, 그리고 권수홍이 기록되었다. 성화보는 이들 중 권수평과 권수홍의 후손들을 중심으로 작성되었다. 혼인관계의 경우, 권수홍의 1남 3녀 중 세 딸들의 남편들이 가장 앞서 기록되었다. 안동권씨는 10대 이후 이, 김, 박, 유, 정, 윤 등 당시의 대표적 가계들과 혼인관계를 맺었고, 『성화보』에는 이들 외손 계열의 자손들이 90% 이상을 차지하였다.[9] <표 1>은 『성화보』에 기록된 각 세대별 안동권씨 아들계열과 결혼 여성(사위) 그리고 미혼인 여성의 인원수를 기록한 것이다.[10]

조적 특성」, 『大東文化研究』 62, 성균관대 대동문화연구원, 2008; Lee, Sangkuk and Hyunjoon Park, "Marriage, Social Status, and Family Succession in Medieval Korea (Thirteenth－Fifteenth Centuries)", *Journal of Family History* 33－2, Sage Periodicals Inc, 2008; 孫炳圭, 「13~16세기 호적과 족보의 계보형태와 그 특성」, 『大東文化研究』 71, 성균관대 대동문화연구원, 2010; 이상국, 「『안동권씨성화보』에 기록된 이제현 가계 사람들」, 『사림』 35, 성균관대 수선사학회, 2010.

7 金龍善, 「高麗時代 家系記錄과 族譜」, 『李基白古稀紀念 韓國史學論叢 上』, 一潮閣, 1994.

8 미야지마 히로시(앞의 2008 논문)는 『성화보』 작성 당시 안동권씨 구성원들이 소장하고 있던 각각의 家乘과 [同高祖八寸之譜]를 기반으로 족보를 작성했기 때문에, 8대 이전에 한 사람만 등장하고 9대 이후 복수의 인물이 등장했다는 견해를 표명하였다.

9 權寧大, 앞의 논문, 1981; Edward W. Wagner, 앞의 논문, 1989.

10 <표 1>과 <그림 1>은 Lee, Sangkuk and Hyunjoon Park, ibid., 2008에서 활용한 데이터를 수정・보완한 것이다. Lee, Sangkuk and Hyunjoon Park은 총 인원을 10,254명으로 파악하였는데, 이후 수정・보완하면서 11명의 기록이 『성화보』를 자료화하는 과정에서 오류였음이 밝혀졌다. 이 글에서는 수정된 데이터를 바탕으로 분석하였다. 이후에도 지속적으로 수정・보완하고자 한다.

〈표 1〉『성화보』에 기록된 각 세대별 인원

세대구분	인원 수	백분율(%)	남성	결혼 여성(사위)	미혼인 여성
G1 ~G10	17	0.16	17	–	–
G11	9	0.09	6	3	–
G12	18	0.18	12	6	–
G13	39	0.38	27	11	1
G14	60	0.59	37	23	–
G15	153	1.49	79	70	4
G16	362	3.53	197	161	4
G17	957	9.34	517	428	12
G18	2,022	19.74	1,095	904	23
G19	3,333	32.54	1,943	1,249	141
G20	2,544	24.84	1,555	786	203
G21	724	7.07	460	196	68
G22	5	0.05	3	2	–
총계	10,243	100	5,948	3,839	456

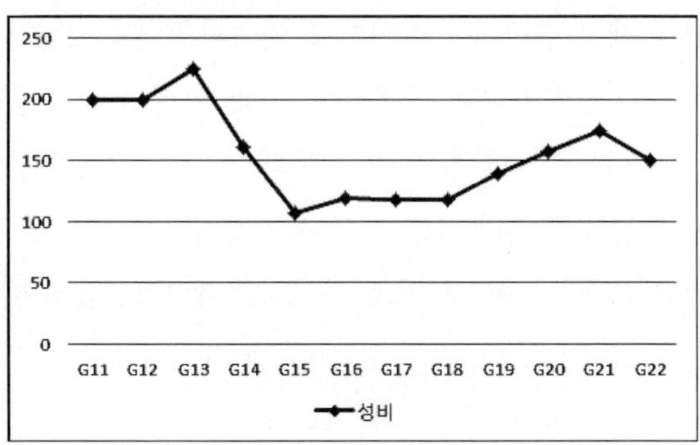

〈그림 1〉『성화보』에 기록된 각 세대별 性比 (여성 100을 기준)

『성화보』에는 10,243명이 기록되어 있다.[11] 『성화보』에는 남성뿐만 아니라 여성의 기록도 나타나는데, '여부女夫'나 '여女'가 그것이다. '여부'는 사위를 의미하므로 결혼한 여성을 의미하며, 미혼인 여성은 '여'로 나타난다. 따라서 <표 1>에서 남녀의 전체 성비性比를 구할 수 있는데, 그것은 약 138.5로 남성의 비율이 월등히 높다. 세대별 남녀 성비는 <그림 1>에서 구체적으로 보여준다. 결혼하거나 미혼인 여성이 기록되기 시작하는 11, 12, 13대의 경우, 200 이상에 이르다가, 14대부터 그 수치가 내려가 15대에 이르러 이상적인 성비인 105에 근접하는 약 106.8에 이른다. 이후 18대까지 117.5~119.4를 오르락내리락하며 큰 변화가 없다가, 19대에 이르러 큰 폭으로 상승한다. 이후 20대와 21대에 이르러 가파른 상승세에 있다. 22대의 경우는 관측치가 5명에 불과에 세대별 성비를 이해하는데 큰 의미가 없다.

『성화보』에서는 19, 20, 18대 순으로 가장 많은 인구가 기록되었다. 세대가 내려올수록 인구가 점점 더 확장된다는 것을 염두에 둔다면, 『성화보』가 작성된 1476년 전후의 시기에 출생이라는 이벤트가 여전히 진행 중이었음을 유추할 수 있다. 『성화보』 작성을 주도한 서거정은 16대 권근의 외손이다. 그의 아버지 서미생은 권근의 1남 2녀 중 차녀와 결혼해 2남 5녀를 낳는데, 그 중 막내아들이 서거정이다. 안동권씨 18대 외손인 서거정은 1420년에 태어나므로 그의 나이 만 56세, 그리고 문과로 관직에 진출한지 10년 되는 해에 『성화보』를 편찬하였다. 그러므로 서거정이 『성화보』를 작성할 당시, 19대 구성원들은 결혼 이벤트를 거의 마치기는 했지만, 출생 이벤트를 진행 중인 구성원들이 적지 않았다고 할 수 있다. 20대 구성원들의 인구수가 19대

11 미야지마 히로시는 이중·삼중으로 언급되는 사람들을 제외한 실제 인원을 9,117명으로 파악하였다(앞의 논문, 2008). 10,243명으로 파악한 이글은 『성화보』에 기록된 개인을 중심으로 하기 때문에 동일한 사람이 아들이나 사위로 이중으로 기록되었을지라도 서로 다른 사람으로 파악하였다. 사위의 경우는 해당 父의 딸을 나타낸 것이기도 하기 때문이다. 이에 대해서는 이상국, 앞의 논문, 2010 참조.

보다 적게 나타나는 것은 같은 이유로 설명될 수 있다. 또한 1476년 당시 관직 획득의 이벤트가 진행 중이었던 19, 20, 21대 구성원들의 경우, 『성화보』에 그들의 관직이 미기재 상태로 남아있었던 경우가 적지 않았다. 이 경우, 후대의 자료를 통해 이들의 관직을 확인하여 『성화보』의 미비점을 보완할 수 있다.[12] 이러한 점들을 고려하여 개인의 관직 획득에 미친 부父와 조祖 등 선조의 영향력을 측정할 때 20대 이후 구성원들을 제한적으로 포함시키고자 한다.

『성화보』에 기록된 정보는 단순하다. 각 세대별 개인의 성과 이름이 적혀있고, 관료의 경우 최종 관직이 적혀있을 따름이다. 하지만, 세대별로 개인들이 구분되어 기록되어 있으므로, 개인들의 혈연관계 및 혼인관계도 추적할 수 있다. 이를 위해 『성화보』의 모든 기록을 데이터화(dataset)할 필요가 있다. 이 글에서는 『성화보』의 특성을 고려하여 앙리의 개인번호 부여 방법(Henry Numbering System)을 기본으로 하여 데이터 작업을 수행하였다.[13] 우선, 모든 세대의 구성원들 각자에게 그들만의 개인번호(Individual_id)를 지정하였다. 개인번호는 부父의 개인번호를 포함하고 있기 때문에 이를 통해 그의 조상이나 후손을 찾아갈 수 있다. 다음으로 성별을 기록하고, 자식들 중 아들과 사위를 구분할 수 있도록 하였다. 여기에 관직도 최종 관직을 중심으로 기록하였다. 『성화보』는 고도의 정확성을 지닌 자료로 평가받고 있지만, 관직의 경우 '엄밀한 자료비판'이 필요한 경우가 있다.[14] 그러므로 『성화보』의 관직

---

12 『성화보』의 자료적 결함은 고려대학교 한국학연구소 중세사 연구실에서 제공하는 인적정보열람시스템(http://khistory.korea.ac.kr/korea/genealogy.php)과 한국학중앙연구원에서 제공하는 한국역대 인물종합정보시스템(http://people.aks.ac.kr/index.aks), 그리고 『성화보』에 기재된 관직의 경우, 관직을 엄밀히 분석한 연구(朴龍雲, 앞의 논문, 2005)를 활용하여 미비점이나 잘못을 보완하였다. 이를 통해 『성화보』에 기록되지 않은 많은 구성원들의 관직을 찾을 수 있었다.

13 李建植, 「韓國 家系記錄資料의 데이터 모델에 관한 硏究－藏書閣 소장 자료를 중심으로－」, 『藏書閣』 16, 한국학중앙연구원, 2006.

기록뿐만 아니라 기존 연구에서 바로 잡은 관직을 최대한 반영하고자 하였다. 이렇게 수정・보완된 관직들을 해당 관품으로 고치고, 이들을 다음 몇 개의 범주로 분류하였다. 우선 9개의 관품을 고위관직(1~3품), 중간관직(4~6품), 그리고 하위관직(7~9품)으로 나누었다. 이는 당하관과 당상관의 구분, 그리고 당상관 중 재상직을 얻을 수 있는 관품을 고려한 것이다. 다음으로 관료체제 내에 들어가지 못한 그룹은 예비관료, 지방관직, 무관직無官職으로 나눌 수 있다. 예비관료는 과거의 1차와 2차 시험에 합격한 진사와 생원을 의미하고, 지방관직은 향리 관직과 지방군인 등을 의미한다. 여기에 관료에 진출하지 못한 무관직과 승려, 그리고 왕과 왕후를 포함한 왕실 등이 있었다. 이와 같은 각 세대별 관직의 분포를 나타낸 것이 <표 2>와 <그림 2>이다.

〈표 2〉 각 세대별 관직 분포표[15]

구분	무관직	고위관직 (1－3품)	중간관직 (4－6품)	하위관직 (7－9품)	예비 관료	지방 관직	왕실	승	확인 불가	Total
G1 ~G10	0	3	1	0	0	12	0	1	0	17
G11	2	2	0	0	0	4	0	1	0	9
G12	3	6	4	0	1	4	0	0	0	18
G13	17	7	6	1	3	3	0	2	0	39
G14	24	24	6	0	1	0	2	2	1	60
G15	52	74	21	1	0	0	4	0	1	153
G16	87	148	82	16	3	4	10	7	5	362
G17	217	276	333	66	16	19	6	0	24	957
G18	458	449	748	187	59	48	32	5	36	2,022
G19	1,097	615	1,061	252	128	78	67	6	29	3,333
G20	1,064	402	728	195	91	25	26	0	13	2,544

14 朴龍雲, 앞의 논문, 2005.

G21	348	111	186	41	18	10	6	0	4	724
G22	0	0	2	3	0	0	0	0	0	5
Total	3,369	2,117	3,178	762	320	207	153	24	113	10,243

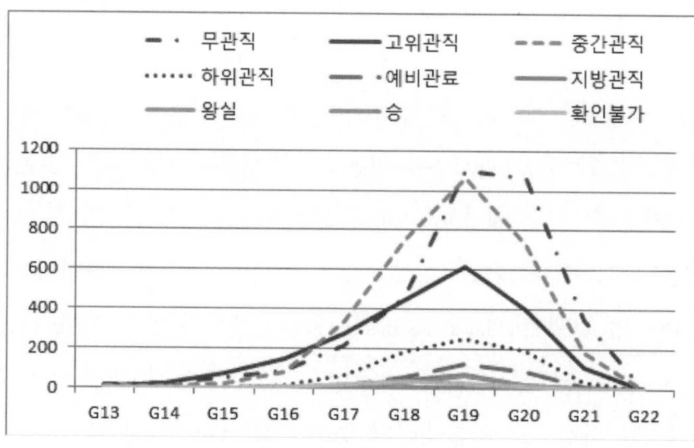

〈그림 2〉 각 세대별 관직 분포도

<표 2>과 <그림 2>에서 보는 것처럼 18대까지 대체로 고위관직과 중간관직이 우위를 점하였다. 구체적으로는 16대까지 고위관직이 중간관직 및 그 나머지 관직들을 압도하다가, 17대와 18대에는 그 자리를 중간관직에게 내어주고 있다. 이어 19대 이후에는 18대 이후 급증하던 무관직이 수위를 차지하고, 그 다음은 중간관직, 고위관직, 하위관직, 예비관료 순서이다. 여기서 주목되는 것은 19대를 기점으로 모든 관직들의 상승세가 꺾인다는 점이다. <표 2>의 관직 분포도가 『성화보』에 관직이 기재되지 않은 경우

15 『성화보』에서 관직을 알 수 있는 구성원은 전체의 약 45.1%에 해당하는 4,623명에 불과하였다(Lee, Sangkuk, ibid., 2010). 하지만, 앞서 소개한 자료를 통해 『성화보』의 내용을 보완한 결과 6,761명으로 약 66%에 해당하는 구성원들의 관직을 확인할 수 있었다.

다른 족보 및 문헌에서 정보를 추가하여 작성되었다는 점을 고려하면, 관직의 획득은 19대 이후 큰 전환기를 맞이한 것으로 판단할 수 있다.

<표 2>의 각 세대별 관직 분포도를 중심으로 개인의 족보 기재 및 신분적 지위에 미친 부父·조祖 등 선조의 영향을 살펴보고자 한다. 우선, 각 세대별 관료와 그 후손들의 족보 기재의 연속성을 살펴보기 위해 상관분석(correlation analysis)을 시도하였다.[16] 각 세대별로 한 개인과 그 후손이 마지막까지 족보에 기록된 세대의 차이를 '지속성'으로 하고, 이 계열의 초기 개인의 관직을 변수화하여 상관계수를 얻는다. 이 경우 순서가 있는 그룹의 상관관계를 살펴볼 수 있는 켄달(Kendall)의 상관계수를 구할 수 있다. 이를 통해 두 변수의 단조관계(monotonic relationship)를 살펴볼 수 있다. 신뢰도를 높이기 위해 두 변수의 선형교정(linear association)을 측정할 수 있는 피어슨(Pearson)과 스피어맨(Spearman)의 상관계수도 측정한다. 다음으로 개별적으로 이미 부여된 개인번호를 바탕으로 기준세대와 부父·조祖세대 간 관직의 상관성을 살펴본다. 분류된 관품별로 개인과 부父·조祖의 관직의 변화상을 추적하는 것이다. 마지막으로 이러한 관찰된 개인과 부父·조祖 관직 사이의 상관관계가 통계학적으로 어떠한 의미가 있는가를 살펴보기 위해 다항로짓 모형(Multinomial Logit Model)을 활용하여 분석하였다. 다항로짓 분석방법은 범주형 자료에서 다수의 범주형 변수들을 활용하여 인과관계를 분석하는 방법이라 할 수 있다.[17]

16 분석하고자 하는 두 변수간의 상관관계를 살펴보기 위한 것이다. 여기서는 두 변수, 즉 각 세대별 관료의 관직과 그들의 후손이 기록되는 기간, 즉 '지속성'의 상관성을 살펴보았다. 그런데 상관관계는 상관성의 정도를 나타낼 뿐으로, 두 변수간의 인과관계를 보여주는 것은 아니다. 상관관계를 보여주는 상관계수로는 켄달(Kendall)의 상관계수, 피어슨(Pearson) 상관계수, 그리고 스피어맨(Spearman)의 상관계수 등이 있다.

17 상관분석(correlation analysis)은 상관계수를 통해 두 변수 간, 혹은 중다 변수 간 상관성을 나타낼 수 있지만, 이를 통해 인과관계를 확정할 수 없다. 따라서 분석 대상 변수 간, 즉 독립변수(원인)과 종속변수(결과)간 인과관계를 살펴보기 위해서는 다른 통계학적 방법을

그런데, 이상과 같이 역사 자료, 특히 족보 자료를 계량화하여 분석하는 방법론은 다음과 같은 문제점을 내포할 수 있다. 첫째, 역사 자료를 데이터화하여 양적인 계량화를 할 때 시간의 비역사성 문제가 발생한다는 것이다. 족보자료는 엄밀한 의미로 시계열적 데이터(Time Series Data)라고 보기 어렵지만, 한 세대를 시간 t로 보고 그 이후의 세대를 t+1, t+2, … 등으로 규정할 수 있기 때문에 시계열적 데이터의 일종으로 볼 수 있다. 이러한 자료의 경우 데이터화하여 계량화할 때 각 개인은 세대별 그룹의 일원으로 동질성이 강요된다. 달리 말해 개인의 역사성은 세대별 그룹 내의 다른 구성원과 동일한 성격으로 규정되어 경시될 수밖에 없다는 것이다. 둘째, 이론이나 통계학적 방법론을 자의적으로 적용할 수 있다는 것이다. 측정된 결과를 자료 자체 내의 역사성을 무시한 채 일반화하거나 특정 역사적 사건만을 설명하는데 사용할 수도 있는 것이다.[18]

『성화보』라는 족보 자료를 계량화하여 통계학적 방법론을 적용하고자 하는 본 연구도 위와 같은 문제점을 노정할 수 있다고 생각한다. 그렇지만 계량화를 통해 경시된 개인의 역사성은 그 개인이 속한 동일 세대라는 집단을 통해 복원될 수 있다. 즉, 각 세대 구성원들은 동일한 시대를 살아가며 유사한 역사적 경험을 했다고 할 수 있으므로,[19] 이들을 하나의 집단으로

활용해야 한다. 가장 일반적인 분석방법은 회귀분석(regression analsysis)이지만, 본고의 분석 대상 변수의 특성이 범주화된 변수(categorical variables)이기 때문에 다항로짓 모형(Multinomial Logit Model)을 활용하여 분석하였다. 이에 대해서는 Lawrence C. Hamilton, *Statistics with STATA*, Thompson Brooks/Cole, 2006 참조.

18 이상의 역사 자료의 계량화에 따른 문제점에 대해서는 Larry W. Issac and Larry J. Griffin, "Ahistoricism in Time_series Analyses of Historical Process: Critique, Redirection, and Illustrations from U.S. Labor History," *American Sociological Review* 54－6(1989), pp. 873~890 참조.

19 T. H. Hollingsworth는 중세 영국 귀족 가문의 인구사적 특성을 분석하면서, 통계학적으로 유의미한 샘플을 확보하기 위해 다음과 같은 원칙에 의해 동일한 코호트 집단을 만들었다. 첫째는 각 코호트 집단 간 유사한 샘플 수, 둘째는 각 코호트 집단 간 유사한 시간적 차이, 마지막으로 일반적인 경향을 보여주기에 충분한 그룹 등을 가져야 한다는 것이다(T. H. Hollingsworth, "A Demographic Study of the British Ducal Families," *Population Studies* 11－1,

설정할 경우 이들을 개별 단위로 한 세대별 혹은 시대별 역사적 과정을 살펴볼 수 있는 것이다. 이처럼 하나의 집단을 단위로 한 계량화를 통해 본고의 목적인 혈연관계에 따른 관료 재생산의 경향성을 얻을 수 있다. 그러므로 부・조의 관직이 개인에게 미치는 영향, 즉 세대 간 관직의 전이 양상을 살펴보는데 있어 족보 자료의 계량화를 통한 통계학적 분석은 매우 유용하다고 할 수 있다.

3. 관직의 고하에 따른 후손 기록의 '지속성'

『성화보』에 기록된 시조에서 22대까지 10,243명은 예외 없이 혈연관계나 혼인관계를 통해 어느 세대에선가 첫 번째 기록된 인물의 후손들이다. 이들 중 『성화보』에서는 약 46.1%에 해당하는 4,623명의 관직을 확인할 수 있다. 하지만, 앞서 소개한 기존 연구를 바탕으로 『성화보』의 미기재자 5,620명 중 약 38%에 해당하는 2,138명의 관직을 더 찾을 수 있었다. 그러므로 <표 2>에서 살펴본 것처럼 『성화보』에 기재되어 있는 총 인원수 중 약 66%에 해당하는 6,761명의 관직을 알 수 있다.

우선, 이들 6,761명을 대상으로 각 세대별 관직과 이들의 후손들이 마지막 기록된 세대의 차이인 '지속성'의 상관관계를 살펴보자. 이를 위해 '지속성'을 구해야 한다. '지속성'은 세대별 구성원이 속한 세대를 이들의 후손들이 최종적으로 기재되는 세대에서 뺀 수치이다. 예를 들면 15대에 안동권씨 사위로 『성화보』에 기재된 홍탁은 21대에 까지 그의 후손들을 남겼다. 그러므로 그의 '지속성'은 6이 된다. 홍탁의 4남 4녀(사위) 중 1남 홍상재와 3남

Population Investigation Committee, 1957). 이러한 T. H. Hollingsworth의 원칙에 따라 이 글에서는 분석대상을 코호트 집단(cohort group)으로 규정하고자 한다.

홍개도는 21대까지, 3녀(사위) 원구수와 4녀(사위) 염대유는 20대까지 그들의 후손을 남겼고, 그리고 2남 홍혜찬과 4남 홍창도, 1녀(사위) 왕정과 2녀(사위) 조홍문 등은 후손을 남기지 못했다. 그러므로 이들의 '지속성'은 각각 5, 4, 0이 된다. '지속성' 값이 클수록 오랜 기간에 걸쳐 『성화보』에 그 후손들이 기록되었음을 의미한다. 이러한 방식으로 구한 각 세대별 '지속성'과 각 세대 구성원의 관직의 상관관계를 살펴본 것이 <표 3>과 <그림 3>이다.

〈표 3〉 각 세대별 구성원의 관직과 가계의 '지속성' 간 상관관계

세대	10	11	12	13	14	15	16	17	18	19	20
Kendall's tau_b	−0.077 (0.838)	0.461 (0.114)	0.084 (0.661)	0.388** (0.003)	0.538*** (0.000)	0.424*** (0.000)	0.324*** (0.000)	0.428*** (0.000)	0.423*** (0.000)	0.411*** (0.000)	0.348*** (0.000)
Spearman's rho	−0.092 (0.862)	0.456 (0.218)	0.063 (0.661)	0.473** (0.003)	0.634*** (0.000)	0.518*** (0.000)	0.386*** (0.000)	0.513*** (0.000)	0.495*** (0.000)	0.459*** (0.000)	0.376*** (0.000)
Pearson's rho	−0.020 (0.970)	0.265 (0.491)	−0.057 (0.823)	0.452** (0.004)	0.636*** (0.000)	0.541*** (0.000)	0.411*** (0.000)	0.502*** (0.000)	0.474*** (0.000)	0.430*** (0.000)	0.380*** (0.000)

참고: 1. ***<0.001, **<0.01, *<0.05, +<0.1
2. 괄호안의 값은 p−value를 의미

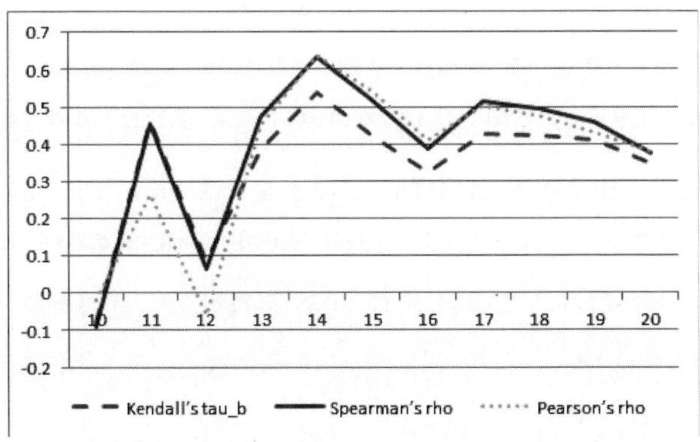

〈그림 3〉 각 세대별 구성원의 관직과 가계의 '지속성' 간 상관관계

<표 3>과 <그림 3>에서 나타나는 켄달(Kendall), 스피어맨(Spearman), 그리고 피어슨(Pearson) 상관계수는 각 관직과 '지속성'의 상관관계를 수치화하여 나타낸 것이다. 그러므로 각 상관계수의 수치가 높을수록 두 변수간 상관관계가 높다는 것을 의미한다. 10대의 상관계수가 낮게 나오는 것은 6명의 구성원들 중 권수평[樞密公派]과 권수홍[僕射公派], 그리고 권영정[別將公派] 이외에 나머지 세 명의 지속성이 0이나 1에 그치기 때문이다. 11대는 그 지수가 갑자기 치솟는데, 10대인 권수평과 권수홍 후손들 5명의 후손들의 '지속성'이 높기 때문이다. 나머지 10대 권영정과 권체화[同正公派] 계열 4명의 11대 후손들은 권균석을 제외하곤 '지속성'이 0이다. 이로 부터 『성화보』는 권수평과 권수홍 계열을 중심으로 작성되었다는 것을 다시 한 번 확인할 수 있다. 18명이 기록된 12대에 상관계수가 큰 폭으로 감소하는 것은 권수평 계열이 6명 중 1남인 권단으로 일원화되기 때문이다. 권단 이외 형제의 '지속성'은 0과 1이었다. 반면 권수홍 계열의 후손들은 12대부터 본격적으로 분화하기 시작했다. 13대 들어 '지속성'이 다시 상승하는데, 권수홍 계열의 분화가 더욱 심화되기 때문이다. 반면 권수평 계열은 아직까지 분화가 이루어지 않고 권부 한 명 만이 기재되었다. 14대에 이르러 권수평 계열이 본격적으로 분화가 되는데, 그것은 13대 권부의 5남 4녀(사위) 때문이다. 권부의 5명의 아들과 4명의 사위는 모두 재상의 반열에 들었다. 이로서 권부는 당시 충선왕의 총애를 받고 '일가구봉군一家九封君'이라는 칭호를 얻게 되어, 안동권씨가 권력 가문으로 성장하는데 결정적인 공헌을 하였다.[20] 권수평 계열 14대 대부분의 '지속성'이 승려였던 권영종을 제외하고 7이상이다. 이로 인해 14대의 상관계수가 가장 높게 나타난 것이다. 14대 이후부터 권수평 계열의 후손들도 분화하기 시작하여 15대 이후 본격적으로 분화하게 된다. 15대

20 閔賢九, 앞의 1996 논문; 朴龍雲, 앞의 2005 논문.

중 권수평 계열은 29명인데 3명을 제외한 대부분의 지속성이 5~6사이이다. 이렇듯 권수홍 계열보다 2대나 늦게 분화하고 있다.[21] 그 이후 15대에서 20대에 이르기까지 일정정도의 등락은 있었지만, 일정한 수치를 유지하고 있다.

그러므로 관직과 '지속성'의 상관관계는 14대를 최정점으로 하여 밀접한 관련을 맺으며 일정 수치를 유지하였다고 할 수 있다. 그렇다면 관직의 등급에 따라 '지속성'은 어떻게 달라졌을까? 상위관직은 하위관직보다 실제로 '지속성' 수치가 높았을까? 이를 살펴보기 위해서는 관직의 등급에 따른 '지속성'의 정도를 구해야 한다. 이 경우, 관직의 등급에 따른 '지속성'을 세대별로 구하는 것은 바람직하지 않다. 세대별 관직 등급에 따라 '지속성'의 정도를 산출할 때, 세대가 달라질 때마다 '지속성'의 최대치가 달라지기 때문이다. 그러므로 세대별로 다른 구성원의 수를 고려하여 세대별 '지속성'을 표준화하는 것이 효과적이다. <그림 4>는 각 세대별 관직의 등급에 따라 표준화된 '지속성'을 보여주는 상자그림(Box-plot)이다.

<그림 4>에서 중앙에 있는 선은 각 그룹별 분포의 중앙값을 의미한다. 상자 위아래의 테두리 선은 사분위 범위 중 75%와 25%를 의미한다. 즉 상자(Box)는 각 세대별 표준화한 '지속성'의 수치 중 높은 그룹의 중앙값(75%)과 낮은 그룹의 중앙값(25%) 내에서의 산포도를 나타낸 것이다. 위아래 가는 선은 75% 이상과 25% 이하 약 99% 내 '지속성'의 관측치를 의미하고, 점들로 표기되는 부분은 그것을 벗어난 경우이다. 그러므로 상자의 길이가 길수록 관직의 등급에 따른 '지속성'이 크다는 것을 의미한다. <그림 4>에서 고위관직과 왕실의 상자 길이가 가장 길게 나타난다. 최상위 신분층은

21 그 이유에 대해 미야지마 히로시는 『성화보』를 편찬할 당시 권수평 계열 [추밀공파]와 권수홍 계열 [복야공파] 등에서 각각 다른 계보 자료를 참조했을 가능성을 제시했다(앞의 논문, 2008).

그들의 후손을 『성화보』에 기록하는 ‘지속성’이 가장 컸다고 할 수 있다. 중간관직, 하위관직, 지방직 순으로 그들의 후손을 『성화보』에 많이 기록하였다. 반면 예비관료와 무관직은 그들의 후손을 적게 남겼다.

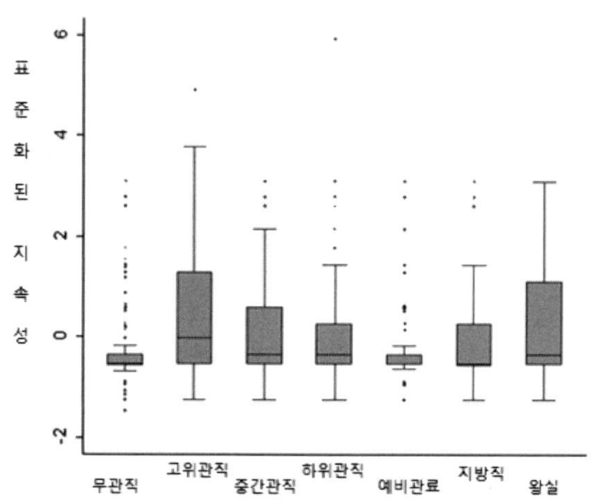

〈그림 4〉 각 세대별 관직의 등급에 따른 표준화 된 ‘지속성’

그러므로 어떤 사람이 그의 후손들을 『성화보』에 몇 대에 걸쳐 기록하는가, 즉 ‘지속성’은 그 사람의 관직의 고하에 영향을 받는다고 할 수 있다. 고위 관직자의 경우, 『성화보』에 그의 후손들을 여러 대에 걸쳐 기록할 가능성이 상대적으로 커지는 것이다.

4. 관직 획득에 미친 부父·조祖의 영향

지금까지 개인의 관직 고하가 그 후손 기록의 ‘지속성’에 미친 영향을 살펴보았다. 그 영향력의 범주를, 위 세대에서부터 아래 세대로, 그 후손들이 기록되는 세대의 최대치로 하였다. 그 과정에서 두 변수 간 상관관계가 유의미하게 나타난다는 것을 살폈다. 다음으로, 그 영향력의 범주를 개인의 1세대(父)와 2세대(祖) 간으로 한정하고, 개인 관직의 고하와 그의 부와 조 관직의 고하 사이의 상관관계를 살펴보고자 한다. 13대를 중심으로 이후 19대까지 모든 아들과 아버지 그리고 손자와 할아버지 사이에 관직 고하의 상관관계를 규명하는 것이다.[22] 예를 들면 13대를 기준으로 할 경우, 12대 아버지와 13대 아들의 상관관계를, 11대 할아버지와 13대 손자의 상관관계를 살펴본다. 14대를 기준 세대로 할 경우, 13대 아버지와 14대 아들 그리고 12대 할아버지와 14대 손자가 대상이 된다. 이러한 과정을 거쳐 13대에서부터 19대까지 기준 세대와 그 각각의 자식 또는 손자의 상관관계를 전체 관측치로 나타내었다.

〈표 4〉 아버지와 자식 간 관직 전이양상 전체 관측치

관직	Total (F)	고위 관직 (F)	중간 관직 (F)	하위 관직 (F)	예비 관료 (F)	지방 관직 (F)	왕실 (F)	승 (F)	무관직 (F)
고위관직(S)	1060 (1.00)	692 (0.65) (1)	264 (0.25) (2)	35 (0.03) (3)	9 (0.01) (7)	17 (0.02) (5)	14 (0.01) (6)	0 (0.00) (8)	29 (0.03) (4)
중간관직(S)	1762 (1.00)	766 (0.43) (1)	743 (0.42) (2)	125 (0.07) (3)	19 (0.01) (6)	23 (0.01) (5)	8 (0.00) (8)	9 (0.01) (7)	69 (0.04) (4)
하위관직(S)	438 (1.00)	156 (0.36) (2)	200 (0.46) (1)	42 (0.10) (3)	9 (0.02) (6)	11 (0.03) (5)	0 (0.00) (8)	4 (0.01) (7)	16 (0.04) (4)
예비관료(S)	206	64	107	20	4	4	0	0	7

22 본고에서는 우선 분석 대상 세대를 19세대로 제한하였다. 그것은 자료상의 결함을 최소화하고 좀 더 정확한 분석을 하고자 함이다. 좀 더 정치한 통계분석법을 활용하여 20대 이후도 분석대상에 포함·분석하는 것은 차후의 과제이다.

	(1.00)	(0.31) (2)	(0.52) (1)	(0.10) (3)	(0.02) (5)	(0.02) (5)	(0.00) (7)	(0.00) (7)	(0.03) (4)
지방관직(S)	112 (1.00)	30 (0.27) (2)	43 (0.38) (1)	10 (0.09) (4)	4 (0.04) (6)	17 (0.15) (3)	0 (0.00) (8)	1 (0.01) (7)	7 (0.06) (5)
왕실(S)	67 (1.00)	13 (0.19) (2)	2 (0.03) (3)	0 (0.00) (5)	0 (0.00) (5)	0 (0.00) (5)	51 (0.76) (1)	0 (0.00) (5)	1 (0.01) (4)
승(S)	15 (1.00)	4 (0.27) (2)	9 (0.60) (1)	0 (0.00) (4)	0 (0.00) (4)	2 (0.13) (3)	0 (0.00) (4)	0 (0.00) (4)	0 (0.00) (4)
무관직(S)	2102 (1.00)	459 (0.22) (2)	908 (0.43) (1)	238 (0.11) (4)	48 (0.02) (6)	58 (0.03) (5)	18 (0.01) (7)	9 (0.00) (8)	364 (0.17) (3)
Total(S)	5762 (1.00)	2184 (0.38) (2)	2276 (0.39) (1)	470 (0.08) (4)	93 (0.02) (6)	132 (0.02) (5)	91 (0.02) (7)	23 (0.00) (8)	493 (0.09) (3)

<표 4>에서 첫 번째 세로 항은 기준 세대의 관직들이다. 관직은 고위관직, 중간관직, 하위관직, 예비관료, 왕실, 승, 무관직으로 분류하였다. 반면 첫 번째 가로 항은 기준 세대보다 1세대 전, 즉 아버지 세대의 관직으로 기준세대와 동일하게 관직을 구분하였다. 이제 <표 4>에서 기준 세대와 아버지 세대의 관직 분포의 특성을 살펴보자.

우선, 고위관직에 도달한 자식 세대의 경우 고위 관직에 도달한 아버지를 둔 경우가 가장 많았다. 자식 세대 중 고위관직에 도달한 1,060명 중 아버지 세대에도 고위관직이었던 경우는 65%에 해당하는 692명으로 압도적이다. 자식세대에서 중간관직에 도달한 인원은 1,762명이었는데, 이들 아버지 세대의 관직은 중간관직과 고위관직이 가장 많았다. 아버지 세대에서 하위관직 또는 무관직이었다가 아들 세대에 중간관직으로 승진하는 경우는 많지 않지만, 아버지 세대에서 하위관직 또는 무관직이었다가 아들 세대에 고위관직으로 승진하는 경우보다는 상대적으로 높다고 할 수 있다. 즉, 아버지 세대에서

하위관직이나 무관직이었을 경우 아들 세대에서 승진하여 고위관직까지 도달하는 것은 중간관직에 이르는 것보다 더욱 어려웠던 것이다. 이처럼 하위관직 이하 관직을 가진 부모를 둔 자식들은 고위관직 진출에 있어 분명한 한계를 가지고 있었다고 할 수 있다.

이와 같이 아버지와 아들 간 관직 전이양상에서 볼 수 있는 것처럼, 아들의 관직에 미친 아버지의 영향력이 컸다. 그렇다면 기준 세대의 관직은 그 보다 2세대 전인 할아버지의 신분적 지위(관직)에 어느 정도 영향력을 받았는가. 다음 <표 5>를 보자.

〈표 5〉 할아버지와 손자 간 관직 전이양상 전체 관측치

관직	Total (G)	고위 관직 (G)	중간 관직 (G)	하위 관직 (G)	예비 관료 (G)	지방 관직 (G)	왕실 (G)	승 (G)	무관직 (G)
고위관직 (G_S)	664 (1.00)	471 (0.71) (1)	124 (0.19) (2)	14 (0.02) (4)	3 (0.00) (7)	14 (0.02) (4)	10 (0.02) (6)	3 (0.00) (7)	25 (0.04) (3)
중간관직 (G_S)	1112 (1.00)	704 (0.63) (1)	292 (0.26) (2)	37 (0.03) (4)	9 (0.01) (6)	10 (0.01) (5)	6 (0.01) (8)	7 (0.01) (7)	47 (0.04) (3)
하위관직 (G_S)	300 (1.00)	185 (0.62) (1)	88 (0.29) (2)	6 (0.02) (4)	6 (0.02) (4)	2 (0.01) (7)	0 (0.00) (8)	3 (0.01) (6)	10 (0.03) (3)
예비관료 (G_S)	124 (1.00)	62 (0.50) (1)	50 (0.40) (2)	6 (0.05) (3)	2 (0.02) (5)	0 (0.00) (6)	0 (0.00) (6)	0 (0.00) (6)	4 (0.03) (4)
지방관직 (G_S)	75 (1.00)	33 (0.44) (1)	23 (0.31) (2)	3 (0.04) (4)	0 (0.00) (7)	12 (0.16) (3)	0 (0.00) (7)	3 (0.04) (4)	(1 (0.01) (6)
왕실 (G_S)	35 (1.00)	2 (0.06) (2)	1 (0.03 (4)	0 (0.00) (5)	0 (0.00) (5)	0 (0.00) (5)	30 (0.86) (1)	0 (0.00) (5)	2 (0.06) (2)
승 (G_S)	10 (1.00)	6 (0.60) (1)	1 (0.10) (3)	0 (0.00) (4)	0 (0.00) (4)	3 (0.30) (2)	0 (0.00) (4)	0 (0.00) (4)	0 (0.00) (4)
무관직 (G_S)	1613 (1.00)	674 (0.42)	621 (0.38)	113 (0.07)	11 (0.01)	22 (0.01)	16 (0.01)	15 (0.01)	141 (0.09)

		(1)	(2)	(4)	(8)	(5)	(6)	(7)	(3)
Total (G_S)	3933 (1.00)	2137 (0.54) (1)	1200 (0.31) (2)	179 (0.05) (4)	31 (0.01) (7)	63 (0.02) (5)	62 (0.02) (6)	31 (0.01) (7)	230 (0.06) (3)

<표 5>는 개인의 관직 획득에 미친 할아버지의 영향력을 보여주는 분포도이다. <표 4>에서 살펴본 아들과 아버지와의 상관관계와 비교할 때, 가장 특징적인 것은 고위관직을 가진 할아버지의 영향력이 손자의 다양한 관직에 두루 영향을 미친다는 점이다. 그것은 아버지와 아들과 달리 1세대를 더 거치면서 할아버지의 관직이 손자의 관직에 순방향으로만 영향을 미치지 않았음을 시사하는 것이다. 이를 테면 고위관직 할아버지와 고위관직 손자의 경우보다 고위관직 할아버지와 중간관직 손자의 경우가 더 많이 관측되고, 할아버지는 고위관료나 중간관료였지만, 손자는 무관직이었던 관측치가 상당히 많았다. 그렇지만 <표 4>와 <표 5>를 통해서 그 영향력의 정도가 순방향이었었는지(할아버지가 상위관료일 때 손자도 상위관료), 아니면 역방향이었는지(할아버지가 상위관직임에도 손자는 하위관직이나 무관직)를 파악하기는 쉽지 않다. <표 4>와 <표 5>가 단지 관측치의 총계만을 기록한 것이기 때문이다. 또한 이러한 각 항목별 관측치에는 아버지와 할아버지의 정보가 중복되어 있어 온전한 영향력을 살펴보는 데 한계가 있다. 이 두 가지 문제점을 보완하기 위해 다항로짓 모형(Multinomial Logit Model)의 계수를 통하여 이를 추정해보면 <표 6>과 같다.

〈표 6〉 다항로짓 모형의 계수 추정

	관직진출 여부			승진 여부		
	무관직→ 하위관직 Coef./ (S.E)	무관직→ 중간관직 Coef./ (S.E)	무관직→ 고위관직 Coef./ (S.E)	하위관직→ 중간관직 Coef./ (S.E)	하위관직→ 고위관직 Coef./ (S.E)	중간관직→ 고위관직 Coef./ (S.E)
부 : 하위관직	**1.101***** (0.394)	**1.133***** (0.241)	0.668 (0.414)	0.032 (0.420)	−0.432 (0.538)	−0.465 (0.438)
부 : 중간관직	**1.496***** (0.298)	**1.532***** (0.177)	**1.583***** (0.280)	0.037 (0.322)	0.087 (0.388)	0.050 (0.305)
부 : 고위관직	**1.975***** (0.312)	**2.143***** (0.191)	**3.173***** (0.280)	0.168 (0.331)	**1.199***** (0.389)	**1.030***** (0.299)
조부 : 하위관직	−0.484 (0.716)	−0.168 (0.363)	0.329 (0.477)	0.316 (0.739)	0.813 (0.797)	0.497 (0.499)
조부 : 중간관직	0.207 (0.411)	−0.110 (0.235)	−0.059 (0.334)	−0.317 (0.428)	−0.265 (0.485)	0.051 (0.346)
조부 : 고위관직	**0.832**** (0.398)	**0.548**** (0.227)	**0.806**** (0.318)	−0.283 (0.411)	−0.025 (0.463)	0.258 (0.326)
장자더미	0.094 (0.167)	**0.278**** (0.112)	**0.389***** (0.136)	0.184 (0.164)	**0.295*** (0.179)	0.111 (0.128)
상수항	**−3.297***** (0.428)	**−1.911***** (0.238)	**−3.265***** (0.366)	**1.386***** (0.453)	0.033 (0.528)	**−1.354***** (0.390)

N = 2102, Log likelihood = −2423.331, LR chi2(33) = 206.90, Prob > chi2 = 0.0000, Pseudo R2 = 0.0942

참고: *** p<0.01, ** p<0.05, * p<0.1

<표 6>에서 아들의 관직진출 여부를 보면, 아버지가 고위관료, 중간관료, 그리고 하위관료일 경우 자녀 역시 모두 관직에 있을 가능성이 매우 높게 나타나는 것을 알 수 있다. 무관직에서 하위관직, 중간관직, 그리고 고위관직으로 진출할 수 있는 가능성이 모두 뚜렷하게 나타나고 있는 것이다. 특히 이러한 현상은 부가 고위관료일 경우 더 분명하게 나타난다. 다른 한편, 하위관직이나 중간관직에 오른 자식의 승진 여부를 살펴보면, 부가 고위관료일 경우 아들이 하위관직에서 고위관직으로, 중간관직에서 고위관직으로 승진

할 가능성이 높다. 반면 부가 중간관직이나 하위관직일 경우에는 그러한 경향이 쉽게 관찰되지 않았다.

한편, 할아버지의 경우도 마찬가지 방법으로 살펴볼 수 있다. 손자의 관직 진출 여부를 보면, 조부가 고위관료일 경우에만 그 후손이 관직에 진출하는 경향이 상대적으로 더 커졌다. 이 경우 무관직에서 하위관직, 중간관직, 고위관직으로의 진출 가능성이 모두 관찰되는 것으로 나타난다. 하지만 조부가 고위관료, 중간관료, 그리고 하위관료인 경우를 막론하고 손자의 관직이 하위관직에서 중간관직이나 고위관직으로, 그리고 중간관직에서 고위관직으로 승진할 가능성은 상대적으로 낮게 나타난다.

그 다음 『성화보』에 표기된 장자의 경우를 살펴보면,[23] 관직획득이나 승진에 영향을 미치고 있음을 알 수 있다.

그러나 <표 6>과 같은 다항로짓 모형의 계수는 각 설명변수들이 각 그룹으로 진출함에 있어 영향을 미치는 한계효과를 직접적으로 설명해주지 못한다. 달리 말해 여러 항의 변수들이 서로에게 영향을 미치고 있어 다른 변수들을 통제한 효과, 즉 한계효과를 보여주지 못한다. 예를 들면, 부의 고위관직과 관직진출 여부의 상관성을 살펴볼 때, 모형 계수에는 두 변수간의 상관성만이 아니라 다른 설명변수의 영향도 반영되는 것이다. 그러므로 각 변수간의 상관관계만을 살펴보기 위해서는 다른 설명변수들을 통제할 필요가 있다. <표 7>은 다항로짓 모형에서의 설명변수들이 각 그룹으로의 진출에 영향을 미치는 한계효과를 계산하여 정리한 표이다.

23 이 글에서는 주로 부·조의 관직을 주요 변수로 로짓 모형의 계수를 추정하였는데, 이 외에 다른 여러 가지 변수를 생각할 수 있다. 출생의 순서, 혼인관계 등이 그것인데, 이 글에서는 장자를 '1'로 하고 나머지 형제들을 '0'으로 하여 장자더미를 설정, 그 계수를 추정하였다. 하지만 이에 대한 본격적인 논의는 이 글의 논의에서 벗어나므로 혼인관계와 함께 다음 연구로 대신하고자 한다.

〈표 7〉 다항로짓 모형의 설명변수들에 대한 한계효과 추정

	무관직		하위관직		중간관직		고위관직	
	Coef.	z	Coef.	z	Coef.	z	Coef.	z
부: 하위관직	**−0.201*** **	−5.98	0.042	0.92	**0.170*** **	2.63	−0.011	−0.2
부: 중간관직	**−0.330*** **	−11.17	**0.047***	1.71	**0.186*** **	4.39	**0.097** **	2.38
부: 고위관직	**−0.472*** **	−18.55	0.026	1.04	**0.155*** **	3.54	**0.291*** **	6.48
조부: 하위관직	0.011	0.15	−0.037	−0.86	−0.047	−0.63	0.073	0.89
조부: 중간관직	0.010	0.21	0.024	0.63	−0.029	−0.58	−0.005	−0.12
조부: 고위관직	**−0.155*** **	−3.27	0.040	1.26	0.050	1.04	**0.065***	1.65
장자더미	**−0.065*** **	−2.77	−0.008	−0.6	**0.036***	1.65	**0.036** **	2.16

참고: *** p<0.01, ** p<0.05, * p<0.1

<표 7>의 한계효과 추정계수로 아들과 아버지의 관직 전이양상을 살펴보면, 아버지가 관료일 경우 그렇지 않은 경우에 비해 그 아들이 무관직일 확률은 마이너스 값으로 나타난다. 이는 아버지가 관료이면 아들도 관료일 확률이 높다는 것을 의미하는데, 그 정도는 부가 고위관료일 경우 더 커지고 있음을 수 있다. 즉, 아버지의 관직이 높을수록 아들이 무관직 상태에서 벗어날 가능성이 더 커진다는 것을 의미한다. 또한 아버지가 관료인 경우 그렇지 않은 경우에 비해 그 아들이 하위관직 이상의 관직을 획득할 가능성이 높다. 특히 아버지가 고위관료인 경우 아들이 중간관직 이상의 관직을 얻는데 영향을 미치고 있음을 관찰할 수 있다. 반면 아버지가 고위관료 및 하위관료인 경우 아들이 하위관직을 얻는데 미미한 영향을 미칠 뿐이다. 이는 하위관직을 기점으로 하여 아들이 무관직에서 벗어나는 효과가, 중간 이상의 관직으로 승진하는 효과가 나타나는 것으로 해석할 수 있다.

다음으로 손자와 할아버지의 관직 전이관계를 살펴보자. 할아버지 관직의 영향력이 아버지의 그것에 비해 현저히 낮다는 것을 쉽게 관찰할 수 있다.

이는 손자와 할아버지 사이에 두 세대를 거치면서 개인의 관직에 미치는 혈연의 영향력의 정도가 점점 더 감소하고 있다는 것을 의미한다. 그렇지만, 할아버지가 고위관료일 경우에는 그 손자의 관직획득에 미치는 영향력이 뚜렷이 나타나고 있다. 즉, 고위관직의 할아버지를 둔 손자의 경우, 무관직에서 벗어나는 효과, 그리고 고위관직으로 승진할 수 있는 가능성이 상대적으로 높다고 할 수 있다.

마지막으로 장자의 경우에도 역시 무관직에서 벗어나는 효과와, 중간관직 및 고위관직에 있을 가능성이 확률적으로 커지고 있음이 관찰된다.

5. 결론

이상에서 개인의 관직 획득에 미친 부父와 조祖의 영향력을 측정하여 13~15세기 관료 재생산의 세습적 경향을 살펴보았다. 이 글에서 살펴본 내용을 요약하면 다음과 같다.

이 글은 1476년에 간행된 현존하는 최고最古의 족보인 『성화보』를 분석대상으로 하였다. 『성화보』에는 10,243명의 인원이 기록되어 있는데, 이들의 관직과 가계 정도를 알 수 있을 따름이다. 이 글의 분석과 관련된 관직에 대한 정보도 『성화보』가 작성되던 당대인 19대 이후 소략한 편이다. 따라서 이 글에서는 『성화보』 이후에 기록된 『문화유씨가정보』 등에서 『성화보』에 기록되지 못한 2,138명의 관직을 찾아 복원하였다. 이에 따라 『성화보』 총인원 중 약 66%에 해당하는 6,761명의 관직을 알 수 있었다. 이들을 대상으로, 우선, 각 세대별 구성원의 관직과 그 후손들이 마지막 기록되는 세대의 차이인 '지속성'의 상관관계를 살펴보았다. 그 결과 어떤 사람이 그의 후손들을 『성화보』에 몇 대에 걸쳐 기록하는가, 즉 '지속성'은 그 사람의 관직의 고하에 영향을 받았다. 고위 관직자의 경우, 그의 후손들을 여러 대에 걸쳐 기록할 가능성이 커지는 것이다.

다음으로 개인의 관직 획득에 미친 부 또는 조의 영향력을 『성화보』에서 관측되는 수치를 통해 살폈다. 고위관직에 도달한 자식들은 고위관료 아버지를 둔 경우가 가장 많았다. 중간관직의 자식들의 경우도 중간관직과 고위관직의 아버지를 둔 경우가 많았다. 그리고 아버지가 하위관직이나 무관직에 머물렀을 경우 아들 세대에서 고위관직에 오르는 것은 상대적으로 어려웠다. 이처럼 아들 세대와 아버지 세대의 경우 관직의 전이는 해당 관직의 고하에 직접적인 영향 하에 이루어졌다. 반면에, 손자 세대와 할아버지 세대의 관직 전이양상은 고위관직을 가진 할아버지의 영향력이 손자의 다양한 관직에 두루 영향을 미친다는 점에서 특징적이었다. 즉, 아버지와 아들과 달리 1세대를 더 거치면서 할아버지의 관직이 손자의 관직에 순방향으로만 영향을 미치지 않았음을 알 수 있었다.

그러므로 관측치만으로는 그 영향력의 정도가 순방향이었는지(할아버지가 상위관료일 때 손자도 상위관료), 아니면 역방향이었는지(할아버지가 상위관직임에도 손자는 하위관직이나 무관직)를 규명하기 어려운 측면이 있다. 이러한 문제점을 해결하기 위해 다항로짓 모형의 계수추정이라는 통계학적인 방법론을 활용하였다. 또한 다항로짓 모형의 계수를 구할 때, 여러 항의 변수들이 서로에게 영향을 미치고 있기 때문에 이 변수들을 통제한 한계효과를 추정하였다. 그 결과, 아들과 아버지의 관직 전이양상은 순방향으로 매우 밀접한 관련을 맺고 있음을 알 수 있었다. 그런데, 손자의 관직에 미친 할아버지 관직의 영향력은, 고위관직일 경우를 제외하고, 아버지의 그것에 비해 현저히 낮았다. 우리의 예상과는 달리 손자 세대와 할아버지 세대 간 관직의 전이는 매우 제한적으로 나타난 것이다.

이처럼 1세대 간 관직의 세습성이 분명히 나타나는 것에 반해 2세대 간 그것이 현저히 낮아졌다. 물론 2세대 간에도 가문이라는 배경 하에 관직의 세습성과 폐쇄성이 인정될 수 있지만, 이는 고위관직의 경우에 국한된다.[24]

따라서 대부분의 경우 관료 재생산에 미친 혈연의 영향력은 세대 간의 거리에 반비례하여 나타난다고 할 수 있다. 즉, 혈연관계가 관직 획득에 미친 영향력은 아버지와 아들 간 1세대 내에서 매우 유효하게 나타나고, 반면에 할아버지와 손자 간 2세대 이상에서는 미미하다고 할 수 있다. 이러한 결과는 관료 배출이 귀족 가문의 배경 하에 세습적・폐쇄적으로 이루어졌다는 기존 이해에 일정정도 의문을 제기하는 것이라 생각한다.

24 고려후기에 왕실과 혼일할 수 있는 "宰相之宗"로 지정된 최고위 귀족 가문을 경우를 예로 들 수 있다. 『高麗史』 권33, 세가, 忠宣王 卽位年 11月 辛未.

조선시대 향약鄕約의 구현을 통한 '사문화士文化'의 확산

김안국金安國의 인적 네트워크를 중심으로

윤인숙(尹仁淑)*

1. 머리말

15・16세기 조선사회는 고려의 지배적 사유였던 불교를 극복하고 성리학적 사유가 뿌리 내리고 정착되는 과정이었다. 이 사상적 전환의 기간에 유교적 지식인들은 조선사회를 성리학적 질서로 재편하기 위해 노력했다.[1] 성리학적 질서의 운영원리는 가족의 운영원리인 '효孝', 사회의 운영원리인 '경敬', 그리고 국가의 운영원리인 '충忠'이 원심원적으로 확대되면서 각각의 기능과 도덕적 의무를 다르게 부과하는 것이다.[2] 이러한 운영원리로 인해서

---

* 아주대학교 사학과 강사.

1 김홍경, 『조선초기 관학파의 유학사상』, 한길사, 1996, 17면.

2 주자학은 단순한 형이상학적, 윤리적 철학 담론이 아니라 그것의 이론적, 실천적 체계가 어떻게 사회를 조직하고 운영하여 질서를 창출・유지할 수 있으며, 이를 위한 권력은 어디서 나오며, 어떻게 이에 公的 정당성을 부여할 수 있을 것인가? 하는 당송변혁기 이후 새로운 사회・정치질서의 틀이 필요한 시기에 던져진 질문에 대한 새로운 패러다임을 제공한 체계이다. 대표적인 연구로서는 Anthony Sariti, "Monarchy, Bureacracy, and Absolutism in the Political thought of Ssu-Ma Kaung.", *Journal of Asian Studies 1*, Cambridge University Press, 1972, pp.

15세기는 국가의 제도와 문물이 일정 정도 정비되었다.

제도 정비가 일단락 지어지고 난 후, 16세기 조선사회에 부과된 과제는 실질적인 성리학적 질서의 운영원리를 구현하는 것이었다. 그 과정 속에 향약은 지역사회에서 성리학적 원리를 부여하는 장치로 작동하였다. 향약은 공동체 구성원들 사이의 약속으로 이루어진다. 그 약속은 공동체간의 권유와 훈계, 상호간의 도움을 통하여 도덕적・사회적 질서 형성과 유지를 위해 창출된다.[3] 향약이 실시된 것은 중종中宗 12년 경상도관찰사 김안국金安國에 의해서이다. 향약은 경상도에서 처음 실시한 이래로, 근 2년 만에 전국적인 범위로 확장되었다. 이런 급진적인 전개는 전근대 사회에서 보기 힘든 사례이다. 기묘사화己卯士禍로 향약은 일시적으로 금지되었지만, 그 후 명종明宗・선조대宣祖代를 거치면서 보편적인 양상으로 다양하게 나타나게 되었다.

그 동안의 향약 연구는 상당한 연구 성과가 축적되어있다.[4] 특히 16세기 초반 향약 연구는 주로 향약의 성격을 파악하는데 집중했다.[5] 이들 선행

69~74; Wm. Theodore de Bary, *The Liberal Tradition in china*, Columbia University Press, 1983, pp. 32~37; 李範稷, 「성리학의 보급」, 『한국사』 26, 국사편찬위원회, 1995, 11~22면; Peter K. Bol, "The 'Local Turn' and 'Local Indentity' in Later Imperial China", Later Imperial China 24:2, 2003(a); 閔丙禧, 「朱熹의 사회・정치적 구상으로서의 "學"－"功利之學", "空虛之學"과의 대조를 중심으로-」, 『동양사학연구』 104, 동양사학회, 2008, 85~89면; 윤인숙, 「16세기 전반의 鄕約의 성격과 이해－'소학실천자들'의 향약론을 중심으로」, 『한국사상사학회』 39, 한국사상사학회, 2011, 66면.

3 Wm. Theodore de Bary, Ibid., 1983, pp. 32~37: Monika Übelhor, "The Community Compact of the Sung and Its Educational Significance", *Neo-Confucian Education: The Formative Stage,* University of California Press, 1986, pp. 386~388.

4 특히 조선후기 향약 연구는 향안, 동계, 주현향약, 촌계 등 다양한 방면에서 진행되어왔다. 대표적인 연구로서는 향촌사회사연구, 『朝鮮後期 鄕約硏究』, 민음사, 1990.

5 柳洪烈, 「朝鮮鄕約의 成立」, 『진단학보』 9, 진단학회, 1933; 李泰鎭 「朝鮮前期의 鄕村秩序」, 『동아문화』 13, 서울대 동아문화연구소, 1976; 韓相權, 「16・17세기 鄕約의 機構와 性格」, 『진단학보』 58, 진단학회, 1984; 金武鎭, 「조선중기 士族層의 동향과 鄕約의 성격」, 『한국사연구』 55, 한국사연구회, 1985; 朴焞, 「朝鮮中期 士族의 鄕村支配權 確立」, 『朝鮮後期鄕約硏究』, 민음사, 1990; 李成茂, 「呂氏鄕約과 朱子增損呂氏鄕約」, 『진단학보』 71・72, 진단학회, 1991; 李樹健, 「朝鮮시대 鄕村社會의 성장과 鄕約」, 『향토사연구』 4, 한국향토사연구전국협

연구를 통해서 향약의 성격이 성리학적 지배질서를 위한 정치사회적 운동이었음이 확인되었다. 그러나 이들의 논점에는 향약 시행의 주체와 목적에서 약간의 차이점이 있었다. 이태진李泰鎭은 향약을 지방의 중소지주출신인 사림파가 지방의 豪强세력을 제어하기 위한 향촌안정책의 수단으로 이해했다면,[6] 한상권韓相權은 이태진의 논지를 이어받으면서도, 사림파가 강력한 행정적 지원을 받은 관권官權이며, 지방 호강豪强세력이 단순한 지방 세력이 아니라 중앙의 권신들과 연결된 지방 호강豪强세력으로 파악하였다.[7] 한상권의 논지는 이태진의 논지보다 한 단계 진전되었지만, 그의 논지 역시 이분법적인 시각에서 향약을 논의하고 있다. 이 두 연구자의 논의를 통해서 16세기 초반 향약 연구는 훈구파와 사림파라는 이분법적인 구도 속에서, 중앙과 지방이라는 대립적인 차원에서 이해되었다고 볼 수 있다.

이러한 관점은 16세기 향약의 실체를 이해하는데 많은 제약이 있었다. 우선 향약을 실시한 주체가 사림파라는 관점이다. 사림파와 훈구파가 이분법적으로 나누어질 수 없다는 시각[8]과 함께 이 구도 속에서 16세기 전반의 향약실시에 대한 논의를 설명하기에 어려움이 있었다. 둘째 향약이 중앙과 대비되는 지역 자치적인 관점은 중앙과 지역이라는 대립적인 시각만 부각되는 결과를 초래하였다. 16세기 초반 향약은 주자학적 운영질서 속에서 지역

의회, 1992; 김필동, 「향약의 보급과 그 사회적 의미」, 『차별과 연대-조선사회의 신분과 조직』, 문학과지성사, 1999; 金仁杰, 「'栗谷鄕約'의 再論－養民을 위한 人材 육성」, 『한국사론』 54, 서울대 국사학과, 2007.

6 李泰鎭, 「사림파의 향약보급운동-16세기의 경제변동과 관련하여-」, 『한국사회사연구』, 지식산업사, 1986, 281면.

7 韓相權, 앞의 논문, 20～22면.

8 사림파와 훈구파 구도에 대한 논의에 문제점을 제시한 대표적인 연구로서 Edward W. Wagner, 「李朝 士林問題에 관한 再檢討」, 『전북사학』 4, 전북사학회, 1980; James B. Palais, *Confucian Statecraft and Korean Institution-Yu Hyongwon and Late Choson Dynasty*, University of Washington Press, 1997; 김범, 「조선전기 '훈구·사림세력' 연구의 재검토」, 『한국사학보』 15, 고려사학회, 2003.

사회에 부과된 성리학적 지배운영 원리였다. 따라서 향약을 지역에만 국한하는 것이 아니라 국가와 가족, 지역사회라는 총체적인 이해 속에서 향약을 바라보는 시각이 필요할 것이다.

이글의 목적은 16세기 향약이 왜 시행되었는지, 그 목적은 무엇이었는지, 그리고 어떻게 급진적인 전개와 확산을 이루었는지를 접근하는 것이다. 그 방법은 김안국의 인적 네트워크를 통하여 향약의 확산을 추적하는 것이다. 네트워크는 개인과 여러 관계들을 통해 무수한 망으로 연결되어 있는 비공식적이며 가변적이고 개인적인 연결체이면서, 그 연결에는 일정한 공통성과 경향성을 나타낸다.[9] 본 연구자는 향약의 근원자이면서 중심인물인 경상도 관찰사 김안국이 중앙과 지역사회에 산재하는 무수한 네트워크를 가지고 있었고, 네트워크를 통해서 상당한 영향력을 행사했을 것이라고 생각한다. 그리고 더 나아가 본 연구자는 네크워크를 통해서 성리학적 이념인 이른바 '사문화士文化'[10]가 지역사회를 어떻게 시스템화하는지를 밝히는데 도움이 되

9 Christopher Ansell, "Network Institutionalism", *The Oxford handbook of Political Institutions*, Oxford University Press. 2006, pp.75～77.

10 士는 이른바 독서인층 또는 선비라는 평범한 뜻으로 사용되는 개념이며, 士林은 선비의 무리 중 일부가 중앙정계에 진출하여 정치세력을 지닌 집단으로 등장하여 그들의 역할이나 기능이 정치적 영향력을 지니면서부터 그 개념상에 변화를 가져왔다. 士林派는 훈구파와 대칭되는 역사적 용어로 오늘날 우리의 현재적 입장에서 정의한 개념이다(李秉烋, 『朝鮮前期 畿湖士林派 研究』, 일조각, 1984, 5면). 그러나 이 논문에서 사용하는 '士'는 단순히 선비, 사림, 사림파라는 개념이라기보다 중국 송대의 '士大夫'(송대 사대부 사회와 관련된 연구는 다음 연구를 참조하였다. 오금성, 「신사」, 『명청시대사회경제사』, 이산, 2007, 34면; 하원수, 「宋代 士大夫論」, 『講座中國史－士大夫社會와 蒙古帝國 Ⅲ』, 지식산업사, 1989; Peter K Bol, "Government, Society, and State: On the Political Vision of Ssu-ma Kuang and Wang An-Shih", *Ordering the World: Approaching to State and Society in Sung Dynasty China,* University of California Press, 1993; 閔丙禧, 앞의 논문, 2008, 주 1)과 유사하다. 즉 여기서 士는 신유학을 내면화하여 체득하고, 관직의 유무와 상관없이 治者의 역할이 부여될 수 있는 사람들이다. 따라서 士를 중심으로 한 사회는 士들을 근간으로 하여 유지되는 사회구조를 의미한다. 본고에서 사용한 '士文化'라는 용어 역시 士들을 근간으로 하여 그들의 가치관이나 규범이 정치사회에 투영되는 것을 말한다. 문화라는 용어가 모호하지만 정치사회를 포함하는 보다 폭넓은 개념으로 이해된다.

길 기대한다.

2. '사士'의 정치적 성격과 '사문화士文化'

15세기 두 번의 사화를 겪고 반정으로 등장한 중종대는 앞선 시대의 문제의식 속에서 출발하였다. 조선은 국초부터 성리학을 통치이데올로기로 하여 출발한 왕정이었다. 그러나 15세기에는 실제적으로 통치이데올로기가 발현되지 못하였고 그 당면과제가 16세기로 넘어간 양상이었다. 16세기 초반 중종대의 개혁들이 이런 면면을 드러내고 있었다. 즉 소격서 혁파, 내수사 폐지, 향약시행 등과 같은 개혁들이었다. 이들 개혁은 『경국대전經國大典』에서 법제화되어있는 기구들을 혁파하거나 새롭게 만들어낸 것들이었다.

이들 개혁들의 취지는 두 가지 문제로 집약될 수 있다. 하나는 권력의 핵심이라 할 수 있는 군주의 권위에 대한 재해석과 다른 하나는 도덕적인 사회질서로의 재편이었다. 16세기 개혁을 주도한 인물들은 이 과제를 '士를 중심으로 한' 정치질서 재편과 지역의 자율성 추구에 몰두하였다. 정치적 질서재편은 군주의 권위를 도덕적 질서 아래 편입시키고자 하는 새로운 지배원리이며, 지역 자율성 추구는 국가의 틀 내에 지역의 자율성을 바탕으로 한 공동체의 도덕질서를 획득하기 위한 모색이었다.[11] 이 두 가지 문제는 중앙의 개혁이 지방에까지 확대되는 양상으로 나타났다.

우선, 소격서 폐지와 내수사 혁파의 문제를 통해서 군주의 권위에 대한

---

11 Robert Hymes, "Lu Chiu-yuan, Academies, and the Problem of the Local Community", *Neo-Confucian Education: The Formative Stage*, University of California Press, 1986, pp. 440~444; Peter K. Bol, Ibid., 1993, pp. 157~160: 민병희, 「朱熹의 "大學"과 士大夫의 사회·정치적 권력」, 『중국사연구』 55, 중국사학회, 2008, 81~84면.

재해석을 살펴보고자 한다. 소격서 폐지 논쟁의 출발은 중종中宗 6년 홍문관弘文館 직제학直提學 조순趙舜이 여러 관청에 대한 시폐를 상소하는 가운데 소격서 문제를 거론하면서 시작되었다. 그는 소격서昭格署가 좌도를 기양하는 곳으로 비용소모가 적지 않으며, 하늘을 업신여기고 신을 모독함이 이보다 더함이 없다고 하였다.[12] 소격서 폐지 논의의 출발은 좌도左道의 기양祈禳에 맞추어진 것이 아니라 비용소모에 있었다. 소격서 폐지의 그 다음 논쟁의 초점은 시강관侍講官 구지신具之愼의 발언으로 알 수 있다. 그는 사전祀典으로 보면 소격서가 바로 성신星辰을 제사 드리는 것인데, 천자天子라야 하늘에 제사 드리고 제후諸侯는 산천에만 제사 드린다. 그러므로 하늘에 제사 드리는 일은 예에 합당한 것이 아니니 혁파해야 한다고 하였다.[13] 구지신具之愼은 제후의 나라인 조선이 천자天子가 드리는 제천례祭天禮를 소격서에서 행하는 것이 옳지 않음을 말하고 있었다. 소격서 폐지 논쟁이 '비용소모의 문제'에서 '천자가 드리는 제천의 장소'로 합당하지 않은 것으로 나아가고 있었다. 그 다음 소격서 폐지 논쟁은 중종中宗 9년 10월 대간臺諫 최숙생崔淑生이 국정에 관한 상소에서 드러난다. 그는 소격서에서 태일太一에 올리는 제사와 부처에게 올리는 기신제忌辰祭를 맨 먼저 없애야 할 것이며 앞서 이에 대해 발하기를 간절히 했으나 상上의 마음을 돌이킬 수 없었다고 하였다.[14] 그는 소격서 문제를 태일太一에 올리는 제사이므로 폐지할 것을 주장하였다. 소격서의 논쟁은 소격서가 '제천례의 장소'로 사용되는 것에 부당함을 논한 것에서 좌도左道의 문제로 나아갔다.

앞서 언급한 소격서에 관한 논쟁이 진행되는 과정에서 주목을 끄는 것이 두 가지이다. 그 한 가지는 소격서가 처음 거론된 중종 6년에는 단순히 비용

12 『中宗實錄』 卷13, 中宗 6년 5월 癸丑.
13 『中宗實錄』 卷13, 中宗 6년 5월 辛酉.
14 『中宗實錄』 卷13, 中宗 9년 10월 甲寅.

소모 문제였다는 점이며 다른 한 가지는 소격서가 천자天子가 드리는 제천祭天의 장소로 사용되고 있었다는 점이다. 이점으로 미루어보아 오래전부터 소격서는 이 역할을 하고 있었던 것으로 짐작된다.[15] 이 두 가지 사실은 소격서의 문제가 비용소모라는 표면적인 문제에서 소격서 자체가 안고 있는 근원적인 문제로 나아가고 있음을 의미한다.

소격서는 원래 명칭이 소격전昭格殿이었고,[16] 일월성신日月星辰에 대한 초제醮祭를 관장하는 장소였다. 고려조에는 일월성신에 대한 각종 초제醮祭를 여러 도교 기관에서 거행하였지만 조선조에 들어와서는 이를 소격서가 총괄하여 관장하였다.[17] 초제는 태일太一과 같은 절대적 관념에게 양재기복禳災祈福의 일을 여러 신에게 빌어주는 도교 제례인데, 이것은 국가적으로 천재지변이나 전란 등의 재앙을 막아 나라가 평안을 기원하는 도교적 제천의식이었다.[18]

초제 외, 제천의식의 대표적인 것은 원구제圜丘祭이다. 원구제는 유교적 전례수용과 함께 제도화된 유교적 제천 의례였지만, 세조世祖 이후 원구제圜丘祭가 폐지되었다.[19] 이는 천자天子의 예로 제후국에서 시행할 수 없다는 이유였다. 따라서 실질적인 제천례祭天禮는 소격서에서 실시한 초제醮祭라고 할 수 있다. 그렇다면 유교적인 제천례에 해당하는 원구제는 폐지되어도 소격서의 초제는 계속 유지되었던 이유는 무엇일까.

이것은 제후국인 조선이 유교적인 제천례를 시행할 수는 없었지만, 도교적인 제천례는 제후국일지라도 시행할 수 있다는 논리로 보인다. 16세기 소격

15 『太祖實錄』 卷1, 太祖 1년 8월 庚申.
16 『世宗實錄』 卷38, 世宗 12년 1월 戊午.
17 『太祖實錄』 卷2, 太祖 1년 11월 戊寅.
18 제사의 대상이자 최고의 인격적 존재로서 道라는 신 관념이 주로 사용되고 三淸, 太一 또는 上帝가 사용된다. 이들은 모두 도교적 절대자, 또는 도교적인 신 관념이다(윤찬원, 「齋醮文의 절대자 관념을 통해 본 조선 초의 道敎思想」, 『도교문화연구』 18, 한국도교문화학회, 2002, 58면).
19 『世祖實錄』 卷34, 世祖 10년 12월 丁亥.

서 폐지를 주장하기 전까지 소격서 폐지 문제가 단 한 차례도 거론되지 않았다는 점이 이를 입증한다.[20] 결국 도교적인 제천례를 소격소로 통해서 존속하고자 했던 근본적인 이유는 절대적인 상징인 천天에 의한 군주의 신격화 또는 신성성이었다. 실제로 15세기 집권세력은 절대적 관념인 천天이라는 논리에 의해 제천례祭天禮의 존속과 준행을 주장하였고,[21] 재이론災異論에 근거한 '천견사응설天譴事應說'에 입각하여 하늘을 대신하는 군주야말로 가장 天을 두려워하는 사람이 되어야 한다고 강조하였다.[22] 이것은 신성에 의해서 군주의 권력이 절대화 될 수 있는 근거이기 때문이다. 16세기 지식인들인 '사士'들은 소격서 혁파와 같은 문제로 신격에 의한 군주의 절대적 권위에서 그것을 상대화 시키고자 하였다.

이들의 입장에서 군주는 정부구조를 올바른 질서로 유지하기 위해 자신의 의무를 수행해야한다고 여겼다. 왜냐하면 행정적인 최상의 자리에 있는 군주는 전체적인 위치를 파악할 줄 알아야 하고, 고위 공직에 올바른 사람을 선택하기 위해서, 정책 문제를 판단하기 위해서라도 끊임없는 학문적인 단련을 통하여 능력과 소양을 갖출 필요가 있는 존재였기 때문이다.[23] 따라서 이런 능력과 소양을 갖추기 위해서 군주 역시 '사士'와 동일하게 수신修身을 해야 하는 존재임을 강조하였다.[24]

---

20 조선왕조는 건국 후 불교적, 도교적 사전 일체를 음사로 규정하여 정리하고자 하였으나 소격서만은 『經國大典』에 등재되면서 법제적 기관으로 남게 되었다. 성종조(『成宗實錄』 卷162, 成宗 15년 1월 甲辰; 成宗 15년 1월 乙巳)와 연산군대(『燕山君日記』 卷51, 燕山君 9년 11월 甲子)에 미온적인 비판이 있을 뿐이다.

21 卞季良과 梁誠之는 太宗과 世祖 연간 圓丘祭의 실시를 둘러싼 논의에서 祭天禮의 거행을 적극적으로 주장하였다(金貞信, 『朝鮮前期 勳舊·士林의 政治思想 比較』, 연세대 박사학위논문, 2009, 61~63면).

22 金貞信, 앞의 2009 책, 65면.

23 朱熹, 『朱熹大全』 卷11, 437~487면; 卷12, 489~500면; 卷13, 514~517면. 통치자를 정부체계의 핵심 부분으로 간주하는 주희의 견해는 대체로 司馬光과 동일하였다(Conrad Schirokauer, "Chu Hsi's Political Thought", *Journal of Chinese Philosophy 5, no. 2,* 1978, pp. 127~148 참조).

소격서 폐지가 군주의 권위를 절대적 관점에서 상대적 관점으로 전환했다면, 내수사 혁파는 군주의 위상을 재고했다고 할 수 있다. 내수사內需司는 조선왕조에서 군주 사가私家의 재산을 관리하기 위해 설치한 관부이다. 여기의 사가는 국왕이 즉위하기 전에 거주하던 가옥을 말하며, 이를 흔히 본궁本宮이라 하였다. 세종世宗 7년 11월 실록 기사에 "군주가 潛邸時에 거주하던 곳을 時俗에서 本宮이라 한다"[25]는 점에서 확인할 수 있다. 다시 말해서 본궁本宮은 즉위 이전 군주의 사저私邸를 말하며, 즉위 이후에도 그대로 유지되었다. 이 본궁과 여기에 속해 있던 토지나 노비 곡물 등 재산은 여전히 군주의 사유재산으로 존속하고 있었는데, 이를 본궁사재本宮私財라고 하였다.[26] 본궁을 기원으로 하는 내수사[27]의 원래 명칭은 내수소內需所였다. 내수소는 세조世祖 12년 대대적인 관제개혁시 내수사로 개칭하고 전수典需·부전수副典需·전회典會·전곡典穀·전화典貨 등 5명의 품관을 두었다.[28] 이 조처는 왕실 사재관리기구인 내수소를 정식 관원을 둔 국가기구로 승격시켰다는 것을 의미한다.

『경국대전經國大典』에 의하면, 내수사는 내용內用하는 미포米布·잡물雜物·노비奴婢를 담당하는 기관이라고 명시되어 있다.[29] 여기에 포함된 미포, 잡물, 노비는 모두 왕실의 사유재산을 의미하며, 그 수입과 지출이 국가재정과는 무관한 궁중사수宮中私需를 위한 것이었다. 특히 왕실 소용의 미곡米穀은 전국에 산재한 왕실 농장의 수확과 고율 장리長利에 의해 조달되었으며, 이를

24 Peter K. Bol, Ibid., 2008, pp. 125~133.

25 『世宗實錄』 卷30, 世宗 7년 11월 丁酉.

26 宋洙煥, 『朝鮮前期 王室財政 硏究』, 집문당, 2001, 237~289면.

27 內需司가 本宮을 기원으로 한다는 점은 周藤吉之(「高麗朝より李朝初期に至る王室財政-特に私藏庫の硏究」, 『동방학지』 10-1, 연세대 국학연구원, 1939)·池承鍾(「朝鮮前記 內需司의 性格과 內需司奴婢」, 『한국학보』 40, 일지사, 1985)·宋洙煥(『朝鮮前記 王室財政 硏究』, 집문당, 2001) 등 대다수의 연구자들이 동의하고 있다.

28 『世祖實錄』 卷38, 世祖 12년 1월 戊午.

29 『經國大典』, 衙前 京官職 內需司條.

관장하는 장리소長利所[30]도 전국에 분포되어 있었다. 내수사장리內需司長利는 연 50% 고율의 현물 고리대 곧 사채로서 당시 식화殖貨의 방편으로 널리 행해지고 있었다.[31] 이것은 특히 군주가 사리私利를 추구하는 것으로 인식되어 누대에 걸쳐 대간臺諫 등의 반대와 힐난의 대상이 되어 왔다.[32]

중종대 내수사 혁파 거론은 단지 장리의 문제만이 아니라 내수사라는 기구 자체가 갖는 문제에 주목한 것이다. 즉 내수사는 군주의 사적인 관부이며 그 사적인 관부와 관련된 모든 비용은 국가에 관계없이 사적인 것으로 쓰인다고 지적하였다.[33] 중종 11년 내수사의 장리는 혁파되었지만,[34] 내수사 자체는 존속되었다.

내수사 문제의 표면적인 이유는 장리라는 고리대의 폐단이었다. 그러나 내수사는 왕실에 관한 공公과 사私의 구분에 매우 중요한 쟁점이 될 수 있는 요소를 내포하고 있었다. 군주는 국가를 통치하는 수장首長으로서의 지위를 가지면서 왕실의 가장家長으로서의 지위도 갖고 있었다. 군주의 공적公的 성격이 전자와 관련된다면 군주의 사적私的 성격은 후자에서 파생된다. 이 두 가지로 대변되는 입장 차이는 정치적 쟁점으로 변화될 수 있는 요소를 얼마든지 내포할 수 있었다. 군주는 한 국가의 수장首長이라는 공적인 성격과 한 가문의 가장이라는 사적인 성격이 여기서부터 나타나게 되었던 것이다. 효孝로 대변되는 혈연적인 가家의 개념과 충忠으로 대변되는 공적인 국가의 개념을 분리하고자 하는 전자적 입장에 서 있던 개혁을 추진한 '사士'들의

---

30 『成宗實錄』 卷14, 成宗 3년 1월 癸亥, "命革內需司長利三百二十五所 所存二百三十七所." 원래 內需司 소속 長利所는 모두 562개소였던 것 같다(李秉烋 『朝鮮前期 畿湖士林派 硏究』, 일조각, 1983. 126면의 주 37) 참조).

31 世宗 · 成宗년간에는 내수사장리의 이율이 연 30%로 낮추어진 기록이 있으나 대체로 50%를 유지하였다(池承鍾, 앞의 1985 논문, 23면의 주 54) 참조).

32 내수사 폐지 요청 건수는 成宗代 13건, 燕山君代 11건, 中宗代 21건이 된다.

33 『中宗實錄』 卷3, 中宗 2년 7월 甲辰; 卷3, 中宗 2년 7월 丁未.

34 『中宗實錄』 卷25, 中宗 11년 6월 壬子.

논리에서는 내수사內需司의 존재 자체가 근원적인 문제일 수도 있었다.

효孝에 의해 작동되는 가家와 충忠에 의해 작동되는 국가國家는 같지 않다. 부자父子관계의 효孝는 군신君臣관계의 충忠으로 순차적으로 확대되는 개념이지만, 그 기능과 도덕적인 의무는 달랐다. 부자관계의 효는 부모를 심판하는 지표로 발현되지 않지만, 군신관계의 충은 군주를 도덕적으로 심판하면서, 동시에 군주를 정치적 도덕의 최고 기준으로 존중한다는 의미도 내포되어 있다.[35] 이처럼 군신관계의 충이 부자관계의 효와 다른 도덕적인 의무가 제시된 이유는 공적인 영역에 속해 있는 군주와 신하 둘 다 공공선을 추구해야 하는 당위성이 존재했기 때문이다. 따라서 '효孝'로 대변되는 가家와 '충忠'으로 대변되는 국가는 동일하지 않으며, 가家로 대변되는 사私와 국가로 대변되는 公 역시 엄격하게 분리되어야 하는 것이었다.

이상으로 볼 때, 소격서 폐지는 절대적인 신 관념인 天에 의해서 신격화되고 절대화될 수 있는 군주의 권한을 상대화시키고자 했다면, 내수사 혁파는 군주가 공적인 존재라는 위상의 정립이었다고 할 수 있다. 군주는 정책의 최종 결정권자이며, 끊임없는 수신을 통해서 자신의 공적 존재를 유지해야하는 존재였다. 한편 이런 군주의 위상 정립은 상대적으로 '사士'의 치자治者 역할을 강화시키는 결과를 낳았다. '사士'의 치자治者 역할은 군주의 위상을 재정립하는 것과 동시에 민民에게 자신들이 담지하고 있는 성리학적인 도덕성을 전파하고 투영시킬 수 있는 지위를 획득하는 것이었다. 다음 장은 사士의 치자 역할이 중앙 정치에서만이 아니라 지역사회까지 확대되고, 어떻게 도덕적인 사회질서를 재편해나갔는지 향약을 통해서 살펴보고자 한다.

35 『小學』「明倫」; Wm. Theodore de Bary, *The Liberal Tradition in China*, Columbia University Press, 1983, pp. 56~57.

3. 향약鄕約의 구현과 '사문화士文化'의 전개

향약은 1077년 북송대 경조부京兆府 남전藍田에 살던 여씨呂氏 형제 중에 한 명인 여대균呂大鈞에 의해서 만들어졌다. 여대균呂大鈞은 왕안석王安石의 보갑제保甲制에 대항하여 국가에 의한 감시와 통치에 의해서가 아니라 공동체 구성원들에 의한 자발적인 실천을 통해 자율적인 자치를 추구하고자 향약鄕約을 만들었다. 그런데 이 여씨향약呂氏鄕約이 유명해진 계기는 주희에 의해 추가되고 삭제된 증손여씨향약增損呂氏鄕約 때문이었다. 주희는 증손여씨향약增損呂氏鄕約을 원전보다 양을 두 배로 늘리고, 향약의 4가지 규약 중에 세 번째 규약인 '예속상교禮俗相交' 부분을 대폭 강화하였다.[36] 이 항목은 단순한 가족례家族禮의 문제가 아니라 지역공동체 내에서 예의 범주를 확대시키는 내용이었다. 그 내용들을 살펴보면, 첫째 항목은 '존유배행尊幼輩行'이라 하여 지역공동체 안에서 상하존비上下尊卑의 기준이 나이에 있다고 여겨 나이에 맞는 예의 문제를 세밀하게 구분하였다. 둘째 항목은 '조청배읍造請拜揖'이라 하여 사람과 사람간의 예의 문제를 구체적으로 언급하였다. 셋째 항목은 '청소송영請召送迎'이라 하여 향약의 정기적인 모임에서 사람들이 지켜야할 규칙을 묘사했다.[37]

이런 주희의 향약이 조선전기 사회에 처음 거론된 것[38]은 중앙 정치 개혁이 한창 진행되고 있었던 중종中宗 12년 6월 경상도 함양咸陽 유생儒生 김인범金

---

36 Monika Übelhör, "The Community Compact of the Sung and Its Educational Significance", *Neo-Confucian Education: The Formative Stage*, University of California Press, 1989, pp. 372~373.

37 朱熹, 『朱子大集』 卷74, 「增損呂氏鄕約」, 東京: 大化書局, 1977, 1371~1375면.

38 향약의 기원에 대해서 김필동은 15세기 후반에 6건이 나타나고 있다고 한다. 그에 따르면, 『光州牧志』에서 두 건의 사례, 『古縣同約誌』에서 한 건, 南孝溫의 『師友名行錄』, 전라도 용안현의 풍속, 정여창이 안음현에서 향약을 설행하였다. 그러나 15세기 후반 향약의 사례들은 대부분 단편적인 것이고 자료 자체의 신빙성에도 의문의 여지가 있어 향약을 일반화하는데 어려움이 있다(김필동, 앞의 책, 1999, 309~312면).

仁範이 여씨향약呂氏鄕約을 준행하여 풍속을 바꾸자는 상소[39]이다. 김인범의 상소는 여씨향약에 대한 관심을 불러 일으켰지만, 여씨향약呂氏鄕約에 대한 예조와 의정부의 의견은 서로 달랐다. 예조禮曹는 『소학小學』이 이미 널리 반포되어 있는데, 『소학小學』의 한 부분에 속하는 여씨향약呂氏鄕約을 따로 거행할 필요가 없다는 것을 언급했고,[40] 의정부는 여씨향약을 각도 감사監司로 하여금 널리 반포하자고 하였다. 결국은 여씨향약을 널리 반포하자는 의정부의 의견이 채택되었다.[41]

그러나 여씨향약呂氏鄕約을 널리 반포하자는 의견이 채택되기 전인 중종中宗 12년 2월에 김안국金安國은 경상도관찰사慶尙道觀察使로 있으면서 여씨향약을 보급하였다. 사신史臣은 그가 1년간 경상도관찰사慶尙道觀察使로 재임하면서, 교화에 치중하여 유생儒生들에게 먼저 『소학小學』을 강독하도록 이끌었고, 『여씨향약呂氏鄕約』을 인출印出 배포하여 고을 사람들을 권면하고 충신과 효자의 후손을 찾아내어 예로 우대하였으며, 모든 일을 자세히 밝히고 옥송獄訟을 분명하게 심리하되, 밤을 새워 아침까지 하면서 지칠 줄 모르니 수령守令들이 두려워하여 감히 방자한 짓을 못했다고 논평하였다.[42] 이처럼 김안국金安國은 경상도관찰사慶尙道觀察使로 재임하면서 『여씨향약』을 인쇄 반포하였다. 그런데 이 『여씨향약』은 실제로는 『여씨향약언해呂氏鄕約諺解』로서 조정과 관계없이 관찰사觀察使라는 직책을 가지고 선산부사善山府使 이희보李希輔의 도움을 받아 간행하여 사람들에게 알리고자 하였던 것이다.[43] 따라서 그는 중종中宗 12년 이후의 여씨향약 보급에 있어서 주목할 만한 인물이 되었다.[44]

39 『中宗實錄』 卷28, 中宗 12년 6월 甲戌.
40 『中宗實錄』 卷28, 中宗 12년 7월 庚子.
41 『中宗實錄』 卷28, 中宗 12년 7월 庚子.
42 『中宗實錄』 卷27, 中宗 12년 3월 庚寅.
43 安秉禧, 「解題」, 『呂氏鄕約諺解』, 단국대학교부설 동양학연구소, 1976, 283~302면.
44 李泰鎭, 앞의 1986 책, 260면.

중종中宗 13년 4월에 김안국金安國은 자신이 경상도관찰사慶尙道觀察使로 재임하고 있을 때 경상도慶尙道 내에서 『여씨향약언해呂氏鄕約諺解』를 인쇄 반포한 사실에 대하여 중종中宗에게 자세히 밝혔다. 다음 계사啓辭가 그 내용이다.

> 臣이 慶尙道 觀察使가 되었을 때 그 道의 인심과 풍속을 보니 퇴폐하기 형언할 수 없었습니다. 지금 聖上께서 풍속을 변화시킴에 뜻을 두시므로 臣이 그 지극하신 의도를 본받아 완악한 풍속을 변혁하고자 하는데 가만히 그 방법을 생각해보니 옛 사람의 책 중에서 풍속을 바로 잡을 수 있는 것을 택하여 거기에 諺解를 붙여 道內에 반포하여 가르치게 하는 것이었습니다. 臣이 이 책들을 修撰하기로 마음먹고 있으나 사무가 번다하여 미처 자세히 살피지 못하였으므로 착오가 필시 많을 것으로 봅니다. 지금 별도로 撰集廳을 설치하여 文籍을 인출하고 있으니, 이 책들을 다시 교정하고 인쇄하여 八道에 반포하게 하면 風化를 고취시킴에 조금이나마 도움이 있을 것입니다. 『呂氏鄕約』이나 『正俗』 같은 책은 곧 풍속을 순후하게 하는 책입니다. 「呂氏鄕約」이 비록 『性理大全』에 실려 있으나 註解가 없어 우리나라 사람들은 쉽게 이해하지 못합니다. 그러므로 臣이 곧 그 諺解를 상세하게 만들어 사람마다 보는 즉시 이해하게 하고 『正俗』 역시 諺字로 번역하였습니다. …… 하니, 傳敎하기를 卿이 慶尙道에 있으면서 학교와 풍속을 변화시키는 일에 선념한다는 말을 듣고 가상히 여겼다. 또 아울러 이러한 책들을 엮어 가르친다 하는데, 이 책은 모두 風教에 관계되는 것이라 撰集廳에 보내 開刊하여 널리 반포하게 하라.[45]

위의 내용은 김안국이 경상도의 풍속을 변화시키고자 『성리대전性理大全』에 실려 있으나 사람들이 쉽게 이해하지 못하기에 『여씨향약언해』를 작성하여 인쇄하고 반포했다는 점을 들어 설명한 것이다. 그는 이 언해諺解가 도움이 되었으므로 중종中宗에게 『여씨향약언해』를 인쇄하여 팔도八道에 반포하여 풍화風化를 고취시킬 것을 제안하였다.

---

45 『中宗實錄』 卷32, 中宗 13년 4월 己巳.

김안국의 『여씨향약언해呂氏鄕約諺解』는 향약鄕約 보급 시행에 있어서 출발점이자, 중요한 계기를 마련하게 되었다. 이 점은 그 이후 향약의 보급 시행 속에서도 확인할 수 있다. 그 확인의 첫 출발지는 충청도忠淸道이다. 경상도慶尙道에서 인쇄 반포한 그의 언해본이 2개월 뒤에 충청도까지 전파되었다는 사실은 홍문관弘文館 응교應敎 한충韓忠의 다음과 같은 상소가 알려주고 있다.

> "신이 보니 忠淸監司가 『呂氏鄕約』을 刊印해서 그 지방의 연소한 선비들을 가르치고 있습니다. 그래서 선비들이 모두 是非와 好惡가 무엇인지를 알고 있습니다. 보잘 것 없는 小民들도 모두 악한 짓을 하는 것이 좋지 않다는 것을 알아서 '아무개는 부모에게 불효하다.' '아무개는 그 형에게 불공하다.' 하면서 배척하여 동류에 끼워주기를 싫어합니다. 신이 古老에게 물으니 '예전에는 조정에서 이제 善道를 흥기시킨다고 말한 경우에도 그 효과를 본 일이 없었는데, 지금에 와서야 조정에서 한 일을 알 수 있습니다.' 하였습니다. 監司가 또 한 고을에서 추앙받는 老宿을 뽑아 都約正·副約正을 삼고 그 고을을 敎化하게 하고 있는데 풍속을 善道하고 백성을 바로 잡는 데는 이보다 더 좋은 법이 없습니다. 신이 시골에서 아이들이 읽는 鄕約을 보니 곧 金安國이 교정한 언해본이었습니다. 이것을 널리 印出하여 八道에 반포하는 것이 가합니다."[46]

위의 향약 보급 시행 사례는 홍문관 응교 한충이 자신의 고향인 청주로부터 돌아와 조정에 보고한 내용이다. 위의 사례를 통해서 확인할 수 있는 사실은 세 가지이다. 첫째, 선비들이 시비是非와 호오好惡가 무엇인지 알아서 불효不孝하고 불공不恭한 사람을 배척했다는 점이며, 둘째, 조정에서 흥기시킨 선도善道는 효과를 보지 못했다는 것이며, 셋째, 감사가 고을에서 추앙받는 노숙老宿을 뽑아 도약정·부약정을 삼았다는 것이다. 이 세 가지 사실은 향약의 내용과 성격 그리고 향약이 어떻게 실시되고 있는지를 보여주고 있다.

---

46 『中宗實錄』 卷33, 中宗 13년 6월 丁亥.

향약의 내용은 덕德을 서로 권면하고 과실을 바로 잡는 것이며, 향약의 성격은 조정에서 일방적으로 부과되는 선도善道가 아니라 공동체의 성원들 간의 약속으로 공동체의 자발적인 참여를 전제로 한다. 그리고 청주의 향약 시행은 향약의 도약정·부약정을 노숙으로 삼고 있다는 점이다.

청주에 이어 충청도 향약 보급 사례는 온양군[47] 그리고 충주로 이어지고 있었다. 충주에서의 시행 사례는 대사헌 김정金淨의 언급과 시강관 한충의 언급을 통해서 확인할 수 있다. 그 내용은 다음과 같다.

> A. 신이 외방에서 보니 『여씨향약』이 교화에 크게 관계가 있었습니다. 이보다 앞서, 불화하던 형제가 뉘우칠 줄 알아서 화합하고 悖逆하던 자가 고쳐서 양순하여졌으니 사람마다 알아서 행하면 윤기를 후하게 하고 풍속을 아름답게 이루는 방도에 어찌 도움이 적겠습니까?[48]

> B. 신의 집이 청주에 있어 충주와 거리가 멀지 않습니다. 충청도의 향약 거행이 다른 도보다도 낫고 충주가 도내에서도 제일인데, 당초에 약정이 된 사람은 곧 校理 李延慶으로서 이 사람이 약정이 되어 지도하여 거느렸기 때문에 제일이란 말을 듣게 된 것입니다.[49]

A의 내용은 김정이 외방에서 '불화하던 형제가 뉘우칠 줄 알고 패역하던 자가 양순해졌다는 향약의 규약으로 인해서 지역사회가 변화하고 있음을 강조하고 있다. 당시 김정은 대사헌이었지만, 그가 외방에 있을 때는 자신의 고향인 충주로 귀양歸養 갔을 때를 말한다.[50] B의 경우는 충주에서 향약의

---

47 參贊官 趙光祖가 '溫陽郡 사람이 향약을 잘 행한다.'고 들은 바를 조정에 아뢰었다(『中宗實錄』卷34, 中宗 13년 9월 壬寅).

48 『中宗實錄』卷34, 中宗 13년 9월 辛亥.

49 『中宗實錄』卷36, 中宗 14년 7월 丁巳.

50 『中宗實錄』卷30, 中宗 12년 10월 己巳.

내용들이 잘 실시되고 있었는데, 그 이유가 교리 이연경이 약정이 되었기 때문이었다는 내용이다. 당시 이연경은 자신의 고향에서 향약의 약정이었던 것으로 보인다. 주희의 향약은 공동체 안에서 '사士'의 사회적인 역할을 규정하기 위한 목적을 가지고 있었다. 그의 증손여씨향약 속에 규정들이 이를 입증하고 있는데, 그에 따르면, 향약의 약정은 나이 많고 덕스러운 어른들 중에서 선택하고 그 중에서 부정副正과 직월直月은 학식 있고 정결한 사람으로 선택한다고 하였다.[51] 주희에게 있어서 향약의 임원이 되는 자격은 배움이었다.

충청도까지 전파된 언해본과 향약의 보급은 전국적인 범위로 확대되고 있었던 것으로 보인다. 경상도를 기점으로 충청도를 거친 향약이 전라도에서 어떻게 시행되고 있는지 그 사례를 확인해보고자 한다. 그 내용은 다음과 같다.

> 김안국이 전라도 감사로 있으면서 수시로 善籍과 惡籍을 상고하여 비록 천한 노비라 할지라도 만약 선적에 실려 있으면 반드시 수령에게 압력을 가하여 그 노비에게 선물을 보내게 하므로 수령이 지탱할 수 없을 지경입니다.[52]

위의 사례는 전라도 감사 김안국이 향약을 시행하면서 노비라 할지라도 선한 행동을 했으면 선물을 주었다는 내용이다. 이 내용은 기묘사화 이후 향약의 폐단을 거론하는 과정 중에서 제기된 논의이다. 이것은 사회 전반에 존비상하尊卑上下의 구분이 있는데도 전라도 관찰사 김안국이 연치年齒만을 강조하고 있다고 비난하는 내용이다. 그러나 주희의 향약 규정에서 연치는 예속상교 규정 가운데 첫 번째 항목인 서열과 윗사람에 대한 준수 내용에

---

51 朱熹, 『朱子大集』 卷74, 「增損呂氏鄕約」, 東京: 大化書局, 1977, 1371~1375면.
52 『中宗實錄』 卷38, 中宗 15년 1월 癸巳.

해당한다. 향약 규정에는 지역공동체의 서열 집단을 5가지 형태로 나누어져 있다.

尊者는 자기보다 30살 이상인 사람
長者는 자기보다 10살 이상인 사람
適者는 자기보다 10살 미만인 사람
少者는 자기보다 10살 이하인 사람
幼者는 자기보다 20살 이하인 사람[53]

'나'를 중심으로 나이의 형태를 세분화한 의도는 지역공동체 안에서 상하 존비의 기준이 나이에 있는 것으로 보고 나이에 맞는 예의 문제를 더 세밀하게 구분하고자 하는 데 있었다. 결국 연치는 신분고하를 뛰어넘어 공동체 내에서 연령이 갖는 존경을 표시하는 것이며, 이것은 향약 시행의 본질이라 할 수 있다. 그 본질을 경상도 감사에 이어 전라도 감사였던 김안국이 잘 구현하였다.

이처럼 향약의 보급은 중종 12년 경상도에서 시행되고 근 2년 만에 전국적인 범위로 확대되고 있었다.[54] 그 범위에는 중심부인 '도성'까지도 포함된다. 중종 14년 5월 중종은 적극적인 향약鄕約 장려 전교를 내렸는데, 이것은 향약을 전국적인 범주 안에 '도성都城'이라는 중심부까지 포함하는지의 여부로 진전되었다.[55] 대신들의 의견은 두 가지로 나누어졌다. 하나는 서울은 삼공三

53 朱熹, 『朱子大集』 卷74, 「增損呂氏鄕約」, 東京: 大化書局, 1977, 1371~1375면.
54 필자와 마찬가지로 김필동도 향약의 보급을 중종 12년~14년으로 보았고 지역적으로 볼 때 경상도→충청도→서울→전라도의 순으로 파급되어간 것으로 보았다. 시기적으로는 대체로 경상도 12년 중반부터, 충청도 13년경부터, 서울 14년경부터, 전라도는 14년 중반부터 각각 보급이 이루어진 것으로 추정하였다.(김필동, 앞의 1999 책, 317면.)
55 『中宗實錄』 卷36, 中宗 14년 5월 壬子.

公 이하가 예법禮法으로 인도하고 형벌刑罰로 정제하니, 향촌의 일을 도성都城 안에서 행함은 불가하다는 점이며,[56] 다른 하나는 서울에서 향약鄕約을 명령하여 시행할 수는 없지만, 향도鄕徒들처럼 선악善惡을 서로 권면하고 경계해 갈 수 있으니 시행해도 좋다는 것이다.[57] 이러한 논란에 대해서 중종中宗은 어떤 측의 편도 들지 않고, 자율적으로 시행하는 것에 대해서 긍정적 입장을 보였다.[58]

한 달 뒤, 중종 14년 7월에 한충이 『여씨향약呂氏鄕約』 책자를 지방 유향소에 나누어주고, 경성 안에도 또한 방리方里가 있어 반드시 향약을 시행할 것이기 때문에 경성 5부의 관원으로 하여금 각 동의 약정에게 분급토록 하자는 건의를 올리자, 중종은 동의하였다.[59] 이로써 보건대, 향약은 외방과 경중에서 시행되고 있었으며, 지방에는 관찰사가, 경중은 5부가 주도하여 시행되고 있었던 것 같다. 김안국의 언해본諺解本을 시작으로 이제 향약은 도성을 포함한 전국으로 확대 실시되었다.

이상과 같이 향약은 경상도에서 김안국이 『여씨향약언해』를 인쇄・반포로 향약 보급이 시작되었고, 충청도의 경우는 한충에 의해서 김안국의 언해본이 읽혀지고 있고 충청도에서 향약이 실시되고 있다는 사례를 중앙에 보고하면서 알려졌다. 전라도는 전라도관찰사 김안국이 선한 행동을 한 노비들에게까지 선물을 주었다는 사례를 통해서 확인된다. 이제 향약은 도성을 포함한 전국적인 범위로 확대되었다. 이런 급격한 확산과 전개는 어떻게 가능할 수 있었는지 다음 장을 통해서 확인하고자 한다.

56 『中宗實錄』 卷36, 中宗 14년 5월 壬子.
57 『中宗實錄』 卷36, 中宗 14년 5월 壬子.
58 『中宗實錄』 卷36, 中宗 14년 6월 庚午.
59 『中宗實錄』 卷36, 中宗 14년 7월 己酉.

4. 김안국金安國의 인적네트워크와 '사문화士文化' 확산

향약의 보급은 중종 12년 경상도를 기점으로 하여 충청도, 전라도 그리고 도성을 포함하여 중종 14년 전국적으로 확대되었다. 이런 전국적인 확대는 불과 2년 만에 이루어진 결과였다. 전근대 사회에서 이런 급격한 확산과 보급이 가능할 수 있었던 근거는 무엇일까. 여기에서는 김안국을 중심으로[60] 향약에 참여했던 인물들의 네트워크를 추적함으로써 그 가능성의 근거를 확인해보고자 한다. 이런 확인 과정 속에서 그들이 공유했던 사상이 어떻게 자연스럽게 확산되고 있었는지도 드러날 수 있을 것이라 여겨진다.

먼저, 관찰사들에 대한 파악이다. 향약은 조정과 관계없이 관찰사들에 의해서 자발적으로 각 지역에서 실시되었다. 그 기간은 대략 중종 12년 경상도를 시작으로 하삼도 전역으로 퍼졌던 중종 14년이며, 이 때 관찰사를 역임한 인물들을 대상으로 한다. 이에 해당되는 대표적인 인물은 경상도 관찰사 김안국金安國, 충청도 관찰사 이세응李世應, 강원도 관찰사 김굉金硡 등이다.

김안국은 경상도 관찰사로서 자발적으로 향약을 실시한 첫 번째 인물이자, 향약 시행의 중심인물이다. 그는 경상도관찰사로 재수되기 전 성균관사성, 홍문관 부교리, 지평, 동부승지를 거치면서 중앙에서 추진하고 있던 일련의 개혁에도 적극적으로 가담한 인물이었다. 따라서 그가 경상도관찰사로 지방에서 실시했던 향약은 중앙에서 추진된 개혁의 연장선으로 이해되어야 할 것이다.

60 김필동은 김안국이 중종 10년대의 향약 보급 운동에 결정적인 공헌을 한 인물임에는 틀림없지만 중종 13년 4월~14년 5월간에는 중앙에서의 정책 추진이란 차원에서는 크게 관여하지 않은 것 같다고 하였다. 오히려 그것을 하나의 정치·사회 운동으로 적극 추진했던 핵심 세력은 김정·한충·김식·기준 등 4명으로 보고 있다(김필동, 앞의 1999 책, 324~323면). 그러나 필자는 앞서 언급된 4명도 중요한 인물들이지만 향약을 보급 실천한 자는 김안국으로 그의 역할이 무엇보다 가장 중요하다고 여겨진다. 따라서 그와 연결된 인물들 간의 네트워크는 중앙에서 향약의 지지하고 있는 세력들과도 연결되기 때문이다.

김안국은 성종 9년(1478) 한양에서 태어나, 7세에 『소학小學』을 읽고, 12~13세에 경사經史를 읽어 대의를 통했다고 한다. 그 뒤 서제교육을 통하여 이세정李世靖이라는 유생에게 수학했는데 이 때 수학한 문생들이 중종대 중앙 정치에서 활약했던 이장곤李長坤, 성몽정成夢井, 김세필金世弼, 김정국金正國 등이다.[61]

그 후 15~16세에 김안국은 '소학동자'로 자처한 김굉필金宏弼이 도道가 있다고 하여 그의 문하에서 도학의 기초를 배웠고 주자를 표준으로 삼았다.[62] 당시 김굉필은 성종 25년 유일지사遺逸之士로 천거되어 남부참봉南部參奉에 제수되면서 연산군 4년 무오사화戊午士禍가 발생하여 희천熙川에 유배될 때까지 거경하였다. 이 기간은 서울에 사대부 자제들과 접촉하면서 학문적 교류를 활발히 한 시기였다.[63] 이 때 김굉필의 문인들로 대표적인 인물이 김안국, 김정국, 이장곤, 성세창, 정응상鄭應祥, 최충성崔忠成 등이었다.[64] 이들이 김굉필 문하에서 동문수학한 인물들이었다면, 김안국이 성균관사성成均館司成으로 재직시절, 당시 성균관 유생들은 조광조趙光祖, 한충韓忠, 김구金絿, 윤자임尹自任, 박훈朴薰, 김식金湜, 임권任權 등이 있었다. 김안국은 이들 성균관 유생들과 횡적유대를 확대시키며 성리학 연구에 몰두한 것으로 보인다.[65] 그와 이들과의 만남은 향후 중앙의 개혁과 지방의 개혁에 상당한 영향력을 미쳤을 것으로 여겨진다.

충청도 관찰사 이세응은 향약시행시기 충청도에서 향약을 실시한 인물로 추정된다. 그는 성종 4년(1473)에 태어나, 반정에 가담하여 분의정국공신奮義

61 金安國, 『慕齋集』 卷15, 「行狀」.
62 『中宗實錄』 卷100, 中宗 38년 1월 己酉; 金安國, 『慕齋集』 卷15, 「行狀」.
63 『中宗實錄』 卷 29, 中宗 12년 9월 丁酉.
64 金宏弼, 『景賢續錄』 下, 「師友門人錄」; 崔忠成, 『山堂集』, 「跋」.
65 『中宗實錄』 卷32, 中宗 13년 3월 甲子; 金安國, 『慕齋集』 卷1, 「重刊慕齋先生文集序」; 朴世采, 『東儒師友錄』 卷7, 「寒暄先生門人」.

靖國功臣 4등으로 녹훈되었다.[66] 충청도 관찰사로 재수되기 전, 대간으로 활동했던 시기에 그의 활동 내용을 보면, 내수사 혁파,[67] 소릉 추복[68]과 같은 개혁들을 추진하였다. 그 후 이세응은 중종 13년 2월 충청도관찰사로 재수되었고, 중종 12년 2월 경상도관찰사로 재수된 김안국과는 창고에 관한 일을 논의하기도 하였다. 그것은 충청·경상도 세곡稅穀의 집산지인 충주에 창고가 없어 노적된 곡식 관리와 수송에 막대한 지장이 있다고 여겨 충주 가흥창可興倉 건물을 축조하는 것이었다.[69] 이들의 만남 자체가 충청도에 향약이 실시될 수 있었던 계기라고 단정할 수는 없지만, 이세응의 중앙에서 대간으로 활동했던 시기와 김안국이 대간으로 활동했던 시기가 겹친다.[70] 따라서 이들은 중앙에서의 활동과 여러 가지 개혁에 함께 참여했던 것으로 여겨진다. 중앙에서부터 이어져온 결속은 이들이 동질적인 가치관과 규범을 가졌을 것으로 추측된다. 이것이 후에 충청도에서 향약이 실시될 수 있었던 계기로 작용했을 것으로 보인다.

김굉은 하삼도 전역으로 향약이 보급되었을 때 강원도관찰사를 역임한 인물이다. 그는 강원도관찰사로 재수되기 전에, 조광조의 숙부인 대사간 조원기趙元紀 등과 함께 소릉 추복 문제를 건의하였고,[71] 전경典經 기준과 기신재忌晨齋 및 내수사 장리를 혁파할 것을 청하기도 하였다.[72]

둘째, 향약의 약정이었던 인물들에 대한 파악이다. 향약의 약정은 지역마

66 『中宗實錄』 卷1, 中宗 1년 9월 甲申.
67 『中宗實錄』 卷2, 中宗 2년 4월 癸未.
68 中宗 8년 2월 戊午~3월 辛未까지 무려 6차례 건의(『中宗實錄』 卷17, 中宗 8년 2월 戊午~3월 辛未).
69 『中宗實錄』 卷33, 中宗 13년 6월 戊子.
70 김안국은 중종 1년(1506) 동안 弘文館 副校理로 활동하였고(『中宗實錄』 卷1, 中宗 1년 9월 壬午) 중종 2년(1507) 司憲府 持平으로 제수되었다(『中宗實錄』 卷4, 中宗 2년 11월 壬戌).
71 『中宗實錄』 卷17, 中宗 8년 2월 乙卯.
72 『中宗實錄』 卷24, 中宗 11년 3월 己丑.

다 각각 다르게 선정되어 있었다. 김안국의 경우, 경상도에서 향약의 도약정都約正·부약정副約正을 유향소留鄕所 좌수座首와 별감別監으로 삼았고[73] 충청도의 경우, 도약정·부약정을 고을에서 추앙받는 노숙老宿으로 선정하기도 하였다.[74] 사료에서 향약의 약정으로 확인할 수 있는 대표적인 인물은 최숙생崔淑生과 이연경李延慶이다.

최숙생은 자신의 마을에서 향약을 시행하면서 마을 사람들에 의하여 도약정이 된 인물이었다.[75] 이에 대해서 이계맹李繼孟이 그에게 이르기를 "그대가 六卿의 높은 관원으로서 시속에 따라 구차하게 합류하여 마을의 아이들처럼 향중의 도약정을 맡아보는가." 하고 책망하였다.[76] 최숙생은 그 3개월 전에 우찬성右贊成으로서 죄를 입어,[77] 자신의 고향에 머물고 있었던 것으로 보인다. 그는 자신의 고향 충주에서 향약이 시행되자 육경의 관원으로서 도약정으로 선정되었다. 최숙생은 중앙정치활동에서 시독관試讀官 김안국과 함께 시강관侍講官으로서 사사전寺社田의 일을 아뢰거나,[78] 지평持平 유운柳雲과 함께 『소학小學』을 읽히고 시강하자고 청하거나,[79] 승지承旨 김정金淨, 부제학副提學 조광조 등과 함께 소격서 혁파를 건의하기도 하였다.[80] 그의 중앙에서 활동은 김안국, 유운, 김정, 조광조 등과 함께 여러 가지 개혁을 시도했다는 점에서나 향약의 보급자를 자처했다는 점에서 이들과 같은 경향성을 갖고 있었다는 것을 알 수 있다.

---

73 金安國, 『呂氏鄕約』, 「朱子增損呂氏鄕約」.
74 『中宗實錄』 卷33, 中宗 13년 6월 丁亥.
75 『中宗實錄』 卷36, 中宗 14년 5월 甲午; 中宗 14년 10월 庚午. 崔淑生이 贊成으로서 都約正을 겸행하자 이를 비난하는 사람이 있었다.
76 『中宗實錄』 卷36, 中宗 14년 5월 甲午.
77 『中宗實錄』 卷35, 中宗 14년 2월 己卯.
78 『中宗實錄』 卷1, 中宗 1년 11월 癸巳.
79 『中宗實錄』 卷8, 中宗 4년 6월 辛未.
80 『中宗實錄』 卷32, 中宗 13년 4월 癸酉.

향약의 약정이 되었던 또 다른 인물은 이연경이다. 홍문관 부제학 한충에 의하면, 충청도의 향약 시행이 다른 도보다도 낫고 충주가 도내에서도 제일인데 당초 약정이 된 사람은 교리校理 이연경으로서 이 사람이 약정이 되어 지도하여 거느렸기 때문에 제일이란 말을 듣게 된 것이라고 하였다.[81] 이연경은 중종 2년 생원에 합격하여 선릉참봉에 임명되었다. 그는 조광조 등 당대의 명유들과 서로 친하게 사귀며 도의를 강마하였으나 과거에 뜻을 두지는 않았다.[82] 그는 중종 13년 성균관에서 쓸 만한 재행이 있는 사람에 포함되어 생원 김세보金世輔, 진사 김익金釴, 생원 이약수李若水, 유학 안처함安處諴 등과 함께 이조에 천보薦報되었다.[83] 이듬해에 현량과에 합격하여 사헌부 지평에 임명되었고, 이어 홍문관교리로 옮겼다. 그해 교리에서 체직되었다가 복직되었는데,[84] 아마 이때 향약의 약정이 되었던 것 같다. 그는 자신이 직접 겪은 향약의 실체를 중종에게 다음과 같이 아뢰었다.

> 신이 외방에 있으면서 보니 과연 향약이 풍속을 바르게 개선하였습니다. 사람의 본성은 본디 착한 것이어서 착한 일로 지도하면 저절로 교화되기 쉬운 것이니, 만일 선량한 사람을 얻어 約正을 삼는다면 족히 습속을 변경시켜 사람들이 모두 선에 나아가려 하게 될 것입니다.[85]

위의 내용은 자신이 직접 겪은 향약의 사례를 설명하고 있는 것이다. 사람의 본성 곧 리理는 선善이다. 그러므로 지도하는 사람에 의해서 사람의 본성은 발현될 수 있음을 언급하였다. 그는 향약의 약정이 누가 되느냐 즉 공동체의

81 『中宗實錄』 卷36, 中宗 14년 7월 丁巳.
82 권오영, 「탄수 이연경의 성리학적 삶과 사상」, 『조선후기 당쟁과 광주이씨』, 지식산업사, 2011, 17면.
83 『中宗實錄』 卷33, 中宗 13년 6월 甲午.
84 『中宗實錄』 卷36, 中宗 14년 7월 甲午.
85 『中宗實錄』 卷36, 中宗 14년 7월 丁巳.

지도자가 누가 되느냐에 따라서 공동체의 습속이 달라질 수 있다고 말하고 있는 것이다. 따라서 그만큼 향약의 약정은 중요한 자리였다.

셋째, 향약을 언급한 인물들에 대한 파악이다. 이들은 향약에 직접 참여하기보다는 간접적으로 향약이 어떤 것인지, 향약이 어떻게 진행되고 있는지를 조정에 보고하고 적극적으로 추진했던 인물들이다. 이에 해당되는 인물들은 한충, 김정, 조광조, 기준 등이다. 한충은 충청도에서 실시되고 있는 향약의 사례를 구체적으로 조정에 보고하였고,[86] 김정과 조광조는 각각 향약의 긍정적인 사례를 보고하였다.[87] 그리고 기준은 향약의 실시가 도성까지 확장되어야 한다고 언급하였다.[88] 이들은 모두 '소학의 도'를 행한다 하여 기묘사화 때 사사되거나 유배되었던 사람들이었다(<표 1> 참조).

〈표 1〉 향약시행 참여자의 인적사항

이름	생년	본관	직책	고향/거주	향약과 관련성	비고
金安國	1478	의성	경상도관찰사 전라도관찰사	한양	여씨향약언해간행, 처음 향약 실시	김굉필의 문인, 김정국과 형제
韓忠	1486	청주	홍문관응교	청주	충청도향약사례 보고	조광조·김식·박훈과 성균관 동문, 김안국과 성균관 사제,
崔淑生	1457	경주	홍문관교리	충주	향약의 도약정	김안국, 김정국, 김세필과 친분, 이세응과 함께 대간
李延慶	1484	광주	홍문관교리	충주	향약의 약정	김굉필의 문인, 조광조와 사우, 현량과 급제
金仁範			유생	함양	향약실시 상소	
金淨	1486	경주	대사헌		향약사례의 긍정성 보고	조광조와 함께 소학의 도 실행
奇遵	1492	행주	장령	한양	도성안에 향약 실시 주장	조광조의 문인, 기대승의 작은 아버지, 김안국이 별시문과 시

86 『中宗實錄』 卷36, 中宗 14년 7월 丁巳.
87 『中宗實錄』 卷34, 中宗 13년 9월 辛亥; 卷34, 中宗 13년 9월 壬寅.
88 『中宗實錄』 卷36, 中宗 14년 5월 壬子.

						관 일때 급제
殷霖			훈도	인동	향약기구를 유향소와 경재소로 대처	
李構		성주		용궁	경상도 향약사례 보고	
李希輔	1473	평양	선산부사	한양	여씨향약언해 간행을 도움	
李世應	1473	함안	충청도관찰사		충청도에서 향약 실시	경상도관찰사 김안국과 충주창고 축조 의논, 최숙생과 함께 대간
趙光祖	1482	한양	대사헌	한양	향약사례의 긍정성 보고	김굉필의 문인, 김정・김식 등과 친우, 기준과 사승, 김안국과 성균관에서 사제관계
安遇	미상	탐진	경상도관찰사	초계	경상도에서 향약 시행 추정	김종직과 사승, 김굉필과 문인, 김안국의 천거
金磁	1470	광산	강원도관찰사		강원도에서 향약 시행 추정	김안국과 같은 시기에 언관, 조원기와 함께 소릉추복 주장, 기준과 함께 내수사 혁파 주장

출처; 『中宗實錄』, 『燃黎室記述』

이상의 인물들은 김안국이나 조광조와 직간접적으로 연결되어 있다고 볼 수 있으며, 대체로 기묘사화 때 사사되거나 유배된 인물들이 다수를 차지한다. 그들의 활동 영역은 주로 중앙이었다. 그리고 이들은 성리학적 이상향을 지역사회에서 향약을 통하여 구현하고자 하였다. 그것은 예속상교禮俗相交를 포함한 4가지 규약 속에서 제시되고 있으며 그 지도자를 '성리학의 도'를 체득한 '사士'에 두었음을 알 수 있다. 따라서 향약의 구현은 중앙에서 지방으로 확대되었고, 중앙의 '사문화士文化'가 자연스럽게 민에게까지 확산되어지고 있었다(<그림 1>은 성종대~중종대까지 인물들의 네트워크를 그린 그림이다. 중종대 폭발적인 개혁들이 단지 중종대에 활동했던 인물들에 의한 개혁이 아니라 성종대~연산군대를 거친 인물들의 경향성 속에서 드러나고 있었다. 그 양상이 竹林七賢, 小學契, 情志交孚契, 道契와 같은 계모임이었다. 그리고 이들과 연결된 A계열은 同門修學, B계열은 成均館儒生, C계열은 師事, D계열은 執贄弟子계열이다. <그림 2>

는 중앙과 연결된 인물들이 지역사회에서 향약을 보급하거나 적극적으로 추진했던 인물들의 네트워크이다. 참조).

5. 맺음말

지금까지 향약 구현을 통한 '사문화'의 확산을 김안국의 인적 네트워크를 중심으로 살펴보았다. 향약은 16세기 성리학적 질서 운영원리를 지역사회에 부여하는 장치로 작동하였다. 반정과 함께 시작한 16세기는 여러 가지 개혁들을 단행하는 과정 속에서 출발하였다. 그 개혁들은 중앙에서 지방으로 확대되는 양상을 띤다.

이들 개혁들의 취지는 두 가지 문제로 집약될 수 있다. 하나는 권력의 핵심이라 할 수 있는 군주의 권위에 대한 재해석과 다른 하나는 도덕적인 사회질서로의 재편이었다. 16세기 개혁을 주도한 인물들은 이 과제를 '사士'를 중심으로 한 정치질서 재편과 지역의 자율성 추구에 몰두하였다. 군주의 권위에 대한 재해석이 중앙에서 추진된 소격서 폐지와 내수사 혁파로 이어졌다면, 도덕적인 사회질서로의 재편은 지역사회에서 향약으로 진행되었다. 이들 두 가지 공통점은 사士의 치자治者로서의 역할 부여와 함께 사회전체를 도덕적인 사회질서로 재편하는 것이었다. 그 도덕적인 사회질서란 사람의 본성이 선하기 때문에 그 善이 저절로 발현되도록 하는 것이다. 그 발현이 예禮와 같은 형태이다.

향약은 4가지 규약을 통한 공동체 구성원들 간의 약속으로 이루어진다. 그 4가지 규약 중에 주희는 '예속상교'에 많은 비중을 두었고, 그 규약을 주도할 사람들을 학식 있는 '사士'에 두었다.

이러한 향약은 중종대 경상도관찰사 김안국에 의해서 경상도에서 처음으로 실시되었다. 그는 조정과 사전 동의 없이 향약을 시행하면서 『여씨향약언해』를 인쇄 반포하였다. 향약시행과 함께 언해본은 2개월 뒤에 충청도, 전라도 그리고 강원도・경기도를 거쳐 근 2년 만에 도성을 포함한 전국적인 범위로 확대되었다. 향약의 시행결과 공간적으로는 점진적인 확대가 진행되었고, 시간적으로는 급진적인 전개 양상이 나타났다. 이런 점진적 확대와 급진적 전개는 전근대 사회에서 보기 힘든 사례이다.

이렇게 진행된 향약은 국가와 사회에 대한 구상을 가지고 있던 16세기 지식인들의 네트워크 속에서 진행되었다. 향약 시행에 출발점이자 중심인물인 김안국은 김굉필의 문인이면서 조광조와 김정 등과는 성균관사성으로 성균관에서 사제관계를 이루었다. 그는 이들과 함께 16세기 국가와 사회에 대한 구상을 가지고 있었다. 그가 홍문관과 승정원을 거치면서 중앙에서 추진한 개혁들과 경상도 관찰사로 파견되어 지역사회에서 실시한 향약은 동일한 맥락에서 이루어진 결과물이다. 충청도관찰사 이세응은 중앙에서 내수사 혁파와 소릉추복을 주장했던 인물이며 김안국과 함께 창고 증축을 논의한 인물이었다. 그 외 참찬관 최숙생과 교리 이연경은 중앙에서 활동하다, 일시적으로 자신의 고향에서 향약의 도약정과 약정이 되었던 인물들이었다. 이들은 모두 김안국・조광조와 직간접적으로 연결되어 있으며, 기묘사화 때 사사 되거나 유배된 인물들이 다수를 차지하고 있었다. 그리고 이들의 활동영역은 중앙이었으며, 이들은 향약을 통하여 지역사회에 사문화를 확산시키고자 하였다. 따라서 향약은 중앙에서 활동하던 인물들의 네트워크를 통해서 지방으로 확산되었고, 중앙의 '사문화'가 지역사회 '사士'와 민에게까지 전파되는 매개체였다.

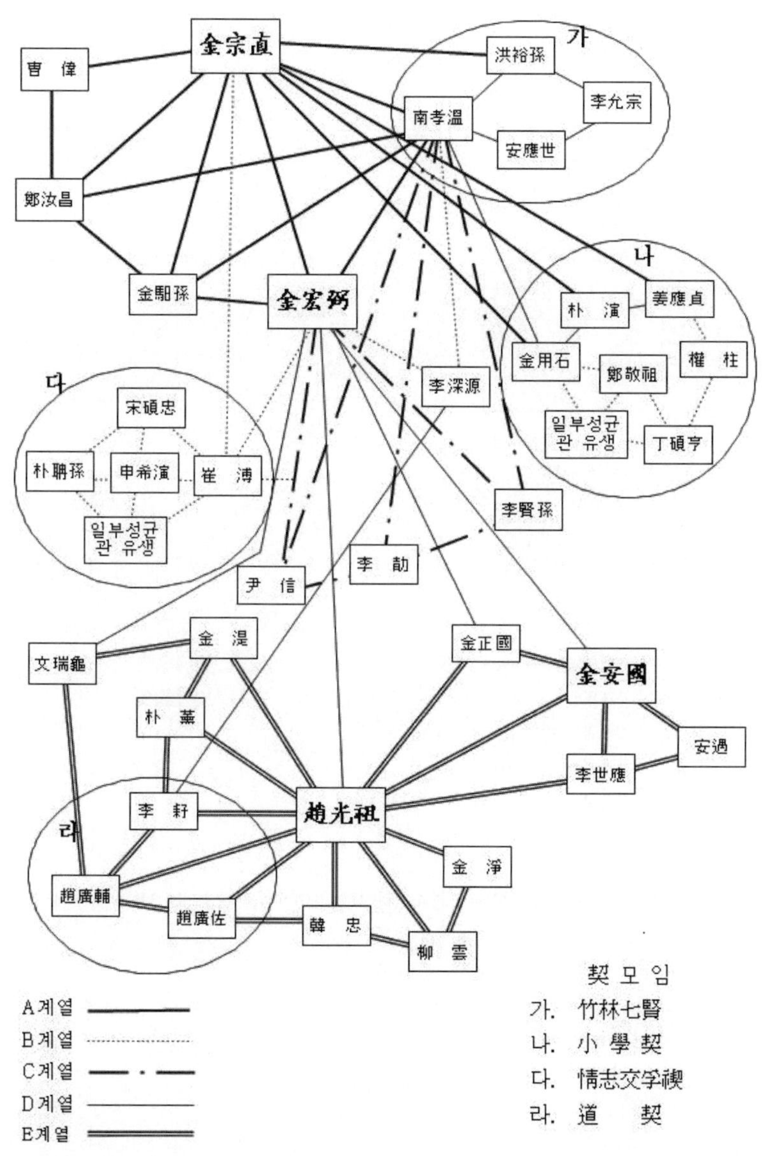

〈그림 1〉 '小學實踐者들'의 네트워크

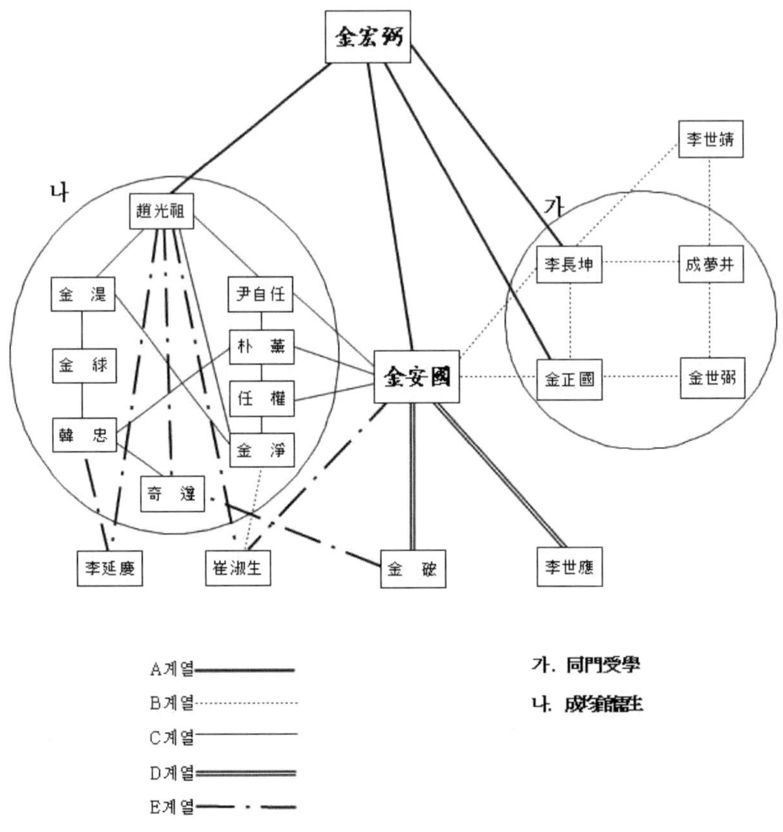

A계열: 執摯弟子, B계열: 師承關係, C계열: 師儒關係, D계열: 觀察使關係, E계열: 言官關係

〈그림 2〉 金安國의 인적 네트워크

조선후기 향전鄕戰을 통해 본 양반층의 친족親族, 혼인婚姻

안동의 병호시비屛虎是非를 중심으로

한상우(韓相祐)*

1. 머리말

조선후기 가족의 모습은 변화를 맞이했다. 가부장권의 강화, 부계친족조직의 발달, 상속제도의 변화, 종족촌락의 형성 등이 그 변화의 구체적인 모습이다. 이러한 변화의 결과물이자, 대표적인 부계친족조직인 문중[1]은 여러 측면에서 주목을 받아왔다. 반면 그 문중을 구성하는 하부단위인 개별 가족의 활동과 역할은 역사학에서 크게 주목받지 못했다. 가족은 개인이 태어나면서

* 성균관대학교 동아시아학술원 박사과정.

1 혈연조직은 그 특성상 시간에 따라 구성원이 늘어나고, 구성원 사이의 거리는 멀어져간다. 따라서 문중을 정의하려는 시도들은 주로 그 기능과 구성의 측면에서 규정하고 있다. 김문택은 문중을 '동일한 조상'에서 나온 자손들의 부계혈연집단으로써 先代奉祀를 통해서 결속력을 강화하면서 사회적으로 공동의 이익과 발전을 도모하는 집단이라고 정의했다. 김문택, 「16~17C 安東 眞城李氏家의 族契와 門中組織의 형성과정」, 『조선시대사학보』 32, 조선시대사학회, 2005, 25면; 김필동은 문중을 제사를 위한 목적으로 堂內보다 큰 범위에서 형성되어 물질적, 조직적으로 단결된 집단이라고 정의했다. 김필동, 「한국 종족집단의 형성과 변동」, 『농촌사회』 10, 한국농촌사회학회, 2000, 262면.

부터 소속되는 가장 기초적인 사회조직으로, 개인에게 물리적으로나 심정적으로 가장 직접적인 영향을 줄 수 있다. 성리학에서도 가족[齊家]은 개인[修身]의 사회・정치활동[治國平天下]을 위한 중간단계이자 토대로서 인식되었다. 따라서 조선후기 양반층의 사회・정치활동을 정확히 이해하기 위해서는 문중의 동향뿐 아니라 그것을 구성하는 가족의 움직임, 그리고 문중과 가족의 역학관계까지 살펴볼 필요가 있다.

조선후기 양반층의 친족조직에 대한 연구는 문중을 중심으로 진행되어 왔다. 최재석은 다양한 자료에서 보이는 종족집단의 명칭과 그 구성원을 분석함으로써, 16세기부터 문중의 초기적 형태가 시작되어 17세기에는 점차 조직화되어갔다고 주장했다. 또한 문중의 범위가 항렬자行列字 사용의 범위와 큰 관련이 있음을 보여주었다.[2] 이러한 연구 성과를 바탕으로 이해준은 17세기 중엽부터 시작되는 문중 형성의 배경에 성리학적 예제禮制의 보급, 향안鄕案질서의 해체로 인한 양반 위상의 변화, 종족촌락宗族村落의 형성 등이 존재했다고 주장했다.[3] 개별 문중에 대한 연구 성과도 축적되었다. 김문택은 진성이씨眞城李氏가 안동에 정착한 후, 17세기를 거치면서 점차 동성同姓, 부계혈연 중심의 문중을 형성하고 조직화 해가는 과정을 설명했다.[4] 김명자 역시 풍산류씨豊山柳氏가 안동 하회에 정착하여 문중을 형성하고 서원을 중심으로 병호시비屛虎是非를 비롯한 여러 문제에 대응하는 모습을 보여주었다.[5] 이경구는 세도가인 안동김씨安東金氏 가문 연구를 통해, 본관 아래에 있는 지파支派를 부계질서의 실질적인 단위로 규정하고, 더 나아가 그것이 개개인의 삶의 영역 뿐 아니라 사회전반에까지 큰 영향력을 발휘했다고 설명했다.[6]

---

2 최재석, 『韓國家族制度史研究』, 일지사, 1983.
3 이해준, 「조선후기 문중활동의 사회사적 배경」, 『동양학』 23, 단국대 동양학연구소, 1993.
4 김문택, 「16~17世紀 安東의 眞城李氏 門中 硏究」, 한국학중앙연구원 박사학위논문, 2004.
5 김명자, 「조선후기 安東 河回의 豊山柳氏 門中 연구」, 경북대 박사학위논문, 2009.
6 이경구, 「17~18세기 壯洞 金門 연구」, 서울대 박사학위논문, 2003; 『조선후기 安東 金門

하지만 조선후기 문중의 조직화와 역할의 강화라는 측면에서 연구가 진행되는 동시에, 문중의 개념과 범위가 유동적이며 그 구조 또한 중첩적이라는 측면 역시 지적되어 왔다. 이광규는 문중을 대문중大門中, 파문중派門中, 소문중小門中으로 구분하고, 영속적이면서도 인위적, 상징적인 것이라 규정했다.[7] 이해준 역시 문중이라는 개념이 유동적임을 지적하면서, 문중조직과 그 활동이 동족마을이나 군현郡縣 단위의 동족마을의 연계라는 범주에서 설명되어야 함을 주장했다.[8] 문중 내부의 갈등이나, 구성원들 사이의 분쟁에 대한 연구도 존재한다. 김현영은 성주 단양우씨丹陽禹氏 친족 사이에서 종계답宗契沓을 둘러싸고 발생한 갈등을 소개하면서 문중(宗中)과 가족(家)의 구분이 어느 선에서 결정될 수 있는 것인지 의문을 제기했다.[9] 허원영은 19세기 말 불천위不遷位 봉사손奉祀孫의 입후入後를 둘러싼 동래정씨東萊鄭氏 문중 내부의 분쟁을 소개하면서 개인들의 경제적, 사회적 욕구가 문중의 종법宗法질서와 상충할 수 있다는 점을 지적하기도 했다.[10]

이러한 문제제기를 받아들인다면, 조선후기 양반사회에서 문중이 어느 정도의 영향력을 가지고 있었는지, 그리고 그것이 가족이나 개인의 의사와 충돌할 경우 어떻게 해결했는지에 대한 의문이 제시될 수 있다. 조선후기 양반사회에 대한 이해는 문중의 구체적인 모습과 역할을 확인하고, 더 작은 단위의 친족 또는 가족의 이야기를 통해 풍부해 질 수 있으리라 생각된다. 이러한 문제의식 속에서 본 논문에서는 향전 속에서 양반층의 문중과 가족이 어떻게 움직이는지를 추적해보려 한다. 구체적으로는 19세기 초 안동의 향

연구』, 일지사, 2007, 9면.

7 이광규, 『한국의 가족과 종족』, 민음사, 1990, 240면.

8 이해준, 앞의 논문, 1993, 15면.

9 김현영, 『고문서를 통해 본 조선시대 사회사』, 신서원, 2003, 85면.

10 허원영, 「한말 한 종가의 입후(立後)를 둘러싸고 발생한 사건들」, 『사회와 역사』 75, 한국사회사학회, 2007.

전인 병호시비屛虎是非를 중심으로 살펴볼 것이다. 병호시비는 반향班鄕으로 유명한 안동에서 발생, 당대 유명 인사들과 유력 문중이 참여하여 60여 년간 지속되었으며, 그 여파는 아직까지도 남아있다.[11] 따라서 향전이라는 대립 상황 속에서 양반층의 문중과 가족, 개인이 어떻게 반응하는지를 보여주는 좋은 사례가 될 것이다.

2. 병호시비의 전개와 안동의 양반들

조선후기 사회변화와 함께 향촌사회에서는 향론鄕論이 분열되고 향촌의 주도권을 둘러싼 분쟁이 발생하게 되었는데, 이것이 향전鄕戰이다. 앞으로 살펴볼 병호시비는 기존 양반층(舊鄕)에 대한 새로운 세력(新鄕)의 도전이 아닌, 대등한 양반 세력 사이에서 발생한 향전이다.[12] 더구나 병호시비는 당대 퇴계학맥의 적통 논쟁의 성격을 가지기도 했으므로,[13] 지역 양반 중에서도 사회적으로나 학문적으로 명망이 있는 자들이 참여했을 것으로 생각된다. 향전의 결과는 참여한 자들의 사회적 지위에 영향을 줄 것이므로, 향선에서 어느 쪽으로 정치적인 입장을 결정할 것인가는 양반들에게 중요한 문제일 수밖에 없었다. 따라서 향전에 대한 양반층의 반응을 문중과 가족이라는

---

11 2009년에는 서애 종손과 학봉 종손이 만나 위차 문제를 해결하려 했으나, 다른 성관의 문중에서 그 결과에 반대하여 종손 간 합의가 무산된 일도 있었다. 엄재진, 「'左서애 右학봉' 400여 년 만에 '병호시비' 매듭」, 『매일신문』 2009.4.1; 「'병호시비' 400년 논쟁 끝나나 했더니」, 『매일신문』, 2009.4.14.

12 김인걸은 향전을 양반층 내부의 갈등, 또는 鄕論이 분열되어 발생하는 것이라 규정하고, 향전을 儒鄕간의 대립, 鄕任을 둘러싼 대립, 鄕案을 둘러싼 대립, 士族간의 대립으로 분류했다. 김인걸, 「조선시대 향권의 추이와 지배층 동향」, 『한국문화』 2, 서울대 규장각 한국학연구원, 1981, 194면.

13 퇴계학맥의 전개와 그 주도권 문제에 대해서는 김학수, 「17세기 영남학파 연구」, 한국학중앙연구원 박사학위논문, 2007 참조.

틀에서 살펴봄으로써 양반층의 사회활동에서 문중, 가족이 가지는 의미와 역할을 살펴볼 수 있을 것으로 기대한다.

안동의 향전인 병호시비는 퇴계退溪 이황李滉이 배향된 여강서원廬江書院(이후 虎溪라는 이름으로 사액을 받음)에 1620년 서애西厓 류성룡柳成龍과 학봉鶴峰 김성일金誠一을 추가로 배향(追享)하려는 시도에서 시작되었다. 당시 여강서원은 지역사회와 유림계에서 높은 위상을 가지고 있었기 때문에, 서애와 학봉의 여강서원 추향追享은 이 두 사람이 퇴계의 적전嫡傳이라는 사실을 천명하려는 의지이기도 했다.[14] 그런데 문제는 두 사람의 위패位牌의 위치, 즉 퇴계 다음 자리에 누구의 위패를 놓느냐는 문제에서 발생했다. 나이는 김성일이 더 많았지만 관직으로는 류성룡이 더 높았기 때문이다. 이 문제는 당시 유림계의 인망을 얻고 있던 우복愚伏 정경세鄭經世가 조심스레 서애의 손을 들어주면서 일단락되었다.

그러나 200년 가까운 시간이 지난 1805년, 서애와 학봉의 문묘文廟 승무陞廡를 상소하는 과정에서 이 문제가 다시 튀어나오게 되었다.[15] 상소 내용 중 서애와 학봉의 순서가 문제의 발단이었다. 결국 이 일로 인해 문묘 승무는 무산되었고, 이듬해인 1806년, 문제가 된 안동을 제외한 다른 지역 유학자들의 승무가 추진되었다. 안동의 유림들은 이에 대한 대책으로 호계서원에서 향회鄕會를 열고 통문通文을 작성하려 했으나 이 통문의 내용이 다시 한 번 문제가 되었다. 그 결과 서애를 지지하는 유림들은 호계서원과의 관계를 끊고, 안동 풍산의 병산서원屛山書院을 중심으로 세력(일명 屛論)을 형성하여 독자적인 행동을 하기 시작했다. 호계서원에 남은 학봉측 유림들은 자연스레

14 설석규, 「퇴계학파의 분화와 屛虎是非(II)」, 『퇴계학과 유교문화』, 경북대 퇴계연구소, 2009, 338면.

15 屛虎是非의 자세한 전개상황에 대해서는 신석호, 「屛虎是非に就いて上,下」, 『青丘學叢』 1·3, 청구학회, 1930; 「屛虎是非에 대하여」, 『신석호전집 1』, 신서원, 1996; 권오영, 『조선후기 유림의 사상과 활동』, 돌베게, 2003 참조.

호론虎論을 형성했다.

이후 안동유림은 1812년 학봉학맥을 계승한 대산大山 이상정李象靖의 호계서원 배향을 논의하기 위해 도회道會를 열었으나, 이 안건은 병론屛論의 반대로 성사되지 못했다. 사실 학봉이 퇴계의 적전嫡傳임을 강력히 주장[16]하던 이상정의 배향은 퇴계의 학통이 '이황 → 김성일 → 이상정'으로 이어진다는 것을 인정하는 것과 같았으므로, 병론屛論에서는 받아들일 수 없었던 것이다.[17] 이 안건은 1816년에 열린 도회道會에서도 성사되지 않았을 뿐 아니라, 더 나아가 호계서원의 위패가 멋대로 옮겨졌는가라는 문제로 번져가게 되었다. 병론에서는 호론에 의해 멋대로 위패가 옮겨졌으니 이를 다시 바로잡고 잘못을 가려야 한다고 주장했으나, 호론에서는 결코 옮겨진 일이 없다고 주장하며 대립했다. 1820년에는 병론에서 위패를 옮긴 범인을 구체적으로 지목하고 이를 바로 잡자면서 다시 도회를 열었으나, 호론의 반대로 뜻을 이루지 못했다. 이처럼 병屛－호虎 양측은 서애와 학봉의 위차 문제를 넘어서 여러 사안들에서도 팽팽하게 맞서게 되었다.

당시 분위기는 상당히 심각하여, 기호남인계의 주요 학자였던 황덕길黃德吉은 '마치 당黨을 나눌 것 같이 위태로운 상황'이라고 표현하기도 했다.[18] 문제가 커지자 중앙으로부터의 중재의 움직임도 있었다. 새로 정권을 잡은 대원군大院君은 영남 남인南人을 단결시켜 자신의 정치적 기반으로 삼으려는 목적에서, 병호시비에 관여하려 했다. 대원군은 서애의 후손으로 당시 중앙에서 관직을 하고 있던 류후조柳厚祚를 통해 보합론保合論을 펼치며 중재를 시도했

---

16 이상호는 이상정이 퇴계가 학봉에게 써준 '屛銘'의 의미를 새롭게 해석함으로써 퇴계의 道統이 학봉에게 전해졌음을 본격적으로 주장하기 시작했다고 설명한다. 이상호, 「정재학파 성리학의 지역적 전개양상과 사상적 특성」, 『국학연구』 15, 국학연구소, 62면.

17 권오영, 앞의 2003 책, 247면.

18 황덕길, 「與嶺南士林」, 『下廬集』, 한국문집총간 260, 367면, "近者竊聞之, 嶠南士論有歧貳之端, 曰屛儒曰虎儒, 殆若分朋而角立者."

으나 결국 실패하고 말았다.[19] 얼마 뒤 문제의 근원이 되었던 호계서원은 서원철폐령으로 사라지게 되었으나, 병호시비는 안동사회에서 여전히 앙금으로 남아있는 듯하다.

병호시비가 격렬해진 19세기 초 서애와 학봉의 제자들은 각각 퇴계학맥의 큰 줄기인 서애학파과 학봉학파를 형성하여 영남지역에서 크게 세력을 떨치고 있었다.[20] 따라서 두 사람의 위차에 대한 논쟁은 퇴계학의 정통성이 누구에게로 이어지느냐의 문제로도 비쳐졌다. 또한 논쟁의 당사자격인 학봉과 서애의 후손들이 당시 안동과 인근지역에서 과환科宦과 학행學行으로 뛰어났기 때문에, 영남지역의 많은 양반들은 혼인을 비롯한 다양한 관계로 이들과 연결되어 있었다. 따라서 서애와 학봉을 두고 벌어진 병호시비는 당시 안동지역의 유력 양반이라면 대부분 어떻게든 얽혀 있는 문제였다.

다행히도 병호시비 당사자들은 이에 대한 기록을 남겼다. 병호시비 중 안동과 영남지역의 유림들 사이에서 오고간 통문通文, 편지 그리고 소장訴狀 등을 각각 자신들의 입장에서 편집하여 『여강지廬江志』(屛論)와 『여강전말廬江顚末』(虎論)이라는 책을 만들었다. 하지만 이 책은 각 인물들의 개인정보에 대해서는 대부분 성명姓名만을 기록하고 있다. 또한 병호시비에 대한 개인들의 정치적 입장에 대해서는 따로 기록하거나 분류해 놓지 않았다. 따라서 분석을 위해, 병호시비에 대한 정치적 입장이 병屛－호虎로 확인되는 인물들을 찾아내고, 다시 당대에 안동과 인근지역에 거주하던 자들을 추려냈다. 이러한 조건을 갖춘 자들은 모두 250여명 정도인데, 이 중에서 다시 성관姓貫을 확인할 수 있는 자들을 골라내었다. 이렇게 추려진 인물들은 총 168명으

---

19 대원군의 屛虎是非 중재노력과 그 실패에 대해서는 정진영, 「19세기 후반 영남유림의 정치적 동향」, 『지역과 역사』 4, 부경역사연구소, 1997; 설석규, 앞의 2009 논문 참조.

20 영남학파의 분파와 발전에 대해서는 김학수, 「17세기 영남학파 연구」, 한국학중앙연구원 박사학위논문, 2007 참조.

로 이들을 통해 당시 병호시비와 그에 관련했던 양반층의 모습을 살펴보도록 하겠다.

이 중에는 각 문중에서 비중이 클 뿐 아니라, 과환科宦으로나 학문으로나 19세기 안동사회에서 큰 영향력을 발휘한 유력인사들이 다수 포함되어 있다. 진성이씨의 경우 가순家淳과 태순泰淳은 모두 문과에 급제하고 각각 응교와 참판을 지냈으며, 만각晩慤은 퇴계의 가학家學을 이어 당시 안동지역에서 학문으로 이름은 높았다. 풍산류씨 상조相祚는 서애의 종손宗孫으로 판서에 올라 당시 위세를 떨치고 있었으며, 이좌台佐 역시 문과에 급제하여 참판에 올랐다. 심춘尋春도 풍산류씨의 가학家學을 이어 많은 문인을 길러낸 인물로 유명했다. 의성김씨 중에서 진화鎭華는 학봉의 종손宗孫으로 목사를 지냈으며, 희주熙周는 문과를 거쳐 참판에 올라 안동사회에 영향력을 미치고 있었다. 전주류씨의 경우 회문晦文과 치명致明 부자父子가 확인되는데, 특히 치명致明은 참판을 지냈을 뿐 아니라 대산大山 이상정을 이어 학봉의 학통을 이은 인물로 평가되는 대학자였다. 자료에서 확인되는 안동권씨 재륜載綸과 연하璉夏 역시 부자父子였는데 연하는 류치명의 제자로 안동에서 학행으로 알려져 있었다. 그 외에도 대산 이상정의 손자이면서 한산이씨의 주요 인물이었던 병운秉運, 역시 대산의 제자로 이름이 높았던 고성이씨 종주宗周나 안동김씨 종덕宗德 등도 확인된다. 이후 서원철폐령 당시, 영남유생을 대표해 서원철폐 반대상소의 소수疏首를 맡았던 진주정씨 민병民秉도 보인다. 이러한 인물들이 병호시비屛虎是非에 참여하고 있었다는 사실은 병호시비가 당시 얼마나 중요한 사안이었는지를 다시 한 번 말해준다. 한편으로는 『여강전말廬江顚末』, 『여강지廬江志』가 철저하게 선별된 인물들을 담고 있을 가능성도 고려해 볼 수 있다.

<표 1>은 앞의 작업을 통해 확인한 168명의 성명과 성관, 그리고 그들의 병호시비에 대한 정치적 입장을 분류한 것이다. 이를 통해 확인되는 성관은 총 21개이다. 그럼 우선 성관을 단위로 병호시비를 살펴보자. 병론 진영의

주축을 이루는 성씨는 풍산류, 진주정, 진성이씨 등이며, 호론은 의성김, 전주류, 진성이, 한산이씨가 다수를 차지한다. 이미 언급했듯이 이들 성관은 모두 안동과 인근 지역의 유력 인사들과 그들이 속한 가문을 포함하고 있다. 하지만 성관은 문중보다 큰 친족집단으로 구성원들의 사회적 위상이 다양하고[21] 혈연적 유대감이 떨어지기 때문에 본 연구에서는 적절한 분석이 되기에는 다소 부족할 수 있다. 따라서 다음 장에서는 문중을 단위로 분석을 진행하겠다.

〈표 1〉『廬江顚末』, 『廬江志』에서 확인되는 屛虎是非 관련 인물들

(단위: 명)

屛 論[22]						虎 論					
성명	본관	계	성명	본관	계	성명	본관	계	성명	본관	계
金相定	광산김	2	姜命欽	진주강	4	李五秀	고성이	2	金鏗壽	의성김	32
金星觀			姜秉欽			李宗周			金健壽		
朴在璣	반남박	2	姜世誾			權大度	안동권	3	金庚燦		
朴宗喬			姜哲欽			權璉夏			金極壽		
金永敏	선성김	2	鄭東奎	진주정	11	權載綸			金驥壽		
安世應	순흥안	3	鄭東箕			金奭裕	안동김	5	金達淵		
安潤蓍			鄭民穆			金養休			金邁銖		
安允直			鄭民秉			金宗德			金民壽		
權仁虎	안동권	2	鄭民植			金宗發			金邦喆		
權 迪			鄭民稷			金宗燮			金復燦		
金英洛	안동김	3	鄭民采			李相儒	재령이	2	金宛燦		
金顯鐸			鄭成魯			李相采			金龍洛		
金昊均			鄭若愚			柳絅文	전주류	17	金遇洙		

21 일례로 안동에 거주하는 안동권씨는 양반과 향리 등 다양한 사회계층을 포함한다.

李岳祥	여주이	2
李在正		
李勉基	연안이	2
李廷佑		
張一燮	인동장	2
張學樞		
李晶鱗		
李楨輔	전의이	4
李奎應		
李重錫		
李謙淳		
李老淳		
李大淳		
李養浩		
李一相		
李進淳		
李喆淳		
李彙溥		
李龜蓍		
李南淳	진성이	20
李民淳		
李若淳		
李周淳		
李遇淳		
李彙溥		
李仲淳		
李進淳		
李晩轍		
鄭榮魯		
鄭允愚		
柳家祚		
柳岡祚		
柳祈睦		
柳道宗		
柳璧祚		
柳思睦		
柳相祚		
柳尋春		
柳英祚		
柳長祚		
柳進明	풍산류	21
柳進翼		
柳震春		
柳喆祚		
柳致睦		
柳泰睦		
柳台佐		
柳厦祚		
柳衡祚		
柳亨春		
柳徽祚		
李友培	흥양이	1
金在根		
金宗奎		
金宗燦	풍산김	4
金宗喆		
柳龜休		
柳近文		
柳範休		
柳炳文		
柳復天		
柳聖文		
柳星休		
柳鼎文		
柳致明		
柳致愽		
柳致儼		
柳致遊		
柳致任		
柳致直		
柳衡鎭		
柳晦文		
李家淳		
李心淳		
李用淳		
李宜淳		
李庭淳		
李泰淳		
李漢淳	진성이	12
李彙經		
李彙根		
李彙魯		
李彙運		
李彙遠		
金在白		
金在善		
金在瑨		
金漸運		
金祖壽		
金鎭坤		
金鎭龜		
金鎭洛		
金晉壽		
金鎭華		
金憲壽		
金憲運		
金亨壽		
金熙命		
金熙紹		
金羲壽		
金熙昇		
金熙周		
金熙澤		
李敏稷		
李秉運		
李秉遠		
李秉殷	한산이	8
李秉夏		
李秉顯		
李秀贇		
李秀應		
李敬儒	연안이	1

李彙寅 李龜洪			

출전: 『廬江顚末』, 『廬江志』.

3. 병호시비에 드러나는 양반 가문家門 내부의 문제들

이 장에서는 병호시비와 관련된 주요 문중들 내부의 상황을 살펴봄으로써, 각 문중들이 어떤 방식으로 병호시비에 반응하고 있었는지 확인해 볼 것이다. 또한 병호시비에 대한 개인의 정치적 입장을 통해 문중을 어떻게 바라볼 수 있을지 생각해보고자 한다.

앞의 <표 1>을 보면, 하나의 성관에 속하는 인물들이 동일한 정치적 입장을 보이는 경우를 확인할 수 있다. 병론의 풍산류, 진주정, 진주강, 풍산김씨나 호론의 의성김, 전주류, 한산이씨 등은 비교적 다수의 인물들이 기록되어 있다. 그럼에도 불구하고 이들 성관에 속하는 인물들의 정치적 입장은 통일되어 나타난다. 이는 지역 내 성관집단 단위에서 병호시비에 대한 정치적인 입장이 결정되고, 그 구성원들이 그것을 공유한 것으로 생각할 수 있다.

하지만 조금 더 세부적으로 살펴보면, 성관집단 내부의 복잡한 사정도 확인된다. 우선 병호시비의 논쟁 대상이기도 했던 학봉鶴峰 김성일金誠一을 배출한 의성김씨의 상황을 살펴보자. 의성김씨 천전파川前派는 안동 천전川前에 터를 잡은 이후 학봉을 포함한 진璡의 다섯 아들이 모두 대과大科와 소과小科에 합격하면서 비약적인 발전을 이루었고, 이후 진璡을 파조派祖로 하여 천전파川前派(또는 靑溪公派)를 형성하게 되었다.[23] 특히 넷째 성일이 퇴계의

22 屛論은 음영으로, 虎論은 밑줄로 표시하며, 이는 이후의 그림과 표에서도 동일하다.

고제高弟가 되고, 임진왜란 중 순국하면서 학봉 가계家系[24]의 위상은 더 높아지게 되었다. 병호시비가 발생하자 학봉의 후손들 뿐 아니라 그 형제들의 후손으로 구성된 천전파川前派는 여기에 적극적으로 참여한 것으로 알려져 있었다. 한편 자료에서 발견되는 의성김씨 중에는 천전파川前派 이외의 인물들도 다수 확인된다. 이들은 주로 봉화 해저海底에 거주하던 자들로 개암開巖 김우굉金宇宏을 중시조로 하는 자들이었다. 다음 <그림 1>은 병호시비 자료에 나타나는 의성김씨 천전파 및 개암파開巖派 인물들을 각 지파支派에 따라 분류한 것이다.

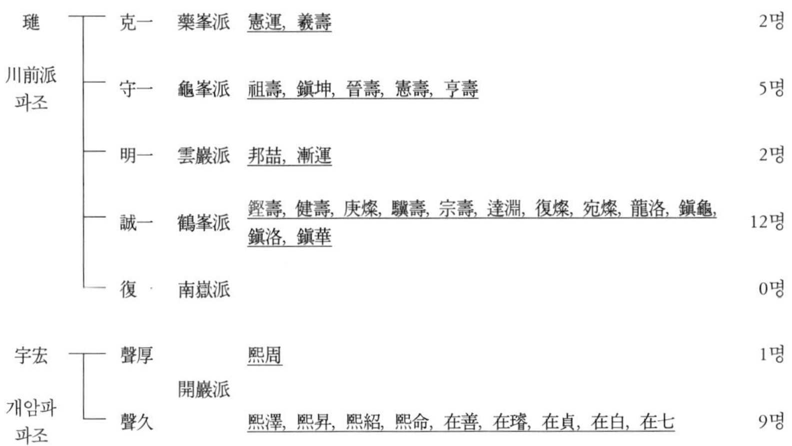

출전: 『義城金氏大同譜』, 1992.

〈그림 1〉 의성김씨 川前派와 開巖派 중 屛虎是非에 참여한 자들

23 이후 문중을 강화하고 구심점을 만들기 위해 川前派는 泗濱書院을 건립하고 청계 김진과 그의 다섯 아들을 배향했다.

24 지금까지 정의된 門中은 친족조직으로서의 기능과 역할에 대한 의미가 강하다. 따라서 본 논문에서 보다 작은 범위에서 혈연적 계통을 가리킬 때는 家系로 표현하겠다.

병호시비 관련 자료에서 확인되는 의성김씨 인물들 중 21명이 천전파, 10명이 개암파에 속한다. 그런데 천전파 중에서도 반수가 넘는 인물들이 병호시비의 주요 논쟁대상이었던 학봉의 후손으로 학봉파에 속했다. 이처럼 병호시비에서 활동한 인물들의 수는 각 지파에 따라 큰 차이를 보인다. 학봉파와 함께 귀봉파龜峯派의 인물들이 상대적으로 병호시비에 적극적이었던 것과는 대조적으로, 복일復一의 후손인 남악파南嶽派의 인물들은 자료에서 단 한 명도 발견되지 않았다. 일찍부터 강한 친족적親族的 유대감을 가졌다고 평가되어[25] 온 천전파 내에서도 지파에 따라 병호시비에 대한 참여도가 달랐으며, 심지어 지파 중 하나는 아예 소외되어 있던 것으로 나타난다. 만약 남악파 인물들이 병호시비에 적극적으로 참여했음에도 불구하고 자료가 그들을 기록하지 않은 것이라면, 남악파의 사회적 위상이 상대적으로 낮았기 때문일 수 있다.

한편 개암파는 병호시비의 당사자라 할 수 있는 학봉의 후손들과는 혈연적으로 상당히 멀다. 병호시비에서 호유虎儒로 활동한 학봉의 후손 복찬復燦과 개암의 후손 매수邁銖의 촌수는 42촌에 달했다.[26] 반면 같은 천전파이면서도 자료에 등장하지 않는 남악파의 경우, 복찬과 같은 항렬의 인물로 따지면 18촌이 된다. 학봉파와 문중으로 묶이지 않는 개암파가 학봉파와 함께 천전파 문중에 속해 있던 남악파보다 병호시비에 더 적극적으로 나타나는 것이다. 이러한 상황은 향전에 대한 각 지파의 참여도가 혈연의 친소親疎에 따라 결정되는 것만은 아니라는 사실을 보여준다.

---

25 문옥표, 김광억, 「종족조직과 생활문화」, 『조선양반의 생활세계』, 백산서당, 2004, 46면.

26 밑의 그림은 의성김씨 족보 중 학봉파, 남악파, 개암파의 계보를 간략화한 것이다.

7	8	9		17	18	19	20	21	22	23	24	25	26	27	28
龍庇	宜	瑞芝	……	萬謹	禮範	璡	誠一	濮	是杠	煉	遠基	以欽	繼濂	柱赫	復燦
							復一	溜	是振	偃	聖基	世鏵	善行	始成	洪運
	英	之銳	……	希參	宇宏	得可	瑮	秋吉	聲厚	汝鐸	景溥	始東	熙周	在恭	邁銖

이처럼 문중 내부의 복잡한 상황이 향전에서 표면화되는 상황은 병호시비屛虎是非의 또 다른 주인공이었던 풍산류씨 하회파河回派의 경우에서도 확인된다. 풍산류씨가 안동 하회로 이주한 후 두각을 나타낸 것은 서애西厓 류성룡柳成龍과 그 형인 겸암謙菴 류운룡柳雲龍이 모두 퇴계 이황의 제자가 되어 학행學行이 뛰어났을 뿐 아니라, 서애가 영의정의 자리에 올랐기 때문이었다. 이후 겸암과 서애의 후손들에게는 조선후기까지 과환科宦과 학행學行이 이어져, 안동과 상주를 중심으로 유력 양반으로 행세할 수 있었다.[27] 겸암과 서애의 후손들은 함께 하회파河回派를 구성하며, 다시 겸암의 후손은 겸암파謙菴派를, 서애 후손은 서애파西厓派를 형성한다. 병호시비에 관련된 <표 1>의 풍산류씨 인물들은 대부분 하회파에 속하는 것으로 확인된다. <그림 2>는 이들을 풍산류씨 하회파의 지파에 따라 분류한 것이다.

병호시비에 참여한 풍산류씨 20명 중 서애파의 지파인 찰방공파察訪公派에서 16명, 우천파愚川派에서 1명을, 겸암파의 지파인 또 다른 찰방공파察訪公派에서 나머지 3명을 찾을 수 있었다. 즉 하회파 이하 8개 지파 중에서도 서애의 장남 녀袽의 후손인 찰방공파가 병호시비에 적극적으로 참여한 반면, 5개 지파에서는 병호시비 관련 자료에 한 명의 인물도 올리지 못했던 것이다. 심지어 서애의 후손들로 구성되는 서애파 내에서도 자료에서 나타나는 참여도는 차이를 보인다. 병호시비는 서애의 위차位次 문제로 인해 발생했기 때문에 그 후손들에게는 매우 중요한 문제였을 것으로 생각된다. 그럼에도 서애의 후손들 사이에서 병호시비에 대한 대응의 정도가 다르게 나타나고 있는 현상은 어떻게 설명할 수 있을까. 이처럼 문중 내부의 정치적 참여도가 차이를 보이는 상황은 문중 내부에 존재하는 갈등을 반영하는 결과일 수 있다.[28]

---

27 하회 풍산류씨 문중의 발전과 분기, 활동에 대해서는 김명자, 앞의 2009 논문 참조.
28 김명자는 서애파 내부의 사정으로 庶派문제를 지적하기도 했다. 김명자, 「16~19세기 풍산류씨 河回派의 혼반」, 『국학연구』 12, 국학연구소, 2008, 461면.

각 지파의 사회적 위상이 상이했을 가능성도 생각해 볼 수도 있다.

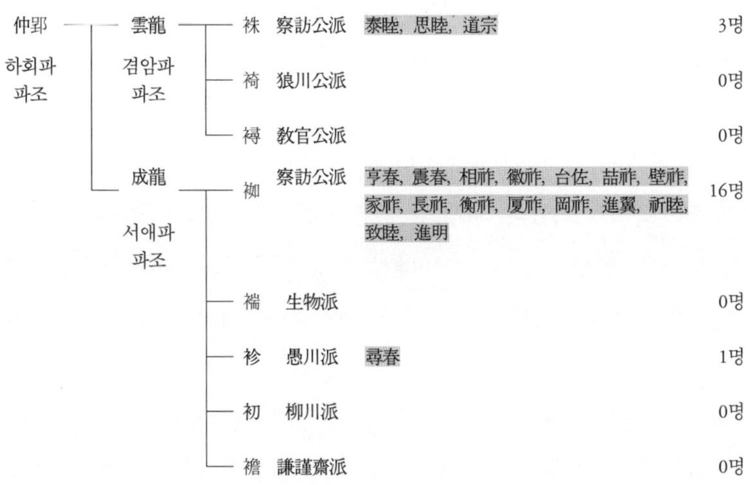

출전: 『豊山柳氏世譜』, 1985.

〈그림 2〉 풍산류씨 河回派 중 屛虎是非에 참여한 자들

이렇게 문중 내에서 병호시비에 대한 참여도가 다르게 나타남에도 불구하고, 간과할 수 없는 사실은 <그림 1>, <그림 2>의 문중 구성원들 중 문중의 정치적 입장과 반대되는 정치적 선택을 한 인물은 발견되지 않았다는 점이다. 즉, 의성김씨 천전파 중 병유屛儒로, 또는 풍산류씨 하회파 중 호유虎儒로 활동한 인물이 보이지 않는 것이다. 이는 비록 정도의 차이가 있을 수는 있으나, 문중 단위의 정치적 의사결정이 내부 구성원들의 정치적 입장 결정에 일정한 영향력을 미치고 있었음을 말해준다.

한편 앞의 <표 1>에서도 하나의 성관이 병호시비에 대한 정치적 입장을 달리하는 경우를 확인할 수 있었다. 진성이, 안동권, 안동김, 연안이씨는 병론과 호론 양측에서 모두 확인된다. 여기서는 병론과 호론 양측에서 상당한 비중을 차지한 진성이씨의 경우를 살펴보자.

진성이씨는 여말선초 안동에 정착한 후 안동과 예안지역에서 크게 번성했다. 특히 조선 성리학의 거두로 평가되는 퇴계 이황 이후, 그 후손들은 지역 내 명족名族으로 부상하게 되었다.[29] 퇴계의 후손들은 퇴계파退溪派를 형성하는데, 이후 후손들 중 현달한 자들이 배출되면서 퇴계의 손자 대에서 크게 세 지파로 분화하게 되었다. 퇴계의 세 손자 중, 안도安道의 후손들은 상계파上溪派, 순도純道의 후손들은 의인파宜仁派,[30] 영도詠道의 후손들은 하계파下溪派를 형성했다. 병호시비가 퇴계의 제자들 사이에 벌어진 분쟁이라고 생각한 퇴계파에서는 공식적으로 중립적인 입장을 견지하려 했다.[31]

<그림 3>은 병호시비에 관여했던 진성이씨들 중 족보에서 퇴계파로 확인된 인물들을 지파에 따라 분류한 것이다. 진성이씨 중에서도 퇴계파는 퇴계의 후손이라는 정체성을 공유하면서 돌림자도 공유[32]했기 때문에 유대감이 강하고, 정치적 입장도 통일되었으리라 예상하기 쉽다. 하지만 실제로 퇴계파는 그 하위 지파에 따라 정치적인 입장이 완전히 달랐다. <그림 3>을 통해서 퇴계파의 세 지파 중 상계파의 인물들은 공식적으로 중립을, 의인파는 병론을, 하계파는 호론을 지지했던 사실을 확인할 수 있다.

---

29 진성이씨의 안동 정착과 확산에 대해서는 김문택, 앞의 논문, 2005 참조.

30 퇴계의 둘째 손자인 순도는 양자를 갔기 때문에 퇴계파에 속하지 않으나, 본 연구에서는 퇴계 후손들로서 그들의 정치적 입장과 반응을 파악하는 것이 목적이므로 순도의 후손인 의인파를 퇴계파에 포함하여 분석을 진행한다.

31 이러한 반응은 퇴계파의 宗派인 상계파의 공식적인 입장이었다.

32 안동지역에는 퇴계파를 제외하고도 여러 진성이씨 문중이 존재하는데, 퇴계파의 돌림자는 상계, 의인, 하계파 내에서만 공유되었다.

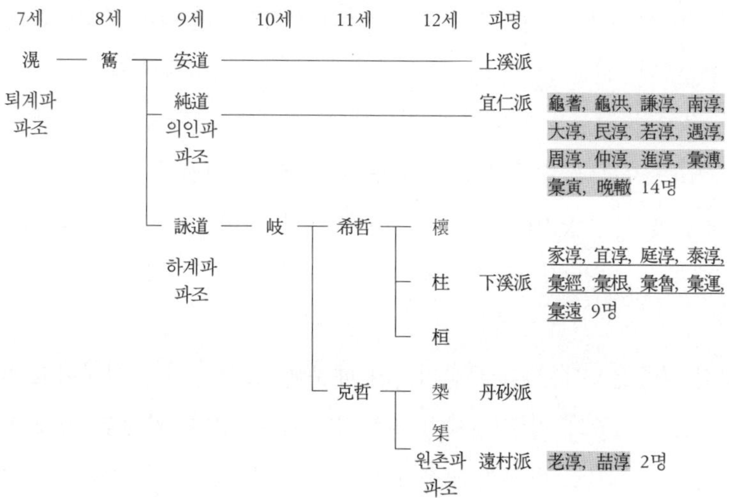

출전: 『眞寶李氏世譜』, 1918; 『眞城李氏安東派世譜』, 1984.

〈그림 3〉 진성이씨 퇴계파 중 屛虎是非에 참여한 자들

그런데 그 중에서도 하계파는 그 내부의 사정이 더 복잡했다. 하계파의 파조派祖인 영도詠道의 증손 구榘대에 하계파에서 다시 단사파丹砂派와 원촌파遠村派가 분파했다. 그런데 위의 그림에서도 알 수 있듯이, 하계파 본손本孫이 호론虎論이었던 데 비해서 원촌파는 병론屛論을 지지했고, 단사파는 공식적으로 앞에 나서지 않는 상황이었다. 일례로 자료에서 병유屛儒로 등장하는 원촌파의 노순老淳과 호유虎儒인 하계파 태순泰淳은 '순淳'을 돌림자 쓰며 촌수로는 12촌의 관계이다. 전통사회에서 가까운 친족으로 인식되어 온 유복친有服親 당내堂內의 범위가 고조부高祖父를 함께 하는 8촌 사이라는 것을 생각하면, 이들은 그리 멀지 않은 관계라고 할 수 있다. 지리적으로도 두 지파는 작은 고개 하나를 사이에 두고 이웃하여 거주하고 있었다. 그럼에도 불구하고 병호시비가 발생하자 이들은 정치적으로 반대편에서 활동했던 것이다.

이 장에서는 우선 향전에서 친족집단의 정치적 영향력이 존재했다는 사실을 확인했다. 천전－학봉파, 서애－찰방파, 퇴계－하계파 등은 병호시비에 대한 정치적 입장을 통일하여 활동했다. 하지만 상황에 따라 소문중이나 지파, 또는 가계家系 수준에서 그 영향력이 다르게 나타나는 사실 또한 확인했다. 동일한 문중 안에서도 병호시비에 대한 참여도가 다르게 나타나기도 했으며, 더 나아가 정치적 입장을 아예 달리하는 경우까지도 확인할 수 있었다.[33]

사실 문중은 지속적으로 분기하기 때문에 그 범주가 중첩적이고 유동적이다. 또한 문중의 범주 자체가 정치적일 수도 있다. 일례로 19세기 초의 병호시비에서 서로 다른 입장을 보인 하계파와 원촌파의 경우가 그것이다. 원촌파의 파조인 구榘가 1761년에 사망했으므로 하계파로부터 원촌파가 분파한 것은 18세기 말에서 19세기 초였을 것으로 예상된다. 따라서 병호시비에서의 정치적 견해 차이가 원촌파의 분기를 가져왔을 가능성도 배제할 수 없을 것이다. 병호시비의 예에서 볼 때, 문중을 통한 분석은 그 내부의 다양한 동향을 간과하거나 획일화할 위험이 있다. 양반층의 사회활동을 분석하는 틀로서 문중이 가지는 이러한 한계를 보완하기 위해서 제시될 수 있는 방법 중 하나는 개별 가족이나 개인의 수준에서 접근하는 시도일 것이다.

33 정치적 입장이 문중 내부에서 꼭 통일되는 것은 아니라는 사실은 문중 내부에서 당색이 달라지는 현상 등에서도 확인할 수 있다. 차장섭, 『朝鮮後期閥閱研究』, 일조각, 1997, 부록 참조.

4. 병호시비 전후의 혼인 네트워크

이 장에서는 양반층의 혼인 네트워크를 통해 문중이라는 틀로써 볼 수 없었던 양반 개인과 가족들의 움직임을 살펴보도록 하겠다. 부계父系에 못지않게 모계母系와 처계妻系의 사회적 지위가 중요했던 조선의 양반들에게 혼인대상의 선택은 매우 신중해야할 문제였다. 따라서 양반층의 혼인 네트워크를 통해 그들의 사회・정치활동을 다른 측면에서 접근해 볼 수 있으리라 생각하는 것이다. 구체적으로는 병호시비 이전의 혼인관계가 병호시비에 대한 정치적 입장 결정에 영향을 주는지, 그리고 이러한 정치적 입장이 이후의 혼인에 얼마나 반영되는지를 살펴볼 것이다. 이를 통해 양반층의 혼인이 가지는, 문중과 다른 의미의 사회적 역할을 확인할 수 있으리라 생각된다.

우선 지파에 따라 정치적 입장이 서로 다르게 나타났던 진성이씨 퇴계파의 혼인이 어떻게 결정되었는지 살펴보자. <표 2>는 병호시비에 참여했던 퇴계파 인물들과 그 가족의 혼인[34] 중 병호시비와의 관련성이 확인되는 경우를 표시한 것이다.[35]

<표 2>에서는 병호시비 이전[36]보다 그 이후의 혼인에서 경향성이 더 쉽게 발견된다. 병호시비 이전의 혼인 중, 이후 병호시비에서의 입장 결정에 영향을 주었으리라 예상되는 혼인은 세 차례[37]에 불과하다. 반면 병호시비가

---

34 본인의 혼인을 비롯하여 부친, 형제자매, 자녀, 孫子女의 혼인을 포함한다. 1, 2촌 내에서 맺어지는 혼인관계가 개인의 사회・정치적 성향을 반영하며, 반대로 그 정도 관계에서의 혼인이 개인의 활동에 상대적으로 큰 영향을 줄 것이라고 가정하였다. 이에 대해서는 앞으로 조금 더 넓은 범위에서의 혼인관계와의 비교분석이 필요하겠다.

35 족보에는 혼인 시기가 기록되지 않으므로 본 논문에서는 편의상 20세에 혼인한 것으로 가정한다.

36 기준이 되는 시점은 서애와 학봉의 위차 논쟁이 다시 부상하는 1805년으로 한다.

37 하계파의 혼인에서 의성김씨 逵漸이나 풍산류씨 希睦과의 혼인이 세 번씩 표시되었으나,

격렬해진 이후의 혼인에서는 각 지파의 정치적 성향이 한층 더 반영되고 있기 때문이다. 예를 들어 병론屛論으로 활동했던 의인파와 원촌파 인물들의 혼인관계에서는 병유屛儒이면서 풍산류씨 서애파에서 큰 영향력을 가지고 있던 이좌台佐와 관련된 혼인이 다섯 차례나 확인된다. 또한 서애파이면서 병유였던 치목致睦 가계와의 혼인도 두 차례 확인된다. 특히 원촌파에 속하는 노순老淳 가계의 혼인에서는 병호시비가 시작된 이후 이좌台佐, 철조喆祚, 상조相祚 등 풍산류씨 서애파이면서 병론측 주요 인물들과 관련된 혼인이 갑자기 등장했다. 그러나 이렇게 병론측 인물들과의 혼인이 증가하는 경향 속에서도 호론虎論측 인물들과의 혼인이 확인된다. 예를 들어 의인파 대순大淳의 혼인에서 보이는 안동권씨 재륜載綸은 유치명의 제자로 호유虎儒이자 당대 유명한 학자였던 이재頤齋 권연하權璉夏의 생부生父였다.

〈표 2〉 屛虎是非에 참여한 진성이씨 퇴계파 주요 인물들의 혼인관계

	파	성명	屛虎是非 이전	屛虎是非 이후
屛論	의인파	大淳	밀양박 尙益, 풍산류 聖曾, 선성이 敏德, 선성김 江鍊, 전주최 光迪, 안동권 載五	의성김 弼熙, 고창오 載夏, 선성김 永協, 선성김 樂崇, 안동권 載綸, 여주이 在昇, 남양홍 煥日, 인동장 奎穆, 창원황 鍾烈, 봉화금 大述, 풍산류 進璋, 구산박 啓祖, 여주이 相久, 밀양손 振禹
		謙淳	안동권 思溥, 청주정 必愼	풍산류 奭佐, 전의이 貞模, 영양남 華壽, 풍산류 進羽, 풍산김 宗薰, 안동권 載璜, 안동권 珽夏, 달성서 麟淳, 선성김 輝宗
		進淳	안동권 國貞, 남양홍 鳴國, 장수황 祥幹, 청주정 師祥, 한양조 顯文, 순천박 基宏, 밀양박 龍煥	안동김 顯鐸, 의성김 洛鎭, 풍산류 家睦, 안동권 忠夏, 성산이 文相, 선성김 輝燦, 안동권 珽夏, 선성김 輝祖, 경주이 文欽, 창원황 稷漢, 동복오 瑗
		仲淳	영해신 致X, 연안이 之默, 벽진이 鏐, 진주강 志道, 구산박 在魯	풍산류 耆春, 선성김 永耆, 전주류, 풍산김 重休, 인동장 行矩, 영천이 益X,

실제로는 泰淳과 彙遠, 彙運이 부자관계이기 때문에 중복되어 표현된 것이다.

				풍산류 畊睦, 선성김 樂灝, 청송심, 영해신, 전주류 昌植, 한양조 圭錫, 풍산김, 선성김, 한양조 日容, 청주정 純
		彙寅	밀양박 尙益	선성김 永協, 창원황 鍾烈, 봉화금 大述, 여주이 相久, 밀양손 振禹, 안동권 孝淵, 남양홍 煥龍, 진주강 錫文, 풍산류 驥榮, 구산박 啓祖, 풍산류 進瑋, 의성김 秉植, 풍산류 道弦, 의성김 弼熙, 고창오 載夏
		彙溥	벽진이 鏐	풍산류 致睦, 밀양박 世龜, 여주이 鍾祥, 풍산류 進奭, 풍산류 道昌, 여주이 容久, 의성김 項洛, 풍산류 永佑, 인동장 志永, 진주정 在鵬, 광산김 熙國, 전주최 雲璜
	원촌파	老淳	영산신 必遠, 안동김 宗宅, 진주강 世謇, 고성이 庭植, 광주이 勉運, 의성김 在五, 연안이 邁基	풍산류 喆祚, 연안이 建基, 의성김 在鼎, 풍산류 教睦, 선성김 樂浩, 전주류 宅欽, 광산김 行述, 고성이 庭雲, 성산이 觀熙, 진주강 鏶, 광산김 正欽, 풍산류 道獻, 영천이 念在, 공주이, 경주김
虎論	하계파	泰淳	고성이 憲復, 진주강 溁, 안동권 思立, 진주강 梒, 아주신 重仁, 영양김 英冑, 은산박 守謙, 안동권 時龍, 창원황 翊漢, 안동김 章進, 풍산류 希睦, 의성김 逵漸	전주류 晦文, 안동김 觀進, 아주신 冕周, 진주강 必魯, 전주최 雲應, 한산이 秀九, 한산이 文稷, 의성김 邁銖, 의성김 萬銖, 영천이 寅在, 의성김 鎮坤, 안동권 命夏, 의성김 昌銖, 전주류 基鎬, 의성김 鎮萬
		彙遠	진주강 溁, 안동김 章進, 풍산류 希睦, 의성김 逵漸	안동김 觀進, 아주신 冕周, 진주강 必魯, 전주최 雲應, 한산이 秀九, 의성김 邁銖, 의성김 萬銖, 영천이 寅在, 한산이 文稷, 진주강 夏奎, 의성김 興洛, 진주강 銳, 의성김 項林, 광주이 相來, 함양박 義哲, 진주강 震馨, 안동김 元鍾, 의성김 翼洛, 전주최 正愚, 영양남 憲朝, 야성송 濟翼, 벽진이 德厚, 대흥백 南疇, 전주류 晦文
虎論	하계파	彙根	아주신 重仁, 영양김 英冑	의성김 弼謨, 전주류 後文, 진주강 基煥, 덕산송 時X, 청주한 勝衍, 의성김 鎮龍, 전주류 炳文, 순흥안 會應, 안동권 載東, 고성이 元宇, 영천이 始爚, 전주류 養九, 안동권 策, 여산송 致遠, 영천이 羲惪, 풍양조 東轍, 남양홍 遇鍾, 진주강 舜元, 청주정 承學, 봉화금 福源, 영천이 基鎬, 안동권 中夏
		彙運	진주강 溁, 안동김 章進, 풍산류 希睦, 의성김 逵漸	전주류 晦文, 안동김 觀進, 의성김 鎮坤, 안동권 命夏, 의성김 昌銖, 전주류 基鎬, 의성김 鎮萬, 영해신 鍾浩, 안동권 相鎬, 진주강 通政, 전주류 淵愚, 의성김 潤模, 안동권 相弼

출전: 『眞寶李氏世譜』, 1918; 『眞城李氏安東派世譜』, 1984.

호론虎論 성향이 강했던 하계파의 혼인에서도 병호시비 이후의 혼인에서 정치적 경향성이 더 강하게 나타난다. 병호시비가 시작되기 이전, 하계파에 속하는 태순泰淳은 풍산류씨 서애파의 이좌台佐와 혼인관계를 맺었으나 두 가족 간의 혼인관계는 병호시비 이후 이어지지 않았다. 오히려 호유虎儒로 확인되는 의성김씨 천전파나 개암파 인물들과의 혼인이 증가했으며, 용와慵窩 류승현柳升鉉의 후손들이 형성하는 전주류씨 기봉파岐峰派가 하계파의 주요 혼인대상으로 새롭게 등장하였다. 이러한 변화에는 병호시비에 대한 정치적 입장이 영향을 주었을 것으로 생각된다.

이상 퇴계파 인물들의 혼인관계를 볼 때, 병호시비 이전에 형성되었던 혼인관계는 병호시비에서의 정치적 입장 결정에 직접적인 영향을 주지 않았음을 알 수 있다. 일례로 하계파 태순泰淳은 병론屛論의 주요 인물이었던 서애파 이좌台佐와 혼인관계를 가지고 있었지만, 그는 병호시비에서 호론虎論로 활동했다. 사실 여기에는 태순이 대산 이상정의 고제高弟로 학봉학맥에 연결되어 있었다는 점이 더 크게 작용한 것으로 보인다.

다음은 병호시비의 당사자이기도 했던 의성김씨 천전파와, 천전파와 함께 병호시비에서 호론으로 보조를 함께 했던 개암파의 경우를 살펴보자. 병호시비에 참여했던 의성김씨 인물들과 그 가족의 혼인 중 병호시비와의 관련성이 확인되는 자들을 표시한 것이 <표 3>이다.

〈표 3〉 屛虎是非에 참여한 의성김씨 천전파, 개암파 주요 인물들의 혼인관계

	파	성명	屛虎是非 이전	屛虎是非 이후
虎論	川前派	邦喆	풍산류 潛, 풍산류 渼, 무안박 川永, 재령이 相曦, 영해신 致道	진성이 鎭世, 전주류 致護, 단양우 明奎
		晉壽	안동권 正容, 벽진이 達祿, 무안박 鎭謙, 광주이 漸運, 진성이 彙成, 전주류 道源, 선성김 驥鍊	여주이 憲敏, 전주류 興休, 영해신 望烈, 의령남 覺正, 한산이 秀龍, 전주류 漢休, 진성이 孝永
		祖壽	전주류 通源	진성이 頤淳, 풍산류 台佐, 봉화금 汝聖,

				선산김 秀瀅, 청주정 範洛, 여주이 能遠, 진주강 X, 광주이 以豊, 부림홍 學淵, 전주류 後文, 안동권 正普, 영천이 亨發, 김해김 顯華, 진성이 孝淳, 경주손 相駿, 재령이 壽嶷, 고성이 鍾奎, 재령이 相敬, 순천김 日淵
		鎭坤	-청주정 械	진성이 龜喆, 오천정 弼衡, 여주이 鍾海, 한산이 在稷, 안동권 載秉, 仲鎭, 永祜, 海鎭, 진성이 晩德, 안동권 瑀, 진성이 中鍵, 남원이 容郁, 예천권 啓煥, 남양홍 煥敎, 전주류 寧鎬, 안동김 憙鎭, 전주류 在欽, 영해신 在休, 청주정 思欽
		鎭華	여주이 憲儒	여주이 元祥, 진성이 晩億, 진성이 彙廷, 진성이 晩運, 고성이 鍾泰, 전주류 止鎬, 인동장 厚相, 경주최 雲錫, 풍산류 進翼, 고성이 庭植, 아주신 冕朝, 진주강 忠永, 안동권 魯淵, 선성김 輝洙, 풍산류 進錫, 청주정 敎擴, 진성이 鍾河
		健壽	전의이 奎五	전주류 少文, 진성이 彙運, 진성이 晩駰, 진성이 晩逸, 진성이 彙杰, 영천이 章秀
	개암파	熙澤	안동권 思繹, 부림홍 命龜, 고성이 弘重, 전주류 剡, 한양조 命臣, 전주최 紘, 안동권 章度, 안동권 復升, 안동권 世彦, 고성이 周憲, 광주이 以讓, 진성이 世泰, 창원황 應綸, 전주류 星休, 진성이 世猷	진성이 龜洪, 인동장 錫祐, 경주손 夏錫, 청주정 光殷, 안동김 養沂, 안동권 載聲, 한양조 顯潑, 안동권 載基, 풍산김 奎運, 청주정 昌錫, 안동김 魯善, 한산이 敦夔
		熙命	전주류 長源, 안동권 思典, 진성이 世恒, 인동장 時樞, 선성김 華鍊, 안동권 載經, 청주정 行簡	진성이 龜星, 경주김 龍澤, 창녕성 雨敎, 함양박 聃寧, 고성이 秀五, 전주류 泰文, 능성구, 강릉신, 봉화금 東圭, 풍산류 道規, 고성이 周老, 나주임 翼相, 진주강 命欽, 안동권 璡夏, 한산이 秀慭, 선성김 輝朝, 청도김 龍鎭, 의령여 鍾燁, 고창오 璧鎬, 청주정 昌禧, 풍산김 宗參
		熙周	안동권 思及, 반남박 孝述, 진성이 龜雲	풍산류 尋春, 진성이 彙遠, 선성김 永規, 전주류 致明, 전주최 雲應, 진주정 允遇, 한산이 敦禹, 안동권 秉淵, 진성이 晩祚, 안동권 鎭夏, 전주류 肯鎬, 진주강 來永, 진주정 東奭
		在七	인동장 時樞, 선성김 華鍊, 전주류 長源, 안동권 思典	창녕성 雨敎, 함양박 聃寧, 진주강 命欽, 안동권 璡夏, 전주최 炳奎, 진성이 亨常, 광산김 箕翔, 진성이 建鎬, 전주이 誠弼, 진성이 龜星, 경주김 龍澤

출전: 『義城金氏大同譜』, 1992.

먼저 병호시비가 발생하기 전 천전파의 혼인을 살펴보자. 우선 서애의 후손이자 병호시비에서 병유로 활동했던 풍산인 가조家祚의 조부 미渼와의 혼인이 보인다. 병호시비에서 호유로 활동했던 진성이씨 태순泰淳의 조카인 휘성彙成과의 혼인, 호론측 주요 인물이었던 전주인 정재定齋 류치명柳致明의 증조부 통원通源과의 혼인도 확인된다. 천전파는 앞의 퇴계파와는 달리 병호시비의 당사자였기 때문에 기존의 혼인관계가 병호시비에서의 정치적 입장에 영향을 주지 않았을 수 있다.

병호시비 이전에 양 진영과의 혼인관계가 공존하는 상황은 개암파에서도 비슷하게 나타난다. 병호시비가 발생하기 전 개암파의 혼인에는 이후 병호시비에서 병론屛論측으로 정치적 입장을 보이는 진성이씨 의인파, 원촌파와의 혼인이 확인되기 때문이다. 그렇다면 개암파의 경우, 기존의 혼인관계의 영향보다는 천전파와의 부계 혈연적 연대감이 병호시비에서 더 강하게 작용한 것으로 볼 수 있다. 하지만 혈연적으로 학봉의 후손들과 더 가까웠던 의성김씨 남악파가 병호시비에서 앞에 나서지 않았던 상황이나, 동일한 지파 내에서도 정치적으로 갈라진 퇴계파 등을 고려한다면 혈연적 연대감이 혼인보다 더 큰 영향력을 가진다고 일반화하는 것은 위험할 수 있다.

이번에는 병호시비 이후 천전파와 개암파의 혼인을 살펴보자. 우선 천전파 인물들의 혼인에서는 호론측 성향을 보이는 혼인이 크게 증가했다. 그 가운데는 호론측 성향인 진성이씨 하계파의 태순泰淳 가계와의 혼인이 세 차례나 보인다. 또한 호론측인 전주류씨 인물들과의 혼인도 다수 존재하며, 그 중에는 류치명의 아들인 지호止鎬와의 혼인도 확인된다. 그러나 병론측 인물들과의 혼인 역시 확인된다. 특히 병호시비의 또 다른 주인공이기도 했던 풍산류씨 서애파와의 혼인이 주목할 만하다. 당시 서애파의 주요 인물이었던 이좌台佐와의 혼인, 상조相祚의 아들이면서 서애파 종손인 진익進翼과의 혼인 등이 보인다. 또한 진석進錫의 부친은 앞에서 언급했던 병유屛儒인 가조家祚이기도 했다. 개암파의 경우에도 진성이씨 하계파 태순泰淳의 가계 및 병유이자 당대 유명한 학자였던 풍산류씨 서애파 심춘尋春과의 혼인 등 병-호측 혼인이 혼재하는 양상을 보이고 있다.

병호시비에서의 정치적 성향이 혼인관계에 영향을 주고 있는 것은 사실이지만, 병호시비가 안동의 유력 가문들의 혼인관계에 극단적인 단절을 가져오지 않았다는 점도 주목해야 할 것이다. 이는 개인의 혼인에 지파 단위에서 결정되는 정치적 성향이 절대적인 기준이 되지 못했다는 사실을 말해준다. 또한 더 나아가 병호시비에 대해서도 그것을 단순히 문중과 학파 간의 대립구도로 바라보아서는 안 된다는 점을 시사해준다고 하겠다.

그렇다면 왜 정치적 입장과 불일치하는 혼인이 존재하는 것일까. 이는 혼인관계가 조직적인 성격을 가지는 문중과 달리, 개인과 개별 가족이 비교적 자유롭게 결정하는 네트워크로서의 성격을 보이기 때문이다. 안정성과

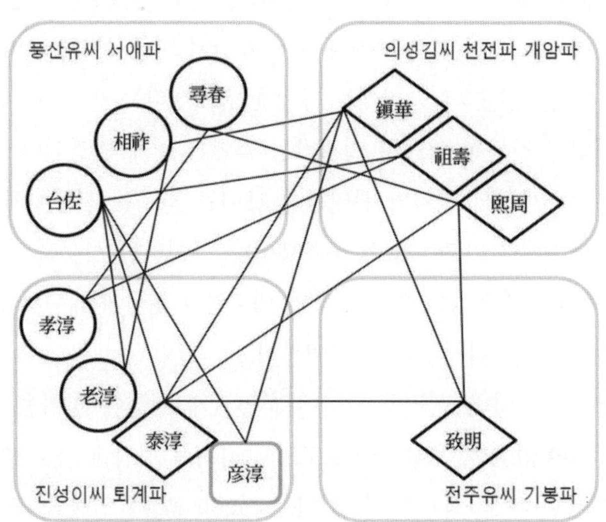

출전 : 각 문중의 족보.

비고 : ○로 표시된 가계는 屛虎是非에서 屛論측 성향을 보인 경우이며, ◇는 虎論측, □는 屛虎是非 자료에 직접 등장하지 않는 경우이다. 혼인의 구체적인 내용은 뒤의 부표 참조.

〈그림 4〉 屛虎是非 당시 안동지역 유력 가계의 혼인 네트워크

동질성을 추구하는 문중조직과 달리 혼인을 통해 형성되는 혼인 네트워크는 개방적이고 유동적이기 때문에 조금 더 쉽게 개인과 가족의 이해관계를 반영할 수 있는 것이다. 위와 같은 혼인관계를 형성한 양반들은 이 혼인에서 문중 단위에서의 정치적 통일과는 또 다른 효과를 기대했을 것이다. 그렇다면 병호시비에서의 주요 인물들의 혼인 네트워크를 살펴봄으로써 그들이 노린 것이 무엇인지 확인해보자. <그림 4>는 당시 안동지역에서 큰 영향력을 발휘하던 인물들의 가족이 형성한 혼인 네트워크를 단순화하여 표현한 것이다.

병호시비 당시 병론의 중심인물이었던 풍산류씨 서애파의 이좌台佐, 상조相祚, 심춘尋春은 모두 호유虎儒로 활동했던 인물들과도 혼인관계를 가지고 있었다. 그 중 이좌台佐의 가계는 진성이씨 퇴계파와 여러 번 혼인했는데, 그 대상은 의인파 동순同淳, 하계파 태순泰淳, 원촌파 노순老淳, 단사파 언순彥淳 가계였다. 그런데 흥미로운 것은 동순同淳과 노순老淳만이 병론 성향을 보일 뿐, 태순泰淳은 호론虎論을, 언순彥淳의 가계는 중립을 유지했다는 점이다. 위의 <그림 4>에서 이렇게 정치적 입장이 엇갈리는 혼인은 쉽게 발견된다. 위의 주요 가계 중 혼인관계에서 정치적 통일성을 보이는 경우는 진성이씨 원촌파의 노순老淳과 전주류씨 기봉파의 치명致明뿐이다.[38] 이러한 상황은 문중 단위에서 결정되는 정치적 입장이 가족의 혼인 네트워크 형성에서는 하나의 요소에 불과하다는 사실을 다시 한 번 보여준다.

그렇다면 주요 양반 인물들 사이에 혼인관계 형성에 영향을 주는 다른 요소들은 무엇이었을까. 우선 양반으로서의 사회적 지위에 가장 중요한 요소 중 하나인 과환科宦을 생각할 수 있다. <그림 4>의 인물들 중 풍산류씨 이좌台佐, 상조相祚, 심춘尋春, 진성이씨 효순孝淳, 태순泰淳, 언순彥淳, 의성김씨

38 류치명이 속한 전주류씨는 풍산류씨와 同姓이었기 때문에 서로 혼인하지 않았다.

희주熙周, 진화鎭華, 전주류씨 치명致明은 모두 정3품 이상의 고위 관직을 지냈다.[39] 당시 정치적으로 소외되어 있던 영남 남인사회에서 이 정도의 관직에 오르기는 쉽지 않은 일이었다. 따라서 문중에서 뿐 아니라 안동 지역사회 내에서도 이들의 위상은 상당히 높았을 것으로 예상된다. 반면 의성김씨 조수祖壽와 진성이씨 노순老淳은 각각 생원과 진사시에 합격했을 뿐이다. 그렇다면 과환科宦 이외에 어떤 요소가 이들의 혼인을 가능하게 했을까.

각 개인이나 가계 인물들이 서애학파나 학봉학파 내에서 어느 정도의 학문적 성취를 이루고 있는지도 고려해야 한다. 이러한 측면에서는 전주류씨 치명致明, 풍산류씨 심춘尋春, 의성김씨 진화鎭華,[40] 진성이씨 태순泰淳의 가계가 주목할 만하다. 또한 해당 가계가 각 문중에서 불천위不遷位를 모시는 봉사손奉祀孫, 즉 종손宗孫인지의 여부도 중요한 요소가 될 수 있다. 위의 인물들 중 의성김씨 진화鎭華가 학봉파의 종손, 풍산류씨 상조相祚가 서애파의 종손이었으며, 조수祖壽는 천전파의 또 다른 지파인 귀봉파의 종손이었다. 이런 요소들을 종합해 볼 때, 진성이씨 원촌파의 노순老淳을 제외한 모든 이들은 하나 이상의 요소를 보유하고 있었다.

노순老淳의 경우, 당대 풍산류씨 서애파와 병론측 주요 인물이었던 이좌台佐, 상조相祚의 가계와 혼인관계를 가지고 있으나, 그 혼인을 결정한 이유가 무엇이었는지는 이상의 요소들을 통해서는 확인되지 않는다. 이는 다시 말하면, 혼인관계 형성에는 위의 요소 외에 또 다른 요소가 영향을 줄 수 있음을 말해주는 것이다. 다만 노순 가계와 병론측 주요 가계와의 혼인이 병호시비 이후에 등장하기 시작했다는 점은 이 혼인이 병호시비와 깊이 관련된 것이 아닐까라는 의심을 불러일으킨다.

---

39 台佐 : 참판, 相祚 : 판서, 尋春 : 돈녕부도정, 孝淳 : 판서
泰淳 : 참판, 彦淳 : 참판, 熙周 : 참판, 鎭華 : 목사, 致明 : 참판

40 鎭華의 아들인 興洛은 이후 정재 류치명을 이어 학봉학맥의 대표하는 학자로 활동했다.

다양한 요소를 고려하여 형성된 이러한 혼인 네트워크는 양반들에게 어떤 의미였을까. 우선 유력한 인물과의 혼인은 자신의 사회적 위상을 반증하려는 의도를 가지고 있었을 것이다. 그러나 정치적 성향과 일치하지 않는 혼인의 존재, 더구나 병호시비가 진행되는 가운데 병－호 진영의 주요 인물들 사이에 존재한 혼인 네트워크는 또 다른 의미에 대한 힌트를 주고 있다. 즉, 문중 조직이 할 수 없는 차원에서의 사회적 안전망 역할이 바로 그것이다. 병호시비라는 향전이 벌어지고 있는 시기, 상대편 주요 인물과의 혼인은 향전의 결과가 가져올 수 있는 위험을 완화하기 위한 의도를 가진 것이 아니었을까.

5. 맺음말

조선후기 양반사회에서는 문중으로 대표되는 친족집단이 강화되는 현상이 일반적이었다. 그러나 이 문중이라는 개념은 중첩적이면서도 가변적이기 때문에 구체적이고 실증적으로 접근해야 할 필요성이 있다. 또한 지금까지의 연구에서는 문중의 강화라는 맥락 속에서 양반사회를 해석해왔기 때문에 개인이나 가족의 이야기가 매몰되어 있었다. 따라서 조선후기 양반사회를 정확히 이해하기 위해서는 문중에 대한 정확한 이해와 함께 양반 가족과 개인에 대한 이해가 필요하다. 지금까지 이러한 문제의식 속에서 안동의 향전인 병호시비를 통해 드러나는 문중, 가족의 모습을 살펴보았다.

안동의 향전인 병호시비는 여강서원에서 류성룡과 김성일의 위차 문제가 발단이 되어 19세기 초부터 격렬해지기 시작했다. 결국 서애를 지지하는 세력이 호계서원을 떠나 병산서원을 중심으로 활동하기 시작하면서 병론세력을 형성했고, 호계서원에 남은 학봉 지지 세력은 호론이 되었다. 이후 두 세력은 여러 활동을 통해 자신들의 의견을 관철시키려 노력했다. 더구나 병호시비의 당사자 격인 풍산류씨 서애파와 의성김씨 학봉파의 학문적, 혈연적 영향력은 당시 안동을 넘어서고 있었으므로, 안동과 인근 지역의 양반들은 병호시비에 직간접적으로 관여하고 있었다.

병호시비에 참여한 양반들은 기본적으로 자신이 속한 문중의 정치적 입장을 따르는 경향을 보인다. 의성김, 풍산류, 전주류, 진주정씨 등이 대표적이라고 할 수 있다. 그러나 문중 단위에서의 정치적 입장이 통일되더라도 그 내부에서는 지파에 따라 병호시비에 대한 참여도가 차이를 보이는 현상을 확인할 수 있었다. 의성김씨 천전파 중에서도 학봉파 인물들은 병호시비에 적극적으로 참여한 반면, 남악파 인물들은 관련 자료에서 전혀 나타나지 않았다. 오히려 혈연적으로는 멀지만 의성김씨 개암파가 병호시비에 적극적으로 참여하면서 학봉파와 보조를 맞추었다. 서애의 후손들로 구성된 풍산류씨 서애파의 경우에도 5개 지파들 중 하나의 지파만이 주도적으로 향전에 관여하고 있었다.

동일한 문중 안에서 병호시비에 대한 정치적 입장이 갈리는 경우도 존재했다. 진성이씨 퇴계파는 같은 퇴계의 후손들이면서도 의인파와 원촌파는 병론을, 하계파는 호론을 지지하는 모습을 확인했다. 이 지파들은 퇴계파 문중의 하위 문중이면서도 정치적으로는 종속되지 않았던 것이다. 한편 통일성을 가지는 지파 단위에서는 문중의 정치적 성향과 반대되는 정치적 활동을 보인 구성원들이 확인되지 않았다. 이상을 종합해 볼 때, 부계혈연집단의 영향력이 존재하는 것이 분명하지만, 향전 등 양반들의 사회활동을 설명하는 단위로서는 문중 중에서도 지파 수준의 범주가 조금 더 적절할 수 있다.

이렇게 문중이라는 단위가 가지는 불완전성을 보완하기 위해서는 개인과 개별 가족 단위로 접근하는 방법도 필요할 수 있다. 이를 위해 병호시비를 전후한 시기에 맺어진 주요 인물들의 혼인관계를 확인해보았다. 진성이씨 퇴계파나 의성김씨 천전파, 개암파 주요 인물들의 혼인관계 중 병호시비 이전에 존재한 혼인관계는 이후 병호시비에서 개인의 정치적 입장과 뚜렷한 관련성을 찾을 수 없는 경우가 많았다. 반면 병호시비가 발생한 이후에는 개인의 정치적 입장이 혼인관계에 일정한 영향력을 발휘하는 것으로 보인다.

그러나 더 흥미로운 것은 정치적 성향이 반대되는 인물들과의 혼인이 계속 존재했다는 점이다. 이러한 상황은 퇴계파와 천전파, 개암파의 경우 모두 동일하게 확인되었다. 이것은 문중과는 달리 혼인은 개별 가족의 네트워크라는 특징을 가지기 때문으로 생각할 수 있다. 문중이나 더 작은 단위인 지파 수준에서 결정되는 정치적 입장이 영향력을 가지면서도, 혼인이라는 의사결정에서는 개인이나 개별 가족의 이해관계가 더 결정적으로 작용했던 것이다. 그 이해관계가 무엇인지 확인하기 위해, 병호시비 당시 안동의 유력 가계의 혼인 네트워크를 통해 혼인에 영향을 주는 요소들을 살펴보았다. 그 결과 정치적인 입장 이외에도, 과환科宦을 비롯한 학행學行, 종손宗孫 여부 등의 요소들을 찾을 수 있었다.

이처럼 조선후기 양반층의 사회활동에는 점점 더 강화되고 있던 문중의 영향력이 작용했을 뿐 아니라, 기본적인 사회조직이면서 개인의 활동에 가장 직접적으로 영향을 끼치는 개별 가족의 영향력 또한 존재했다. 이 두 가지 영향력의 방향이 반드시 통일되는 것은 아니라는 사실은 병호시비 당시 양반 가족들의 혼인관계에서 확인되었다. 이처럼 양반층의 혼인 네트워크가 정치적 입장과 통일되지 않는 것은 향전의 결과에 대한 안전망으로서의 의미를 가지기 때문일 수 있다. 더 나아가 향전임에도 불구하고 그 참여자들이 혼인 네트워크를 가지고 있었다는 점에서 병호시비는 새롭게 이해될 수 있을 것이다. 상대방의 도태를 위한 대립이 아닌 향촌 사회 내에서 공존을 위한 타협의 장으로서 기능했을 가능성이 바로 그것이다.

〈부표〉 屛虎是非 당시 안동지역 유력 가계의 혼인 네트워크

성관	주요인물	관계	명	명	관계	주요인물	성관
풍산류	台佐	자	希睦		녀	泰淳	진성이
		자	敎睦		녀	老淳	
		녀		龍鎭	자	祖壽	의성김
	相祚	자	進翼		매	鎭華	
		손	道獻		손녀	老淳	진성이
	尋春	녀		在翼	자	熙周	의성김
		증손	道禼(吉)		녀	孝淳	진성이
진성이	孝淳	녀		光洛	손	祖壽	의성김
	泰淳	손녀		興洛	자	鎭華	
		현손녀		驥煥	증손	鎭華	
		손녀		邁銖	손	熙周	
		자	彙運		매	致明	전주류
	彦淳	손녀		承洛	자	鎭華	의성김
		손	晩運		녀	鎭華	
전주류	致明	녀		達銖	손	熙周	
		자	止鎬		녀	鎭華	

출전: 각 문중의 족보

: : 3부

새로운 유형으로서의 '사士'

무사가 정치를 담당하게 된 것은 12세기 말 가마쿠라(鎌倉) 막부幕府가 성립 되면서부터였다. 하지만 무사는 고대 사회가 동요기에 접어든 10세기 말부터 전투를 전문으로 하는 집단으로 성장하기 시작했다. 그 무렵부터 무사들 은 독특한 생활방식을 갖게 되었다. 무사들은 평소부터 최악의 상황에 대비하는 생활을 했다. 주택은 실용성이 강조되었고, 의복은 검소했고, 식단은 매우 간단했다. 무예를 연마하는 데 게으르지 않았다. 무사의 자제들은 책을 읽을 시간을 내지 못할 정도로 가혹 한 훈련을 했다. 싸움이 벌어지면 무사들은 친족 단위로 부대를 편성해 출진 했다. 그들의 목표는 승리였다. 이러한 독특한 생활방식 속에서 독자적인 무사도가 형성되었다. 그것은 무사가 평상시에도 긴장감을 늦추지 않는 생활 속에서, 또 전쟁터를 전전하며 주군과 생사를 같이 하면서 형성된 것이었다. 일본 역사상 무사가 가장 치열하게 살았던 시기는 아마 전국시대戰國時代일 것이다. 소위 난세亂世라고 하는 전국시대의 무사야말로 가장 전형적이고 또 전문적인 전투원이었다고 할 수 있다. 그런데 전국시대는 오다 노부나가(織田信長), 도요토미 히데요시(豊臣秀吉) 시대를 거치면서 서서히 종언을 고하고 있었다. 1600년 도쿠가와 이에야스가 세키가하라의 전투에 서 승리하고, 1603년에 쇼군(將軍)에 취임하면서 에도에 막부幕府를 개설 했다. 이에야스가 명실상부하게 일본 최고의 통치자로 군림하게 된 것이다. 그것은 난세가 종언을 고하고 평화 시대의 시작을 알리는 것이었다. 평화의 회복은 아이러니하게도 무사가 그 존립의 근거를 상실하는 것이기 도 했다. 전국시대의 무사는 전투에서의 활약에 그 존재의 근거가 있었다. 전투는 무사를 무사답게 하는 것이었다. 무사는 명예를 드높이기 위해 전쟁 터를 누볐다.

근세 일본 무사의 직분과 사도론

야마가 소코(山鹿素行)의 사도론士道論을 중심으로

구태훈(具兌勳)*

1. 머리말

본 논문의 목적은 17세기 일본사회를 대상으로 무사가 어떻게 존재했는지, 또 당시 지식인들은 무사가 어떻게 존재해야 마땅하다고 생각했는지에 대해 주로 사상사의 관점에서 조명하는 것이다. 특히 전국시대戰國時代에 형성된 무사의 에토스가 에도(江戶) 막부幕府에 의해 새로운 교학教學으로 수용된 유학儒學과 어떻게 결합되면서 평화 시대에 적합한 규범을 형성해 가는지에 대해 살펴보는 것이다.

무사가 정치를 담당하게 된 것은 12세기 말 가마쿠라(鎌倉) 막부幕府가 성립되면서부터였다. 하지만 무사는 고대 사회가 동요기에 접어든 10세기 말부터 전투를 전문으로 하는 집단으로 성장하기 시작했다. 그 무렵부터 무사들은 독특한 생활방식을 갖게 되었다.

* 성균관대학교 사학과 교수.

무사들은 평소부터 최악의 상황에 대비하는 생활을 했다. 주택은 실용성이 강조되었고, 의복은 검소했고, 식단은 매우 간단했다. 무예를 연마하는 데 게으르지 않았다. 무사의 자제들은 책을 읽을 시간을 내지 못할 정도로 가혹한 훈련을 했다. 싸움이 벌어지면 무사들은 친족 단위로 부대를 편성해 출진했다. 그들의 목표는 승리였다. 이러한 독특한 생활방식 속에서 독자적인 무사도가 형성되었다. 그것은 무사가 평상시에도 긴장감을 늦추지 않는 생활 속에서, 또 전쟁터를 전전하며 주군과 생사를 같이 하면서 형성된 것이었다.

일본 역사상 무사가 가장 치열하게 살았던 시기는 아마 전국시대戰國時代일 것이다. 소위 난세亂世라고 하는 전국시대의 무사야말로 가장 전형적이고 또 전문적인 전투원이었다고 할 수 있다. 그런데 전국시대는 오다 노부나가(織田信長)・도요토미 히데요시(豊臣秀吉) 시대를 거치면서 서서히 종언을 고하고 있었다. 1600년 도쿠가와 이에야스(德川家康)가 세키가하라(關ヶ原)의 전투에서 승리하고, 1603년에 쇼군(將軍)에 취임하면서 에도(江戶)에 막부幕府를 개설했다. 이에야스가 명실상부하게 일본 최고의 통치자로 군림하게 된 것이다. 그것은 난세가 종언을 고하고 평화 시대의 시작을 알리는 것이었다.

평화의 회복은 아이러니하게도 무사가 그 존립의 근거를 상실하는 것이기도 했다. 전국시대의 무사는 전투에서의 활약에 그 존재의 근거가 있었다. 전투는 무사를 무사답게 하는 것이었다. 무사는 명예를 드높이기 위해 전쟁터를 누볐다. 전투라고 하는 관념이야말로 무사를 다른 존재와 구분하는 것이었다.

그런데 평화가 정착되면서 무사의 생활뿐만 아니라 무사의 성격 자체도 상당한 변화를 초래했다. 전국시대 무사는 주로 전투원으로서의 사회적 기능만을 수행하면 되었지만, 막번체제幕藩體制가 확립되고, 막부의 쇼군은 물론 각 번의 다이묘(大名)도 정치에 전념하게 되면서 무사들이 위정자로 자리매김하게 되었다.

무사의 성격이 전투원에서 위정자로 전환되는 과정은 혼란의 연속이었다.

특히 '전국적戰國的인 것'과 '근세적인 것'이 공존하면서 대립하고 갈등하던 17세기 전기는 모순이 일거에 드러났던 시기였다. 전국시대의 생활방식에 익숙한 무사들은 새로운 시대의 분위기에 반발했다. 시대의 변화를 민감하게 감지한 무사들은 새로운 시대의 변화에 나름대로 적응했다.

1650년을 전후로 여러 유학자가 새로운 시대에 걸맞은 바람직한 무사상을 제시하려고 노력했다. 일찍이 와쓰지 데쓰로(和辻哲郎)가 주목했듯이, 무사의 도덕을 추구한 학자들은 하야시 라잔(林羅山)과 같은 막부에 출사한 어용학자들이 아니라 오히려 나카에 도주(中江藤樹: 1608~48), 구마자와 반잔(熊澤蕃山: 1619~91), 야마가 소코(山鹿素行: 1622~85) 등과 같은 막부에 출사하지 않은 유학자들이었다. 그중에서도 사도士道의 형성에 가장 큰 영향을 미친 인물은 야마가 소코라고 할 수 있다.[1]

17세기 사상사 연구자들은 대체로 야마가 소코의 사상에 대해 언급하고 있다.[2] 소코 사상을 구체적으로 연구한 저서나 논문도 결코 적다고 할 수 없다.[3] 하지만 그중에서 소코의 사도론, 특히 직분론이 어떠한 역사 과정

---

1 미나모토 료엔 저, 박규태 · 이용수 역, 『도쿠가와 시대의 철학사상』, 예문서원, 2000, 91면.

2 위의 책 이외에도 今井 淳 · 小澤富夫, 『日本思想論爭史』, 東京: ぺりかん社, 1984; 相良 亨, 『武士の思想』, 東京: ぺりかん社, 1984; 前田 勉, 『近世日本の儒學と兵學』, 東京: ぺりかん社, 1996; 奈良本辰也, 『武士の道』, 東京: ア-トデイズ, 2002; 小澤富夫, 『歷史としての武士道』, 東京: ぺりかん社, 2005; 海原 峻, 『武士道—日本文化論』, 東京: 梨の木舍, 2005; 渡辺 浩 저, 박홍규 역, 『주자학과 근세일본사회』, 예문서원, 2007; 니시와키 미쓰루, 「日本武士道에 관한 연구」, 서울대 박사학위논문, 1999 등의 서책, 이상업 · 양원석, 「日本武士道에 관한 考察—죽음의 초극을 중심으로」, 『경상대논문집』(인문 · 사회) 19, 경상대학교, 1980; 平石直昭 저, 임태홍 역, 「日本武士道の戰爭と平和思想—山鹿素行, 山本常朝, 新渡戶稻造」, 『동양정치사상사』 5-2, 2005 등의 논문에서도 소코의 사상이 언급되고 있는데, 특히 무사도 관련 연구에서는 야마가 소코의 사상이 반드시 조명되고 있다.

3 渡部正一, 『日本近世道德思想史』, 東京: 創文社, 1961; 田原嗣郎, 『德川思想史硏究』 東京: 未來社, 1967; 石岡久夫, 『山鹿素行兵法學の史的硏究』, 東京: 玉川大學出版部, 1980; 中山廣司, 『山鹿素行の硏究』 東京: 神道史學會, 1988; 多田 顯 저, 『武士道の倫理—山鹿素行の場合』(永安幸正 편집 · 해설), 東京: 麗澤大學出版部, 2006; 立花 均, 『山鹿素行の思想』, 東京: ぺりかん社, 2007. 주요 논문으로는 田原嗣郎, 「山鹿素行における思想の基本的構成」, 『山鹿素行』(日本思想大系 32), 東京: 岩波書店, 1970; 守本順一郎, 「山鹿素行における思想の歷史的性

속에서, 어떠한 목적을 가지고 성립되었는지에 대해 구체적으로 추구한 저서나 논문은 의외로 적은 편이다.

필자도 무사의 직분 문제를 검토하면서 소코의 사도론에 주목한 바가 있는데,[4] 그것은 소코 사도론의 성립 배경을 추적하면서, 무사의 직분론을 주로 '武'의 관점에서 조명한 것이었다. 이번에는 '文'의 관점에서 평화 시대 무사의 직분과 소코의 사도론에 분석의 초점을 맞춰보도록 하겠다.

2. 17세기 일본사회와 무사

도쿠가와 이에야스의 당면과제는 전국시대를 거치면서 무너진 봉건질서를 재편하는 일이었다. 특히 충효를 축으로 하는 엄정한 신분질서를 수립하려고 노력했다. 이에야스는 체제를 옹호하는 이데올로기로서의 유학에 관심을 보였는데, 그것은 유학이 군신·부자의 분별을 분명히 하고, 상·하의 질서와 명분을 중시하는 학문이었기 때문이다.

1615년 7월 에도 막부의 2대 쇼군 도쿠가와 히데타다(德川秀忠)는 무가제법도武家諸法度를 포고했는데, 그 내용 중에 "國主는 정무의 器用을 선택할 것"이라는 조목이 있다. 이 규정은 "영지의 맡은 바 일을 청렴하게 처리해 농촌을

格」, 『山鹿素行』(日本思想大系 32), 東京: 岩波書店, 1970; 立花 均, 「山鹿素行に於ける日用の學問成立の契機」, 『季刊 日本思想史』 15, ぺりかん社, 1980; 田中光郎, 「職分としての『武』—『山鹿素行』の思想に關する一考察」, 『論集きんせい』 10, 1987; 立花 均, 「山鹿素行の用の思想と朱子學批判」, 『倫理學年報』 43, 日本倫理學會, 1994; 廣神 清, 「山鹿素行の士道論」, 『倫理學』, 筑波大學倫理學硏究會, 1991; 前田 勉, 「山鹿素行における士道論の展開」, 『日本文化論叢』 18, 愛知教育大, 2010; 신현승, 「주자학의 안티테제로서 소코의 유교경세론—에도시대의 고학과 야마가 소코의 경세론」, 『철학탐구』 29, 중앙대 중앙철학연구소, 2011.

4 구태훈, 「日本近世 武士의 職分과 『兵農工商』의 社會—山鹿素行 『士道』論의 成立過程」, 『成大史林』 9, 成均館大 史學會, 1993.

피폐시켜서는 안 된다."는 의미였다.[5] 막부는 각 번藩의 다이묘에게 영국領國의 질서를 유지하면서 농민들을 잘 다스려야 한다는 의무를 부여했던 것이다. 이에야스가 "다이묘를 사람의 위에 세운 것은 국가를 보호하고 백성을 편안하게 하기 위해서이다. 天道 또한 이와 같다."[6]고 말했는데, 그의 뜻이 법령으로 구현되었다고 할 수 있다.

난세에서 치세로 전환되면 전투에 치중되었던 군사조직이 행정조직으로 개편된다. 그 과정에서 민정과 재정, 그리고 문화적 능력을 갖춘 문관이 등용된다. 그러나 일본의 경우 무사의 직분은 한 가문이 대대로 상속했고, 그래서 관리를 채용하는 과거제도가 없었다. 유학자를 가신으로 채용할 수 있었으나 그것은 극히 한정된 인원에 불과했다. 유학자가 정치에 관여할 수 있는 기회는 거의 없었고, 무사들을 도와 문서를 관장하는 일을 했을 뿐이다. 그들의 사회적 지위는 의원보다도 낮았다.[7]

막번 권력은 가신 중에서 행정 능력이 있는 인재를 발탁해 정무를 담당하게 했는데, 그들을 야쿠카타(役方)라고 했다. 그 인원은 그리 많지 않았고, 대부분의 무사는 군사조직에 편성된 반카타(番方)였다. 반카타에 속한 무사들은 '불의의 사태'에 대비하기 위한 병력이었다. 그들은 평시에 경비를 담당하거나 주군의 행차를 호위하는 일을 담당하고 있었다.

행정을 담당하는 관리의 가장 중요한 임무는 농업생산량을 수취하는 일이었다. 농민은 천하의 근본이라고 일컬어졌지만, 농정의 목적은 막번권력幕藩權力의 재정을 충실히 하는 것이었다. 이에야스가 직접 "농민의 재물은 남지

---

5 平松義郎, 「近世法」, 『岩波講座 日本歷史』 11, 336면.

6 「本多平八郎聞書」, 『近世政道論』, 日本思想大系 38, 岩波書店, 1976, 27면.

7 申維翰 저, 姜在彦 역, 『海游錄』, 平凡社, 1974, 300면, "18세기 초 통신사 일행으로 일본을 방문한 申維翰은 다음과 같이 말했다. "四民 이외에 儒·醫·僧이 있는데, 의원이 가장 지위가 높고, 그 다음이 승려이다. 유학자는 가장 지위가 낮다. 유학자는 시문을 배우지만 과거를 통해 사관할 수 있는 길이 없으니까 명성을 얻어도 각 번의 서기가 되는 정도이다."

않을 정도로 또 부족하지 않을 정도"[8]로 완전하게 착취하는 것이 농정의 기본이라고 훈시한 것을 보아도 알 수 있다.

쇼군과 다이묘의 관심이 점차로 군사에서 민정으로 옮겨가면서 군사적 임무를 담당하는 무사는 소외되고 행정을 담당하는 무사들이 대우받게 되었다. 인구가 증가하고, 도시가 번영하고, 상품경제가 발달하면서 관리들이 할 일이 증가했다. 관리에게는 농정 이외에도 도시 치안, 재판 실무 등 민생을 안정시키는 일을 원만하게 처리하는 능력이 요구되었다. 쇼군과 다이묘가 무사들에게 죽이고 빼앗는 전투를 당연하게 생각했던 살벌한 전국시대 무사의 에토스에 대신하여 유교의 '사士'의 이념에 의거한 문치 관리로서의 에토스를 요구되게 된 것은 당연한 일이었다.[9] 그러나 무사의 본분은 전투에 나가는 것이지 민정은 무사다운 일이 아니라고 비난하는 자들이 많았다. 그러한 풍조는 18세기 중기에 이르러서도 여전히 남아 있었다.[10] 전국시대의 기억이 생생한 무사들, 하극상下剋上의 사상과 전투원으로서의 기질이 몸에 밴 인간상이 곧바로 근세적인 질서 속으로 녹아들 수 없는 일이었다.

전투는 전국시대 무사의 직업이었으며 생계의 수단이었다.[11] 무사는 전장에서 싸우기 위해 존재했다. 전장에서 공을 세움으로써 주군에 봉공奉公하는 존재였다. 무사의 의무 중에 "주군의 御用에 소용이 되는 것"[12]이 가장 중요

8 「本佐錄」, 『藤原惺窩 林羅山』, 日本思想大系 28, 289면.

9 平石 直昭 저, 임태홍 역, 「日本武士道の戰爭と平和思想—山鹿素行, 山本常朝, 新渡戸稲造」, 『동양정치사상사』 5, 2005, 64면.

10 渡辺 浩 저, 박홍규 역, 『주자학과 근세일본사회』, 예문서원, 2007, 91면.

11 高木 昭作, 「亂世—太平の裏に潛むもの」, 『歷史學硏究』 574, 1987, 특히 아시가루(足輕)를 비롯한 하급무사의 생계는 주군이 지급하는 봉록만으로 유지하기 어려운 실정이었다. 봉록은 원칙적으로 軍役의 의무를 전제로 해서 지급되는 것이었지만, 군역의 부담은 봉록에 비해 과중한 것이 일반적이었다. 무사 생계의 적지 않은 부분을 지탱하고 있었던 것은 전리품이었다. 무사는 전장에서 물건을 약탈하고 "현재 또는 장래의 필요성을 위해서" 전투의욕을 상실한 남녀, 심지어 어린아이들까지 강제로 납치했다. 납치한 사람은 직접 노예로 삼거나 '상품'으로 매매했다.

12 上良亨 외 校注, 『三河物語 葉隱』, 日本思想大系 26, 岩波書店, 219면.

한 덕목이었다. 무사의 공훈, 명예, 생계, 그리고 주군과 부하 무사와의 정의적情誼的 인간관계는 무사의 직업이기도 한 전투행위를 통해 성립되는 것이었다. 명예의 원천이며 생계의 수단으로 필요한 전투라고 하는 관념이야말로 무사를 다른 존재와 구별하는 것이었다. 그들은 서민들의 상식으로는 이해할 수 없는 존재들이었다. 그들은 "보통 사람의 도덕 등을 문제시하지 않는 태도"[13]를 취하면서 "승리를 싸움의 직접적이고 중요한 목적으로 하고 있었고, 대상代償으로 자기의 생명, 재산, 지위, 그 밖의 모든 가치를 포기해도 후회가 없다고 하는 정신"[14]의 소유자였다. 그러한 무사들의 관습과 기질은 아무리 평화 시대가 회복되었다고 해도 쉽게 바뀌기 어려운 것이었다.

전투 이외에는 재능이 전혀 없는 소위 전국시대에 적합한 기질을 온전히 보유한 무사들은 평화 시대에 적응하지 못하고 있었다. 그 대표적인 존재가 '가부키모노'라고 할 수 있는데, 그들은 하급 무사를 중심으로 강렬한 수평적 연대의식을 공유한 집단이었다. 그들이야말로 전국시대로 돌아가고 싶어 하는 존재들이었다.[15]

야마모토 히로부미(山本博文)는 순사殉死와 '가부키모노'의 관련성에 대해 검토하면서 히젠번(肥前藩)의 무사 사이토 사도(齋藤佐渡) 부자의 이야기를 소개했는데,[16] 사이토 사도와 관련된 일화가 『엽은葉隱』에 기록되어 있다.

> 齋藤佐渡는 젊은 시절에 武道에 뛰어나 자주 공을 세웠다. 鍋島直茂(肥前藩祖: 필자 주)도 가깝게 대했는데, 세상살이에 서툴러 평시에 제대로 근무하지 못하고, 태평 시대가 도래 한 이래 끼니도 제대로 잇지 못할 정도였다. 이윽고 굶어

13 千葉德爾, 『たたかいの原像』, 平凡社選書 139, 1991, 59면.
14 千葉德爾, 위의 1991 책, 78면.
15 구태훈, 「德川幕府의 가부키 풍속 규제—도검규제를 중심으로」, 『大東文化硏究』 27, 成均館大 大東文化硏究院, 1992.
16 山本博文, 『殉死の構造』, 弘文堂, 1995, 152~153면.

> 서 설도 쇠지 못할 지경에 이르러 佐渡가 "배를 갈라 죽어야겠다."고 말하자, 아들인 用之助가 "아무 일이나 해보자."고 말했다. "시시한 일을 해서는 살아도 의미가 없다. 엄청 큰 나쁜 일을 저지르고 죽는 것이 숙원이다."라고 말하고, 아들과 함께 高尾橋에서 기회를 보았다. 쌀을 실은 말이 지나갔지만, 한두 마리는 쳐다보지도 않고, 10여 마리에 쌀을 실은 한 무리를 발견하고, 부자가 칼을 빼들고 마부들을 쫓아버리고 쌀을 자기 집으로 가져갔다.[17]

전국시대에는 히젠번(肥前藩)의 창업자도 가깝게 대할 만큼 전투능력이 뛰어났던 사이토였지만, 평화 시대에는 무능력자가 되었다. 결국 굶어 죽을 지경에 이르러 강도 짓을 저지를 수밖에 없었던 것이다. 사이토에게 그것은 변형된 전투의 형태였다. 전투 이외에는 아무 능력이 없는 역전의 용사에게 평화란 무엇인가를 극명하게 보여주는 장면이다. 전투원에게 평화의 회복은 직분의 상실이며, 경제적인 위기이며, 위신의 저하였던 것이다.[18]

태평 시대가 눈앞에 전개되고 있는데도 전국시대의 기질을 버리지 못하는 무사들은 전쟁을 기대하고 있었다. 어떤 사람이 유학자 구마자와 반잔에게 "무사는 변고가 있으면 이름을 날려서 출세하려고 하는 것이 보통이라고 생각한다. 또 변고가 없는 것이 좋고, 兵亂을 바라는 것은 쓸데없는 일이라고 말하면 무사의 자세가 아니라고 업신여긴다."고 말하자, 반잔은 "출세하기 원해도 전란이 일어나면 좋다고 바라는 것"도 옳지 않고, "무도・무예를 싫어하고, 편안하게 지내기 위해 아무 일도 없기를 바라는 것" 또한 옳지 않다고 양비론을 폈지만,[19] 당시의 무가 사회는 변고가 있기를 은근히 바라는 무사들이 평화를 희망하는 사람들을 업신여기는 분위기였다는 것을 상상하기 어렵지 않다. 그러한 분위기는 공부하는 사람을 업신여기는 태도로

---

17 上良亨 외 校注, 앞의 책, 329면.
18 마르크 플록 저, 新村猛 外 역, 「封建社會」 2, みすず書房, 1977, 19면.
19 『集義和書抄』, 『武士道全書』 4, 時代社, 1942, 121~122면.

나타났다. 많은 무사가 학문을 좋아하는 사람들은 유약해서 전투에 쓸모가 없다고 업신여겼다.[20] 17세기 중기에도 전국시대의 관습과 기질을 숭상하는 분위기가 있었다는 것을 알 수 있다.

그러나 세월은 모든 것을 녹이는 힘이 있었다. 전쟁이 없이 50여 년이 지나서 태어난 무사들은 이미 "옛날"의 무사가 아니었다. 그들이 아무리 전국시대의 관습과 기질을 숭상한다고 해도 선조의 활약상을 이야기로 듣거나 책을 읽어서 아는 세대였다. 좋든 싫든 그들은 근세적 질서에 순응할 수밖에 없는 존재들이었다.

1653년부터 전국시대 무사의 기질을 버리지 못했던 '가부키모노'들이 잇달아 처형되었고, 가부키 풍속도 강력하게 규제되었다. 이후 '가부키모노'가 일본사회에서 모습을 감추게 되었다.[21] 1663년 5월에는 17세기 초부터 유행했던 殉死의 풍습이 막부의 명령으로 금지되었다. '가부키모노'와 순사의 풍습은 깊게 연관되어 있었고,[22] 모두 전국시대 무사의 기질을 온전히 내포하고 있는 것이었다. '가부키모노'의 소멸과 순사의 금지는 소위 '전국戰國의 여습餘習'이 근세적 질서 속으로 녹아들었다는 것을 의미하는 것이었다.

17세기 중기를 전환축으로 막부의 정치가 무단통치에서 문치정치로 전환되었다. 그것은 무사의 존재형태에 영향을 미칠 수밖에 없었다. 1615년 7월에도 막부는 여러 다이묘를 대상으로 13개 조로 구성된 「무가제법도」를 발포했다. 다이묘를 통제하는 것을 목적으로 하는 이 법도는 관례적으로 새로운 쇼군이 취임할 때마다 발포했는데, 시세의 변화에 따라서 가필하거나 수정한 경우도 있었다.[23] 그러면 「무가제법도」 제1조에 초점을 맞춰 보면

20 渡辺 浩 저, 박홍규 역, 앞의 2007 책, 32~33면.
21 구태훈, 「江戶幕府의 帶刀統制와 帶刀政策의 전환」, 『日本學報』 45, 韓國日本學會, 2000, 552면.
22 山本博文, 앞의 1995 책, 146면 이하 참조.
23 小澤富夫, 앞의 2005 책, 164면 이하 참조.

그 내용이 어떻게 변화되었을까?

1615년 「무가제법도」 제1조에 "文武・弓馬의 길, 오로지 서로 힘쓸 것. 문을 좌, 무를 우로 삼는 것은 옛 법인 바 문무를 겸비해야 할 것이다. 弓馬는 무가의 要樞이다. 치세에도 亂을 잊지 말고 修練에 힘쓸 것"으로 되어 있었는데, 1635년 3대 쇼군 도쿠가와 이에미쓰(德川家光) 취임 시에는 보충 설명된 부분이 삭제되었고, 1683년 5대 쇼군 도쿠가와 쓰나요시(德川綱吉) 취임 시에는 그 내용이 "문무・충효에 힘쓰고, 예의를 바르게 할 것"으로 바뀌었다. 17세기 말에 이르러 "문무・궁마의 길"이 "문무・충효"와 "예의"로 표현되었다. 막정幕政의 기조가 문치주의로 완전히 바뀌었다는 것을 의미하는 것이다.

일본사에서 1650~60년대를 그 시대의 연호에 따라 메이레키(明曆)・간분(寬文) 연대라고 하는데, 이 시기를 기점으로 무사의 생활이나 기질에 많은 변화가 있었다. 그 변화는 가히 괄목할 만한 것이었다. 일찍이 후루카와 데쓰시(古川哲史)가 메이레키・간분 연대의 그 변화를 '도덕사적 대변동'이라고 말했을 정도였다.[24]

신미 마사노리(新見正朝)의 저서 『석석물어昔昔物語』는 메이레키・간분 연대를 기준으로 그전의 '옛날'과 이후의 '풍속'의 변화를 비교한 것으로 유명하다. 그는 "옛날"의 무사들이 만나면 주로 전장에서 있었던 일, 선조의 공훈, 무예에 관한 이야기를 했으나, "지금"은 대개는 음식, 유흥, 바둑 장기, 다도, 하이카이(俳諧) 등의 이야기나 이해타산・입신출세에 관한 이야기를 한다고 회상하면서[25] 전투원으로서의 기개를 상실한 무가 사회의 현실을 개탄했다.

평화 시대의 무사는, 특히 반카타에 속한 무사는 부서에 편성은 되어 있으나 형식적이었으며, 경비를 설 경우에도, 여러 명이 당번을 정해 근무했기

24 古川哲史, 「明曆・寬文年代の道徳史的意味」, 『近世日本思想の研究』, 小山書店, 1948.
25 『日本庶民生活史類集成』 8, 397면.

때문에 매우 한가한 편이었다. 『앵무롱중기鸚鵡籠中記』의 저자 아사히 분자에몬(朝日文左衛門)의 경우를 통해 살펴보면, 월 3회 정도만 근무하면 별다른 일이 없었다. 거의 매일을 집에서 시간을 보내고 있었다. 물론 집에 있으면서 '불의의 사태'에 대비해 끊임없이 무예를 연마하는 것이 바람직했지만, 실상은 그렇지 않았다. 무료해서 견딜 수 없는 아사히는 동료와 함께 "도박에 손을 대고", 고기를 잡으러 가고, "몰래" "서민의 복장으로 변복하고" 연극을 보러 극장으로 발걸음을 옮기는 일이 많았다.[26]

세월이 지날수록 행정 관리로 발탁된 무사들을 제외하고, 무직武職을 가업으로 하는 반카타에 속한 무사들이 할 일이 별로 없었던 것이다. 생업에 종사하느라 바쁘고 힘든 나날을 보내는 서민들 눈에 아사히와 같은 무사가 어떻게 비쳤을까? 봉록만 받고 할 일이 없이 지내는 유민遊民으로 비쳤음에 틀림이 없다.

3. 무사 직분의 구명究明과 사도의 형성

구마자와 반잔이 『집의화서集義和書』를 집필한 17세기 중기에 이미 무사 유민론이 대두하였던 것 같다. 어떤 사람이 구마자와 반잔에게 유민이란 무엇이냐고 묻자, 반잔이 다음과 같이 대답했다.

> 무사 중에도 유민이 있다. 인민을 교화해야 하는 역할을 담당해야 하는 존재로서 아무런 자각도 없이 오히려 밑에 사람을 학대하고 착취해서 자신의 배를

26 17세기 후기 무사의 공직생활과 일상생활에 대해서는 박진한, 「17세기 후반 하급 무사의 일상생활과 시정(時政)인식—아사히분자에몬(朝日文左衛門)의 앵무롱중기(鸚鵡籠中記)(1691~1717)를 중심으로」, 『일본역사연구』 34, 일본사학회, 2011 참조.

채우고, 무도·무예에 힘쓰지 않고, 유사시에 아무 소용이 되지 않는 자는 나라를 지키지도 못할 터이니 이것이 유민이다.[27]

반잔은 일본 무사가 문무를 겸비하기를 바랐던 유학자였다. 바람직한 무사는 "인민을 교화해야 하는" 역할을 담당하고 "유사시에 소용이 되는" 존재여야 했다. 다시 말하면 무사는 (a) 인민을 교화해야 하는 직분과 (b) 치안·국방 담당자로서의 직분을 동시에 수행해야 마땅했다. 인민을 교화하는 직분을 제대로 수행하려면 평소에 학문을 해서 무사는 어떠한 사회적 지위에 있는 존재인가에 대해 "자각"해야 한다. 치안·국방 담당자로서 직분을 제대로 수행하려면 평상시 무도·무예에 힘써야 한다. 무사가 "인민을 교화해야 하는 역할"에 대한 자각이 없으면 "밑에 사람을 학대하고 착취해서 자신의 배를 채우는" 자가 되기 쉽고, 또 "무도·무예에 힘쓰는" 일을 게을리하면 "유사시에 아무 소용이 되지 않는 자"가 되기 쉽다.

그런데 서민들에게 더욱 피해를 주는 것은 삼민을 교화하는 역할을 자각하지 못한 무사가 "밑에 사람을 학대하고 착취해서 자신의 배를 채우는" 일이다. 『무도초심집武道初心集』의 저자 다이도지 유잔(大導寺友山)은 다음과 같이 말했다.

설령 신분이 낮은 자라도 무사 된 자는 삼민에 대해 무리하고 도리에 어긋난 행위를 해서는 안 된다. 그런데 농민에게 무리한 세금을 부과하고, 그 밖에 갖가지 부담을 지워 파산하게 하고, 직인에게 물건을 주문하고 공임을 주지 않고, 상인에게서 물건을 사고 대금을 주지 않고, 금전을 차용해도 뻔뻔스럽게 갚지 않는 것은 크게 불의하다고 할 것이다. …… 도적을 막는 역할을 해야 할 무사가 도적의 흉내를 내는 일은 결코 해서는 안 될 것이다.[28]

---

27 後藤陽一 외 校注, 「熊澤蕃山」, 日本思想大系 30, 岩波書店, 1971, 386면.
28 『武道初心集』, 『武士道全書』 2, 時代社, 1942, 328~329면.

무사는 "삼민에 대해 무리하고 도리에 어긋난 행위"를 해서는 안 되는 존재인데, 실제로는 갖은 악행을 저지르고 있는 무사들이 생각보다 많았다는 것을 알 수 있다. 다이도지 유잔은 무사의 그러한 행위가 도적과 다를 바 없다고 말했다. 그는 위정자로서의 역할을 자각하지 못하는 무사가 서민 위에 군림했을 때 나타나는 폐해에 대해 경고했던 것이다.

17세기 중기에 무사에게 '학문'이 필요하다는 의견이 힘을 얻고 있었다. 무사는 마땅히 문무를 겸비해야 한다는 것이 지식인들의 주장이었다. 반잔은 "文武二道" 또는 "文武二藝"[29]라는 표현을 썼는데, 가이바라 에키켄(貝原益軒: 1630~1714)도 『무훈武訓』에서 "문무는 단지 일덕"[30]이라며 문무를 겸비한 무사상을 제시했고, 이자와 반료(井澤蟠龍: 1668~1731)도 『무사훈武士訓』에서 "문무는 수레의 두 바퀴와 같고, 새의 두 날개와 같다. 그렇다면 한쪽이 없어서는 안 된다."[31]고 말했다.

막번 권력은 일찍부터 무사의 위정자로서 이미지를 강화하려고 했다. 그 방법 중의 하나는 무사를 진정한 의미의 '사'[32]에 근접시키는 것이었고, 그때 가장 효율적인 방법은 학문을 장려하고 도의적인 무사상을 정립하는 것이었다.

나카에 도주는 유교적 사도론을 제시했다. 그는 "儒道가 즉 사도"[33]라고 말했다. 도주는 사士는 군주를 보좌하여 정치의 여러 일을 맡아 보는 측근의

29 後藤陽一 외 校注, 앞의 1971 책, 29면.
30 『武士道全書』 2, 時代社, 1942, 262면.
31 『武士道全書』 4, 時代社, 1942, 156면.
32 일본의 '사농공상' 중 특히 '사'의 개념은 일본의 중국・조선과 본질적으로 달랐다. 물론 근세 무사가 위정자로서의 성격을 지니고 있었고, 관료제 기구를 배타적으로 專有하고 있었다는 측면에서 보면, 일본의 무사는 중국・조선의 사대부와 공통점을 갖고 있었다. 하지만 원래 '사'란 중국이나 조선에서는 士大夫・士君子로 일컬어졌다. 이런 관점에서 보면, 일본의 일반 무사는 본래적 의미의 '사'라고 할 수 없는 존재였다.
33 山井湧 외 校注, 「中江藤樹」, 日本思想大系 29, 岩波書店, 1974, 113면.

지위라고 규정하면서[34] 다음과 같이 말했다. "충효의 마음을 분명히 하여 그것을 바르게 행하는 것을 명덕을 밝혀 인의를 행한다고 한다. 이것을 배우는 것을 心學이라고 한다. …… 이 도리를 식별하면 무도만이 사도이며 인의를 행하는 것은 사도가 아니라고 말하는 미혹이 쉽게 밝혀진다."[35] 당시 무사들 중에는 완력을 앞세워 사람을 살해하는 것을 무도라고 알고 있는 자들이 많았다. 도주는 "무도만이 사도"라고 하던 풍조에 대해 충효를 바르게 행하는 것은 곧 "인의를 행하는 것"이라고 말하여 "미혹"에 빠진 무사들에게 그것이 무지의 소치라는 것을 깨우쳐주려고 했던 것이다. 이어서 도주는 다음과 같이 말했다.

> 원래 문무는 一德으로 각기 다른 것이 아니다. 천지의 조화가 一氣이면서 음양의 차별이 있는 것과 같이 人性의 感通이 일덕이면서 문무의 차별이 있다. 그렇다면 무가 없는 문은 진실한 문이 아니며, 문이 없는 무는 진실한 무가 아니다. 음은 양의 근본이 되고, 양은 음의 근본이 되듯이 문은 무의 근본이 되고 무는 문의 근본이 된다.[36]

"문무는 일덕"이라고 하는 도주의 주장은 '문'의 진흥을 위한 것이라고 할 수 있다. 도주는 "학문을 좋아하는 사람은 우유부단하여 무용에 소용이 되지 않는다."[37]라고 유학을 비방하며, 좀처럼 '문'에 접근하려 하지 않는 당시의 무사들에게, 유교적 교양을 몸에 익히게 하여 문덕文德을 갖춘 명실상부한 '사'가 되게 하려고 노력했다.

도주와 동일한 입장의 사도론자로서 구마자와 반잔과 가이바라 에이켄(貝

34 小澤富夫, 앞의 2005 책, 169면.
35 山井湧 외 校注, 위의 1974 책, 114면.
36 『武士道全書』 2, 時代社, 1942, 246면.
37 山井湧 외 校注, 앞의 1974 책, 85면.

原益軒: 1630~1714)을 들 수 있다. 그들의 경우에도 무사들에게 '문'을 권장했다. 반잔은 주자학, 양명학, 육학陸學, 심학心學 등 여러 학문 유파 중에서 어떤 것을 택하는 것이 좋은지를 묻는 편지에 답하면서 다음과 같이 말했다.

> 행동거지가 바른 유학자를 초빙하여 경서를 공부하라. 그대에게 文武二道의 무사가 아니면 안 된다고 말할 뿐이다. 대저 무사 된 자는 학문을 해서 사물의 도리를 알고, 그 위에 武道에 잘 힘쓰면 지금의 무사가 즉 옛날의 士君子인 것이다."[38]

반잔은 무사에게 "문무이도"를 갖추지 않으면 안 된다고 강조하고 있다. 그는 "학문을 해서 도리를 아는"것이 "무도에 힘쓰는" 것보다 우선이라고 생각하고 있었다. 그래야 비로소 문무를 겸비한 무사이며, 그러면 중국·조선의 사군자와 다를 바 없다고 했다. 반잔도 '문'을 진흥하려는 의도를 갖고 있었다고 할 수 있다.

가이바라 에키켄도 그의 저서 『무훈武訓』에서 학문의 중요성을 강조했다. 당시 학문을 비방하는 무사들이 "일본의 武道는 유학자와 같이 인의충신의 길을 받아들이지 말아야 한다. 계략을 써서 속이지 않으면 승리를 얻기 어렵다."라고 하는 말을 듣고, "일본의 병술을 배우고, 학문을 하지 않은 사람은 도리에 어둡다."라고 말하면서, "무사가 학문을 해서 의리를 알면 죽고 사는 도리에 부합한다."라고 가르쳤다.[39] 심지어 "무사의 길과 유학자의 길이 둘이 아니다."[40]라고 까지 말했다.

유학자들은 무사들에게 '문'을 권장했다. 사도론자들은 당시 실태로서 눈앞에 있는 무사도를 인정하지 않을 수 없었으나, 그들은 근세사회의 치자治者

38 後藤陽一 외 校注, 앞의 1971 책, 19면.
39 『武士道全書』 2, 時代社, 1942, 271면.
40 『武士道全書』 2, 時代社, 1942, 273면.

로서의 무사라는 인식을 전제로, 치자에게 없어서는 안 되는 도덕=명덕, 능력=문을 장려했다. 그들은 엄밀한 의미에서 '사'가 아닌 일본 무사에게 바람직한 무사상을 제시하여, 일본 무사를 '사'에 조금이라도 근접시키려고 노력했다. 그러나 위로부터의 학문의 권장은 밑으로부터의 호응을 얻지는 못했다. 일본의 근세 무사는 막부와 유학자들의 학문의 장려에 냉담했다.[41]

근세 무사를 '사농공상'의 질서에 참획시키기 위해서는 '위에서' 일방적으로 '문'을 장려하는 것만으로는 불가능한 일이었다. 그것은 17세기 일본사회의 실태적인 질서를 적극적으로 반영했을 때 비로소 가능했을 것이다.[42] 즉 본래 전투자로서의 무사의 본질과 그 존재의 의의를 그대로 인정하고, 그런 무사를 정점으로 하는 직분의 질서를 재구성했을 때 비로소 일본사회에 적합한 사도론이 성립될 수 있는 것이었다.

17세기 중기 일본 무사들은 자기 나라를 무국武國이라고 생각하고 있었다. 그렇기 때문에 일본을 '인국仁國'이라고 주장하는 구마자와 반잔에게 한 제자가 "일본은 무국이다. 그런데 인국이라고 말하는 것은 무슨 이유인가"라고 반문했던 것이다. 야마가 소코는 일본은 무국이라는 일반적인 인식을 전제로 무국이기 때문에 그야말로 '무'를 지키지 않으면 안 된다고 주장했다.[43] 소코는 말했다. "武德으로 천하를 다스리는 데 따르지 않는 곳이 없었고, 세상이 매우 안정되어서 惡逆한 난이 일어나지 않았다. …… 오늘날 시골 변방 사람이라도 모두 단도를 차고 있으면서 언행이 다르면 즉시 생사를 결한다. 이것이 일본의 풍속이다. …… 이것이 일본의 風儀이니 반드시 중국의 예를 따를 필요가 없다."[44] 소코는 다른 나라와 다른 일본의 역사와 "오늘날"의 풍속을

41 渡辺 浩 저, 박홍규 역, 앞의 2007 책, 37·85면.
42 井上茂, 『法秩序の構造』, 岩波書店, 1973, 序章 참조.
43 田中光郎, 「職分としての『武』 一山鹿素行の思想に關する一考察一」, 『論集きんせい』 10, 1987, 11면.
44 吉川黃一, 『山鹿語類』 1, 國書刊行會, 1910, 515면.

긍정했다. 소코의 사도론은 일본의 현실을 긍정하는 데서 출발하고 있는 것이다.

『배소잔필配所殘筆』에 의하면, 야마가 소코는 병학자兵學者이면서 유학자였다. 뿐만 아니라 노장철학과 선禪 수행도 경험했다. 소코는 이러한 경력과 학문적 기반 위에 무사에게 일상생활의 규범을 제시했고, 일본 고학古學의 제창자가 되었다. 그가 「사도士道」를 집필한 시기는 1665년 그의 나이 44세 때였다. 시기적으로 그가 자신의 학문을 정립했을 때였다. 「사도士道」는 무사의 직분을, 특히 도덕적 측면을 심도 있게 서술한 것인데, 그것은 병학자의 입장에서 노장철학・선의 사상을 기반으로 병법을 인격수양과 도덕론까지 심화시키고, 나아가 수신修身과 정치까지 확대시켰다.

소코가 「사도士道」를 집필한 목적은 무를 중시하는 전통적인 무사도론의 관점에서, 본래 전투원으로 무용의 가치만을 고집하는 일본 무사들에게 문적인 요소도 갖추도록 하는 데 있었다. 다시 말하면 소코의 사도론은 앞에서 살펴본 나카에 도주를 비롯한 다른 유학자의 사도론과 달랐다. 새 시대에 걸맞은 무사도라고 해야 할 것이다.

소코의 『산록어류山鹿語類』 권제卷第21 「사도士道」는 '입본立本', '명심술明心術', '상위의詳威儀', '신일용愼日用', '부록附錄' 이렇게 5부로 구성되어 있다. 히로카미 기요시(廣神 淸)의 정리[45]에 의하면, 소코의 「사도士道」의 내용 중 "立本"・"明心術"에 관한 부분이 22퍼센트, "威儀"에 관해 기술한 부분이 전체의 78퍼센트에 달한다. 전자는 무사의 자계自戒・자성自省해야 하는 내면적 덕목에 대해 설명했고, 후자는 무사가 갖추어야 할 외면적 위의에 대해 설명한 것이다. 소코는 무사의 내면적 자각도 중요하지만, 그것보다도 외면적으로 갖추어야 할 '위의를 바로 하는 것'이 더욱 중요하다고 생각했던 것 같다.

45 廣神 淸, 「山鹿素行の士道論」, 『倫理學』, 筑波大學倫理學硏究會, 1991, 2면.

4. 무사의 직분과 사도

야마가 소코가 가장 관심을 갖고 있었던 것은 무사의 존재형태에 관한 문제였다. 그래서 소코는 무사의 직분에 대한 문제를 본격적으로 거론했던 것이다. 소코의 이러한 태도는 『무교소학武教小學』을 비롯한 그의 저서를 통해서도 확인할 수 있는데, 무사의 존재형태에 관한 문제는 『산록어류山鹿語類』[46]를 관통하는 커다란 주제의 하나라고 말할 수 있다.[47] 「사도士道」, 「사담士談」에 총 12권을 할애하고 있는 것에서도 알 수 있다. 그러나 평화 시대 무사의 존재형태에 대해 이론적으로 접근한 것은 「사도士道」편編 1권뿐이고, 나머지는 모두 「사담士談」, 즉 구체적인 일화를 소개한 것이다.

「사도」는 직분론에서 시작되고 있는데, 무사의 직분 중에서 특히 도의적 측면에 대해 기술한 것이라고 할 수 있다. 사도론의 첫머리 「지기직분知己職分」의 장을 살펴보기로 하겠다.

> 사람은 혹은 경작해 食을 영위하고, 혹은 궁리해 器物을 만들며, 혹은 서로 교역해 이윤을 얻으며 천하의 필요에 응한다. 이리하여 農工商이 필연적으로 서로 생기게 되었다. 그런데 士는 경작하지 않고 먹으며, 만들지 않고 사용하며, 매매하지 않고 利를 취하니 그 까닭이 무엇인가. 내가 금일 이 몸을 돌아보건대 조상 대대로 弓馬의 가문에 태어나 朝廷에 奉公하는 몸이 되었다. 士가 경작하지 아니하고, 만들지 아니하고, 교역하지 아니한다고 해도 사로서 그 職分이 없어서는 안 될 것이다.[48]

소코는 먼저 '농공상'의 직분과 그 기원에 대해 언급하고 있다. '농공상'은

46 『山鹿語類』는 소코의 문인들에 의해 1663년부터 편집되기 시작해 1665년에 소코의 교정을 거쳐 출판되었다.

47 中山廣司, 『山鹿素行の研究』, 東京: 神道史學會, 1988, 88면.

48 田原嗣郎 외 校注, 『山鹿素行』, 日本思想大系 32, 岩波書店, 1970, 31면.

생업에 종사하는 존재이니 당연히 유민이 아니다. 유민이 아닌 존재는 세상을 위해 도움이 되는 직분을 가지고 있어야 하는데, 그런 직분에 종사하는 것으로 사회질서 속에 일정한 역할을 담당하는 것이다. 인간은 사회적 존재이다. 그래서 자연스럽게 "혹은 경작해 식을 영위하고, 혹은 궁리해 기물을 만들며, 혹은 서로 교역해 이윤을 얻으며 천하의 필요에" 응하는 것이다. "농공상이 필연적으로 서로 생기게 된" 까닭이다. 즉 '농공상'은 사회질서 속에서 일정의 직분에 종사하는 것으로 인간사회에 공헌한다. 그것은 '농공상'의 존재 이유이기도 하다. 그러나 태평 시대의 무사는 "경작하지 아니하고 먹으며, 만들지 않고 사용하며, 매매하지 않고 이를 취"하니 그 까닭이 무엇인가? 하고 물었다. 인간이 이 세상에 존재하면서 직분이 없을 수 없다. 그렇다면 무사에게도 어떤 직분이 있을 것인데, 그것이 무엇일까? "직분이 없이 먹고 쓰는 것이 충족하다면 遊民이라 할 것이니, 오로지 이 몸에 대해 상세히 성찰해 생각할 일이다." 소코는 이어서 다음과 같이 말한다.

이 세상에 인간은 말할 것도 없고 새와 짐승, 물고기나 벌레와 같은 미천한 것, 마음이 없는 초목까지도 아무것도 하지 않고 생을 마치는 것이 있는가? 새나 짐승은 스스로 날거나 달려서 먹을 것을 구하고, 물고기나 벌레는 헤엄치거나 기어서 먹을 것 찾는다. 초목은 땅에 뿌리를 깊이 내리려고 한다. 그것들은 모두 살기 위해 쉬지 않고 하루 한 시간도 날거나, 달리거나, 헤엄치거나, 기어다니는 것을 잃어버리지 않는다. 만물이 모두 이러하다. 그리고 인간 중에 '농공상'도 역시 그와 같다. 士가 만약에 힘쓰지 아니하고 온전히 일생을 마친다면, 하늘의 도적이라 할 것이다. 그렇다면 사에게 어찌 직업이 없으랴 스스로 살펴 사의 직분을 究明한다면 그 직업이 비로소 드러날 것이다.[49]

49 田原嗣郎 외 校注, 위의 1970 책, 31~32면.

소코는 이 세상의 모든 생물은 살기 위해서 부단히 활동하고 있는데, 인간도 역시 마찬가지다. 앞에서 살펴보았듯이, '농공상'은 "천하의 필요"에 응하여 활동하고 있다. 이 말 속에 인간은 생존을 위해 부단히 노력해야 한다는 생각이 내재하여 있다. 히라이시 나오아키(平石直昭)가 말했듯이, 그것은 무위도식을 혐오하는 근로 윤리라고 해야 할 것이다.[50] 그래서 소코는 "사가 만약에 힘쓰지 아니하고 온전히 일생을 마친다면 하늘의 도적"이라고 극언했던 것이다. 그러나 실태적으로 무사는 엄연히 일본사회에 존재하고 있고, 어떤 역할을 담당하고 있다. 그렇다면 '농공상'에 필적하는 무사의 직분이 究明되어야 할 것이다.

> 대저 士의 職이란 그 몸을 생각해 보건대 주인을 얻어 봉공의 충을 다하고, 朋輩와 어울려 信을 두텁게 하고, 홀로 있을 때 삼가서 義를 오로지 함에 있는 것이다. 그리고 내 몸에 부자, 형제, 부부의 부득이한 교접이 있다. 이것은 또한 천하 만민이 각기 없어서는 안 될 인륜이라 할 수 있지만, 農工商은 그 직업에 여가가 없음으로 해 常任 相從으로 그 도를 다 할 수 없다. 사는 농공상의 업을 젖혀두고 오로지 이 길에 힘써 三民 중에 조금이라도 인륜을 어지럽히는 무리들을 신속히 벌함으로써 천하에 天倫이 바르게 되기를 기다린다. 그러므로 사는 문무의 덕과 지혜를 구비해야 하는 것이다.[51]

소코는 인간생활에 반드시 필요한 덕목으로 충忠·신信·의義와 "부자, 형제, 부부" 사이의 인륜을 들고 있다. 이것은 유학의 삼강·오륜 중에서 소코가 가장 기본적이라고 생각하는 덕목을 제시한 것이라고 할 수 있는데, 인간이 갖추어야 할 기본적인 마음가짐과 행동거지이기도 하다. 당연히 '농공상'도 위와 같은 기본적인 덕목과 윤리는 갖추어야 한다. 그런데 '농공상'은

50 平石直昭 저, 임태홍 역, 앞의 2005 논문, 64면.
51 田原嗣郎 외 校注, 앞의 1970 책, 32면.

생업에 여유가 없어 항상 그 도리를 다할 수 없다. 그렇다면 생업에서 자유로운 무사가 그러한 덕목을 갖추는데 힘써서 '농공상'의 모범이 되어야 한다. '농공상'의 모범이 되어야 하는 것은 조선·중국의 사대부에게도 요구되었던 의무였다. 그런데 "三民 중에 조금이라도 인륜을 어지럽히는 무리를 신속히 벌"한다는 대목은 특히 일본 무사에게 요구되는 것이었다. 소코는 무국武國 일본에서 사회질서를 바로 세우기 위해서는 위정자가 모범을 보이는 것만으로는 부족하고, 무사가 질서를 어지럽히는 서민을 무력으로 위압하는 것이 필요하다고 생각했다.

무사가 "문무의 덕과 지혜"를 구비하면 자연스럽게 위정자로서, 치안의 유지자로서, 삼민의 사표師表로서 사회적 지위가 분명해진다. 소코는 무사가 문무의 덕과 지혜를 갖춰야 하는 이유에 대해서 다음과 같이 말하고 있다.

> 그것은 밖으로는 劍術·弓術·馬術 등을 충분히 익히고, 안으로는 군신·붕우·부자·형제·부부의 도에 힘쓰는 것인데, 이와 같이 안으로 文道가 충실하고 밖으로 武備가 갖추어지면 삼민은 스스로 사를 스승으로 삼고, 무사를 존귀하게 여기며, 그 가르침에 따라서 모든 사물과 일의 本末을 알게 된다.[52]

무사는 안으로 문도를 충실히 갖추고, 다시 말하면 군신의 도를 비롯한 오륜五倫의 도道와 도덕을 갖추어 삼민의 사師가 되고, 밖으로 각종 무예를 수련하고 무비를 갖추어 치안을 담당해야 마땅하다. 그것이 무사의 직분이다. 소코의 이런 생각은 전통적인 무사도론의 무 중시 방향과 유교적 사도론의 도의 편중 방향을 통일적으로 파악한 것이라고 할 수 있다.[53] 또 하나 주목되는 것은 정치·군사의 일을 직분으로 하는 무사는 생업에 종사하는

---

52 田原嗣郎 외 校注, 위의 1970 책, 32면.
53 渡部正一, 『日本近世道德思想史』, 東京: 創文社, 1961, 99면.

'농공상'보다 우월한 존재로 자리매김 되고 있다는 점이다.

원래 직분론은 협업론과 같은 이론이라고 할 수 있다. 오규 소라이(荻生徂來: 1666~1728)는 "사농공상은 서로 협력하여 생활하는 존재이다. 그렇지 않으면 곧 존립할 수 없다."[54]라고 말했는데, 협업이라는 관점에서 보았을 때, '사농공상' 개념은 '농공상' 3민의 경제적 분업에 '사'의 정치・군사적 분업을 접합한 이론이라고 할 수 있다.[55] 소코도 생업에 종사하는 '농공상'과 정치・군사의 역할을 담당하는 '사'와의 관계를 일종의 분업 관계로 파악하고 있다.

그런데 '사'와 '농공상'의 분업 관계는 자연스럽게 지배・피지배 관계로 설정된다. 무사는 위정자이며, 그들은 무위武威를 앞세워 사회질서를 안정시키는 직분을 수행하는 존재이기 때문이다. 전근대 사회에서 지배・피지배 관계는 곧 상하・존비尊卑・귀천貴賤의 관계를 의미하는 것이다. 그런데 상하・존비・귀천이라는 개념 속에는 우민관愚民觀이 내재하여 있다. 소코는 『무교요록武教要錄』에서 다음과 같이 말하고 있다. "三民은 본래 어리석다. 그러므로 士는 이들의 長이 되어 教化撫育하고, 邪를 제압하고 正을 드날리어, 삼민으로 하여금 그 家業에 힘쓰게 한다."[56] 소코는 이어서 다음과 같이 말하고 있다.

> 三民이 함께 출현했다고 하지만, 스스로 욕심을 한껏 부려서, 농민은 일에 게을러서 경작에 힘쓰지 않으려고 하고, 약하거나 적은 것을 업신여기고, 공인은 기물을 엉성하게 만들어 비싸게 팔기를 원하고, 상인은 마음대로 이윤을 남기려고 간계를 부렸다. 이와 같이 욕심을 한껏 부려서 그칠 줄 모르니, 쉴

---

54 吉川幸次郎 외 校注, 「荻生徂來」, 日本思想大系 36, 岩波書店, 1973, 73면.
55 守本順一郎, 「山鹿素行における思想の歷史的性格」, 『山鹿素行』, 日本思想大系 32, 岩波書店, 1970.
56 『山鹿素行集』 2, 345면.

새 없이 盜賊이 서로 싸우고, 그 기질대로 행동해 인륜의 大禮를 상실했다. 그러자 人君을 세워 그 명령을 받으니 풍속을 교화하는 것이 여기에서 기인한 바이다. 그렇다면 인군은 천하 만민을 위해 首位에 선 것이지 인군이 사사로이 그렇게 한 것이 아니다. 이것이 사농공상이 출현한 바이며, 천하의 제도가 마련된 것이라고 할 수 있다.[57]

'농공상' 삼민은 스스로 "욕심을 한껏 부려서 그칠 줄 모르는" 존재였으므로 "인륜의 대례"를 바로 세우기 위해서도, 치안을 유지하기 위해서도, "인군을 세워서" 스스로 "그 명령을 받게" 되었다. 그렇다면 인군은 천하 만민의 요청에 의해 지배자의 지위에 오른 것이지 그가 사사로이 그 지위에 오른 것이 아니다. 여기서 인군은 봉건영주이기도 했던 무사를 의미하는 것이다. 소코는 삼민이 우매하고 욕심이 많아서 문란해진 사회질서를 바로잡는 직분이 자연스럽게 무사에게 부여되었다고 말하고 있는 것이다. 무사와 삼민의 분업관계는 정치적인 세계에서는 "인군"이 "천하 만민을 위해 수위에 서는" 지배・피지배 관계였다. 그것은 봉건사회에서 사와 '농공상'의 차별적 관계를 그대로 보여주는 것이기도 하다.

소코는 평화 시대의 직분을 규정하고, 그것을 삼민과의 관계 속에서 설명한 후 다음과 같이 말하고 있다.

이에 비로소 士의 길이 성립하고, 스스로 일하지 않고도 의식주에 부족함이 없는 것에 대해 마음의 부담을 느끼지 않아도 된다. 또 주군과 부모의 은혜에도 조금이라도 보답할 수 있다. 만약 이러한 역할이 없으면 부모의 은혜를 훔치고, 주군의 봉록을 탐하면서 일생을 단지 도적으로 목숨을 연명하는 것과 같다. 매우 탄식하지 않을 수 없다. 그래서 먼저 자기의 직분을 궁리하라고 말하는 것이다.[58]

57 『山鹿素行集』 4, 189~190면.

만약에 무사의 직분을 발견하지 못했다면 무사는 단지 일하지 않고 빼앗아 생활하는 일종의 도적이 되어 버릴 수 있다. 따라서 무사는 무엇보다도 자기의 직분을 확실히 파악할 필요가 있다. 그래야 주군과 부모의 은혜에 조금이라고 보답할 수 있는 것이다. 무엇보다도 평화 시대의 무사가 아무 일도 하지 않고 봉록을 받고 편하게 지낸다는 비판에서도 자유로울 수 있는 것이다.

직분에 대해 분명히 자각하지 못하면 진정한 무사라고 할 수 없다. 그렇다면 그런 무사들은 어떻게 처신해야 할까? 소코는 다음과 같이 말하고 있다.

> 이러한 각오가 없는 자는 즉시 삼민이 되어 또는 전답을 경작해서 생활하고, 또는 물건을 만들어서 渡世하며, 또는 장사해서 시간을 보내는 것이 마땅하다. 그러면 하늘의 노여움도 적을 것이다. 만약 계속 奉公을 원하여 사가 되고자 한다면 노예・雜人의 일을 하여 받는 봉록을 덜어 주군의 은혜를 엷게 하고, 문지기나 야간 순찰과 같은 근무하기 쉬운 일을 해서 일생을 보내는 것이 좋다. 이것이 직분이라고 하는 것이다.[59]

소코는 만약 무가 사회의 구성원이면서 그 직분을 확실히 파악하지 못한 자가 있다면, 그 자는 즉시 무가 사회를 떠나든지, 그렇지 않으면 봉록이 적은 직책으로 옮겨서 일하는 것이 좋다고 충고한다. 왜냐하면 무사의 직분을 수행하려면 당연히 그 지위에 능력・의지・각오가 요구되는 법인데, 그런 것을 갖추지 않은 무사가 주군의 봉록을 받고자 한다면 "하늘의 노여움"을 살 것이기 때문이다. 이어서 소코는 다음과 같이 말한다. "무사로써 봉록을 받고 또 그것을 원하는 자가 자기의 직분을 조금도 모르면서 봉록을 탐하는 일을 수치스럽게 생각하지 않으면 안 된다. 그래서 무사는 직분을 아는

---

58 田原 嗣郎 외 校注, 앞의 1970 책, 32~33면.
59 田原嗣郎 외 校注, 위의 1970 책, 33면.

것을 근본으로 하라고 말하는 것이다."[60]

이상에서 소코는 무사의 직분을 명확하게 제시했다. 그런데 진정한 무사는 자기 직분을 아는 것에 그쳐서는 안 될 것이다. 당연히 실천이 뒤따라야 할 것이다. 그런데 직분을 바르게 실천하는 단계에서 명확한 기준과 좌표座標가 필요하다. 소코는 다음과 같이 말하고 있다.

> 그 직분에 힘쓰기 위해서는 길이 없으면 안 되기 때문에 여기에서 반드시 道에 뜻을 두게 될 것이다. 가령 교토(京都)로 가려고 생각해도 그 길을 모르면 잘 갈 수가 없을 것이다. 알지 못하는데도 무리하여 가면 모두 잘못된 길로 가게 될 것이다. 사가 그 몸을 닦고, 군주를 받들고, 아비에 효행하고, 형제・부부・붕우와 어울려서 마음 편하게 서로 조화를 이루기 위해서는 그 길을 찾고, 그 쓰임을 알아야 할 것이다.[61]

평화 시대에도 무사가 갖추어야 할 직분을 '발견'했다면 올바른 방법에 따라 실천해야 하는데, 그 길이란, 앞에서도 언급했듯이, "군주를 받들고, 아비에 효행하고, 형제・부부・붕우와 어울려서 마음 편하게 서로 조화"를 이루며 사는 방법이다. 그런데 길을 바로 찾아야 한다. 잘못 들어서면 삿된 길로 빠지게 된다. "삿된 스승의 가르침에 긴 시간 물이 들면 자기도 모르게 그 사람의 영향을 받아 진실한 길에서 점점 멀어진다."[62]

그렇다면 진실한 길이란 무엇인가? 그것은 바로 성인이 제시한 길이다. 소코가 말하는 성인은 바로 공자였다. 공자의 학문이 성학聖學이었고, 그 가르침이 성교聖教였다. 소코는 성학과 성교에 대해서 다음과 같이 정의했다. "성학이란 무엇인가? 사람다운 길을 배우는 것이다. 성교란 무엇인가? 사람다운

60) 田原嗣郎 외 校注, 앞의 1970 책, 33면.
61) 田原嗣郎 외 校注, 위의 1970 책, 33면.
62) 田原嗣郎 외 校注, 위의 1970 책, 33면.

길을 가르치는 것이다."[63] 소코는 "도에 뜻을 품은" 무사들이라면 성인의 가르침에 따라야 한다고 말했다. "옛 성인은 사람들을 인도하기 위해 격언格言을 남겼다. 우리들은 이것에 의지해 삼가고, 힘쓰면 성인의 대도大道를 얻을 수 있을 것이다."[64]

그런데 여기에서 주의해야 할 것은, 소코의 사도론의 근거가 되는 것이 성학이라고 해서, 소코가 무사들에게 성인의 길을 목표로 수행하라고 말한 것이 아니라는 것이다. 소코는 무사가 일상 속에서 주어진 책무를 완수하고, 충효의 도리를 다하고, 원만한 인간관계를 맺고, 무사의 사회적 지위를 명확히 인식하고, 항상 전투원으로서의 자세를 잃지 않고 살아가기를 기대하고 있었다. 요컨대 소코가 말하는 사도란 무사의 일상생활의 기거동작과 마음가짐을 밝힌 도덕론이었다.[65]

이상에서 살펴보았듯이, 소코는 「사도」편 첫머리에서 「지기직분知己職分」의 장에서 무사의 직분을 구명究明했고, 다음의 「지어도志於道」의 장에서 무사의 직분에 걸맞은 "道에 뜻을 두는 것"의 필요성을 역설했다. 그 다음으로 「재근행在勤行 기소지基所志」의 장을 설정했다. 요컨대 무사가 직분을 알고, 뜻을 세우고, 진정한 길을 '발견'한 후에도 근면하게 실천하는 일이 남아 있는 것이다.

소코가 말했다. "사의 직분을 안다고 해도 도에 뜻을 두지 않는다면 앎은 있고 행함이 없어 온전하지 않은 것이다. 상세하게 궁리해야 할 것이다."[66] 그리고 이어서 다음과 같이 말했다.

---

63 田原嗣郎 외 校注, 앞의 1970 책, 12면.
64 田原嗣郎 외 校注, 앞의 1970 책, 34면.
65 渡部正一, 앞의 1961 책, 98면.
66 田原嗣郎 외 校注, 앞의 1970 책, 34면.

직분을 알고 그 길에 뜻을 두었다고 해도 힘써서 그 뜻한 바를 실행하지 않으면 말뿐으로 그 성과가 없는 것이다. 실행한다고 해도 일생 이것에 힘써서 죽은 후에야 그만두지 않으면 중도에 폐하는 것이 되어 도를 이룰 수 없는 것이다.[67]

직분을 알고, 그 길에 뜻을 두고, 성인의 가르침에 따르기로 작정했다고 해도 실행하지 않으면 아무 소용이 없는 것이다. 또 실행한다고 해도 일생을 두고 힘쓰지 않으면 안 되는 것이다. 실천한다는 것은 그만큼 어려운 일이다. 생각해보면 하찮은 습관 하나 바꾸기도 쉽지 않은 일이다. 그런데 마음에서 일어나는 욕망, 오랫동안 몸에 밴 관습 등에서 자유롭기는 매우 어려운 일이다. 특히 주어진 조건과 환경에서 초연하기는 어려운 일이다. 하물며 어떤 상황에서도 평상심을 유지하는 것은 매우 어려운 일이다. 소코는 다음과 같이 말하고 있다.

맹자 왈, 부귀에도 잘 넘치지 않고, 貧賤에도 잘 변하지 않고, 威武에도 잘 굽히지 않는 사람을 대장부라고 했다. 부귀는 사람이 크게 좋아하는 바이고, 빈천은 사람이 크게 싫어하는 바이고, 위무는 사람이 매우 두려워하는 바인데, 그것에 조금도 마음이 흔들리는 것이 없으면 대장부라고 해야 할 것이다. 대장부라는 것은 士의 道에 뜻을 두고, 그 뜻하는 바를 확실하게 실행하는 데 힘쓰는 자를 이르는 것이다.[68]

소코는 맹자의 말을 인용하면서 어떠한 상황에서도 욕망과 공포로부터 조금도 마음이 흔들리지 않는 사람을 대장부大丈夫라고 했다. 대장부야말로 뜻을 세운 무사가 성학에 의지하여 도달해야 할 목표였던 것이다. 소코는

67 田原嗣郎 외 校注, 앞의 1970 책, 34~35면.
68 田原嗣郎 외 校注, 앞의 1970 책, 35면.

그런 대장부가 문무의 덕을 겸비하고 위정자가 되어 정치・군사의 직분을 잘 수행해서 삼민의 사표가 되기를 기대하면서 무사의 직분을 구명究明하는 것을 출발점으로 사도론을 전개했던 것이다.

5. 맺음말

전국시대가 되면서 무사는 직접적인 생산 과정에서 분리되어 主君의 거성 주변에 모여 집단으로 거주하면서 오직 전투에만 종사하게 되었다. 전국시대 무사는 전장에서 싸우기 위해 존재했다. 그들에게 전투는 명예의 원천이며 직업이라는 관념이야말로 무사를 다른 존재와 구별하는 것이었다. 승리를 목적으로 하는 무사는 서민의 상식을 뛰어넘는 가치관을 보유하고 있었다.

에도 막부가 성립된 후, 긴 평화 시대가 시작되면서 무사의 성격이 변화되었다. 전투원이었던 무사가 위정자로 자리매김 되었다. 하지만 오랜 역사 과정을 통하여, 전투원이라는 독특한 생활환경 속에서 형성된 습속은 쉽게 바뀔 수 없는 것이었다. 17세기 중기에도 여전히 무사 사회에는 "戰國의 餘習"이 남아있었다. 하극상下剋上의 사상과 전투원으로서의 기질이 몸에 밴 무사들은 곧바로 근세적인 질서 속으로 해소되지 못하고 있었다.

막번 체제가 확립되면서 무사의 관료제적 편성이 진전되었고, 그에 따라 새로운 시대에 걸맞은 무사상이 요구되었다. 새로운 시대에는 전투원으로서의 무사보다 문적文的 교양을 갖춘 행정 관료가 필요했던 것이다. 실제로 막번 권력은 행정 능력이 있는 무사를 발탁해 정무를 담당하게 했다. 그러나 그 인원은 극히 소수였고, 대부분의 무사는 군사조직에 편성된 반카타(番方)였다. 그런데 평화가 정착하면서 반카타에 속한 무사들이 할 일이 없어지게 되었다. 무사들은 마치 유민遊民으로 비치게 되었다.

막번 권력은 이러한 무사들에게 새로운 존재 이유를 제공하지 않으면 안

되었다. 그런 역할을 담당한 것은 나카에 도주, 구마자와 반잔, 가이바라 에키켄 등과 같은 유학자였다. 그들은 평화 시대의 무사들에게 유학적 교양을 몸에 익히게 하여 문덕文德을 갖춘 명실상부한 '사'가 되게 하려고 노력했다. 그러나 위로부터의 학문의 권장은 밑으로부터의 호응을 얻지는 못했다.

전투원으로서의 기질을 버리지 못하는 무사를 근세적 직분 질서 속으로 유인하기 위해서는 위에서부터 일방적으로 '문'을 권장하기보다는 전투원으로서의 무사의 본질과 그 존재의 의미를 적극적으로 용인할 필요가 있었다. 그리하여 무사를 정점으로 하는 새로운 직분 질서를 재구성하는 것이 타당하였을 것이다. 다시 말하자면 당시 사회의 실태적 질서를 적극적으로 반영하여, 내용에 적합한 '틀'을 구성하지 않으면 안 되었던 것이다. 이런 관점에서 보았을 때, 당시의 상식에 입각하여 사도론을 전개하면서 무사의 직분을 논리적으로 설명한 야마가 소코의 시각은 탁월한 것이었다.

17세기 전기에는 전국시대의 실전에 입각한 병법적 무사도론과 유학자에 의해 새롭게 제시된 도의를 강조하는 사도론이 대립하고 있었다. 전자는 武의 가치를 우선시하는 실용적인 것이었고, 후자는 文의 가치를 우선시하는 관념적인 형식주의의 성격을 지니고 있었다. 이런 두 방향의 논의를 종합해서 한편으로는 전통적인 무사도의 내용을 보존하면서 다른 한편으로는 유학의 형식주의를 도입하여 새로운 무사도론을 제시한 것이 야마가 소코의 사도론이었던 것이다.

직분론은 '사농공상'의 분업론에 의하여 현실의 사회 구조를 설명하는 것이다. 다시 말하자면 사회 속에서 '사농공상'의 각 신분 계층이 담당하여야 할 역할과 그 유용성을 이론적으로 설명한 것이다. 그래서 소코의 직분론에는 특히 근로 윤리가 강조되고 있는 것이다. 사람이라면 누구라도 각기 힘쓰지 않으면 안 되는 직분이 있고, 그 직분을 성실하게 수행하는 데 인간의 존재 의미가 있는 것이다. 주변을 돌아보면 '농공상' 삼민三民은 생업에 종사하느라 여념이 없다. 그들뿐만이 아니라 모든 생물이 쉴 새 없이 생존하기 위해 노력하고 있다. 그런데 무사는 마치 일하지 않고 봉록을 받으며 편안하게 생활하는 것으로 비치고 있다. 만약 무사가 직분을 수행하지 않고 봉록을 받아 생활하는 유민이라면, 매우 수치스러운 일이며, 탄식할 일이며, 나아가 "하늘의 도적"이다. 소코는 이렇게 말했던 것이다. 소코의 직분론에는 살아 있는 모든 존재는 생존하기 위해 부단히 노력해야 한다는 철학이 있고, 또 맡은바 직분을 성실하게 수행해야 한다는 윤리관이 내재하여 있다고 할 수 있다.

그런데 소코는 직분론을 전개하면서 '사'와 '농공상'의 분업 관계를 지배・피지배 관계로 설정했다. 또 그의 사상 속에는 우민관愚民觀이 내재하여 있었다. 소코는 삼민이 우매하고 욕심이 많아서 문란해진 사회질서를 바로잡는 직분이 자연스럽게 무사에게 부여되었다고 생각했다. 그것은 봉건사회에서 사와 '농공상'의 차별적 관계를 그대로 보여주는 것이기도 하다. 이러한 소코의 사상이 17세기 후기부터 본격적으로 간행되기 시작한 무사 가문의 가훈에도 반영되었을 가능성이 있다.

17세기 말기부터 18세기 초기에 성립된 무사 가문의 가훈을 분석해 보면, 거의 대부분의 가훈이 '사'와 '농공상'의 관계에 대해 언급하고 있는데, 천편일률적이라고 해도 과언이 아닐 만큼 '사'는 '농공상' 보다 도덕적으로 우위에 있는 존재이므로 삼민을 교도하는 역할을 담당하고 있다는 생각이 일반적이었다.[69] 적어도 18세기 초의 일본 무사들은 '농공상'의 유용성에 필적하는 무사의 유용성을 주체적으로 인식하고 있었다는 것을 알 수 있다.

69 佐藤仁美, 「近世武家家訓における武士の職分」, 『立命館史學』 5, 1984, 63면.

청대清代 행상行商의 신상적紳商的 성격

반씨가족潘氏家族의 사례를 중심으로

박기수(朴基水)*

1. 머리말

청대 행상行商(洋商)[1]은 청조淸朝로부터 대외무역의 독점권을 허가받은 특허 상인의 한 부류였다. 특히 1757년 이래 중국의 대외무역이 광주항廣州港 한 곳으로 제한되자 광동廣東의 행상은 대외무역의 독점에서 오는 이윤으로 대상인집단으로 성장하였다. 이렇게 대외무역의 특권을 주었으므로 청조는 행상에게 여러 가지 대가를 요구하였다. 특히 왕조의 재정이 곤란에 처할 때면 그러한 대가의 요구는 커져 갔다. 서양에서 들어오는 진기한 상품들은 황실

* 성균관대학교 사학과 교수.

1 廣州에서는 1686년 대외무역을 직접 수행하는 상인조직 洋貨行이 건립되었고 1760년에는 서양상인과의 무역을 독점하는 外洋行이 조직되었다. 이들 洋貨行 商人, 外洋行 商人을 줄여 洋商으로 불렀고, 바로 이들이 소위 廣東13行이었다. 13行에 속한 商人이라는 의미에서 行商(영어로는 the Hong merchants)이라고도 불렀다. 따라서 洋商은 아편전쟁 이전에는 行商을 가리켰다. 彭澤益, 「清代廣東洋行制度的起源」, 『歷史研究』 1957-1; 陳國棟, 「潘有度(潘啓官二世): 一位成功的洋行商人」, 廣州歷史文化名城研究會 · 廣州市荔灣區地方志編纂委員會, 『廣州十三行滄桑』, 廣州: 廣東省地圖出版社, 2001, 185면 참고.

의 소비욕구를 자극하였다. 진주, 보석, 시계 등 공물貢物을 진상해야 했고 점차 매년 은銀 5만 5천 냥에 달하는 공은貢銀도 상납해야 했다.[2] 전쟁이라도 나면 군사비 헌납이 필요했고 자연재해가 발생하면 재해지역 구휼 비용의 기부가 시급했다. 다른 특허상인과 마찬가지로 행상도 이런 경우에 자진 헌납이라는 미명하에 기부금을 내야 했다. 이 같은 기부(捐輸)는 관례화되었다. 당시 관직官職 매매의 한 방식인 연납捐納이 유행하면서, 이처럼 기부한 행상에게 그 보상으로 관함官銜과 관직官職을 수여하게 되었다. 이로써 행상도 신사紳士의 한 구성원이 되었다. 청대 행상의 호칭에 항시 무슨 무슨 관官이라고 관官자가 꼬리에 붙는 이유였다.

종래 행상에 대해서는 수많은 연구가 진행되었다. 1937년에는 양가빈梁嘉彬의 광동십삼행廣東十三行에 대한 고전적이고 전문적인 연구서가 출현하였지만,[3] 프랑스나 일본의 학자들도 이미 20세기 이래 전문적인 연구를 진행하고 있었다.[4] 최근에는 대륙에서 광동13행(廣州13行, 行商)을 전문적으로 분석한 연구서도 다량 출현하였다.[5] 그런데 이러한 연구는 행상의 본업인 대외무역 자체에 대한 분석이 중심이었다. 13행의 행상들의 사회적 지위나 신분에 관한 전문적 연구는 거의 보이지 않는다. 본고는 성균관대학교 동아시아학술원과 중국사회과학원 역사연구소가 공동주최한 국제학술회의(2012년 5월)에

---

2 吳建雍, 「1757年以后的廣東十三行」, 『淸史硏究集』 3, 四川人民出版社, 1984, 106~107면; 蕭國亮, 「淸代廣州行商制度硏究」, 『淸史硏究』 2007-1, 38면.

3 梁嘉彬, 『廣東十三行考』, 南京: 國立編譯館, 1937.

4 Henri Cordier, "Les Marchands Hanistes de Canton"(廣州의 商行), Toung Pao, 1902; 田中萃一郞, 「廣東外國貿易獨占制度」, 『慶應義塾學報』, 1912; 田中萃一郞, 「十三行」, 『三田學會雜誌』, 1918; 根岸佶, 「廣東十三洋行」, 『支那』 21-5, 1930; 武藤長藏, 「廣東十三行圖說」, 『東亞經濟硏究』, 1931.

5 예컨대, 廣州歷史文化名城硏究會·廣州市荔灣區地方志編纂委員會, 『廣州十三行滄桑』, 廣州: 廣東省地圖出版社, 2001; 黃啓臣·梁承鄴 編著, 『廣東十三行之一梁經國天寶行史述』, 廣州: 廣東高等敎育出版社, 2003; 中荔, 『十三行』, 廣州: 廣東人民出版社, 2004; 李國榮·林偉森 主編, 『淸代廣州十三行紀略』, 廣州: 廣東人民出版社, 2006; 潘剛兒·黃啓臣·陳國棟 編著, 『潘同文(孚)行』, 廣州: 華南理工大學出版社, 2006 등을 들 수 있다.

제출하였던 논문이다. 학술회의의 공동주제가 "前近代 東아시아 歷史上의 士"이므로, 행상의 신사紳士로서의 성격을 다루는 것은 학술회의 주제에 부합하기도 하거니와 행상 연구의 부족을 메우는 연구사적 의의도 있을 것이다.

그런데 행상이 신사의 한 구성원이었다는 사실의 고찰에 그친다면 그것은 지나치게 단순한 일일 것이다. 최근 국내외에 신상紳商에 대한 연구가 활발해지고 있다.[6] 신해혁명의 주체세력에 대한 연구에서 촉발된 신상론紳商論은 신상을 전통적 신사가 근대 공·상업 부르주아로 전환해 가는 과정의 중개물, 과도체過渡體로 보기도 한다.[7] 국내의 한 연구에서는 거시적인 안목에서 신상을 인식하고 있다. 사회지배층이 송대로부터 청말에 이르기까지 사대부士大夫에서 신사로 다시 신사에서 신상으로 변화해왔다는 것이다.[8] 따라서 신상은 종전에 신사가 해왔던 사회적 역할을 거의 그대로 계승[9]하기 마련이다. 물론 시대의 변화에 맞는 새로운 역할도 추가되었을 테지만. 그렇다면 신사로서의 행상行商은 어느 지점에 이르고 있었을까?

본고에서는 지면의 제한과 능력의 한계로 행상 전체를 다루지 못하였다. 행상 중 경영이 가장 양호하였던 양대 가문 반씨潘氏와 오씨伍氏 중 반씨를

6 馬敏, 『官商之間: 社會劇變中的近代紳商』, 天津人民出版社, 1995; 章開沅·馬敏·朱英 主編, 『中國近代史上的官紳商學』, 武漢: 湖北人民出版社, 2000.

7 馬敏 저, 辛太甲·侯杰 역, 『중국 근대의 신상(紳商)』, 신서원, 2006, 21~22면. 이 책은 馬敏, 『官商之間: 社會劇變中的近代紳商』, 天津人民出版社, 1995의 번역서이다.

8 오금성, 「신사」, 오금성 외 저, 『명청시대 사회경제사』, 도서출판 이산, 2007, 369~370면, "사대부를 지배층으로 하는 사회구조는 송대에 확립되어 청말까지 계속되었다. 그러나 송대부터 청말까지 천년 가까운 기간 동안 사회지배층의 정치 사회적인 존재양태를 각 시기의 사회변화와 결부시켜 분석해 보면, 송대에서 원대를 거쳐 명초(15세기 초기)까지의 지배층은 '사대부'였고, 명 중기부터 19세기 전반기까지는 '신사', 그리고 19세기후반부터 청조 멸망(1911) 때까지는 '신상'으로 변화되었다고 보아야 한다." 이화승, 「상업」, 『명청시대 사회경제사』, 도서출판 이산, 2007, 576~577면에서도 19세기 후반 紳商계층의 형성을 논하고 있다.

9 오금성, 앞의 논문, 363~369면에서는 청말 紳商의 사회적 역할이 명중기 이래의 紳士와 같았다는 점을 강조하고 있다.

다루고자 한다. 반씨는 가장 오랜 기간 행상계行商界를 지도·좌우했고, 상인商人에서 신사紳士로 다시 신상紳商으로의 변화를 잘 보여준다고 생각되기 때문이다. 먼저 조부자祖父子 삼대에 걸친 행상 가문의 계보를 행상 경영이란 차원에서 소묘한다. 이어서 이들이 보인 신사적 측면을 신사지위의 획득, 신사로서의 사회 공헌 활동, 신사로서의 개인적 학술 문화 활동을 통해 차례로 드러내 보일 것이다. 그리고 마지막으로 이들이 전통적 신사와 어느 지점에서 차별을 보이고 과연 신상의 초기적 형태 또는 한 부류로 평가될 수 있는지 살펴보겠다.

2. 반씨潘氏 행상行商의 계보系譜

청대 행상 중 반씨 성을 가진 사람으로는 동문행同文行을 창업한 반진승潘振承, 그 아들로 동문행을 계승하였다가 후에 동부행同孚行으로 상호를 바꾼 반유도潘有度, 그리고 반유도의 아들로 동부행을 계승한 반정위潘正煒를 대표적으로 꼽을 수 있다. 이외에도 행주行主는 아니지만 일정기간 동문행이나 동부행에서 행상일에 종사한 반정위潘正威, 반사성潘仕成 부자를 들 수 있다. 반정위潘正威는 반정위潘正煒의 6촌형으로 반정위潘正煒와 함께 동부행을 경영하였고, 그의 아들 반사성도 반정위潘正威 사후 부친을 이어받아 7촌 숙부[10]가 경영하는 동부행 업무에 참여하였다. 이외에 반진승의 조카로 여천행麗泉行을 개설한 반장요潘長耀가 있다. 그는 동시에 반정위潘正威의 숙부이기도 하다. 한편 또 다른 반씨潘氏로는 1830년 중화행中和行을 창업한 반문도潘文濤(潘國榮)와 그

10 다음의 <그림 1> 淸代 潘振承 家族 世系圖 참조. 이 <그림 1>은 潘剛兒·黃啓臣·陳國棟 編著, 『潘同文(孚)行』, 廣州: 華南理工大學出版社, 2006, 32면의 世系表를 참고로 작성하였다. 이하 이 책은 『潘同文(孚)行』으로 약칭한다.

의 동생으로 1830년 인화행仁和行을 창업한 반문해潘文海(潘世榮)가 있는데,[11] 반진승 가문과의 직접적 연관성은 알 수 없다. 본고에서는 반씨潘氏 가족이라는 제한된 범위를 다루므로 반문도潘文濤 형제는 제외하였다.

1) 반진승潘振承(1714~1788)

반씨는 13행 역사상 유일하게 백여 년을 유지한 집안으로 외국상인들은 모두 그들을 반계관潘啓官이라고 불렀다. 이 집안의 첫 행상인 반진승은 최고의 재력과 수완을 겸비하고 시장을 좌우하던 행상의 리더로서 광주의 대외무역에서 큰 역할을 했다.[12] 반진승의 일생은 매우 전설적이다. 족보에 따르면 본명은 계啓이고 휘諱는 진승振承이며, 호는 문암文巖으로 박재공璞齋公의 장자長子이다. 서양 상인들이 주로 불렀던 반계관潘啓官(Puankhequa)이란 호칭은 본명에서 유래했음을 알 수 있고, 학자들이 보통 호칭하는 반진승潘振承,[13] 반문암潘文巖이라는 이름은 휘諱나 호號에서 비롯되었다. 1714년(康熙 53년)에 태어나서 1788년(乾隆 52년)에 죽었으니 향년 74세이다.[14] 광동 13행 연구의 선구자 양가빈梁嘉彬은 반씨의 후예인 반월사潘月槎가 찬술撰述한 『반계전략潘啓傳略』[15]

11 梁嘉彬, 『廣東十三行考』, 廣州: 廣東人民出版社, 1999, 332~335면 참고. 梁嘉彬의 저서는 각주 3)에서 제시한 것처럼 처음 1937년 南京에서 간행되었는데, 그 후 1960년 臺中의 東海大學에서 增訂本 『廣東十三行考: 鴉片戰前廣東國際貿易交通史考』가 간행되었다. 1999년 광동행상 연구자 章文欽은 梁嘉彬이 사망(1995년)하기 전에 남긴 부탁에 따라 몇 가지 문장과 자신의 補注를 첨가한 교정본을 『嶺南文庫』의 일종으로 출판하였다.

12 李國榮 편저, 이화승 역, 『제국의 상점』, 소나무, 2008, 86면.

13 일부 사료나 일부 연구서에서는 潘振成으로 표기된 곳도 적지 않다. 成과 承은 중국어 발음이 같아 나타난 현상이라 생각된다. 여기서는 족보의 기록을 좇아 潘振承으로 통일하여 호칭한다.

14 『河陽世系番禺龍溪潘氏族譜』, 民國九年(1920)刊(『潘同文(孚)行』, 1~2면에서 재인용.)

15 梁嘉彬, 앞의 1999 책, 260~261면에서 재인용.

을 인용하고 있는데 거기에 따르면 반진승의 원적은 복건福建 장주漳州 용계향龍溪鄕이고 후에 천주부泉州府 동안현同安縣으로 이주하였다 한다. 훗날 반진승이 광주廣州 하남河南에 땅을 사서 마을을 이룬 후 용계향龍溪鄕이라 명명한 것과 그가 설립한 동문행同文行의 동同자와 문文자가 고향인 복건福建의 동안현同安縣 문포산文圃山을 의미한 것도 근본을 잊지 말자[16]는 그 나름의 의미가 담겨있었다고 한다.

반진승은 집안이 가난하여 14세의 어린 나이에 고공雇工이 되어 품을 팔아야 했고, 1727년 이후에는 해금海禁이 풀려 선공船工으로 일할 수도 있었다. 반진승이 더 큰 웅지를 품고 복건에서 광동으로 간 것은 1730년대 초중반의 일이다.[17] 족보에 의하면 광동으로 간 이후 필리핀(呂宋國)에 3번이나 왕래하여 무역에 종사하였기에 외국어에 능통하게 되었다 한다. 필리핀에서 출항시기를 기다리며 스페인, 포루투갈, 영국 상인을 만나 스페인어, 포르투갈어, 영어를[18] 배울 수 있는 기회가 생겼으리라. 그런데 『반계전략潘啓傳略』에서는 "외국의 언어와 문자에 능통하였기에 필리핀이나 스웨덴에 가서 생사와 茶葉을 판매하게 되었고 여러 차례 왕복하여 여유자금을 모았다."(及壯由閩到粤, 通外國語言文字, 至呂宋,瑞典販運絲茶, 往返數次, 積有餘資)고 한다. 이 구절에 의거하여 일부 학자는 반진승이 최초로 유럽에 장사하러간 상인이라는 주장을 하기도 한다. 그러나 양가빈 등은 이 『반계전략潘啓傳略』의 기술을 불신한다. 족보에도 그런 기재를 발견할 수 없고 여타 자료에서도 볼 수 없다는 것이다.[19] 이국영李國榮이 저술한 『제국의 상점』에 실린 스웨덴의 예테보리시 박물관

16 『河陽世系番禺龍溪潘氏族譜』에 "公乃請旨開張同文洋行, 同者, 取本縣同安之義 ; 文者, 取本山文圃之意, 示不忘本也."라 한다.

17 『潘同文(孚)行』, 2~3면.

18 『潘同文(孚)行』, 22~23면에는 외국상인이 반진승에게 쓴 영어편지, 포르투갈어 편지, 그리고 반진승이 서양상인에게 답장한 스페인어 편지가 전해진다고 하고 있다.

19 梁嘉彬, 앞의 책, 261~262면.

소장 유화油畫[20]대로라면 반진승이 스웨덴에 갔다고 볼 수 있다. 스웨덴 화가가 스웨덴에 도착한 반진승을 그렸기 때문이다. 이러한 외국여행은 당시 청조淸朝에서는 엄연한 불법적 행위이므로 여타 기록에서 처벌을 피하기 위해 기록하지 않았을 것이다.

반진승이 행상으로 성장하게 된 계기의 하나는 족보에서 말하듯이 광동성에 기거寄居하면서 진성陳姓 양상洋商[21] 점포에서 사무를 경리經理하게 된 일이다. 이때 진상陳商이 반진승의 성실성을 인정하여 양상洋商의 전권을 위임하였기에 행상으로서의 경험과 수완을 발휘할 수 있게 되었다.[22] 몇 년이 지나 반진승의 경영 덕분에 커다란 이익을 올린 진성陳姓은 영예롭게 금의환향하였고 반진승은 조정에 동문양행同文洋行을 개설할 수 있도록 신청하였다. 이 시점에 대해서는 장문흠章文欽은 대략 1744년(乾隆9년) 전후[23]라고 하였고, 반강아潘剛兒 등은 반진승의 아들 반유위潘有爲의 시에 의거하여 늦어도 1743년 이전이라 한다.[24]

반진승은 여타 행상과 달리 몇 개의 외국어를 구사할 줄 알았다. 그가 외국상인들과 교환한 문건에는 포르투갈어와 스페인어가 자주 등장한다. 중국에 교역하러 온 외국상인들은 외국어를 할 줄 아는 중국인이 필요했다. 바로 이 때문에 광주에 오는 외국상인들은 꼭 먼저 반진승을 찾아갔다. 그는

---

20 李國榮 편저, 이화승 역, 『제국의 상점』, 87면에는 "반진승이 스웨덴 동인도회사의 상선을 타고 예테보리시에 도착하다."라는 그림이 수록되어 있다. 유화, 1770년작, 예테보리시 박물관 소장. 스웨덴측의 고증에 따르면 그림 속 중국상인은 반진승이라고 한다. 청정부는 행상의 출국을 엄금했지만 그는 이를 어기고 유럽에 간 유일무이한 사람이었다고 한다.

21 章文欽은 1732년경 대외무역을 독점적으로 운영한 洋商 陳汀官과 陳壽官 중의 한 행상이 반진승이 일한 陳姓洋商이라고 주장한다.(梁嘉彬, 앞의 책, 17면, 주 14)에 대한 1996년 4월 章文欽의 補注.)

22 梁嘉彬이 인용한 敬能堂 『潘氏族譜』(『廣東十三行考』, 260면)는 『潘同文(孚)行』에서 인용된 『河陽世系龍溪潘氏族譜』와 전체적인 내용은 같으나 약간의 문자의 출입이 있다.

23 章文欽, 「十三行行商早期首領潘振承」, 『廣州十三行滄桑』, 145면.

24 『潘同文(孚)行』, 2면.

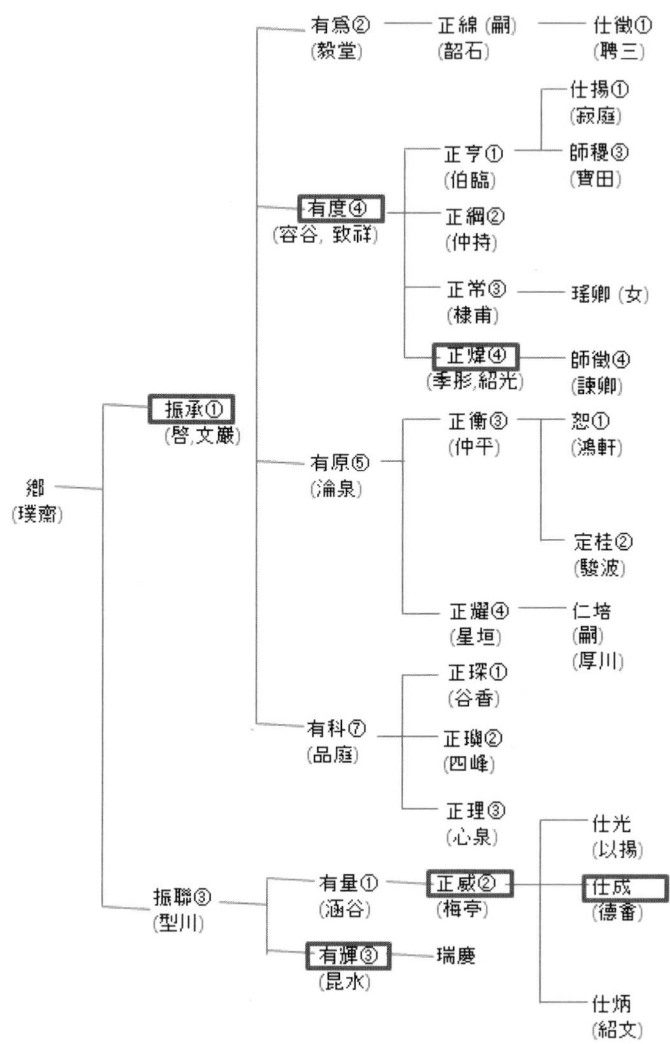

〈그림 1〉 淸代 潘振承 家族 世系圖(장방형에 둘러싸인 인물은 行商)

풍부한 경험과 넓은 포용력, 인간적 매력을 바탕으로 동문행을 빠르게 발전시켰다. 그 결과 1757년 건륭제가 광주항을 유일한 개항장으로 하는 일구통상一口通商 정책을 시행했을 때 이미 그는 광주 무역업계에서 유명한 인사가 되어 있었다.[25] 1757년 4개 해관 중에서 광주의 월해관粤海關만을 남기고 나머지 3해관을 폐쇄시킨 건륭제乾隆帝의 조치는 광주의 대외무역이 비약적으로 부상하는 계기가 되었다. 반진승의 동문행도 그런 호기를 놓치지 않았다.

반진승은 1760년(乾隆 25년) 아홉 행상을 연합하여 공행公行을 조직하고 전문적으로 중서무역中西貿易을 경영하는 외양행外洋行을 설립해 줄 것을 청하였다.[26] 이로부터 13행은 복건福建, 조주潮州 등 중국 해상무역을 경영하는 복조행福潮行, 샴 등 동남아 각국 무역을 경영하는 본항행本港行과 분리되어 중서무역을 전담하는 독점적 무역기구가 되었다. 이는 13행 역사의 일대 전환점이었다. 반진승은 바로 이러한 전환점에서 13행 행상의 첫 번째 수령(首任商總)이 되었다.[27] 풍부한 자본과 서양 상인과의 원활한 관계[28]에 힘입어 동문행의 경영은 다른 행상에 비해 순조롭게 발전하였다. 1784년의 경우를 예로 들면 당시 영업하던 6명 행상 중 반계관潘啓官의 동문행이 동인도회사의 최대 무역 상대였다. 모직물은 반계관이 16분의 6을 취급하고, 무이차武夷茶의 수출액 32,000담 중에서 반계관이 1만 담을 차지하여 6행 중 최대수출액을 점하였던 것이다.[29] 청조 측 관방문서에서는 그를 상총商總, 수명상인首名商人[30]으로

25 李國榮 편저, 앞의 책, 88면.

26 梁廷枏 等纂, 『粤海關志』 卷25, 「行商」, 11면 앞, 沈雲龍 主編, 『近代中國史料叢刊』 續編 第十九輯, 臺北: 文海出版社, 1817면에 "迨乾隆二十五年, 洋商潘振成等九家呈請設立公行, 專辦夷船, 批司議准. 嗣後外洋行商始不兼辦本港之事. 其時査有集義,豊晉,達豊,文德等行, 專辦本港事務, 并無稟定設立按據. 其海南行八家, 改爲福潮行七家, 亦無案可稽."

27 章文欽, 앞의 논문, 145~146면; 『潘同文(孚)行』, 14면; 또한 佐佐木正哉, 「清代廣東の行商制度について－その獨占形態の考察」, 『駿臺史學』 66, 1986, 58면 참조.

28 H. B. Morse, *The Chronicles of the East India Company Trading to China, 1635~1834, Vol. II*, Oxford, 1926, p. 45에 의하면 영국 측은 반진승을 "가장 신뢰할 만한 상인"으로 평가하고 있다.

29 H. B. Morse, *Ibid*, p. 97. 두 번째로 거래량이 많았던 而益行의 石瓊官은 전체 모직물의 16분의 3을 취급하고, 武夷茶는 6천 담을 수출하였다. 1773년에는 동문행이 전체 모직물의 8분의 5를 취급하고 있었다(H. B. Morse, *Ibid*, Vol. Ⅴ, p. 179).

30 陳國棟, 앞의 논문, 151면과 186면 각주 11). 商總은 1813년 이전의 칭호이고, 1813년 이후에는 鹽商제도에서 總商으로 부르는 예에 따라 總商이라 했다 한다.

불렀고, 영국의 동인도회사도 그를 공행의 일인자(doyen), 행상중의 우두머리 (the principal)[31]라고 치켜세웠다. 1760년 공행의 성립부터 1788년 그가 죽을 때까지 28년간 반진승은 광주 양상洋商의 수령이었다. 광주가 유일한 대외무역항구였던 85년간 그는 가장 오랜 기간 상총商總을 맡았던 것이다.

2) 반유도潘有度(1755~1820)

반진승은 1명의 부인과 9명의 측실을 두었는데 거기서 7명의 아들을 두었다.[32] 1788년 넷째 아들 반유도가 반진승을 이어 동문행의 주인이 되었다.[33] 반유도의 호는 용곡容谷이며 상명商名은 반치상潘致祥이다. 동인도회사의 당안에는 그의 부친과 마찬가지로 반계관潘啓官(Puankhequa)으로 적고 있다. 후세 저술에서는 반진승과 구별하기 위해 그를 반계관이세潘啓官二世(PuankhequaⅡ)로 칭한다. 그는 1755년(乾隆 20년)에 태어나서 1820년(嘉慶 25년 10월 13일) 11월 18일 죽었다.[34]

1788년 반진승이 타계하고 반유도가 이를 계승하였을 때 동문행의 재력이나 지위로 보아 반유도가 아버지의 행상行商 상총商總 지위를 물려받는 것이 당연한 일이었다. 그러나 반유도는 이러한 직함이나 이에 수반하는 번거로운

31 H. B. Morse, *op. cit*, Vol.Ⅱ, p.138. 馬士 著, 中國海關史研究中心 組譯, 『東印度公司對華貿易編年史』(1635~1834年) 第1, 2卷, 廣州: 中山大學出版社, 1991, 458면에서는 doyen을 大人物로, the principal을 巨頭로 번역하였다.

32 『潘同文(孚)行』, 28면에 정실부인, 측실의 명단과 7명 아들에 대한 간단한 소개가 있다.

33 『潘同文(孚)行』, 28면에 의하면 장자 有能은 1764년에 이미 죽었고, 次子 有爲는 1770년 擧人이 되고 1772년 進士가 되어 벼슬길에 나아갔다. 『四庫全書』 편찬에 참여한 관료이자 학자였다. 따라서 同文行을 계승할 처지가 아니었다. 三子 有勛은 정실부인 소생으로 어머니를 모시고 福建 漳州에서 거주하였으며 1780년 사망했다. 5, 6, 7자는 유학자가 되거나 관료의 길을 갔다.

34 陳國棟, 앞의 논문, 152면.

일을 극력 회피하고자 했다. 이로 인해 1787~1788年 무역 시즌이 끝나 영국 동인도회사가 양상과 다음 한 해의 계약을 교섭했을 때 반유도는 단연코 그가 첫째 교섭대상이 되라는 요구를 완곡히 거절하여 그가 제일第一 순위의 양상洋商이 되는 것을 피하였다. 그가 건의한 제일 순위는 석중화石中和(石瓊官, 而益行) 또는 다른 양상이었다. 표면상의 이유는 이들의 양행계洋行界에서의 경력이 자신보다 훨씬 풍부하다는 것이었다. 나아가 반유도는 수명상인首名商人의 직책을 맡으라는 청조 당국의 요구를 거절하였고, 결국 만화행萬和行의 채세문蔡世文(蔡文官)이 월해관감독粤海關監督의 명령命令으로 그 직책을 맡게 되었다. 그러나 동문행同文行은 재력으로나 영업 성적으로나 모든 양상洋商 중에서 제일 우월하였다.[35] 따라서 1796년 청조당국과 영국 동인도회사에 빚진 50만萬 냥兩의 부채로 괴로워하던 채세문蔡世文이 자살하자,[36] 반유도는 더 이상 상총의 지위를 거부할 수 없었다.

이와 같이 해서 반유도는 행상 중의 명실상부한 상총(首名商人)이 되었지만[37] 그 개인으로 말하자면 이는 원하지 않는 일이었다. 그에게 이런 직함이 없었던 시기에 비록 정부가 그에게 대외무역과 관련된 난제를 해결해 달라고 요청하더라도 그것은 임시적인 것이었고, 장기적 압력은 아니었다. 일단 그가 명의상의 상총이 되자 정기적으로 월해관이나 총독總督・순무아문巡撫衙門에 가서 지시를 받는 이외에도 외국상인外國商人과 정부 사이의 교섭에 관련된 문제나 전체 행상의 공동이해共同利害에 관련된 여러 가지 사무를 처리해야 했다. 이에는 많은 시간과 정력이 요구될 뿐만 아니라 관련된 당사자의 비위를 맞추기 위해서는 많은 돈이 들기도 했다. 이에 그는 양상洋商의 직무를 사퇴하여 철저히 모든 번거로운 일로부터 벗어날 생각을 하였다.[38] 오랜 준

35 陳國棟, 앞의 논문, 166면.
36 章文欽, 「清代前期廣州中西貿易中的商欠問題」, 『中國經濟史研究』 1990-1, 122면.
37 梁嘉彬, 앞의 책, 262면.

비 끝에 1807~1808년 무역시즌이 시작될 때 반유도潘有度는 완전히 무역활동을 정지하였다. 그는 동문행의 재산을 처분하고 기타 6방 형제의 가족과 분가하는 수속을 처리하였다. 1808년 초 그의 은퇴隱退를 윤허하는 상유가 광주에 도착함으로써 관방수속도 모두 끝났다. 상유는 동시에 그에게 10만 냥의 은자를 납부할 것을 요구하였다.[39]

1815년(嘉慶 25年)전후의 광주廣州 양행계洋行界는 사실상 아주 곤란한 상황에 처하였다. 반유도潘有度가 막 퇴직한 지 얼마 되지 않은 1809년, 1810년 사이, 다섯 양상洋商이 도산하였다. 기타 남은 양상 중에 적어도 7가家(麗泉行, 西成行, 福隆行, 同泰行, 東裕行, 天寶行 및 萬源行)는 모두 자금회전이 경색되는 곤경에 처하였다. 청정부淸政府는 더 많은 양상이 파산하는 것을 원치 않았다.[40] 이러한 상황에서 1814년 11월 30일 양광총독兩廣總督 장유섬蔣攸銛은 사퇴한 행상들은 "身家가 殷實하고 洋務에 숙련되어 있는" 상인들로, "지금처럼 洋行이 피폐되어 있는 시기에 일에 관여하지 않고 사적인 이익만을 누려서는 안 된다."고 하면서, 응당 이들을 다시 양상으로 충당시켜야 한다고 주청하였다. 가경제도 교활하게 책임을 벗으려 해서는 안 된다고 하교하였다.[41] 이에 양광총독 장유섬의 주도하에 반유도를 다시 불러 양상에 충당시키고자 하였다.[42] 1815년 3월 3일 광주상계廣州商界는 상유上諭의 지시指示로 반유도潘有度가

---

38 陳國棟, 앞의 논문, 170면.

39 陳國棟, 앞의 논문, 177면. 潘有度는 은퇴를 추진하기 위해 모든 방법을 동원하였는데 廣州商界에서는 그가 銀 50萬 兩의 대가를 지불하여 비로소 관련 관리들의 동의를 얻었다고 전해졌다. 같은 논문, 173면. 행상이 은퇴를 하기 위해서 많은 뇌물이나 비용이 들었던 사례에 대해서는 佐佐木正哉, 「清代廣東の行商制度について」, 『駿臺史學』 66, 1986, 93~94면을 참조. 심지어 아들에게 행상의 지위를 상속하는데도 월해관 감독 등 관리에게 거금을 지불해야 했음은 吳建雍, 「1757年以後的廣東13行」, 『清史研究集』 3, 中國人民大學出版社, 1984, 99~100면을 참조.

40 陳國棟, 앞의 논문, 178면.

41 吳建雍, 「1757年以後的廣東13行」, 『清史研究集』 3, 中國人民大學出版社, 1984. 99~100면.

42 『清嘉慶朝外交史料』 第4冊, 嘉慶19年 10月 19日, 「兩廣總督蔣攸銛等奏退商潘致祥熟練洋務請令仍充洋商片」, 23면 뒤(故宮博物院, 『清代外交史料:嘉慶朝』, 臺北: 成文出版社, 1968年影

곧바로 양상洋商에 중임重任되었으며 오병감伍秉鑒과 함께 총상總商에 임명되었음을 알게 되었다. 오병감은 동인도회사東印度會社에 통지하여 이후 반유도의 순위가 응당 수위首位이고 그 자신은 제이第二라고 하였다. 늦어도 1815년 4월 2일, 반유도는 총상의 자격資格으로 직무를 집행하였다. 1807년 반유도가 은퇴할 때 이미 동문행同文行이 끝났고 그 형제들과 가산을 분할分割하였으므로 다시 양상洋商이 된 지금 그는 새로 개설開設된 양행洋行에 새로운 이름 동부행同孚行을 부여하여 동문행과 구별됨을 보여 주었다. 그의 양상 경영방침은 이전과 대체로 같았다. 동인도회사는 여전히 무역시즌이 끝나면 쓰고 남은 백은白銀을 그에게 보관시켰다. 이와 같이 4년여를 계속 경영하다가, 1820년 11월 18일 사망하였다.[43]

3) 반장요潘長耀(?~1823)와 반정위潘正威(1769~1838)

반유도潘有度에게는 몇 당형제堂兄弟가 있었다. 그중 한 사람이 일찍이 광주 대외무역에서 활약하고 자신의 양행을 개설한 반장요潘長耀이다. 그는 반유도 숙부의 셋째 아들(즉 반진승의 조카)로 족보상의 이름은 유휘有輝였다.(<그림 1> 참고) 반곤수관潘昆水官(坤水官이라고도 한다)이라 통칭하는데 서양인은 그를 Conseequa라 불렀다. 반장요는 18세기 후반 반계관潘啓官 1세(潘振承)가 살아있을 때 개인 신분으로 대외무역에 종사하였다. 1796년에 월해관감독이 강권하여 양행의 허가증을 취득하게 되었고 여천양행麗泉洋行을 개설하였다.[44]

印, 404면), "潘有度 …… 其身家素稱殷實, 洋務最爲熟練, 爲夷人及內地商民所信服. 從前退商, 本屬取巧. 現當洋行疲弊之時, 何得任其置身事外, 私享厚利? 應飭仍充洋商, 即令同總商伍敦元等, 淸理一切."라고 한다.

43 陳國棟, 앞의 논문, 178~179면.

44 陳國棟, 앞의 논문, 153면.

여천양행을 설치한 초기에는 경영이 양호하였으나 1801년 그가 보증한 영국 선박이 우사羽紗 48필을 사적으로 운반하였다는 구실로 벌금을 100배나 부과받아 5만 냥을 내게 되었다.[45] 이후 여천행麗泉行은 경제적 곤란에 처하기 시작하였다. 1813년 이후 여천행은 결국 동인도회사에게 돈을 빌리는 7가家 소행상의 하나가 되었다. 1814년 그는 차엽茶葉 등 잉여화물을 대량으로 미국 상인에게 외상으로 공급하여 100만萬 원元의 손실을 보았고 이것은 그의 곤란을 가중시켰다. 이에 따라 1818년 그의 채무는 22만 냥을 초과하였다. 그가 취급한 우사羽紗의 판매정체로 말미암아 결손이 181,629냥에 달하였다.[46] 또 외국상인 에드워드 워츠(Edward Watts)에게 10만 달러를 빚졌으나 갚지 못하였다. 이해 그는 동인도회사에 316,965냥을 빚졌고 기타 채무는 40만 냥이었다.[47] 도광道光 3년(1823) 그가 사망했을 때 세금 체납이 22,528냥이었고 외국상인에 화물대금 빚이 172,207달러, 또 동인도회사에 대한 채무가 308,565냥이었다. 다음해 1824년에 여천행麗泉行의 파산을 선고했을 때 그의 가산은 몰수되어 매각 변상되었고 가까스로 세금체납을 상환했을 뿐이며 각종 채무는 행상들이 5년으로 나누어 공동 상환하여야 했다.[48]

반정위潘正威는 반장요潘長耀 장형長兄의 아들로 자字는 매정梅亭이고 복건福建 동안현同安縣 출신이다. 광동廣東 반우番禺에 적을 두고 무생원武生員(武庠)이 되었으나 무향시武鄉試에서 두 번이나 실패하여 과거를 포기하였다. 이후 상업을 익히고 재산을 모았다.[49] 1790년대 말, 반정위潘正威는 이미 광주상계廣州商界에서 활동하고 있었지만 양상洋商은 아니었다. 그는 삼숙三叔인 반장요潘長耀

---

45 H. B. Morse, *op. cit*. Vol. Ⅱ, p. 354.

46 章文欽,「清代前期廣州中西貿易中的商欠問題」,『中國經濟史研究』1990-1, 中國社會科學院經濟研究所, 127면.

47 H. B. Morse, *op. cit*, Vol. Ⅳ, p. 8.

48 古宮博物院 編,『史料旬刊』, 4기,「阮元等奏查辦洋商拖欠夷賬摺」,「道光朝外洋通商案」, 北京圖書館出版社 影印, 2008年, 267~268면; H. B. Morse, *op. cit, Vol. Ⅳ*, pp. 72~73.

49 陳其錕 撰,「墓志銘」,『潘同文(孚)行』, 191면에서 재인용.

의 여천행麗泉行 면허(行照)를 빌려서, 동인도회사와 대외교역을 진행進行할 수 있었다.[50] 1801년, 동인도회사의 "Cirencester호"가 우사羽紗 48필을 밀수하였다고 의심받았는데 반장요는 마침 이 선박의 보상保商이었으므로 이 사건에 말려들어가, 월해관감독粵海關監督에게 100배나 되는 벌금을 내도록 강요당하였다. 반정위潘正威는 반장요의 지시를 받아 오문澳門으로 파견되어 동인도회사 위원회에게 구원을 청하였다.[51] 반정위潘正威는 반유도潘有度의 5촌 조카이기도 하였으므로 동문행同文行에서 반유도를 도와 업무를 처리하였던 듯하다. 동문행이 경영을 중단한 지 2년이 지나 1809년, 그는 양상을 맡겠다고 신청申請하였으나 당국에 의해서 윤허 받지 못하였다.[52] 1820년 반유도가 죽고 나서 후계자가 정해지지 않았을 때 일시 동부행의 경영을 맡았다. 이후 반정위潘正煒가 동부행同孚行 양상을 승계했을 때 반정위潘正煒는 외국어를 몰랐으므로 모든 섭외사건은 전부 반정위潘正威가 처리하였다. 이를테면 반정위潘正威는 동부행의 공동경영자였던 셈이다. 그의 일처리는 근신謹愼한 편이었고, 반정위潘正煒가 동부행의 경영을 맡아 무사하게 발을 내딛을 수 있도록 협조하였다. 1838년 11월 20일 사망하였는데 그 처가 1843년 75세로 죽었다하므로 이를 통해 볼 때 반정위潘正威가 죽었을 때는 70세 전후였을 것이다.[53]

4) 반정위潘正煒(1791~1850)

반유도는 비록 네 아들을 두었지만 시종 그 중의 어느 아들 하나가 양상洋商의 일을 맡도록 양성·단련시키지 않았다. 양상의 직책은 기실 아주 고통스

50 『潘同文(孚)行』, 191면.
51 H. B. Morse, *op. cit,* Vol. Ⅱ, p. 354.
52 H. B. Morse, *op. cit,* Vol. Ⅲ, p. 105.
53 陳國棟, 앞의 논문, 155면.

러웠기 때문에 그의 아들들이 자신의 뒤를 밟기를 원치 않았다. 차라리 과거를 통해 벼슬에 나아가기를 희망하였다. 그리고 동부행同孚行에 적당한 계승인이 결여되었다는 것을 빌미로 아마도 그의 자식들이 양상이라는 직무의 족쇄에서 벗어나기를 바랐던 것 같다. 그러나 그의 사후 광동 당국은 동부행이 한 양상을 선출하여 양행의 사업을 계속하도록 집요하게 요구하였다. 영국 동인도회사도 적극적으로 동부행의 존재를 유지할 것을 주장하였다. 그들은 모두 장자인 반정형潘正亨(1779~1837)이 양상을 계속해서 맡을 수 있기를 희망하였다. 그러나 그는 극력 거절하였다.[54] 반정형潘正亨은 양상의 고충을 절실하게 알고 있었기 때문에 그가 맡지 않으려는 구실로 그의 관직이 행상업무를 맡기에 너무 높다고 하였다.[55] 그는 오히려 동부행의 경영을 그의 6촌형 반정위潘正威(1769~1838 즉 亨官, 그 祖父 振聯은 正亨의 祖父 振承의 三弟, 英文名稱은 Pontinqua 或 Tinqua)에게 양도할 것을 요구하였다. 차자次子 정강正綱의 성격은 양상에 부적합하였고, 삼자三子 정상正常은 이미 1812년에 세상을 떠났기 때문이었다.[56] 결국 일시적으로 동부행의 영업권은 반정위潘正威에 돌아갔다. 행상들과 동인도회사의 1821년의 무역계약은 1821년 3월 20일 타결되었는데 이 계약에 Tinqua의 이름이 등장하고 있는 것이 그것을 보여준다.[57]

한편 반유도의 막내아들인 사자四子 반정위潘正煒는 본래 벼슬길로 나아가기를 희망하였고 일찍이 과거科擧시험에 참가하여, 부공생副貢生이 되었다.[58] 집안에서의 요구와 당국의 독촉으로 결국 당시 나이가 30세에 달한 반정위潘

54 陳國棟, 앞의 논문, 154면.

55 H. B. Morse, *op. cit,* Vol. Ⅲ, p. 371. 『潘同文(孚)行』, 207면에 따르면 潘正亨은 知府에 부임한 적이 있었으나 官場에 염증을 느껴, 歸家講學하였다.

56 『潘同文(孚)行』, 191면.

57 H. B. Morse, *op. cit,* Vol. Ⅲ, p. 371에 의하면 전체 행상의 工夫茶 수출액은 20만 5,420상자인데, 그중 Tinqua의 부분이 11,000상자에 달한다.

58 『番禺龍溪潘氏族譜』 民國9年版(『潘同文(孚)行』, 191면에서 재인용).

正煒가 어쩔 수 없이 동부행의 경영을 맡는 것으로 결론이 난 것 같다. 그는 종래 상업경영을 한 적이 없었기 때문에 양상(潘啓官三世)을 맡으면서, 부득불 그 보다 나이가 20여 세 연장이며 상업경영의 경험이 있는 그리고 1821년 임시로 동부행을 맡고 있던 6촌 당형堂兄 반정위潘正威(1838年 사망, 墓志는 享年 70歲라 記述)를 청하여 섭외상무涉外商務를 관장管掌시키는 방식으로 실질적인 공동경영을 하게 되었다[59]고 생각된다. 1822년 4월 17일 체결된 행상과 동인도회사의 계약을 보면 전체 공부차工夫茶수출량 17만 5,200 상자 중 반계관이 점하는 부분이 21,600상자에 이르고, 전체 둔계차屯溪茶수출량 5만 상자 중 반계관이 점하는 부분이 7천 상자이다. 이를 통해 반계관潘啓官 3세가 동인도회사와 계약하는 영업권을 회복하였음을 알 수 있다. 반면 같은 계약에서 Tinqua의 이름은 보이지 않는다.[60]

반정위潘正煒는 동부행을 21년간 경영하였는데 조부와 부친이 이루어 놓은 기반위에서 비교적 안정적인 경영이 가능하였다. 대체로 양상 중에서 2위, 3위의 위치를 유지해 나갔다. 청조 당국으로부터나 영국 동인도회사 등 서양 상인으로부터 신임과 존중을 받았다.

그러나 1834년 이후 영국 동인도회사의 독점이 사라지면서 행상들도 새로운 위기에 봉착하였다. 행상과 영국 동인도회사 사이에는 경제적 이익을

59 『潘同文(孚)行』, 191면. H.B.Morse, *op. cit*, Vol. Ⅳ, p. 9에 의하면 1821년 10월 총독은 "同孚行의 경영은 휴업할 수 없으므로 반유도의 아들 Heemqua와 조카 Tinqua가 공동으로 전과 같이 영업하도록 한다"고 고시하였고 Heemqua는 이런 중책을 맡으려 하지 않다가 1822년 3월 26일 Tinqua를 대동하고 아버지 때와 마찬가지로 동부행을 경영할 것임을 동인도회사측에 알렸다고 한다. 한편 蔣祖緣은 앞의 모스의 기록을 潘正煒와 반정위의 조카 潘仕成이 공동으로 同孚行을 경영하게 된 것으로 해석하고 있다(「潘仕成是行商而非鹽商辨」, 『嶺南文史』 2000-2, 24면). 그러나 潘仕成은 1804년생으로 1821년 당시 17세이므로 아직 同孚行을 감당하기에는 경험과 지식이 부족하다고 생각된다. 마땅히 반유도의 조카 Tinqua 潘正威(潘仕成의 부친)가 반유도의 아들 Heemqua 潘正煒와 함께 동부행을 경영했다고 보는 것이 옳을 것이다.

60 H. B. Morse, *op. cit*, Vol. Ⅳ, p. 9.

둘러싸고 갈등하고 대립하는 측면도 있었지만 어쨌든 중국 측과 영국 측이 공인한 공식적 교역상대자였기 때문에 서로 협력하고 공생하는 측면도 강하게 존재하였다.[61] 예컨대 1814년 무려 5개의 행상이 파산 위기에 내몰리자 영국 동인도회사는 결사적으로 이들을 지원하여 행상의 유지를 도모한 적도 있었고, 1829년 동인도회사는 청조당국에 행상제도 개혁안을 제출하여 행상에 대한 착취와 학대를 중지하고, 행상의 부담과 책임을 경감시킬 것을 요구하기도 하였다.[62] 1834년 협조세력으로서의 동인도회사가 사라지자 행상은 여러 가지 곤란에 직면하였다.[63] 윌리엄 쟈딘(W. Jadine)이 1837년에 쓴 편지에서는 당시 행상의 상황을 다음과 같이 표현하였다. "근래 빚지지 않은 행상이 하나도 없다. 오호관伍浩官과 반계관潘啓官을 제외하고 현재 2만 달러가 있는 행상이 하나도 없다. 만약 우리가 한 행상을 쳐서 쓰러뜨리면, 우리는 전체를 쓰러뜨릴 수 있다."[64] 결국 대다수 양상은 오랫동안 문제가 쌓여 회복하기 어려운 경제적 곤경困境 속으로 빠져 들어갔다. 1840년, 양광총독兩廣總督 기선琦善은 도광제道光帝에게 상주하였다. "광동에 도착한 이후, (양상의 실정을) 조사해 보고서 洋商 중에 아직 小康이라 할 만한 자는 겨우 2, 3家에 불과하고, 殷實하다고 할 만한 자도 기실 伍紹榮 一家에 그침을 알게 되었습니다."[65] 이미 반정위潘正煒의 동부행同孚行도 점차 쇠락으로 향하고 있었음을 알 수 있다. 이러한 상황에서 아편전쟁의 발발과 그로 인한 남경조약南京條約의 체결

61 朴基水, 「葛藤·協力·隷屬 — 淸代 廣東對外貿易中의 行商과 東印度會社의 關係를 중심으로」, 『明淸史硏究』 36, 명청사연구회, 2011.

62 朴基水, 위의 논문, 263~264면 참고.

63 章深, 「十三行與廣州外貿」, 廣州市社會科學硏究所 編, 『近代廣州外貿硏究』, 科學普及出版社廣州分社, 1987, 67~68면.

64 P. L. B. W. Jadine, 1837년 2월 4일(Michael Greenberg, *British Trade and the Opening of China 1800~1842*, Cambridge University Press, 1951, p. 190에서 재인용.)

65 中國第一歷史檔案館 編, 『鴉片戰爭檔案史料』 第2冊, 天津古籍出版社, 1992, 609면, 537. 「欽差大臣琦善奏爲遵旨查明林則徐辦理禁煙情形摺」, 道光20年 11月 21日.

(1842)은 행상제도의 소멸을 가져왔고 반정위潘正煒의 동부행同孚行도 폐업의 운명을 순순히 받아들여야만 했다.

5) 반사성潘仕成(1804~1873)

반사성에 대해서는 종래 행상이 아니라 염상鹽商이라는 주장이 지배적이었다. 광동 13행 연구의 선구자인 양가빈梁嘉彬은 반사성이 행상이라는 주장에 의문을 제기하면서 그가 염다상鹽茶商이라 주장하였고,[66] 진택홍陳澤泓은 반사성의 조부 반유량潘有量이 염상이었고, 반사성은 일찍이 두 번이나 염운사로 제수되었으며(미취임) 만년에는 염무鹽務로 손실을 입어 파산되었으므로 반사성은 염상임을 알 수 있다고 하였다.[67] 이에 대해 장조연蔣祖緣은 이를 반박하는 논문을 써서 조목조목 반사성이 행상이지 염상은 아니라고 논증하였다.[68] 그에 따르면 ① 양수경楊守敬(1839~1915)은 『총서거요叢書擧要』에서 반사성이 편찬한 『해산선관총서海山仙館叢書』를 평하면서 그를 "洋商大賈"라 하였고, ② 『양광염법지兩廣鹽法志』에 수록된 도광道光 12년 12월조의 양광총독兩廣總督 노곤盧坤의 상주를 보면 반사성潘仕成은 여러 행상들과 함께 청조에 3만萬 냥兩을 연수捐輸(기부)하고 있으며 ③ 반사성의 부친은 아편전쟁 직후 동부양행同孚洋行을 동부차행同孚茶行으로 개칭하였다. ④ 아편전쟁기간 반사성은 오돈원伍敦元이나 반소광潘紹光(潘正煒) 등과 같은 행상처럼 근대적 군함이나 수뢰·대포를 제조하여 청조에 기증하였는데 이는 그가 행상이었기에 서양사정을 잘 알아서 가능한 일이었다. 아편전쟁 후 청정이 반사성에 위임한 몇 가지 임무

66 梁嘉彬, 『廣東十三行考』, 廣州: 廣東人民出版社, 1999, 267~269면.
67 陳澤泓, 「潘仕成略考」, 『廣東史志』 1995-1, 68~76면.
68 蔣祖緣, 「潘仕成是行商而非鹽商辨」, 『嶺南文史』 2000-2, 23~26면.

도 대체로 서양에 대한 지식이 있어야만 수행할 수 있는 일들이었는데 이 역시 그가 행상이었음을 반증한다. 염상이었다면 할 수 있는 일이 아니다. ⑤ 청조정은 반사성을 양광염운사兩廣鹽運使로 임명한 적이 있는데, 이는 오히려 반사성이 염상이 아님을 반증한다. 광동의 염상이라면 양광염운사로 임명될 리가 없기 때문이다. ⑥ 선통宣統『반우현속지番禺縣續志』「반사성조潘仕成條」에는 반사성이 만년에 염무鹽務로 파산했다는 구절이 있으나 이는 그보다 먼저 저술된 광서光緖『광주부지廣州府志』「반사성열전潘仕成列傳」에 표현된 "困鹽車"의 의미를 잘못 이해하여 선통『반우현속지』에 부연한 때문이다. "困鹽車"는 "服鹽車"와 같은 의미로 현재賢才가 몸을 굽혀 천역賤役에 종사함을 비유하는 뜻이다. 반사성이 죽은(1873)지 수년 뒤(1879)에 쓰인 광서光緖『광주부지』가 더 신빙성 있는 자료이다. 선통『반우현속지』는 실제 의미를 왜곡한 점이 많다. 조금 길게 장조연蔣祖緣의 논증이 소개되었는데 구체적인 점에 있어 재고해야할 점도 있으나 대체로 긍정할 만하다. 결국 반사성은 염상이 아니라 행상 출신이라는 요지이다.

반정위潘正煒가 동부행을 경영한 기간은 1822년부터 1842년까지 21년간이다. 이 기간 중 반사성의 부친 반정위潘正威는 1838년 죽을 무렵까지 반정위潘正煒를 도와 동부행을 함께 경영했을 것이다. 1838년 무렵 반정위潘正威가 70세 정도였다고 하는데 구체적 자료가 없어 알 수는 없지만 건강이나 기타 요인으로 반정위潘正威가 죽기 몇 년 전에 동부행 경영에서 손을 떼었을 수도 있다. 1830년대 초반이라면 반사성이 이미 30세에 가까운 나이이므로 충분히 아버지를 대신해서 동부행 경영에 참여할 수 있었을 것이다. 처음부터 행상 업무에 참여하기를 원치 않았던 반정위潘正煒이고 보면 반정위潘正威의 도움이 없는 동부행은 생각하기 어려웠을 것이고 반정위潘正威가 협조할 수 없는 상황에서는 그를 대신할 사람이 필요했을 것이다. 후술하듯이 반정위潘正煒가 저술과 서화 감상에 몰두하고 광동의 명사들과 교유하는 신사로서의 삶을 즐겼던 것을 본다면 행상업무를 멀리했을 가능성은 더 클 것이다. 길지는 않았겠지만 최소 4년 최대 10년 정도 반사성은 동부행과 인연을 맺은 행상의 생활을 하였을 것이라 추측된다.

3. 반씨潘氏 행상行商의 신사적紳士的 측면

1) 신사紳士 지위의 획득

명청시대 부를 축적한 상인들이 자신의 부와 가문을 지키기 위해서 때로는 보다 큰 부를 쌓기 위해서, 거금을 왕조에 헌납하여 스스로 신사의 학위나 관함官銜을 사거나(捐納), 또는 자손을 과거科擧에 응시하게 하여 신사로 만드는 일은 늘상 있어 왔다. 청대 광주에서 대외무역을 전담했던 양상(行商)의 경우도 예외는 아니었다. 행상의 행주行主에 대한 호칭이 무슨 무슨 관官으로 불리는 것은 왕조에 거금을 헌납한 이후 조정으로부터 거기에 상응하는 관함을 받았기 때문이었다.

동문행의 창설자 반진승潘振承은 반계관潘啓官으로 불렸는데 지방지 등의 기록에 그가 연납으로 받았던 관직명과 관함이 등장한다. 두 종류인데 하나는 후선병마사지휘候選兵馬司指揮[69]이고 다른 하나는 정삼품통의대부正三品通議大夫[70]이다. 먼저 후선병마사지휘候選兵馬司指揮에 대해 살펴보자. 후선候選은 청대

69 乾隆『番禺縣志』卷14,「國朝: 例貢例職」, 9면 뒤(愛如生 中國方志庫에서 확인). 원문은 "候選兵馬司正指揮"라 되어 있다. 正指揮로 표현된 것은 兵馬司副指揮가 正七品(『淸史稿』 卷115, 志90,「職官二: 都察院」, 北京: 中華書局, 1977, 12冊, 3303면)이므로 이와 구별하기 위한 것으로 보인다. 한편 乾隆『番禺縣志』卷15, 人物11,「義行」, 34면 앞(愛如生 中國方志庫). 그리고 同治『番禺縣志』卷50,「列傳19」,「義行」, 12면 앞,『中國地方志集成: 廣東府縣志輯』6, 上海: 上海書店出版社, 2003, 592면에는 "候選指揮"라고만 표현되어 있다.

70 潘月槎 撰,『潘啓傳略』(梁嘉彬,『廣東十三行考』, 260~261면)에는 "賞加三品頂戴, 誥封通議大夫."로 되어 있다.

淸代 관원을 선발하는 하나의 방법으로 경관京官 낭중郎中이하, 외관外官 도원道員 이하는 모두 이부吏部에 가서 도착 보고를 하고 선용選用을 기다리는 것을 말한다. 선정된 후에는 각기 해당 선정 관서에 가서 임관을 기다리게 된다. 결국 후보候補와 같은 의미이다.[71] 병마사지휘兵馬司指揮는 『청사고淸史稿』「직관지職官志」에 따르면 도찰원都察院 소속의 정6품正六品[72] 관직이다. 다음으로 정삼품통의대부正三品通議大夫이다. 원문에는 "賞加三品頂戴, 誥封通議大夫."로 되어 있다. 반진승이 부유한 상인이므로 국가에 재정적 기여를 한 공로가 인정되어 황제의 상급賞給으로 3품 정대頂戴(즉 頂子. 淸代에 官員 等級을 구별하는데 사용하는 官帽의 裝飾)를 받고 통의대부通議大夫에 고봉誥封[73]되었음을 말해준다. 통의대부는 『청사고淸史稿』「선거지選擧志」에 따르면 문관직文官職 봉증封贈의 위계位階의 하나로 정삼품에 해당된다.[74] 두 관함官銜이 각기 언제 수여되었는지는 확실히 알 수 없지만 먼저 정육품의 후선병마사지휘候選兵馬司指揮가 수여되고 훗날 더 많은 재정적 기여가 인정되어 정삼품통의대부正三品通議大夫가 수여되었을 것이다. 광동 행상의 수명상인首名商人 즉 상총商總으로서 약 30년 기여한 공로가 인정되었다고 볼 수 있을 것이다.

반유도의 경우는 이문理問, 후선원외랑候選員外郎, 후선랑중候選郎中, 염운사사함鹽運使司銜 등 아버지보다 복잡한 연납捐納 또는 의서議敍에 의한 관함이 보인다. 1793년(乾隆58년)에 반우현番禺縣 지현知縣이 저술한 「중수반우현학궁비기重修番禺縣學宮碑記」[75]에는 반우학궁番禺學宮 중수重修에 기금을 내거나 참여한 사람의 명단을 나열하고 있는데 그 중에 이문반유도理問潘有度란 구절이 보인다.

71 李鵬年 等編, 『淸代六部成語詞典』, 天津人民出版社, 1990, 4면.
72 『淸史稿』 卷115, 志90, 「職官二: 都察院」, 北京: 中華書局, 1977, 12冊, 3302~3303면.
73 明淸時期 五品 이상 官員 및 그 先代와 妻室에 대하여 皇帝의 誥命으로 封典을 授予하는 것을 일러 '誥封'이라 한다.
74 『淸史稿』 卷110, 志85 「選擧五: 封廕」, 12冊, 3193면.
75 宣統 『番禺縣續志』 卷37, 「金石志五」, 24면 앞, 『中國地方志集成: 廣東府縣志輯』 7, 上海: 上海書店出版社, 2003, 510면.

이문理問은 원대元代부터 있던 관직인데 원元의 행성行省에는 이문소理問所가 있어서 이문理問, 부리문副理問 등의 관官을 두었다. 명청시기明淸時期에는 포정사사布政使司하에 이문소理問所를 두었는데 그 소속 관원이었다. 종6품으로 형명刑名(刑事안건)의 심문審問을 관장하였다.[76] 시기는 분명치 않지만 그 후 후선원외랑候選員外郎[77]이 되었는데 청나라 제도에 따르면 원외랑員外郎은 종오품從五品[78]이었다. 후선랑중候選郎中[79]이 수여된 것은 후선원외랑의 관함이 수여된 이후일 것이다. 낭중郎中의 관품이 정오품正五品[80]이기 때문이다. 아마 최후에 수여받았으리라 짐작되는 염운사사함鹽運使司銜[81] 역시 후술하듯이 국가재정에 기여한 공로가 인정되어 받았다[82]고 생각된다. 염운사사鹽運使司는 종삼품從三品[83]으로 반유도가 받은 관함 중 최고위 관품이다.

반장요潘長耀가 곤수관昆水官으로 불렸다는 것 이외에 구체적으로 그가 어떤 관함을 연납했는지는 알려져 있지 않다. 반정위潘正威는 앞에서 본 것처럼 원적原籍이 복건福建 동안현同安縣이지만, 광동廣東 반우番禺에 호적을 두고 무생원武生員(武庠)이 되었으나 무향시武鄉試에서 두 번이나 실패하여 과거를 포기하였다. 그 후 그가 관직을 연납했는지는 알 수 없다. 현재의 자료로 보는

76 『淸史稿』 卷116, 志91 「職官三: 外官: 布政使」, 12冊, 3346면에 "理問所理問, 從六品. …… 理問掌推勘刑名."라 한다.

77 張維屛 輯, 『國朝詩人徵略』 卷56, 6면 앞, 『續修四庫全書』 集部 詩文評類, 1713, 上海: 上海古籍出版社, 2001, 130면.

78 『淸史稿』 卷114, 志89 「職官一: 吏部」, 12冊, 3272면.

79 宣統 『番禺縣續志』 卷40, 「古蹟志一」, 16면 앞, 『中國地方志集成: 廣東府縣志輯』 7, 上海: 上海書店出版社, 2003, 554면.

80 『淸史稿』 卷114, 志89 「職官一:吏部」, 12冊, 3272면.

81 同治 『番禺縣志』 卷52, 「列傳21: 列女下」, 16면 뒤, 『中國地方志集成: 廣東府縣志輯』 6, 619면. 潘有度의 妾인 杜氏와 關氏에게 列女라는 첩지가 내려지고 있다.

82 張維屛 輯, 『國朝詩人徵略』 卷56, 6면 앞에는 "官候選員外郎, 議敍加鹽運使司銜."이란 표현이 보인다. 議敍는 관원의 근무 평정 성적이 우량하거나 각종 功績이 있는 자를 吏部에서 승진시키는 방식인데, 행상의 경우에는 왕조에 재정적 기여를 한 것을 고려하여 관함을 올려주었다.

83 『淸史稿』 卷116, 志91 「職官三: 外官: 鹽運使」, 12冊, 3349면.

한 그는 하급신사의 구성원에 속하였다고 하겠다.

반정위潘正煒는 선대 부조父祖가 상업에 힘쓰다 보니 학문에서 성과를 내지 못한 것에 비해, 학문에 진력할 기회가 있었다. 물론 과거로서 관직에까지 이른 것은 아니었지만 학문을 통해 신사지위에 이를 수 있었다. 반정위 대에 이르러 그럴 만한 가정환경이 조성되었기 때문이다. 둘째 백부 반유위潘有爲(1744~1821)는 과거를 통해 거인擧人과 진사進士가 되었고 관직이 내각중서內閣中書에 이르렀으며 사고전서四庫全書 편찬에 참여한[84] 문인학자였고, 형 반정상潘正常(1787~1812)은 과거로 진사(1809년)에 급제하여 공부주사工部主事를 지내고 저술을 남긴[85] 문인학자였다. 이러한 가정환경 속에서 반정위潘正煒는 가풍을 이어받아 동시童試에 합격함으로써 반우현학番禺縣學에 들어가 부공생附貢生이 되었다.[86] 그 이상의 거인, 진사로의 과거 길은 열리지 않았던 모양이다. 부공생 자격으로 연납을 하여 정오품正五品의 분부랑중分部郎中[87]이 되었다. 분부랑중이 무엇인지는 확실치 않으나 육부六部에 소속된 구체적 직책을 보유한 낭중郎中이 아니었나 생각된다. 다른 기록에 즉용낭중卽用郎中[88]이란 표현이 있고 즉용卽用이란 용어는 결缺이 생기면 곧 바로 보용補用되는 것을 의미하기 때문에, 비록 연납이지만 반정위潘正煒는 실직에 나아갈 수 있는 가능성이 있었던 모양이다. 그래서 사환仕宦의 길이 가능한 상황이므로 부친의 동부행 계승을 주저하고 거절하였던 것이리라. 그 후 양행의 행주行主로서 정부에 대한 재정적 기여(毁家紓難)는 그에게 도원道員(正四品)[89]의 관함이나 화령花翎을 수여받는[90] 영광을 안기기에 이르렀다.

84 陳國棟, 앞의 논문, 152면.

85 『潘同文(孚)行』, 29면.

86 宣統 『番禺縣續志』 卷19, 「人物志二」, 30면 뒤, 『中國地方志集成: 廣東府縣志輯』 7, 246면, "入邑庠, 以附貢生捐貲爲分部郎中."

87 宣統 『番禺縣續志』 卷19, 「人物志二」, 30면 뒤.

88 潘月槎 撰, 『潘啓傳略』(梁嘉彬, 『廣東十三行考』, 261면에서 재인용).

89 『淸史稿』 卷116, 志91, 「職官三: 外官: 道」, 12冊, 3352면.

반사성潘仕成의 신사경력 및 관직경력은 두 종의 지방지(光緖 『廣州府志』와 宣統 『番禺縣續志』)[91]에 열전이 설정되어 비교적 자세히 설명되어 있다. 이를 중심으로 살펴보겠다. 1832년 북위北闈(順天鄕試)에서[92] 부방副榜(宣統縣志는 副榜貢生)이 되었다고 한다. 부방은 향시鄕試에서 정방正榜(정식 합격자 즉 擧人)으로 뽑히지는 못했으나 정방 다음으로 성적이 우수한 약간 명에게 준 칭호이다. 이들의 지위나 자격은 공생貢生에 준하였고 이를 부공副貢이라고도 불렀다 한다. 청淸에서는 다만 향시에 한하여 부방이 있었고 국자감國子監에 들어가 수업할 수 있었다. 마침 경사京師 일대에 기근이 발생하였는데 반사성이 거금을 내어 이들을 진휼하고 많은 인명을 구제할 수 있었다. 이 사실이 조정에 알려져 도광제道光帝는 반사성을 거인擧人으로 승급시켰다. 반사성은 연납을 통해 정오품의 낭중郎中이 되어 형부刑部에서 재직하였다.[93] 그 후 반사성은

90 宣統『番禺縣續志』卷19,「人物志二」, 30면 뒤.

91 光緖『廣州府志』卷131,「列傳20」, 國朝 番禺「潘仕成條」, 26면 뒤~27면 뒤,『中國地方志集成: 廣東府縣志輯』3, 317면, "道光壬辰北闈副榜. 時京師饑, 仕成捐賑, 多全活, 欽賜擧人, 報捐郎中, 供職刑曹. …… 二十六年放甘肅平慶涇道, 因督辦七省, 戰船未竣, 經粤督奏調近省. 是年十一月放廣西桂平梧鬱道. 又因帮辦洋務, 奏留仕成, 捐製火礮水雷等器, 籌防籌饟, 大吏深倚之, 敘功加布政使銜. 二十七年特旨補授兩廣鹽運使, 以本籍人監司本籍, 曠典也, 仕成不敢當, 稟大吏固辭, 乃改授浙江鹽運使. 以粤事孔棘, 亦未赴也. 洋稅章程久未定, 命仕成隨欽差大臣花沙納等, 往江蘇上海會議, 歸而養疴, 里門不復出." 또한 宣統『番禺縣續志』卷19,「人物志二」, 29면 뒤~30면 뒤,『中國地方志集成: 廣東府縣志輯』7, 246면, "道光十二年順天鄕試副榜貢生, 畿輔歲祲, 飢民嗷嗷. 仕成捐振巨款, 全活甚衆. 欽賜擧人, 報捐郎中, 供職刑部, …… 二十六年授分巡甘肅平慶涇道, 因奉檄督辦七省. 戰船未竣, 兩廣總督奏調近省. 是年十一月授廣西桂平梧鬱道, 又奏留粤東幫辦洋務, 捐製火礮水雷等器, 籌防籌餉, 大吏深倚之, 敘勞加布政使銜. 二十七年特旨補授兩廣鹽運使, 本籍人爲本省監司, 異數也. 仕成以非分, 呈請固辭, 改授浙江鹽運使, 粤東夷務孔棘, 仍奏留遂未赴任. 會洋稅章程日久, 遷延未定. 奉旨命仕成隨同欽差大臣花沙納等, 赴上海會議, 事竣假歸, 養疴里門."

92 廣東省 番禺縣사람인 潘仕成이 어떻게 해서 直隷의 順天鄕試에 참가할 수 있었는지는 분명치 않다. 두 가지 경우를 상정해 볼 수 있다. 그의 집안이 直隷 商籍을 가지고 있었을 경우와 반사성이 廣東貢監生으로 順天鄕試에 참가한 경우이다. 順天鄕試 참가자에 대해서는 商衍鎏,『清代科擧考試述錄』, 北京: 三聯書店, 1983, 50~51면 참고.

93『淸鹽法志』卷240,「兩廣27: 雜記門一: 捐輸」, 14면 앞쪽의 道光12년 12월(1833년 1~2월) 기록에는 潘仕成이 광동의 행상, 염상과 함께 廣東連山의 軍需에 3萬 兩을 捐輸하였는데 당시 그의 관함은 副貢生刑部額外郎中이었다. 아직 擧人이 되지 못한 副貢生으로서 刑部

광동으로 돌아오고 도광道光 22년(1842년) 9월에서 도광 23년(1843년) 7월 사이 어느 시점에서인가 후선도候選道(正四品)로 승진한다.[94] 1846년(道光 26년)에는 감숙평경경도甘肅平慶涇道(分巡道)에 제수되었으나 양광총독兩廣總督 기영耆英은 반사성이 전선戰船을 제조하는데 필요한 인재이므로 광동성에 가까운 곳으로 전임시켜 주기를 바라는 상주를 올린다. 이에 조정에서는 도광 26년 11월(1846년 12월~1847년 1월) 반사성을 이웃한 광서성廣西省의 광서계평오울도廣西桂平梧鬱道로 임명한다. 이러한 조정의 조처에 대해 다시 양광총독은 반사성이 광동에서 양무사업에 협조하여 대포와 수뢰를 제조하고 해방海防과 군사비를 처리・조달해야 하므로 광동에 체류할 수 있도록 해 달라고 주청하였다. 광동에서의 해방海防사업 공로로 반사성은 포정사함布政使銜을 받게 된다.[95] 포정사함은 실직은 아니고 허함虛銜이기는 하지만 종이품從二品[96] 관직이므로 상당한 고위관료인 셈이다. 1847년(道光 27년) 황제의 특지特旨에 의해

額外郎中의 관함을 가지고 있다. 반사성이 도광12년 8월의 향시에 참여했을 때 기민을 구제하고, 이러한 선행이 황제에까지 알려져, 황제가 반사성에게 거인 지위를 하사하고, 이것이 행정적으로 처리되기까지는 상당한 시간이 소요된다고 생각된다. 반사성이 실제로 거인이 된 것은 도광12년 12월 이후라고 판단된다. 지방지의 기술은 내용의 순조로운 서술을 위해 시간적 순서를 바꾼 것이리라.

94 『宣宗成皇帝實錄』卷381, 道光22年壬寅九月庚午條,『淸實錄』第38冊, 中華書局影印, 1986, 873~874면에는 "在籍郎中潘仕成"라는 반사성의 관함이 보이고,『宣宗成皇帝實錄』卷395, 道光23年癸卯閏七月壬申條,『淸實錄』第38冊, 1078면에는 "候選道潘仕成"라는 구절이 보인다. 潘仕成은 道光 22년 9월에 미국선박을 모방하여 제조한 군함을 조정에 헌납하고 있으므로 이 공로가 인정되어 候選道員으로 관함이 승급했으리라 판단된다.

95 앞에 든 두 개의 지방지 내용에 의거하였다. 그러나 실록에 의하면 道光 23년(1843년) 7월 潘仕成은 水雷 제조에 성공하고 수뢰 20발, 화약 400근, 그리고『水雷圖說』一冊을 進呈한 공로로 布政使銜을 받게 된다.『宣宗成皇帝實錄』卷395, 道光23年癸卯閏七月壬申條,『淸實錄』第38冊, 1078면에 "得旨, 潘仕成著賞加布政使銜, 以示獎勵."라 한다. 그런데 웬일인지『宣宗成皇帝實錄』卷406, 道光24年甲辰六月戊戌條,『淸實錄』第39冊, 80면에는 아직도 "在籍道員潘仕成"이라고 표기되고 있다. 그렇다면 황제의 재가는 받았지만 실제로 반사성에게 布政使銜이 수여된 것은 지방지 내용처럼 도광 26년 11월 이후가 된다고 보아야 무리 없이 설명될 수 있다.

96 『淸史稿』卷116, 志91,「職官三: 外官: 布政使」, 12冊, 3346면.

반사성은 양광염운사兩廣鹽運使(從三品)로 제수된다. 그러나 광동인으로 광동염정을 관할하는 것은 전례가 없는 일이어서 반사성은 이를 고사하게 되고 이에 조정은 그에게 절강염운사浙江鹽運使를 제수한다. 그렇지만 광동의 바쁜 일들 때문에 부임할 수 없었다. 결국 반사성은 후보염운사候補鹽運使로 광동에 남아 기영耆英을 위해 파견·임용되었다.[97]

다음 <표 1>을 통해 반씨 행상들이 과거科擧를 통해 얻은 신사의 학위나 연납捐納을 통해 취득한 관함官銜을 일목요연하게 파악할 수 있다. 청조에 여러 차례 연납을 하거나 군함 등을 기부한 반유도, 반사성의 경우 다양한 관함을 수여받았음을 알 수 있다.

〈표 1〉 潘氏 行商이 과거와 연납을 통해 취득한 신사학위와 官銜

姓名	科擧功名	捐納官職	其他
潘振成		候選兵馬司指揮(正6品), 通議大夫(正3品)	
潘有度		理問(從6品), 候選員外郎(從5品), 候選郎中(正5品), 鹽運使司(從3品)	1793년 理問
潘長耀		昆水官	
潘正威	武生員		
潘正煒	附貢生	分部郎中(正5品), 道員(正4品)	
潘仕成	1832年 副榜貢生	郎中(正5品), 候選道(正4品), 布政使銜(從2品) 實職: 甘肅平慶涇道(正4品)/ 廣西桂平梧鬱道/ 兩廣鹽運使(從3品)/ 浙江鹽運使/ 候補鹽運使.	鄉試에서 예비합격 實職은 모두 未就任

97 『宣宗成皇帝實錄』 卷442, 道光27年丁未五月己亥條, 『淸實錄』 第39冊, 544면.

2) 신사紳士로서의 사회공헌

(1) 청정부에의 연수捐輸 활동

행상들 본연의 대외무역과 관련된 경제활동을 제외하고, 행상이 행하는 여러 가지 활동 중에서 가장 중요한 것 중의 하나가 청조의 중앙정부나 지방정부에 대한 거액의 기부(捐輸)이다. 종래는 행상의 여러 명목에 의한 기부가 청조에 의한 행상의 수탈이나 착취로 평가되어 왔다. 예컨대 소국량蕭國亮은 "淸政府는 행상에 대해 여러 가지 정액을 초과하는 수탈을 하였다. 청 정부는 水利를 興修하거나(河工), 농민봉기를 진압하거나 모종의 군사비용을 지불해야 하거나, 황제의 생신이 되면 행상을 모두 기부의 명의로 수탈하였다. …… 소위 '捐獻'은 실제로 專制國家가 정치권력을 이용하여 進行하는 强制的 갈취와 수탈임을 알 수 있다."[98]고 하였다. 1825년 광주에 와서 약 20년간 활동한 미국인 윌리엄 헌터(William C. Hunter)는 "행상들은 보통 갈취와 약탈을 당한다. (청조는) 그들로 하여금 기부금을 내게 한다. 예컨대 공익사업, 공공건축, 또는 재해지역 賑濟의 구실로 보통 없는 사실을 날조하거나 장강이나 황하의 범람이 조성한 재해를 과장하는 것이다."[99]라고 하여 기부나 헌납이라는 명목 뒤에 숨겨져 있는 왕조의 폭력적 수탈을 폭로하였다.

행상들이 정부에 기부한 것은 사실상 정부의 행상에 대한 수탈임은 자명하다. 그러나 그 이외에 다른 측면도 있음을 주의해야 한다. 이러한 기부를 통해서 정부는 행상의 대외무역 독점을 허락하는 것이고, 아울러 그러한 기부의 대가로 행상들에게 관함官銜을 수여함으로써 행상의 지위를 보장하는

98 蕭國亮, 「淸代廣州行商制度硏究」, 『淸史硏究』 2007-1, 39~41면.

99 (미)威廉 · C · 亨特(윌리암 헌터) 著, 馮樹鐵 譯, 『廣州"番鬼"錄 1825~1844 — 締約前"番鬼"在廣州的情形』, 廣州: 廣東人民出版社, 1993, 27면.

것이다. 행상의 칭호에 늘상 '관官'자가 붙는 것도 그런 연유가 있었다. 『청염법지淸鹽法志』에는 1773년부터 1832년까지 행상行商이 행한 기부상황을 기록하고 있다. 그것을 정리하면 다음 <표 2>와 같다. 『청염법지淸鹽法志』는 염법에 관한 것이고 「양광兩廣」 부분은 1835년(道光 15년)에 간행되었으므로 행상의 청 정부에 대한 모든 연수를 다 기록한 것은 아니다. 그러나 행상이 정부에 행한 기부의 대강을 보여준다고 생각하여, 몇 가지 자료나 연구를 포함하여 다음 표를 만들었다.

〈표 2〉 行商이 淸政府에 기부한 액수 통계(1773~1842)

(단위: 白銀萬兩)

年度	事由	額數	捐輸대표인물	자료근거
1773(乾隆38)	四川金川戰役	20	潘振承	『淸鹽法志』 卷240「兩廣27:捐輸」
1787(乾隆52)	林爽文기의 진압	30	潘振承	『淸鹽法志』 卷240「兩廣27:捐輸」
1792(乾隆57)	廓爾喀 개선 상금	30	蔡世文, 鹽商共捐	『淸鹽法志』 卷240「兩廣27:捐輸」
1799(嘉慶4)	개선군 賞賜비용	12	潘致祥	『淸鹽法志』 卷240「兩廣27:捐輸」
1800(嘉慶5)	川陝진압 개선비용	20+30	潘致祥, 鹽商共捐	『淸鹽法志』 卷240「兩廣27:捐輸」
1801(嘉慶6)	군대의 포상금	15	潘致祥	『淸鹽法志』 卷240「兩廣27:捐輸」
1801(嘉慶6)	永定河 공사비	50	潘致祥, 鹽商共捐	『淸鹽法志』 卷240「兩廣27:捐輸」
1802(嘉慶7)	개선상금	20	潘致祥, 鹽商共捐	『淸鹽法志』 卷240「兩廣27:捐輸」
1804(嘉慶9)	衡家樓河제방공사	20	潘致祥	『淸鹽法志』 卷240「兩廣27:捐輸」
1804(嘉慶9)	捕盜 米艇건조	6	潘致祥	『淸鹽法志』 卷240「兩廣27:捐輸」
1806(嘉慶11)	洋盜 剿捕경비	20	潘致祥, 鹽商共捐	『淸鹽法志』 卷240「兩廣27:捐輸」
1808(嘉慶13)	澳門籌議派設專營	10		『海防彙覽』 卷11(蕭國亮, 40면)[100]
1808(嘉慶13)	南河 河工	30		陳國棟, 「潘有度」, 177면.[101]
1808(嘉慶13)	南河 河工	12	은퇴 潘致祥	陳國棟, 「潘有度」, 177면.
1809(嘉慶14)	仁宗五旬萬壽 祝賀	12	모든 洋商	『淸鹽法志』 卷240「兩廣27:捐輸」
1811(嘉慶16)	南河漫口挑河築壩	60	盧觀恒	『淸鹽法志』 卷240「兩廣27:捐輸」
1814(嘉慶19)	軍需工費	24	모든 洋商	『淸鹽法志』 卷240「兩廣27:捐輸」

1814(嘉慶19)	滑縣天理教亂	24		陳國棟, 「潘有度」, 177면.
1814(嘉慶19)	滑縣天理教亂	2	은퇴 潘致祥2만	陳國棟, 「潘有度」, 178면.
1820(嘉慶25)	河南 武陟 大工	30	모든 洋商	『淸鹽法志』 卷240「兩廣27:捐輸」
1826(道光6)	新疆逆回滋事	60	伍敦元	『淸鹽法志』 卷240「兩廣27:捐輸」
1832(道光12)	廣東連山軍需	21	伍元華10萬兩 潘仕成3萬兩	『淸鹽法志』 卷240「兩廣27:捐輸」
1835(道光15)	海防비용 "虎門建修炮臺"	5.9		『宣宗成皇帝實錄』 卷265[102]
1841(道光21)	海防비용,戰船제조	1	潘仕成1萬兩	『靖逆將軍奕會辦廣東軍務摺檔』[103]
1841(道光21)	廣州贖城費	280	모든 행상. 潘正煒 26萬銀元[104]	佐佐木正哉, 68면.[105]
1842(道光22)	南京條約 배상금 중 행상부채	약216	전체행상 300萬元	「江寧條約」[106]
1842(道光22)	塡河造船製砲練勇	2.85	潘仕成	「奕摺」道光22年10月19日發[107]

100 蕭國亮, 「淸代廣州行商制度硏究」, 『淸史硏究』 2007-1, 40면

101 陳國棟, 앞의 논문, 177면.

102 『宣宗成皇帝實錄』 卷265, 道光15年乙未夏四月癸卯條, 『淸實錄』 第37冊, 64면. 1835년(道光15年), 粵督 盧坤, 提督 關天培는 海防을 整頓하기 위하여, 虎門炮位를 추가로 설치하는 것이 필요하다며, 大炮 40門을 鑄造하였다. 아울러 炮臺와 垛墻을 修理하는데, 모두 銀52,000餘 兩이 필요하였다. 아울러 포대 공사비로 7千 兩이 소요되었다. 이에 대해 洋商의 捐資를 얻었다.

103 『靖逆將軍奕會辦廣東軍務摺檔』, 「奕齊摺」, 道光21年6月20日, 中國史學會 主編, 『鴉片戰爭』 4, 上海人民出版社, 2000, 249~250면.

104 (英)賓漢, 「英軍在華作戰記」 卷2, 中國史學會 主編, 『鴉片戰爭』 5, 235~236면.

105 佐佐木正哉, 「淸代廣東の行商制度について－その獨占形態の考察」, 『駿臺史學』 66, 1986, 68면. 1841년 영국의 광주공격을 면하기 위해 靖逆將軍 奕山이 영국전권 엘리오트에게 지불하였던 贖城銀 6백만 달러 중 4백만 달러(280萬 兩)도 행상에게 할당되었다고 한다. 종래 행상 할당액수는 200만 달러로 알려져 있었으나 佐佐木正哉, 같은 논문, 89면, 각주 76)에서는 「舊行商等稟及總督批」(佐佐木正哉 編, 『阿片戰爭の硏究(資料篇)』, 近代中國硏究委員會, 1964, 308~310면)라는 사료를 통하여 廣東贖城銀 중 행상이 부담해야할 액수는 400만 달러(銀280萬 兩)라고 한다. 중국학자들은 이 비용을 여전히 200만 달러로 파악하고 있다. 蕭國亮, 앞의 논문, 40면; 『潘同文(孚)行』, 198면 참고.

106 王鐵崖 編, 『中外舊約章彙編』 第1冊, 北京: 三聯書店, 1982, 「江寧條約」, 31면.

107 『雅片戰爭』 제4책, 263면.

이 논문은 반씨潘氏의 신상적紳商的 성격을 다루는 데 목표가 있으므로 동문행, 동부행의 활동을 중심에 놓고 분석해 보고자 한다. 동문행 창업주 반진승潘振承이 대표(商總)가 된 기부사례는 2건에 불과하지만 그 아들 반유도潘有度(潘致祥)가 동문행을 경영하였던 시기에는 비교적 기부활동이 많았다. 무려 9건의 사례가 보인다. 1792년에는 채세문蔡世文이 상총商總이었기에 그의 이름이 대표로 올라가 있지만 반유도가 상총이 되었던 1796년 이후에는 반치상潘致祥이란 이름으로 연수捐輸가 진행되고 있다. 1808년 반유도가 은퇴하자 노관항盧觀恒이 오병감伍秉鑒과 더불어 행상들을 이끌었지만 반유도 시대만큼 영도력은 없었던 모양이다. 노관항이란 이름이 전면에 등장하는 것은 전체 6건 중 1건에 불과하다. 이미 은퇴했음에도 불구하고 반유도에게 청당국이 기부를 강요하는 사례가 2건이나 보인다.

1820년에는 반유도潘有度가 사망하고 새로운 총상總商[108]으로 오병감(伍敦元)이 등장하였다. 사실 오병감은 1813년 총상이 되었으나 1815년 반유도의 복귀와 더불어 그에게 총상의 자리를 양보하였다가[109] 다시 1820년 이후 총상 역할을 회복한 것으로 알려지고 있다. 1826년 아들 오수창伍受昌(伍元華)에게 이화행怡和行을 물려줄 때까지 오병감이 수석행상이었으므로[110] 1826년의 연수는 오병감이 대표가 되어 수행되었다. 따라서 1832년의 연수는 오수창이 중심이 되어 진행되고 있다. 1833년에는 오수창이 죽고 이화행怡和行의 행주 지위는 그의 동생 오소영伍紹榮(伍崇曜)에게로 넘어간다. 아울러 오소영이 행상의 대표인 총상總商의 역할을 담당하였다. 1820년대 이후 동부행同孚行의 반정위潘正煒는 행상의 일원으로 연수捐輸에 참여했을 것이

108 陳國棟, 앞의 논문, 186면 각주 11)에 의하면 1813년 이후에는 鹽商制度에서 염상 대표를 總商으로 부르는 예에 따라 행상의 대표도 總商이라 했다 한다.

109 陳國棟, 앞의 논문, 178면.

110 章文欽, 「從封建官商到買辦商人 — 淸代廣東行商伍怡和家族剖析(上)」, 『近代史硏究』 1984-3.

다. 이미 행상의 영도력은 이화행의 오씨伍氏에게 넘어갔고 동부행은 서서히 기울고 있었다.

행상이 기부를 진행한 명목은 크게 다섯 부분으로 나눌 수 있다. ① 사천금천전역四川金川戰役, 곽이객廓爾喀 개선상금, 개선군 상사賞賜비용, 마카오 군사비(澳門籌議派設專營), 신강회민반란 진압비용(新疆逆回滋事), 해방海防비용(虎門炮臺건설비), 광주속성비廣州贖城費 등 즉 전쟁비용이나 전쟁에 참여한 병사에 대한 개선상금, 소수민족반란 진압비용, 해방海防비용, 영국군에의 속성금贖城金 등이 모두 13건(480.75萬 兩)으로 전체 25건[111](978.75萬 兩)의 절반(금액은 약 49%)을 점한다. 국가의 방위를 위한 군사비에 해당하는 부분이다. 아울러 ② 임상문林爽文기의 진압, 포도捕盜 미정米艇건조, 양도洋盜 초포剿捕경비, 활현천리교란滑縣天理敎亂, 광동연산군수廣東連山軍需 등 민중반란 등 내란을 진압하기 위한 치안비용 항목이 5건(93萬 兩)이나 되고, ③ 치수사업과 관련된 하공河工(永定河 공사비, 衡家樓河 제방공사, 南河 河工, 河南 武陟 大工)이 또한 5건(177萬兩)이다. 그리고 ④ 황제의 생신축하비용(仁宗五旬萬壽祝賀) 1건(12萬兩), ⑤ 남경조약 배상금중 행상부채 1건(216萬 兩)도 있다. 결국 내우외환의 국가적 위기에 처하여 행상들이 국가의 어려움을 구원하기 위한 협조차원에서 기부한 것들이다. 그만큼 건륭말년이후 국가재정이 어려워지고 민중반란이나 홍수 등 자연재해의 위협이 가중되었다는 의미이기도 하다.

<표 2>에 나오는 행상의 기부금 총액을 계산하면(鹽商과 共捐한 부분은 각기 절반을 부담하였다고 보면), 978.75만 냥에 달한다.[112] 70년 동안 매년 평균 약 14만 냥의 기부를 한 셈이다. 1773~1842년 사이 행상의 수자가 많게는 20행에서 적게는 4행으로 변화가 많으므로 매행每行 당 매년 부담하는 액수를 정확히 계산해 낼 수는 없지만, 평균 9.4개가 존재했으므로[113] 매 행상行商

111 은퇴한 潘有度에게 요구한 捐輸는 따로 건수로 계산하지 않았다.

112 蕭國亮, 앞의 논문, 39면에서 기부액 총액을 937萬 兩으로 계산하였다.

당 매년 약 1.5만 냥의 기부금을 할당받은 셈이 된다. 물론 행상의 자본액이나 순위에 따라 부담액이 다르지만 평균적으로 그 정도의 부담을 맡아야 하는 상황인 것이다. 그런데 18세기 후반 이래 행상의 경영조건이 악화(외국상인의 채무 가중, 청조의 수탈 가중)되어 파산에 이르는 행상이 빈발하게 된다. 박기수朴基水의 연구에 의하면 1758년 자원행資元行이 파산한 이래 1771년 1개, 1774년 1개, 1776년 4개, 1777년 1개, 1778년 1개, 1780년 2개, 1784년 1개, 1790년 1개, 1795년 4개, 1796년 1개, 1797년 1개, 1799년 1개, 1809년 3개, 1823년 1개, 1826년 1개, 1827년 1개, 1828년 1개, 1829년 1개, 1833년 2개, 1837년 3개 행상이 파산하여, 80여 년간 활동한 48개의 행상 중 도합 33개 행상이 파산하였다.[114] 따라서 매년 1.5만 냥의 기부금을 낸다는 것은 결코 쉬운 일이 아니었다고 판단된다.

그런데 『청염법지淸鹽法志』의 기사를 보면 행상이 정부에 기부를 할 때는 항상 행상이 간절히 원해서 기부하려 하고 조정은 마지못해 기부금을 받는 형식을 취하고 있다.[115] 이러한 표현을 액면 그대로 믿기는 곤란하다. 왜냐하

113 梁嘉彬, 『廣東十三行考』, 廣州: 廣東人民出版社, 1999, 220~227면; 郭蘊靜, 『淸代商業史』, 瀋陽: 遼寧人民出版社, 1994, 352면; 佐佐木正哉, 앞의 논문 등 세 자료에서 밝혀진 1776~1842년 사이 각 년도(39개년도)의 행상수자(365개)를 합산한 후 39년으로 나누면 평균 9.36개가 나온다.

114 朴基水, 앞의 논문, 251~252면 및 <표 1> 청대 아편전쟁이전 行商 상황표(1758~1842), 273~276면 참조.

115 『淸鹽法志』 卷240, 「兩廣27: 雜記門一: 捐輸」, 3면 앞, "嘉慶四年六月諭吉慶,常福奏, 洋商潘致祥等,鹽商溫永裕等, 請各捐銀二十萬兩, 以備凱旋賞需一摺. 該商等踴躍急公, 情詞懇切, 自應俯准所請, 以遂其報效之誠, 著照兩淮,浙江,長蘆商人之例, 酌加減免, 准其各交銀十二萬兩, 於藩庫及帑本項下借支, 分作六年完解, 仍將該商等交部照例分別議敘." 밑줄 친 부분을 보면 그런 정황을 알 수 있다. "이 洋商과 鹽商 등은 앞을 다투어 公益에 열성을 다하고자 하는데 그들의 청원하는 언사가 간절하며, 그들이 청한 바를 조정이 허락해 주어서, 은혜에 감사하며 미력을 다하고자 하는 그들의 정성을 이루기를 바란다. 兩淮, 浙江, 長蘆 염상의 사례에 비추어 기부하는 액수를 감면하여 은 12萬 兩을 납부하도록 허락하며 ……"라고 표현되어 있다. 기부하려는 20만 량을 다 받지 않고 12만 량만 받겠다는 것이다. 같은 사료 3면 뒤에는 "지금 이 상인들이 다시 기부하기를 간청하여 그들의 청원하는 언사가 실로 至誠한 마음에서 나오니 은혜를 베풀어 모두 20만 량을 받도록 하라.(今該商等, 復行

면 행상들이 기부액을 한 번에 또는 그때그때 현금으로 내지 못하고 6년 분할, 3년 분할의 방식으로 납부할 뿐만 아니라 번고藩庫(포정사의 금고)나 월해관 세금에서 미리 채워 넣고 나중에 몇 년에 걸쳐 분할 상환하는 형식을 취하기 때문이다.[116] 이것은 분명 자금에 여유가 있어서 기부를 하는 것이 아니라 돈은 없지만 기부를 하지 않으면 안 되기 때문이다. 왜 여유가 없으면서도 기부하려 하는가? 결국 기부를 통해 정부로부터 대외무역 독점권을 보장받을 뿐 만 아니라 조정이 행하는 의서議敍[117]에 의해 관함을 받아 그들의 정치적, 사회적 지위가 상승하기 때문이다. 예컨대 1832년 행상들이 광동의 연산군수連山軍需에 21만 량을 기부하였을 때 조정에서 행한 의서議敍의 구체적 내용을 알 수 있다. 기부자 중 "候選道 伍元華(伍受昌)는 전에 回疆軍需를 위해 기부하였기에 상으로 鹽運使銜을 수여하였었는데, 이제 다시 은 10萬兩을 기부하니 …… 상으로 花翎을 수여하고 이부에 알려 議敍할 때 우대하도록 하라."는 황제의 지시가 내렸고, 2만 량을 연수한 후선원외랑候選員外郎 사용장謝龍章에게는 상으로 낭중함郎中銜을 추가하고, 역시 2만 량을 연수한 운동직함후선도찰원도사運同職銜候選都察院都事 사유인謝有仁에게도 상으로 도원함道員銜을 추가하라는 황제의 상유가 내려졌다.[118] 이제 명확해졌다. 여유가

籲請捐輸, 情詞實出至誠, 著加恩共賞收二十萬兩)"고 하였다.

116 『淸鹽法志』 卷240 「兩廣27: 雜記門一: 捐輸」, 3면 앞, "포정사 금고나 내탕금 본금에서 빌려 지불하며 6년으로 나누어 완납하고(於藩庫及帑本項下借支, 分作六年完解)"라거나 같은 사료 5면 앞에서는 "准其於粤海關稅課運庫鹽課內, 先行借支墊解. 自嘉慶八年起, 分限二年歸款."이라 한다.

117 『淸鹽法志』 卷240 「兩廣27: 雜記門一: 捐輸」의 거의 모든 捐輸 사례에 대하여 議敍하라는 황제의 상유가 있었다.

118 『淸鹽法志』 卷240 「兩廣27: 雜記門一: 捐輸」, 13면 뒤~14면 앞에는 "道光十二年十二月諭, 盧坤奏, 粤東紳士鹽商因連山軍需動款情殷捐輸籲懇賞收一摺. 連山軍務支應各款本無籍, 該紳商等捐輸, 姑念該紳士等踴躍急公, 實堪嘉尙. 所有伍元華等捐輸銀二十一萬兩, 均著加恩賞收. 候選道伍元華前因報效回疆軍需, 賞加鹽運使銜, 此次又捐輸銀十萬兩, 該員屢次輸忱, 深明大義, 著賞戴花翎, 仍交部從優議敍. 其捐輸二萬兩之郎中盧文錦, 著賞還花翎. 其捐輸三萬兩之副貢生刑部額外郎中潘仕成, 著照例由部議敍. 捐輸二萬兩之候選員外郎謝龍章, 著賞加

없으면서도 억지로 연수를 한 이유가 무엇이었는지. 앞에서 보았던 반진승潘振承, 반유도潘有度, 반정위潘正煒, 반사성潘仕成 등의 신사로서의 관함官銜도 이상과 같은 조정에의 기부(捐輸)를 통해서 얻은 것들이었다.

(2) 민간사회에 대한 기부와 공헌

동문행의 창업주 반진승이 사회적 공헌이나 기부를 활발히 하였다고 생각되지만[119] 그러한 것을 보여주는 자료는 많지 않다. 『반계전략潘啓傳略』에는 문란서원文瀾書院 창립과 미주회관湄州會館 창설에 관한 이야기가 전한다. "當時 광주의 文風이 아직 興盛하지 않자, 潘啓는 同志 數人과 뜻을 모아 (廣州의) 西關에 文瀾書院을 創立하고, 學行이 뛰어난 선비를 초빙하여 主講하게 하였는데 이로 말미암아 文風이 일어나 전 광동지방의 으뜸이 되었다. 또한 湄州會館을 創設하여, 漳州와 泉州 同鄉人이 會合하는 장소로 삼았다."[120] 1785년 문란서원文瀾書院을 창립할 때는 이미 반진승의 나이가 71세가 되었으므로 후술하듯이 그의 아들이 더욱 적극적으로 관여하였으리라 생각된다. 복건에서 태어나 광동에 이주한 반진승으로서는 복건인이라는 인식이 강하였을

郎中銜. 捐輸二萬兩之運同職銜候選都察院都事謝有仁, 著賞加道銜. 捐輸七千兩之州同職銜馬展謀,監生潘世榮, 捐輸六千兩之布政使理問嚴顯文, 均著交部議敍."라 한다.

119 [清]陳壽祺 撰, 『左海文集』 卷9, 34면 앞~37면 뒤, 『續修四庫全書』 集部 別集類, 1496, 366~367면에는 복건 閩侯縣人 薩龍光(1752~1818)의 墓志銘(「翰林院庶吉士晉封中憲大夫工部營繕司員外郎薩君墓志銘」)을 싣고 있는데 그에 따르면 福建 同安출신 潘振承은 仙游출신 徐萬寶와 더불어 "輕財尙義"의 행위로 이름난 사람으로 꼽히고 있다. 徐萬寶는 仙游縣의 약재상인데 무역을 통해 거부(富甲八閩)를 이루고 徐百萬이라 불린 사람이다. 그는 만년에 고향에서 義學, 義倉, 義田을 건립하고 향민을 위해 15개의 교량을 건설하는 등 사회적 기부를 활발히 하였다(http://baike.baidu.com/view/6813790.htm).

120 潘月槎 撰, 『潘啓傳略』(梁嘉彬, 『廣東十三行考』, 廣州: 廣東人民出版社, 1999, 260~261면에서 재인용).

것이고 따라서 그는 미주회관湄州會館 창설에 적극적이었을 것이라 생각된다. 아울러 치부를 하여 집안을 일으킨 전통 상인이 으레 그러하듯이 일족을 위한 기여도 행하였다. "潘家 祠田 數十頃을 사서, 祖宗을 제사지내고, 孤兒나 寡婦를 진휼하였다. 漱珠橋・環珠橋・躍龍橋는 모두 그가 손수 築成한 것이다."[121] 동족의 어려운 사람을 구제하는 것은 종족제가 발달한 광동・복건에서는 일상적인 것이었다. 아울러 다리를 놓아 길을 닦는 선행도 흔히 보이는 사례라고 생각된다.

반유도는 지방의 자선사업에 비교적 많은 활동을 한 사실들이 확인된다. 예컨대 앞에서도 보았듯이 청조나 지방정부에 거금을 헌납하여 영정하永定河, 형가루하衡家樓河, 남하南河 등의 하도河道를 수리하는데 공헌하였다거나 또 자본을 들여 양상 정숭겸鄭崇謙, 노관항盧觀恒, 오병감伍秉鑑, 오숭요伍崇曜 등과 함께 서양에서 우두법牛痘法을 도입・확산시키는데 힘썼다.(후술) 지방의 경제와 교육사업 발전을 위해서 자금을 기부하여 광주서관수호공소廣州西關修濠公所[122]와 문란서원을 건립하고, 반우현학궁番禺縣學宮을 중수하는 등 공익사업에 참여하였다.

광주서관수호공소는 광주성성廣州省城 태평문太平門 밖 하구보下九甫 수의방繡衣坊[123]에 위치하는데 호수濠水가 막혀 수환水患이 발생하는 것을 막기 위해 행상들이 조직한 호수濠水 준설 기구였다. 광주호수廣州濠水는 동서수관東西水關으로부터 물길이 흘러들어와 광주성남廣州城南을 구불구불 감돌아 지나며 귀덕문歸德門 밖까지 이어졌다. 호수濠水 양안은 백화百貨를 판매하는 점포가 즐비하고, 오도五都의 시장이 설치되어 천하 상고商賈가 모이는 장소였다.[124]

121 張錫麟, 『矩形文鈔』, 「潘諫卿墓志」 下(『潘同文(孚)行』, 27면에서 재인용).

122 魏雅麗, 「清代廣東行商家族與番禺學宮」, 『嶺南文史』 2007-1, 17면에서는 修濠公所를 修渠公所라고 표기하고 있다.

123 廣州西關下九甫 「文瀾書院碑記」, 嘉慶16年(梁嘉彬, 앞의 책, 391~393에 수록).

124 屈大均, 『廣東新語』 卷17, 「濠畔朱樓」, 北京: 中華書局, 1985, 下冊, 475면.

1785년(乾隆 50년) 의풍행상義豊行商 채소복蔡昭復이 서양 상인에 대한 채무로 파산하였을 때[125] 채무를 갚기 위해 관부官府에서는 그의 저택을 몰수하였고 그것을 양상洋商들이 11,820냥에 공동으로 사들여 수호공소修濠公所로 삼았다. 수호공소 옆에는 문란서원을 건립하고 사대부들이 모여 학문을 담론(會文)하는 장소로 삼아 광동의 문운文運이 진흥되는 터전이 되도록 하였다.[126] 1811년(嘉慶 16년)에 세워진 문란서원의 비석에는 12명의 양상 명단이 적혀있고 선두에 적힌 노광리盧廣利(盧文錦의 廣利行)를 이어서 반능경당潘能敬堂(同文行의 潘有度), 오이화伍怡和가 각기 두 번째, 세 번째로 이름을 올리고 있다. 1811년이면 반유도가 은퇴하여 행상의 업무를 정지하던 시기인데도 거액의 기부를 하여 수호공소의 관리나 문란서원 건립에 참여하고 있다. 앞에서도 언급한 바가 있지만 반유도는 반우학궁番禺學宮 중수重修에도 기금을 내고 있다. 「중수반우현학궁비기重修番禺縣學宮碑記」[127]를 통해서는 정확히 얼마의 기금을 납부하고 어느 정도 관여하였는지는 알 수 없다. 다만 반우현番禺縣 지현知縣 오정달吳政達이 1793년(乾隆 58年)세운 비석의 비문에는 중수 비용으로 7,800냥이 모금되었고 이 일에 관여한 사람으로 진사進士 구선덕邱先德, 거인擧人 왕사기王士琦, 사성주謝聖輈, 하회상何會祥, 능대凌坮, 발공생拔貢生 장사영莊士瀛, 증공생增貢生 소기蘇驥, 이문理問 반유도潘有度, 감생監生 진학시陳學詩, 이지□李之□, 생원生員 왕구王球의 이름이 나열되고 있을 뿐이다. 반유도가 반우현番禺縣의 유명 신사紳士들과 어깨를 나란히 하고 활동하였음을 확인할 수 있다.

반유도는 광동지방 미가米價 안정을 위해 노력함으로써 신상紳商의 사회에

125 義豊行 蔡昭復이 파산한 것은 1784년이지만(朴基水, 앞의 논문, 273면 <표 1>참고) 그의 재산을 몰수하여 외국상인에 대한 부채(夷欠)를 처리하는 과정은 1785년까지 이어졌기에 「文瀾書院碑記」는 乾隆 50년(1785)이라 한 것이다. 梁廷枏 等纂, 『粵海關志』 卷25, 「行商」 6면 뒤, 『近代中國史料叢刊』 續編 第十九輯, 1808면에 의하면 그의 夷欠은 16.6萬餘 兩이었다.

126 廣州西關下九甫 「文瀾書院碑記」, 嘉慶16年.

127 宣統 『番禺縣續志』 卷37, 「金石志五」, 24면 앞, 『中國地方志集成: 廣東府縣志輯』 7, 510면.

대한 공헌의 한 측면을 보여 주기도 하였다. 1806년(嘉慶 11年) 초 광주의 식량가격이 등귀하여 미곡 1담擔에 판매가가 은銀4~5원元에 이르렀다. 광주 관원廣州官員들은 양행洋行 수명상인首名商人 반유도가 동인도회사와 협의하여 인도로부터 미곡을 수입하는 문제를 해결해 주기를 희망하였다. 반유도는 동인도회사의 대반大班 James Drummond와 구두협의口頭協議를 하였다. 만약 1806년 11월 9일 이전에 광주廣州로 미곡을 운반해오면 수입 선박의 규례은規禮銀 및 선료船料를 면제하겠다는 월해관감독粵海關監督의 말을 전하였다. 이러한 유리한 條件에 고무되어 동인도회사측은 30척 이내의 항각선港脚船에 약 20만 대미袋米(約 246,000擔)를 원가 매담每擔 약約 3.25원元(즉 2.34兩)의 가격으로 실어올 수 있다고 추정하였다. 이에 대해 반유도는 만족을 표시하고, 그 및 노관항盧觀恒, 오병감伍秉鑒, 반장요潘長耀 등 몇 양상이 각자 은銀2.5만萬 원元(합 10萬 元)을 갹출하여 이렇게 수입해온 백미白米의 일부분을 구매하겠다고 성명하였다. 이에 따라 동인도회사측은 인도로부터 모두 30만 8천 담擔의 미곡을 광주로 수입하였다.[128]

반장요의 민간사회에 대한 기부와 공헌 사례는 별로 사료에 등장하지 않는다. 다만 위의 반유도 부분에서 언급했던 광주서관수호공소廣州西關修濠公所와 문란서원文瀾書院 건립에 참여하고 있다. 1811년(嘉慶 16년)에 세워진 문란서원의 비석에는 12명의 양상 명단이 등장하고 있는데 그중 6번째로 이름을 올리고 있다. 또한 바로 위에서 언급했던 동인도회사가 인도로부터 수입해온 미곡을 구매함으로써 광동의 미가 안정에 기여하고 있다. 이를 통해 볼 때

---

128 陳國棟, 앞의 논문, 173~175면 참고. 그런데 공교롭게도 당시 광주미가는 2.34량 이하로 하락하였다. 이에 반유도를 제외한 세 행상은 약속대로 매 擔 당 2.34량으로 수매해 주겠다고 했으나 오히려 반유도는 이를 거절하였다. 결국 반유도의 분담액이 16분의 4에서 16분의 3으로 축소되는 것으로 낙착되었다. 즉 盧觀恒 및 伍秉鑒이 32분의 1씩 더 구입함으로써 이 문제가 일단락되었다. 陳國棟은 이는 반유도가 동인도회사의 불쾌감을 유발하여 자신이 행상에서 물러나는 것에 반대하지 않게 하려는 의도에서 나온 행동이라 파악하였다.

반장요도 일정 정도 광동 민간사회에서 기부나 사회공헌 활동을 하였음을 알 수 있다.

반정위潘正威에 대해서는 기본적으로 자료가 많지 않지만 그의 「묘지명墓志銘」에서 그의 사회적 공헌활동에 대한 일말의 단서를 찾을 수 있다. 그의 향인鄕人 구제사실을 "기근이 발생하자 곡식을 내어 향인을 진휼하였는데 사람 수를 헤아려 식량을 주었기에 온전히 살아난 사람이 아주 많았다. 연말이 되어 밥을 지을 수 없는 자가 있으면 그에게 식량을 나누어 주었다. 그가 선행 베풀기를 좋아함이 대체로 이와 같았다."[129]고 밝히고 있다. 대체로 묘지명은 가급적 서술 대상자에 대해 긍정적 부분을 강조하는 경향이 있기는 하지만 전혀 없는 사실을 날조하지는 않았을 것이다. 반정위潘正威도 광동 민간사회에서 어느 정도의 빈민구제활동을 하고 있었음을 알 수 있다.

반정위潘正煒는 동부행의 마지막 주자로서 아편전쟁을 전후한 시기에 수많은 파란을 겪었다. 영국 등 서양열강의 침략이 예상되는 시점에서 나라의 안녕 즉 해방海防이라는 목표를 위해 서양기술로 제조한 대포를 구입하여 청조 지방당국에 제공한다거나 서양기술로 제작한 군함을 구입하여 광동의 해방에 협조한 사실은 국토와 민족의 안위를 걱정하는 사대부의 마음가짐이 드러나고 있다 하겠다.(후술) 아울러 이미 1842년에 행상제도는 철폐되었지만 그의 집안의 경제력과 신상으로서의 사회적 지도력은 여전하였던 듯하다. 아편전쟁 이후 광동지역에서 전개된 반조지反租地 투쟁이나 반입성反入城 투쟁에서 일정한 지도력을 발휘하고 있었기 때문이다. 결국 이러한 항영운동抗英運動에서의 지도력 발휘는 당지 향민鄕民들의 여론을 대변하는 역할을 수행한 것이라 할 수 있고 이런 점에서 신사 즉 신상으로서의 역할을 담당하고 있었다고 평가할 수 있을 것이다.

---

129 陳其錕 撰, 「墓志銘」(『潘同文(孚)行』, 191면)에 "歲祲, 出粟賑鄉人, 量口授食, 全活甚衆, 歲終不能擧火者, 賙給之。其好善多類此."라 한다.

1843년 영국은 「호문조약虎門條約」을 통하여, 조지租地를 얻을 수 있는 특권을 확보하였고, 중국에 조계租界를 건립하기 시작하였다. 1845년 11월 29일, 영국 주상해영사駐上海領事는 상해도대上海道臺에게 강요하여 「상해조지장정上海租地章程」을 제정케 하였고 837무畝의 토지를 영국인英國人의 거류지로 만들었다. 이는 상해에 설정된 외국의 첫 번째 조계租界였다. 광주廣州에서는 항영운동이 거세게 일어나고 있었으므로 상해에 비해 조계의 설정이 늦었다. 1847년 4월 3일, 영국 공사公使 데이비스는 영군英軍 900명과 네 척의 군함을 이끌고 호문요새虎門要塞를 점령하였다. 이어 주강珠江 내하內河로 돌입하여, 십삼행十三行 부근 주강만珠江湾에 정박하고 안란교安瀾橋 일대에 상륙하여 이를 점령하였다. 동시에 데이비스는 양광총독 기영耆英에게 광주廣州 하남河南 주두저지방洲頭咀地方을 조차하여 화물 창고를 짓고자 하니 조계를 건립하자는 요구를 제시하였다. 영국 군대가 성 아래 임박하자 이튿날 기영은 황급히 데이비스와 협상하여 2년 이후 영국인의 입성入城 권리와 영국상인英國商人과 선교사에 대한 창고와 교당敎堂의 건조권리建造權利를 허락하였다. 기영은 영인英人이 하남지역河南地域을 세내겠다(租地)는 요구에 부응하여, 부현府縣 관원官員을 파견해서 중국인 업주業主가 영국인과 세내는 가격을 의논하도록 강권하였다.[130] 마침 주두저洲頭咀 일대는 바로 반씨潘氏의 사당祠堂과 족전族田이 소재한 곳이었다. 반정위潘正煒는 기영耆英의 훈령訓令을 무시하고, 분연히 일어나 영국인의 조지租地를 반대하는 활동을 하였다. 그는 자신의 영향력과 신사로서의 신망信望을 이용하여, 하남河南 48향민鄕民을 신속히 단합시켰다. 48향의 대표는 쌍주서원雙洲書院에 모여 대책을 토의하였다. 우선 「통성신기공의通

130 『潘同文(孚)行』, 199면, 4月20日, 耆英이 潘正煒 等 鄕紳에게 批示한 내용은 다음과 같다. "査前定約條, 本准外國人, 在於通商口岸, 租賃民房及租地建造房屋. 今英人情愿重價租賃汝等房屋地基, 係屬約條所有, 是以委派大員, 會同妥辦, 務祈兩得其平, 該紳耆等, 可以毋庸過慮, 聽候辦理可也." 佐佐木正哉 編, 『阿片戰爭後の中英抗爭・資料篇稿』, 356 「兩廣總督耆英批」, 東京: 巖南堂書店, 1964, 287면.

省紳耆公議」, 「하남사십팔향공계河南四十八鄉公啓」, 「성각향사민공계省各鄉士民公啓」, 「하남반족청원서河南潘族請愿書」 등 여러 편의 격문이나 공고를 작성하여 주변 향민이나 신사들의 공감과 지지를 얻도록 하였다. 1847년 5월 20일에는, 반정위潘正煒 등 수십 명의 신기紳耆로 조직된 대표단의 인솔 하에 하남河南 48향 3,000여 인이 강을 건너, 영국상관英國商館 앞에 군집하여 시위示威하였다. 대표들이 영국영사英國領事를 만나 해명을 듣기로 하였으나 영국영사는 감히 얼굴을 내밀지 못하였다. 대표들은 그들의 의견을 적은 문건을 인쇄하여 전시全市 신기紳耆와 외국인에게 나누어 보냈다. 항의문건抗議文件이 미국영사美國領事를 통하여 영국영사에 전달되었다. 영국영사관英國領事官에 전달된 문서 중 중요한 영향을 미친 것은 「하남반족청원서河南潘族請愿書」이다.[131] 이 청원서에서 반정위潘正煒가 맨 첫머리에 서명하였고, 두 번째 서명자는 반사성潘仕成이었다.[132] 이는 이 운동에서 점하는 반정위潘正煒의 위상을 보여준다. 반사성은 반정위의 7촌 조카이면서 영향력 있는 신사였기 때문에 서명에 참여한 것으로 판단된다. 결국 영국 측은 조지租地 계획을 철회하였다.

2년 후인 1849년, 영국 측은 홍콩총독香港總督 본햄(Bonham)을 파견하여 군함을 이끌고 주강珠江으로 진입하여 재차 광주성廣州城 진입을 요구하였다. 반정위潘正煒는 신사 허상광許祥光, 오숭요伍崇耀 등과 연합하여 주민들을 조직하고 영국 측의 행동에 저항하였다.[133] 결국 영국 측은 10여 만의 시위군중의 위세에 눌려 광주성廣州城 입성入城을 포기하였다. 반입성反入城 투쟁에서 반정

131 『潘同文(孚)行』, 200~203면.

132 이 청원서 원문은 *The Chinese Repository* [microfiche], Leiden: IDC, 1986, Vol. 16, No. 6, June 1847, Art Ⅳ. 중의 Petition from Honan, pp. 305~306에 수록되어 있다. 청원서 첫머리에 Pwan-shaow-kwang(潘紹光, 즉 潘正煒), Pwan-sz'-ching(潘仕成), …… 로 潘氏 신사들의 이름이 등장한다.

133 宣統『番禺縣續志』卷19, 「人物志二」, 30면 뒤, 『中國地方志集成: 廣東府縣志輯』 7, 246면, "道光二十九年英夷釁起, 要請入城, 正煒偕同邑許祥光,南海伍崇耀等, 聯集居民, 廣張聲勢, 以拒之."

위潘正煒는 주민들의 조직(團練)의 소요 경비를 조달하는 책임을 졌다[134]고 한다.

반사성의 활동 시기는 제1, 2차 아편전쟁의 동란을 거치면서 국가가 위난을 겪었던 때이므로 그 역시 반정위潘正煒처럼 청조의 해방海防을 위해 군함과 화약, 수뢰 등 무기를 제조하여 헌납하고 있다.(구체적 내용은 후술) 반사성의 민간사회에 대한 기부와 공헌은 북경에서의 기민 구제 활동, 광동에서의 과거시험 시설의 보수와 증건增建, 광동인을 위한 회관會館의 기증과 도로 포장, 종두법의 확산 등의 사항을 꼽을 수 있다. 우선 1832년 그가 북경에서 순천향시順天鄕試를 치를 때 북경일대에는 기근이 발생하여 소란스러웠다. 이에 반사성은 거금을 들여 이들을 구휼하니 온전히 살아난 사람이 아주 많았다. 이런 사실이 알려지자 황제는 향시에서 합격하지 못하고 부방副榜이었던 반사성을 거인擧人으로 승격시켰다.[135]

반사성의 과거시험 시설 보수와 증건을 위한 행동은 1842년의 공원貢院(鄕試를 보는 장소) 호사號舍의 증건과 1843년 제독학원서提督學院署의 보수를 들 수 있다. 1842년의 공원貢院 호사號舍 증건에 대해서는 동치同治『반우현지番禺縣志』에 「반사성중수공원비기潘仕成重脩貢院碑記」[136]가 수록되어 그 전말을 자세히 알려주고 있다. "(1841년) 서양오랑캐의 침입이 극심하여 군대가 貢院에 주둔하니 병사와 마필이 짓밟고 무기와 갑옷에 유린당하여 (貢院에는) 잡초만 무성하게 자랐다. 모든 人士들이 이를 탄식한 지 오래였다. 가을 鄕試가 장차 이르러 돈을 모아 수리하는 것을 의논하였지만 비용이 쉽게 모이

134 『潘同文(孚)行』, 204면.

135 光緒『廣州府志』卷131, 「列傳20」「潘仕成條」, 26면 뒤~27면 앞, 『中國地方志集成: 廣東府縣志輯』3, 317면; 宣統『番禺縣續志』卷19, 「人物志二」, 29면 뒤, 『中國地方志集成: 廣東府縣志輯』7, 246면.

136 同治『番禺縣志』卷15, 「建置略二: 廨署」, 15면 뒤~16면 앞, 『中國地方志集成: 廣東府縣志輯』6, 152~153면.

지 않았다. 在籍兵部主事 何文綺와 禮部主事 陳其錕이 모의하였다. 그들이 나에게 서둘러야 할 일이라고 말하였다. 생각키에 내가 빈약한 몸이지만 이를 떠맡아야지 남에게 전가시킬 일이 아니다. 이에 工人을 모으고 재료를 갖추어 날짜를 잡고 장소를 물색하였다. 福慶二巷(號舍의 이름)은 과거에 거적을 덮어씌운 號舍로 예비 장소였다. 지금 펼쳐서 건물을 六尺으로 하여 號舍를 增建하였다. 두개의 龍門밖 東西 廳堂은 각각 땅을 三丈 六尺씩 늘려서, 호사를 增建하니 새로운 호사 565間을 얻었다. 舊舍 중에 기울거나 무너진 것, 갈라지고 새는 구멍을 보수하니 新舍와 같았다. 모두 號舍 8,167間이다. 그 東西의 廳堂, 官役房, 山水廠, 白馬廟, 譙樓(망루) 四座는 차례차례 건설되어 모양이 과거 모습을 회복했다. 우물 24개는 메워져 먹을 수 없었으나 흙을 파내어 깊게 하였고 翼(건축물의 飛檐)은 欄으로 補修하였으며, 槐柳 20여 그루를 심었고, 화장실도 3척 깊이로 파고 돌을 덮어 나쁜 냄새가 밖으로까지 나오지 않게 하였다. 그 도랑물을 관리하여 비가 많이 오더라도 고이지 않게 하였다. 앉거나 글을 쓰는 과거의 木版은 썩고 좀이 슬어 대부분 새로운 판으로 갈았다. …… 土木과 단청은 법도대로 하였고 비용은 절감되었고 공사는 견실하였다. 道光癸卯(1843)년 4월초 길일에 시작하여 7月 旣望(16일)에 공사를 마쳤으니 사용한 비용은 銀 1萬3千 兩이었다."[137] 영국군의 주둔으로 피폐해진 공원의 호사를 보수하고 증건하기 위해 반사성은 무려 은銀 13,000냥을 사용하였다.

제독학원서提督學院署는 제독광동학정서提督廣東學政署라고도 하는데 광동성의 학문을 관장하는 학정學政이 주재하면서 동시童試 중의 원시院試를 보이는

137 宣統『番禺縣續志』卷19,「人物志二」의 潘仕成條에는 이와 유사한 기록이 보인다. "軍務後貢院鞠爲茂草, 仕成獨力捐修增建號舍五百六十五間, 井水湮, 浚濬而深之, 厠溷塹深三尺, 覆以石, 使穢氣不達於外. 理其溝水, 雨潦不積, 號舍內, 寫坐木版舊多朽蠹, 易以新版, 充足無闕, 號舍外, 補種槐柳數十本, 以蔭暑暍, 糜白金一萬三千五百有奇."

곳이다. 1843년(道光 23년) 과거시험장인 문장文場이 무너지자 신사 반사성이 자금을 기부하여 증수增脩하였다. 호탁號桌(호사의 탁자)을 모두 돌로 바꾸었다.[138] 다른 기록에는 제독학원서提督學院署의 신동고붕新東考棚 좌호坐號를 증건하였다고 한다.[139]

광동성 밖에 거주하는 반우인番禺人을 위한 회관 건립도 반사성의 사회공헌의 하나이다. 북경의 반우회관番禺會館은 선무문宣武門 밖 상사가上斜街에 위치하는데 원래 반우番禺 출신의 신사 반사성의 주택이었다. 1843년(道光 23년) 이를 기증하여 반우현민番禺縣民의 회관으로 삼았다.[140] 북경北京 반우회관番禺會館은 광동 출신 거인들이 회시會試를 보러 왔을 때 머물면서 휴식을 취하는 곳이었다. 광서光緖 『광주부지廣州府志』의 반사성전潘仕成傳에서는 이 회관을 공거회관公車會館이라 표현하고 있다. 북경 소재 저택이 회관으로 기부될 정도의 광택廣宅[141]이라는 점, 그런 저택을 선뜻 동향의 과거응시생을 위해 내놓을 정도의 낙선호시樂善好施의 심성을 가졌음을 알 수 있다. 후술하듯이 이곳에 우두국牛痘局을 설치하여 종두법을 북경일원에 전파한 점도 그의 사대부로서의 사회기여 측면의 하나라 할 것이다.

한편 광주의 일부 도로를 돌로 포장하여 행인들의 편의를 제공하는 일도 하였다. 광주廣州 소북문小北門 밖에서 백운산白雲山에 이르는 길은 대체로 울퉁

---

138 同治『番禺縣志』卷15,「建置略二」, 廨署, 6면 뒤~7면 앞,『中國地方志集成: 廣東府縣志輯』6, 148면. 한편 宣統『番禺縣續志』卷19,「人物志二」의 潘仕成條에는 "學院文場就圮. 仕成捐資, 增修號卓, 皆易以石, 士子便之."라 하였다.

139 光緒『廣州府志』卷65,「建置略二」, 2면 앞~3면 앞,『中國地方志集成: 廣東府縣志輯』2, 96~97면. 그런데 光緒『廣州府志』卷131,「列傳20」,「潘仕成條」에는 "修考棚以便歲科兩試"라는 기술이 보인다. 이대로라면 생원들이 歲試나 科試를 보는 장소의 考棚을 수리한 것이다.

140 同治『番禺縣志』卷16,「建置略三」, 學校, 52면 앞,『中國地方志集成: 廣東府縣志輯』6, 183면.

141 光緒『廣州府志』卷131,「列傳20」,「潘仕成條」, 27면 뒤,『中國地方志集成: 廣東府縣志輯』3, 317면.

불통하여 다니기에 불편함이 많았다. 이에 자금을 희사하여 돌로 포장하니 길이 평탄하게 되어 행인들이 다니기에 편리하였다.[142] 이상의 반사성의 사회적 기부나 공헌 사례는 남다른 바가 있었다. 이를 통해 국가로부터 보상을 받아 관직이 승진하기도 하였다. 그러나 이러한 잦은 기부행위는 그의 가정 경제를 중도에 몰락에 이르게 한 것으로 광서光緖 『광주부지廣州府志』의 반사성전潘仕成傳은 전하고 있다.

이상에서 보았듯이 행상 반씨潘氏의 구성원들은 신사의 일원이었으므로 사대부계층을 위한 공익사업 예컨대 서원의 건립, 학궁學宮의 중수, 과거시험 시설의 보수와 증건에 나섰지만, 상인으로서 지역사회 상업을 위한 교통시설 정비사업(濠水의 준설, 도로포장, 교량건설)에 나서기도 하였고, 종족의 일원으로서 동족同族의 고아・과부 진휼에 나섰으며, 지역민(복건인・광동인)의 일원으로서 동향회관 건설을 주도하였다. 그러나 한편 사대부라는 공의식에 근거하여 빈민을 구제하거나 지역의 미가 안정을 도모하기도 하였고, 종두법種痘法을 전파하여 인민의 건강을 돌보았으며, 향촌의 여론을 대변하여 반조지反租地투쟁이나 반입성反入城투쟁을 주도하기도 하였다. 일부는 나라의 위난에 임하여 대포와 군함, 화약과 수뢰를 정부당국에 기부함으로써 국가의 안녕을 도모하려는 신사로서의 애국적 정서를 표현하기도 하였다.

3) 학술 문화 활동

다음으로는 반씨 행상들의 개인적인 생활과 활동을 살펴봄으로써 그들의 신사로서의 일면을 추적하고자 한다.

142 宣統『番禺縣續志』卷19,「人物志二」, 30면 앞,『中國地方志集成: 廣東府縣志輯』7, 246면.

반진승은 애초 독서인은 아니었고 상업경영에 전념하였으므로 독서인의 생활을 즐길 여유도 없었다. 부친의 대외무역 성공으로 일가를 이룬 상황에서 성장한 반유도에게는 풍족한 생활 속에서 전통적 지식인이 누렸던 생활양식이 나타나고 있다. 반유도의 집에서 젊은 시절은 보낸 장유병張維屛(1780~1859)[143]이 지은 『국조시인징략國朝詩人徵略』에 의하면 반유도는 여가가 있을 때 사서史書 보기를 좋아하고 시詩 짓기를 즐겼다고 한다. 아울러 주강珠江 남안 하남河南에 있는 저택 남서南墅에는 수송水松 수십 그루를 심고 두 나무의 가지가 엇갈리게 만들어 그 앞에 있는 당堂의 이름을 의송당義松堂[144]이라 이름 짓고, 거처하는 곳은 수석산방漱石山房이라 하였으며, 옆에 조그만 집을 지어 개주芥舟(물에 뜬 티끌과 같은 작은 배)라 하였다[145]고 한다. 매우 운치 있고 여유 있는 사대부의 생활모습이라 할 것이다.

반유도의 저술에는 『의송당유고義松堂遺稿』, 『서양잡영西洋雜咏』 등이 있는데,[146] 『의송당유고義松堂遺稿』는 그의 당명堂名이 의송당義松堂이므로 거기에서 유래한 서명임은 쉽게 알 수 있다. 장유병張維屛이 소개한 바에 따르면 『서양잡영』은 "海外風土를 서술하였는데, 蔡生甫 太史는 和泰庵 尙書의 西藏賦와 비견(頡頏)할 만하다고 평가하였다."고 한다. 채생보蔡生甫 태사太史는 채지정蔡之定(1745~1830, 號 生甫)을 가리키는데 1793년(乾隆 58년) 진사進士로 순천향시順天鄕試 동고궁同考宮, 회시會試 동고관同考官, 하남정주고河南正主考 등을 역임歷任하였다. 서법書法에 뛰어나 옹방강翁方綱, 유당劉墉, 철보鐵保와 더불어 사대서가

143 張維屛의 부친 張炳文이 潘正亨형제(潘有度의 아들들)의 선생으로 초빙되어 張維屛이 12세부터 20세까지(1791~1799) 9년간 潘家에서 伴讀을 하였기에 반유도의 가정생활에 대해 상당히 잘 알고 있었다. 陳國棟, 앞의 논문, 153면.

144 義松堂은 제법 유명한 건축물이었던 모양이다. 宣統 『番禺縣續志』 卷40, 「古蹟志一」, 16면 앞, 『中國地方志集成: 廣東府縣志輯』 7, 554면에는 義松堂을 하나의 항목으로 다루어 설명하고 있다.

145 張維屛 輯, 『國朝詩人徵略』 卷56, 6면 앞, 『續修四庫全書』 集部 詩文評類, 1713, 130면.

146 魏雅麗, 「淸代廣東行商家族與番禺學宮」, 『嶺南文史』 2007-1, 17면.

四大書家로 호칭되었다.[147] 화태암和泰庵 상서尙書는 즉 화녕和寧(1741~1821, 호는 泰庵)을 말한다. 그는 몽고양황기인蒙古镶黃旗人이지만 중원한족지구中原漢族地區에서 성장하였고, 어려서부터 전통적傳統的 한문화교육漢文化敎育을 받아 높은 한문화 소양을 구비하였다.[148] 가경嘉慶 21년(1816) 7월~22년(1817) 2월까지 공부상서工部尙書, 가경嘉慶 22년(1817) 7월~11월까지 예부상서禮部尙書, 가경 23년(1818) 2월~24년(1819) 정월까지 병부상서兵部尙書, 가경 24년(1819) 정월~도광道光 원년元年(1821) 7월까지 형부상서刑部尙書를 지냈기에[149] 상서라는 호칭이 붙은 것이다. 서장부西藏賦는 화녕이 주장방판대신駐藏帮辦大臣으로 서장西藏에 8년간 근무했을 때의 작품이다. 『서장부』는 근 25,000자字에 달하는 대작으로 서장의 지형지모地形地貌, 풍토인정風土人情, 역사문화歷史文化, 종교사묘宗敎寺廟, 산수물산山水物産, 민족관제民族官制, 체육경기體育競技 등 방면의 내용을 기술한 지여대부地輿大賦이다. 이 부賦는 서장을 다룬 작품으로는 중국 문학사상 유일한 부체문학賦體文學 형식形式이라 한다.[150] 이러한 서장부와 비견할 만하다고 평하였으니 채지정蔡之定은 『서양잡영西洋雜咏』을 대단히 높게 평가하였음을 알 수 있다.

반계관潘啓官 3세로 불리는 반정위潘正煒 역시 유복한 가정환경과 문인학자文人學者 집안 분위기에서 성장했다. 백부인 반유위潘有爲가 과거를 통해 거인과 진사를 거쳐 관직이 내각중서內閣中書에 이르렀으며 사고전서 편찬에 참여하였고 『간전루고동인보看篆樓古銅印譜』, 『급고재인보汲古齋印譜』, 『고천목록古泉目錄』, 『남설소시초南雪巢詩鈔』 등의 저술[151]을 남긴 문인학자였다. 장형長兄 반정형潘正亨(1779~1837)은 공생貢生이 되어 관직이 지부知府에 이르렀으며 『만송

147 http://baike.baidu.com/view/3041827.htm
148 池万興, 「和寧及其<西藏賦>」, 『濟南大學學報(社會科學版)』 2008-4, 31면.
149 錢實甫 編, 『清代職官年表』 第1冊, 北京: 中華書局, 1980, 265~269면.
150 池万興, 앞의 논문, 30면.
151 『潘同文(孚)行』, 33면의 표 1-4.

산방시집萬松山房詩集』, 『여택헌동회고麗澤軒同懷稿』 등의 저술이 있다.[152] 둘째 형 반정강潘正綱 역시 저술이 있으며 셋째 형 반정상潘正常(1787~1812)은 일찍 죽었지만 과거로 진사(1809년)에 급제하여 공부주사工部主事를 지내고 저술을 남긴 문인학자였다.[153] 반정위潘正煒가 저술한 저작을 살펴보면, 『청사고淸史稿』에 자부子部의 예술류藝術類: 서화書畫에 서명書名을 올리고 있는 『청범루서화기聽颿樓書畫記』 5권[154]을 비롯해서 『청범루장진첩聽颿樓藏眞帖』 6권, 『청범루고동인보聽帆樓古銅印譜』 4권, 『청범루시초聽颿樓詩鈔』[155] 등을 들 수 있다. 『청범루서화기聽颿樓書畫記』에 대해서는 기록마다 약간의 차이가 있다. 선통宣統 『반우현속지番禺縣續志』 권19, 「인물지2人物志二」[156]에서는 "聽帆樓書畫記正續篇凡七卷"라고 기록되어 있기 때문이다. 반정위는 그가 소장한 서화書畫, 고인古印, 금석金石, 이정彝鼎 등을 보관하고 그의 학술적 생활을 영위하는 건축물로서 청범루聽帆樓를 건조하였고 그가 저술하는 서적의 명칭에서도 그 이름을 종종 쓰곤 하였다.[157] 그렇다면 서명으로 『청범루서화기聽帆樓書畫記』는 문제가 없고(帆과 颿은 같은 글자), 다만 권수卷數에 대해서 정편5권正編五卷, 속편2권續編二卷[158]으로 구성되어 있다고 한 선통 『반우현속지』의 기술이 보다 정확하다고 판단된다. 이 저술의 서문은 영남명숙嶺南名宿으로 금석서화金石書畫의 감별鑒別에 아주 정통하였다고 평가되는 오영광(1773~1843)이 지었고, 선통 『반우현속지』 권卷30, 예문지藝文志에 수록되어 있다. 그 내용에 의하면 1841년 광동

---

152 同治 『番禺縣志』 卷45, 「列傳14」, 潘有爲條, 5면 앞뒤, 『中國地方志集成: 廣東府縣志輯』 6, 550면에 潘正亨의 전기가 附傳으로 달려있다. 『潘同文(孚)行』, 33면의 표 1-4 참고.

153 『潘同文(孚)行』, 29면. 33면에는 潘正綱의 저술 『漱石山房剩稿』, 潘正常의 저술 『麗澤軒詩鈔』의 목록이 보인다.

154 『淸史稿』 卷147, 志122, 藝文三, 「子部: 藝術類: 書畫」, 北京: 中華書局, 1977, 15冊, 4352면.

155 宣統 『番禺縣續志』 卷30, 藝文志3 子部, 15면 뒤~16면 뒤; 卷31 藝文志4 集部, 10면 뒤, 『中國地方志集成: 廣東府縣志輯』 7, 380면, 388면.

156 宣統 『番禺縣續志』 卷19, 「人物志二」, 31면 앞, 『中國地方志集成: 廣東府縣志輯』 7, 247면.

157 『潘同文(孚)行』, 209면, 220면.

158 『潘同文(孚)行』, 210면.

으로 돌아온 오영광은 서화감상으로 소일하면서 『신축소하기辛丑銷夏記』를 저술하였는데 반정위潘正煒(潘季彤)의 청범루聽颿樓를 방문하여 감상한 것 중의 일부 서화평도 그 저술에 수록하였다. “금년 봄에 潘正煒가 書畵記를 저술하였으므로 몇 마디 말을 지어 그 머리에 장식하였다. 반정위는 서책을 읽고 옛것을 좋아하며 風塵 속에서 20여 년을 살면서도 오로지 좋아하는 것에 정진할 수 있었다.”[159] 사실 오영광과 반정위潘正煒의 관계는 아주 밀접했던 것 같다. 오영광이 저술한 『신축소하기辛丑銷夏記』는 모든 권수每卷首마다 반우番禺 반정위潘正煒 등 3인의 교정校訂[160]이라고 기록되어 있는 것을 통해 그들의 밀접한 교류를 짐작할 수 있다.

한편 『청범루고동인보聽帆樓古銅印譜』는 백부 반유위潘有爲가 저술한 『간전루인보看篆樓印譜』를 계승한 것이다. 반유위가 죽자 반정위潘正煒는 백부의 저술을 증집增輯하였다[161]고 한다. 반유위는 14년간 경관京官을 지내면서, 항상 유리창琉璃廠에 가서 역대 고동인장古銅印章, 고전古錢, 서화書畵, 이정彝鼎 등을 광범하게 수집하였고, 가향家鄉에 간전루看篆樓를 건설하여 이를 보관하였다. 그는 자신이 소장한 고인古印을 바탕으로 『간전루인보看篆樓印譜』를 지었다. 1821년 반유위潘有爲가 죽은 후, 소장하던 고인 등은 대다수가 반정위潘正煒 소유로 돌아갔다. 이에 반정위는 백부의 저술 『간전루인보看篆樓印譜』와 백부가 남긴 고동인장古銅印章을 기초로 하여 1831년 『청범루고동인보聽帆樓古銅印譜』를 저술하였다.[162]

또한 『청범루서화기聽帆樓書畫記』와 『청범루장진첩聽颿樓藏眞帖』을 지었으니

159 宣統『番禺縣續志』卷30, 藝文志3 子部, 15면 뒤,『中國地方志集成: 廣東府縣志輯』7, 380면.
160 吳榮光,『辛丑銷夏記』卷1,『續修四庫全書』子部: 藝術類, 1082, 上海: 上海古籍出版社, 1995, 447면.
161 宣統『番禺縣續志』卷30, 藝文志3 子部, 16면 뒤,『中國地方志集成: 廣東府縣志輯』7, 380면.
162『潘同文(孚)行』, 209~210면.

반정위潘正煒가 중국의 전통적 서화에 대한 감식안이 있었으리라는 것은 쉽게 간파할 수 있다. 다음 <표 3>은 다른 저술가의 서적에 등장하는 반정위潘正煒의 서화평론을 모은 것이다.

〈표 3〉 潘正煒의 서화 평론 도표

시대	書畵家名	書畵名	평론시기	사료근거
北宋	李公麟	松竹梨梅合卷	1849년평론	孔廣陶, 『嶽雪樓書畫錄』卷1, 62면 앞,[163] 37면
宋	李嵩, 蕭照	思陵瑞應圖長卷	1849년평론	方濬頤, 『夢園書畫錄』卷4, 23면 앞,[164] 365면
南宋	陳居中	百馬圖卷	1848년평론	孔廣陶, 『嶽雪樓書畫錄』卷2, 46면 앞, 60면
元	趙仲穆	八駿圖冊		孔廣陶, 『嶽雪樓書畫錄』卷3, 46면 뒤. 91면.
元	倪雲林	倪雲林書畫卷	1848년평론	方濬頤, 『夢園書畫錄』卷7, 5면 뒤, 418면
元	倪雲林	倪雲林書畫合璧卷	1848년평론	龐元濟, 『虛齋名畫錄』卷2, 5면 앞,[165] 337면.
明	黃石齋	黃石齋法書冊	1849, 1850년 2회 평론.	方濬頤, 『夢園書畫錄』卷15, 5면 앞뒤, 562면
淸		國朝名人山水冊	1849년평론	方濬頤, 『夢園書畫錄』卷16, 4면 앞~9면 뒤, 585~587면.

자료를 더 광범히 수집한다면 반정위潘正煒의 다른 서화 평론 문장도 접할 수 있을 것이다. <표 3>의 평론 중에서 두세 가지만 소개한다. 예컨대 북송 이공린李公麟의 「송죽리매합권松竹梨梅合卷」에 대해서는 "當時 士大夫들은 鞍馬(騎馬) 작품은 韓幹과 비교하고, 佛像 작품은 吳道元과 비교하며, 山水는 李思訓과 비교하고, 人物은 韓滉과 비교한다고 말한다. 그러므로 작품이 있으면 사람들은 다투어 이를 구매한다. 『宣和畫譜』를 살펴보면, 伯이라 칭할 때는,

163 『續修四庫全書』 子部 藝術類, 1085, 上海: 上海古籍出版社, 1995, 37면.
164 『續修四庫全書』 子部 藝術類, 1086, 365면.
165 『續修四庫全書』 子部 藝術類, 1090, 337면.

그 精細한 곳을 그리기 때문이다. 혹자는 이를 배울 만하다고 한다. 그 簡易한 것에 이르러서는 종래 미칠 수 없으니, 이 梨梅二軸을 본다면, 前人의 評論이 그릇되지 않았음을 알 수 있다. 道光已酉(1849) 3月 26일, 聽颿樓에서 潘正煒가 발문을 쓰다."

남송 진거중陳居中의 「백마도권百馬圖卷」에 대해서 "이 卷에서 말을 그린 것이 百으로 헤아린다. 그러나 표정과 자태(意態)가 같은 것이 하나도 없다. 우뢰 소리가 바람처럼 발굽에 들어가는 듯하고 소리를 그리고 그림자를 그리는 것이 아주 가뿐하다. 이는 寫生의 神品이라 하겠다. 卷尾에 陳居中의 낙인이 있으니, 생각건대 宋 陳居中의 작품이다. 내게는 趙仲穆의 八駿圖冊과 仇十洲(仇英)의 飼馬圖軸이 있는데 모두 合作이라 칭한다. …… 이 卷은 나의 벗 易君山의 所藏이므로 오늘 빌려와 서재에서 천천히 감상하였으나 風雨鷄鳴의 느낌을 일으킬 수 없었다. 戊申(1848년) 8月, 潘正煒가 쓰다."

원元의 「예운림서화권倪雲林書畫卷」에 대해서는 "예전 사람은 倪雲林의 작품을 소장하고 있는가 여부에 따라서 雅俗을 구분하였으니, 高士의 珍貴한 書法眞跡이 천하에 널리 빛을 비춘 것이 오래되었다. 이 卷의 한 획, 한 글자가 구슬처럼 엮이어 아름다움을 더욱 고조시키고(珠聯璧合), 그 오묘함이 千古에 다시 없으니, 所謂 神品이면서 곱으로 빼어난 것(兼逸)이다. 이 또한 元季 四大家가 스스로 으뜸으로 꼽는 것이다. 戊申(1848년) 8月 潘正煒가 쓰다."

이들 몇몇 평론을 통해 반정위潘正煒가 매우 해박한 서화 지식을 지녔으며, 서화를 감상하고 평론하는 감식안鑑識眼이 있었음을 확인할 수 있을 것이다. 이러한 경지에 오른 것은 다년간 이 분야에 대해 관심을 가지고 절차탁마한 결과라고 생각된다. 물론 그렇게 많은 서화를 감상하고 평론할 만한 예술적 감각과 경제적 바탕 그리고 시간적 여유가 필요함은 두말할 필요도 없다.

반정위潘正煒가 수많은 서화작품을 소장하고 평론하였지만 그 스스로 그림과 서예에 뛰어났는지는 확인할 길이 없다. 다만 그가 어려서부터 소동파蘇東坡와 미원장米元章(米芾)의 필법筆法을 종사宗師로 삼아 부지런히 연마하였기에

서법書法에 뛰어났으며 특히 소해서小楷書에 정통하였다[166]고 현지縣志는 전하고 있다. 근년 출간된 『중화서학대사전中華書學大辭典』(李光德 主編, 團結出版社, 2000), 『명청중국화제발明淸中國畵題跋』(張巖, 錢淑萍 主編, 陝西人民出版社, 2001), 『광동역대서법도록廣東歷代書法圖錄』(林亞杰 主編, 廣東人民出版社, 2004) 등의 서적에는 그의 묵적墨迹이 실려 있는[167] 것으로 볼 때 적어도 서법에 대해서는 일가를 이루었다고 하겠다.

반정위潘正煒가 교유한 인물들을 통해서도 반정위潘正煒의 신사적 성격의 일면을 엿볼 수 있다. 교유 인물들은 대개가 가경년간嘉慶年間(1796~1820), 도광년간道光年間(1821~1850)의 광동지방의 과거科擧 지식인, 이미 사임한 관원, 사대부, 학자 등 지식계知識界의 엘리트 인물들이었다. 대표적 인물을 꼽아 보면 가경嘉慶 진사進士인 오영광吳榮光(1773~1843), 도광진사道光進士인 허상광許祥光(1799~1854), 가경탐화嘉慶探花인 장악숭張岳崧(1773~1842), 도광진사인 포준鮑俊(1797~1851), 가경진사인 황옥형黃玉衡(1777~1820), 도광거인道光擧人인 진례陳澧(1810~1882) 등이었다. 그 중 오영광吳榮光, 장유병張維屛, 진례陳澧는 광주廣州 출신의 문화명인文化名人으로 칭송되는 인물이고, 그들은 모두 근대시기 광동지역의 반침략反侵略 투쟁의 선진적 인물들이다.[168]

반사성 역시 향시鄕試에 응시하였던 과거 출신인물이고 여러 가지 기부금이나 정부에의 공헌으로 비교적 고위 관료를 지낸 경력이 있다. 따라서 괄목할 만한 저술과 편찬도 있고 교우관계交友關係도 다양하였다. 먼저 저술과 편찬 부분에 대해 살펴보자. 다음 <표 4>는 여러 지방지에 보이는 반사성의 저술과 편찬 서적 목록이다.

<표 4>에서 저술로 분류된 것은 반사성이 직접 저술했다고 판단되는

166 宣統『番禺縣續志』卷19,「人物志二」, 30면 뒤,『中國地方志集成: 廣東府縣志輯』7, 246면.
167『潘同文(孚)行』, 207면.
168『潘同文(孚)行』, 208면.

서적이다. 『난정집첩蘭亭集帖』은 서예의 대가로 불리는 동진東晋의 왕희지王羲之의 대표적 작품의 하나인 「난정서蘭亭序」의 탁본집을 정리한 것으로 판단된다. 『척독유분尺牘遺芬』은 『척소유분尺素遺芬』이라고 불리기도 한다. 척독尺牘이나 척소尺素 모두 편지를 의미한다. 여기에는 청대 명류현달名流顯達에 속하는 임칙서林則徐, 오영광吳榮光, 등정정鄧廷禎, 낙병장駱秉章 등 96인과 반사성간에 왕래한 서신이 수록되어 있는데 이는 진귀한 수적手迹이며 서법 작품이어서 이를 통해 당시 인문의 융성함을 알 수 있고 아울러 아편전쟁시기 광동 해방海防, 재정財政, 외무外貿 등 허다 방면과 수적작자手迹作者의 생평을 연구할 수 있는 제1차 역사자료이기도 하다.[169] 『경험량방經驗良方』은 의가醫家로 분류된 의학서적이다. 선각選刻이라 표현된 것으로 보아 전체 내용을 판각한 것이 아니라 필요한 부분을 추려서 판각한 것으로 보인다. 청대 유행한 『경험량방經驗良方』은 여러 종류가 있으므로[170] 이것은 어느 것에서 어떤 내용을 골라 판각했는지 알 수 없다. 『패문운부佩文韻府』는 청대清代 관부에서 편찬한 대형大型 사조전고사전詞藻典故辭典의 하나이다. 강희제의 칙명으로 장옥서張玉書, 진정경陳廷敬, 이광지李光地 등 76인이 1704년에서 1711년까지 8년에 걸쳐 편찬하였다. 반사성은 이러한 대형 사전을 다시 복각한 것이다.

〈표 4〉 潘仕成의 저술과 편찬 서적표

분류	서명	권수	비고	근거자료
저술	蘭亭集帖	4卷	石刻	光緒『廣州府志』卷131「列傳20」, 317면; 宣統『番禺縣續志』卷19「人物志二」, 246면.
저술	尺牘遺芬	2卷	石刻	상동
저술	海山仙館集古帖	10卷	石刻	상동

169 陳澤泓,「潘仕成略考」,『廣東史志』1995-1, 76면.

170 清 朱伯廬,『經驗良方』, 서울, 의성당, 1985년간; 明 陳仕賢,『經驗良方』; 明 鄒福,『經驗良方』; 清 陸畵邨,『經驗良方』, 1786년; 清 劉沅,『經驗良方』道光時期刊印本 등이 있다.

저술	水雷圖說			『宣宗實錄』 卷395 道光23年癸卯閏七月壬申條, 『淸實錄』 第38冊, 1078면.
편찬	經驗良方	10卷	選刻, 醫家	光緖 『廣州府志』 卷131, 317면; 宣統 『番禺縣續志』 卷19, 246면.
인쇄	佩文韻府, 拾遺	140卷, 20卷	翻刻/覆刻	상동
인쇄	海山仙館叢書	56種 118卷	集刻	상동
인쇄	海山仙館叢稿			宣統 『番禺縣續志』 卷31 「藝文志四 集部」 16면 앞, 391면.

그러나 무어라 해도 반사성의 출판사업 중 가장 유명한 것은 『해산선관총서海山仙館叢書』의 간행이다. 해산선관海山仙館은 도광년간에 건설한 반사성의 원림園林 저택이다. "海山仙館은 또한 荔香園이라고도 하는데, 廣州城西의 荔枝灣에 있다. 邑人 潘仕成의 別墅이다. 못과 園이 넓으며, 붉은 연꽃이 만 포기나 된다. 바람이 불어오는 복도와 안개 낀 물가가 구불구불 10여 리에 뻗치니 가히 嶺南 園林의 으뜸이다. 대문의 대련에 海上神山, 仙人舊館이라 하니 문자를 조합한 것이 자연스럽다."[171] 대련 구절에서 해산선관이란 명칭이 생겨났고 반사성의 호는 해산선관주인海山仙館主人이다. 『광주부지廣州府志』의 지적처럼 『해산선관총서海山仙館叢書』에는 비적秘籍이 많다. 이는 반사성이 민간 서점에 전해지는 판본이 없는 서적들을 한데 모아 판각하여 총서로 만들었기 때문이다. 그래서 세상에서는 이를 선본善本이라 칭찬하였다.[172] 이 총서는 이화행怡和行의 오소영伍紹榮(伍崇曜)이 편집한 『월아당총서粤雅堂叢書』 180종과 더불어 문학예술계에서 중시되었고, 이 두 가지가 있음으로써 광주廣州의 학자는 광주를 벗어나지 않고도 앉아서 백성서百城書(모든 도시의 서적: 풍부한

171 宣統 『番禺縣續志』 卷40, 「古蹟志一」, 園林, 20면 뒤~ 21면 앞, 『中國地方志集成: 廣東府縣志輯』 7, 550면.

172 宣統 『番禺縣續志』 卷19, 「人物志二」, 30면 뒤, 『中國地方志集成: 廣東府縣志輯』 7, 246면.

장서)를 보유하게 되었다[173]고 일컬어졌다.[174]

반사성은 폭넓은 교우관계를 형성하였다. 1832년 향시 응시 차 북경에 갔을 때 경사京師 일대의 기근을 목도하게 되었고 반사성은 거금을 내어 이들을 진휼하고 많은 인명을 구제하였다. 이 사실이 조정에 알려져 도광제道光帝는 반사성을 거인으로 승급시켰다. 이 일은 반사성의 명성을 드날린 사건이었다. 지방지 반사성 열전의 기록에는 "海內人士가 다투어 그를 초청하거나 방문하였고, 반사성을 알지 못하는 것을 유감으로 여겼다"(光緒 『廣州府志』)거나 "京師 名流가 다투어 서로 반사성을 초청하거나 방문하였다."(宣統 『番禺縣續志』)고 한다. 당시 명성이 드높던 광서廣西 임계臨桂 출신의 진계창陳繼昌(1791~1849)이나 강소江蘇 원화元和(즉 蘇州) 출신의 진종린陳鍾麟(1763~1840) 또한 반사성(1804~1873)과 더불어 망년교忘年交의 관계를 맺었다고 한다.[175] 1791년생인 진계창은 1820년(嘉慶 25年) 향시鄕試, 회시會試, 전시殿試에 모두 수석을 한 삼원급제三元及第(解元, 會元, 狀元)로 명성을 떨친 인물이었다.[176] 1763년생인 진종린은 1799년(嘉慶 4年) 진사로 경사經史에 해박하고 시문時文이 뛰어난 인물이었다.[177] 반사성이 1804년생이니 적게는 13세, 많게는 41세의 나이차가 있는 셈이다. 나이와 항렬을 따지지 않고 능력이나 덕행을 보고 맺는 망년교忘年交라 할 것이다.

반사성이 광동에서 활동하던 시기 교류한 인물은 영남嶺南 명사 장유병張維

173 光緒『廣州府志』卷129,「列傳18」,「伍崇曜條」, 26면 앞뒤,『中國地方志集成: 廣東府縣志輯』 3, 283면.

174 최근 2008년 廣州大典編纂委員會는『廣州大典』라는 제명의 대형총서를 廣州出版社를 통하여 간행하였는데 거기에는 영남지방에서 간행된 여러 가지 총서류가 포함되어 있다. 예컨대 행상출신 伍紹榮이 간행했던『粤雅堂叢書』나 潘仕成이 간행한『海山仙館叢書』등이 포함되어 있다.

175 宣統『番禺縣續志』卷19,「人物志二」, 29면 뒤, 246면.

176 http://baike.baidu.com/view/1423297.htm

177 http://baike.baidu.com/view/3662817.htm

屛 같은 사람만이 아니고 광동에 온 학자도 있었으니 하소기何紹基 같은 사람이다. 하소기는 두 차례 광동에 왔는데 제1차는 1849년(道光 29년)에 부고관副考官 신분으로 광동에 와서 과거시험을 주관하였다. 반사성의 초청을 받아 해산선관海山仙館을 찾았고 시詩 네 수를 지었다. 반사성이 내왕한 사람은 문인묵객文人墨客에 그치지 않는다. 적지 않은 정계현달政界顯達도 있었다. 『척소유분尺素遺芬』에 수록된 반사성과 서신을 왕래한 귀교貴交(貴位에 있는 朋友)는 무려 111명에 달한다. 모두 아편전쟁 전후 명환현귀名宦顯貴, 지방地方 정계 요인과 과거재자科擧才子이다. 이를 분석한 통계에 따르면 그중 상국相國 8인, 태사太史 6인, 상서尙書 8인, 시랑侍郞 10인, 제군制軍(總督) 18인, 방백方伯(布政使) 11인, 중승中丞(巡撫) 13인이고, 일찍이 한림원에서 전찬殿撰, 수찬修撰과 편수編修를 지낸 자가 59인, 그 나머지는 제주祭酒, 태수太守, 관찰觀察, 장군將軍, 시어侍御, 시독侍讀 등 고관高官이었다. 과거출신科擧出身을 따지면 장원狀元 5인, 방안榜眼 5인, 탐화探花 4인, 진사進士 17인이나 된다.[178] 이들과 반사성은 공적, 사적 왕래가 있었고 교제가 아주 밀접하였다.

반씨 행상들의 학술 문화활동은 기존 신사 사대부들의 활동과 차이가 없었다. 여러 가지 저술을 편찬하거나 대형 총서를 간행하기도 하고 자신의 취미에 몰두하여 서화평론을 남기기도 하였다. 이러한 저술이나 문화활동을 통하여 관료, 사대부사회에서 폭넓게 교유관계를 넓혀 나갈 수 있었다.

4. 새로운 유형의 지식인(紳商)을 지향하여

앞에서 기술한 반씨潘氏 행상들의 행동양식 즉 상업에 성공한 후 연납捐納으

178 陳澤泓, 「潘仕成略考」, 『廣東史志』 1995-1, 74면.

로 관직을 얻거나 자제가 학업에 노력하여 신사·관인이 되는 과정, 그리고 국가에 재정적 협력을 하거나, 자연재해 시 거금을 기부하거나, 사회를 위하여 빈민을 구제하거나, 곡물가격 안정을 위해 힘쓴다거나, 서원·학교·과거시설·도로 등의 건설을 통하여 여러 가지 공헌을 한다거나, 향민의 여론을 대변하는 일을 한다거나, 개인적으로 시문이나 서화에 침잠하고 저술을 간행한다거나, 문인다운 정원과 건물을 짓고 운치 있는 생활을 한다거나, 명망 있는 신사나 관인들과 교유하는 일들은 전통시대 신사들이 늘상 행하던 행동방식이므로 새로울 것이 없다. 상인으로서도 경제적 성공을 거둔 후 신사의 반열에 오르기 위해 그런 행동양식을 선망하고 모방하는 일은 비일비재한 일이어서 특별한 의미를 부여하기가 곤란할 것이다.

광동의 행상에게는 여타 신사, 여타 상인과 차별적인 조건이 존재하고 있었다. 그들의 본업이 서양 상인과의 교역이었으므로 서양인과의 잦은 접촉을 통하여 서양의 문물을 접할 기회가 자연히 많았고 이에 따른 새로운 지식과 인식을 수용할 수 있는 조건을 갖추었다는 점이다. 특히 1757년 이래 광주가 유일한 대외무역항이었기 때문에 더욱 그러하였다.

먼저 1788~1820년 사이 동문행, 동부행을 경영한 반유도에 대해서 보자.

미국학자 젠킨스(Lawrence Waters Jenkins)는 일찍이 1815년(嘉慶 25년) 반유도의 저택 남서南墅를 방문한 보스턴(Boston)상인 틸든(Bryant Parrott Tilden) 일기日記에 근거하여 반유도의 성격이나 태도를 묘사하였다. "비록 행동거지가 아주 위엄스럽지만 총명한 外國人과 함께 할 때는 상냥하고 친밀하다. 그는 중국 이외의 기타 국가의 사정에 관련하여 탐문하기를 좋아하였다. 이는 대다수 동포와 다른 점이었다. 그는 솔직하고 성실하며 자유롭게 종교 등의 문제를 담론하기도 하였다. 1819年 그는 또 매사츄세츠農學會(the Massachusetts Agricultural society)의 會員이 되었다."[179] 반유도가 중국이외의 국가에 대해 관심을 가지고 있고 서양인과 자유롭게 종교문제를 담론할 정도로 서양의 종교에 대해서도 어느 정도의 지식이 있었음을 말해준다. 한편

潘有度에게 매사츄세츠농학회農學會 회원會員이란 자격은 하나의 명예 직함에 불과할 것이다. 그러나 이러한 명예 직함은 반면에 미국무역상인美國貿易商人들이 그의 지식추구 정신에 대한 긍정[180]에서 부여한 것이라 하겠다. 이러한 반유도의 호기심, 지식 추구 정신은 그의 세계지도 수집이나 서양세계에 대한 지식에서도 잘 드러난다. 틸든의 일기에서는 반유도의 광주양행廣州洋行의 사무실에 당시 가장 아름다운 세계지도世界地圖와 항해도航海圖를 보유하고 있었다고 말한다. 이들 지도地圖와 항해도航海圖의 원건은 외국상인과 항해가航海家가 중국에 가져온 것으로 반유도는 이를 빌려 자세히 모사하고 아울러 자기가 사용할 수 있도록 영문지명英文地名 옆에 국가나 대도시, 그리고 항구의 중문명中文名을 주기하여 놓았다. 이들 지도의 원건 중 어떤 것은 탐험가가 이제 막 완성한 것으로 아직 유럽에서도 출판되지 않은 작품이다. 이 이외에도 반유도는 나침판을 수집하였다. 아울러 반유도는 서양 상인들과 나폴레옹 전쟁에 대해 토론하고 영국을 화제로 올려 담론하기도 했다. 이미 반유도는 영국이 강력한 국력을 배경으로 인도를 정복하고 개척하는 사실을 알고 있었다[181]고 한다.

1812년 무렵 지었다고 추정되는 『서양잡영西洋雜咏』은 20수에 불과한 시이지만 반유도의 서양에 대한 인식이 일부 드러나 있다. 청대 해외죽지사海外竹枝詞와 같은 형식의 이 시들은 서양의 상업습관商業習慣, 종교신앙宗敎信仰, 생활풍속, 혼상예속婚喪禮俗, 과학기술, 해외전쟁 등의 내용을 담고 있다.[182] 그가 서양의 사정을 친견親見한 것이 아니고 서양 상인으로부터 전문傳聞한 것이므로 객관적 사실 자체에 대한 인식에서 일정한 오류가 있음은 어쩔 수 없을

179 Lawrence Waters Jenkins, 1935, pp. 105~106(陳國棟, 「潘有度(潘启官二世): 一位成功的洋行商人」, 『廣州十三行滄桑』, 廣州: 廣東省地圖出版社, 2001, 157면에서 재인용).
180 陳國棟, 앞의 논문, 157면.
181 陳國棟, 앞의 논문, 157~158면.
182 蔡鴻生, 「清代廣州行商的西洋觀」, 『廣東社會科學』 2003-1, 72면.

것이다.[183] 아울러 전통적 유교적 지식인의 눈으로 서양의 물정을 이해한 것이므로 중국 사대부의 중화적中華的 관점이 나타나고 있는 점도 무시할 수 없을 것이다. 그러나 새로운 문화, 새로운 세계지식에 접하여 이를 수용하다 보니 그는 당시 중국의 일반적 지식인과 달리 풍부한 서양지식을 보유할 수 있게 되었다. 아울러 그에게서 새로운 인식과 새로운 세계관의 일면도 발견할 수 있다. 예컨대 제3수[184]에서는 서양의 일부일처제, 남녀 자유결혼이나 부모의 불간섭 등의 사실을 전하고 있다. 중국 전통혼례와는 다른 서양의 상황을 알고 있었다는 이야기다. 그러나 "擧案齊眉"라는 어휘가 등장하는 것을 보면 중국적 이념, 중화적 인식으로 서양 부부의 금슬을 이야기하고 있는 점도 눈에 띈다. 제10수[185]에 따르면, 서양 국왕의 의례가 중국에 비해 간단하고 지나친 번문욕례繁文縟禮가 없다. 모자를 벗고 천세라고 외칠 뿐이다. 무릎을 꿇고 절하는 예속적인 행동도 없다. 중국에 비해 권위가 없고 평민에 다가서는 태도라고 묘사한다. 중국전통 황제권력에 대한 반감이나 부정적 인식이 서양 국왕의 모습을 통해 투영된 것이라 해석할 수는 없을까. 특히 행상의 상총商總으로 빈번히 청조나 관료에게 수탈당하는 입장에 있었던 반유도에게 있어서 마음속으로 나마 그런 생각을 가지고 있었을 것이다. 제1수[186]에서는 서양 상인의 상업적 신용에 대하여 긍정적 평가를 하고 있다. 일단 약속한 말(然諾)을 산처럼 중시하는 서양 상인의 신뢰성에 대해 찬미하

183 蔡鴻生, 앞의 논문, 72・74면에서 반유도의 시에는 중서문화의 차이를 반영하고 문화 誤讀을 포함하고 있다고 지적하였다.

184 "繾綣閨闈只一妻(夷人娶妻不得納妾, 違者以犯法論), 猶知擧案與齊眉(夷人夫婦之情甚篤, 老少皆然). 昏姻自擇無媒妁(男女自主擇配, 父母皆不與聞), 同懺天堂佛國西(合巹/巳之日, 夫婦同攜手登天主堂立誓)." 蔡鴻生, 앞의 논문, 74~76면에는 『西洋雜咏』 전문이 부록으로 달려있다.

185 "戎王匹馬閱齊民(外洋國王出巡, 只單騎, 不用兵侍從), 摘冒同呼千載春(外洋以摘冒爲敬). 簡略儀文無拜跪(夷俗無拜跪禮), 逢人拉手道相親."

186 "忠信論交第一關, 萬緡千鎰盡奢慳(華夷互市, 以拉手爲定, 無爽約, 即盈千累萬皆然. 旣拉手, 名爲奢忌慳). 聊知然諾如山重, 太古純風羨百蠻."

고 있다고 하겠다. 이외에도 제12수에서는 천리경千里鏡(망원경)을 언급하고 있고, 제13수에서는 시계에 대해, 제18수에서는 서양의 태양력을 언급하고 있다. 이처럼 당시 서양의 선진적 문물에 대해 직접 보거나 서양 상인으로부터 전해 듣고 그 존재를 인식하고 있었던 것이다.

반유도가 종두법種痘法 전래와 확산에 기여하였다는 측면은 근대 서양 의료기술의 도입으로 평가할 수 있을 것이다. 건륭乾隆시기(1736~1795) 외국상인 James Drummond(哆啉吱)가 우두법牛痘法을 처음으로 광동에 도입하였고 양상인 정숭겸鄭崇謙(1793년 會隆行 창업)은 『종두기서種痘奇書』를 저술하여 널리 전파하려 하였으나 광동인들이 깊이 믿지 않아 점차 종두법이 사라지게 되었다.[187] 게다가 정숭겸의 회륭행會隆行이 1809년 파산함에[188] 따라서 명맥을 이어나가지 못하였다. 1811년(嘉慶 辛未年)에 이르러, 외국상인 자불剌佛(J. W. Roberts)[189]이 다시 필리핀으로부터 종두법을 전래하였다. 양상 반유도와 노관항盧觀恒(廣利行)은 이화행怡和行의 오병감伍秉鑒에게 이야기하여 함께 은銀 30만 량을 내서 그 이자를 이용해 종두법을 적극적으로 전파하였다. 종두법을 익힐 사람 4명을 선발하였으나 두 사람은 중도에 포기하고 남해인南海人 구희邱熺, 담국譚國 두 사람이 종두법 기술을 능숙하게 익혔다. 처음에는 양행회관洋行會館에 국局을 두었으나 후에 총계리叢桂里 삼계묘三界廟로 옮겼다.[190]

다음으로는 반정위潘正煒의 차례이다. 반정위潘正煒는 광동의 해방海防을 위해 대포와 군함을 구입하여 국가에 헌납하였다. 이러한 사실은 국가의 안녕

---

187 光緖『廣州府志』卷163,「雜錄4」, 40면 앞뒤,『中國地方志集成: 廣東府縣志輯』3, 846면.

188 朴基水, 앞의 논문, 274면 會隆行 항목 참조.

189 董少新,「論邱熺與牛痘在華之傳播」,『廣東社會科學』 2007-1, 136면에서는 剌佛을 J. W. Roberts로 추정하고 있다. 이 점은 성균관대 대학원 사학과 박사과정 정영구 선생의 설명에 도움을 받았다.

190 光緖『廣州府志』卷163,「雜錄4」, 40면 앞뒤,『中國地方志集成: 廣東府縣志輯』3, 846면. 1842년에 이르러서는 원금으로 삼은 3千 兩이 손실을 보아 伍秉鑒의 아들 伍崇曜가 독력으로 10년간 이 사업을 지원하였다.

과 외침을 막기 위한 일반 신사들의 행동과 별 차이가 없을 지도 모른다. 다만 여기서는 전통적인 무기나 군함이 아니라 서양과학기술에 의해 제조된 무기와 군함을 구입하여 국가에 헌납하였다는 점이 의미가 있다고 생각된다. 서양의 군사적 기술에 대한 새로운 인식이 있어야 가능하기 때문이다. 아편전쟁을 전후하여 임칙서林則徐, 관천배關天培 등은 해방을 위한 노력을 기울였는데 이때 반정위潘正煒는 영국제 대포를 구입하여 제공하였다. 즉 1841년 주강구珠江口 사각지전沙角之戰에서 영군英軍이 청군에게서 노획한 중량重量 12파운드 포탄炮彈을 사용한 서양철포西洋鐵炮는 영국 리버풀(Livepool)의 공장에서 제조한 것인데, 이는 반정위潘正煒가 사서 청당국에 제공한 것이라[191] 한다. 한편 청실록에 의하면 1842년 반정위는 오병감伍秉鑒과 함께 각기 외국군함 1척씩을 구매하여 청조에 헌납하고 있다. 오병감은 미국 군함을 구매하였고, 반정위는 필리핀 외국군함(스페인 군함)을 구매하여 헌납하였다[192]고 한다.

마지막으로 반사성의 경우를 살펴보자. 반사성 역시 근대 서양 의료기술의 일종인 우두법 전파에 기여하고 있다. 북경北京 선무문宣武門 밖 상사가上斜街에 위치한 반우회관番禺會館은 원래 그의 주택을 광동 반우인番禺人을 위해 기증한 건물이었는데, 이곳에 우두국牛痘局을 설치하였고 광동인廣東人 여심곡余心谷으로 하여금 우두 접종 업무를 책임지게 하였다. 북경의 의사들은 다투어 이 기술을 학습하였고 서로 전파하여 전국 각지로 확대시켰다고 한다.[193]

반사성 역시 청조의 해방을 위해 군함과 화약, 수뢰 등 무기를 헌납하고

---

191 郭廷以, 『近代中國史』 1, 商務印書館, 1941, 358면, 民國叢書編輯委員會 編, 『民國叢書』 1-78, 上海: 上海書店, 1989.

192 『宣宗成皇帝實錄』 卷383, 道光22年壬寅十月甲午條, 『淸實錄』 第38冊, 899면; 王韜, 『甕牖餘談』 卷 3, 6면 앞~7면 앞, 『續修四庫全書』, 子部 小說家類, 1263, 451~452면.

193 黃啓臣, 「人痘的西傳與牛痘的東漸」, 『嶺嶠春秋』 論文集 2(蔣祖緣, 「淸代十三行吸納西方文化的成就與影響」, 『學術硏究』 1998-5, 77면 재인용.) 다만 그 시점을 1828년이라 하였는데, 실제 반사성이 자신의 주택을 番禺會館으로 기증한 것이 1843년이어서, 시점에 대해서는 추후 고찰이 요구된다.

있다. 반사성의 경우는 구매하여 헌납한 것이 아니라 제조하여 헌납하였다는 점에 의미가 있다. 아울러 수뢰를 제조하는 과정을 그린 서적을 만들어 조정에 바치고 있다. 이러한 점은 새로운 과학기술의 도입과 응용이라는 점에서 선진적인 성격을 띠는 것이라 할 것이다. 보다 구체적으로 반사성의 경우를 살펴보자.

도광 22년(1842년) 9월 25일의 상유上諭에서는 종래 사용하던 "快蟹, 拖風, 撈繒, 八槳 等의 선박은 겨우 강이나 小河에서나 사용할 수 있는 것이었고 새로 건조한 군함이라 하더라도 역시 內河에서 緝捕하는데 그칠 뿐 외적을 막기가 어려웠습니다. 그러나 오직 在籍郎中 潘仕成이 捐造한 군함은 극히 堅實하여 운항하기에 편리하고 대포를 쏘는 경우에도, 炮手가 이미 능숙하게 되었으므로, 포격이 대단히 효과적이었습니다. 아울러 (이 군함은) 미국 兵船의 양식을 모방해서 제조한 것으로 …… . 반사성이 바친 군함은 견실하고 효과적이므로 이후 船隻을 제조할 때는 該員(潘仕成)이 일괄적으로 관리하도록 하고 단연코 다른 관리가 개입하여 경솔히 재료를 속이거나 줄이는 것을 허락하지 않는다. …… "[194] 인용문의 앞부분은 정역장군靖逆將軍 혁산奕山(1790~1878)이 황제에 올린 상주문의 일부이고 후반부는 황제의 명령이다. 결국 반사성이 미국 병선兵船을 모방 제조하여 헌납한 군함의 우수성이 입증되었기에 앞으로 군함을 만들 경우 반사성에게 책임을 맡길 것을 황제는 명령하고 있다.[195] 이 문건에는 반사성이 군함을 건조하기 위해 10만량을 미리 지불하여 목상木商에게 주고 그에게 군함 제조 원료인 목재를 구입하도록 했다는 내용도 나온다. 결국 군함의 제조비용이 10만냥 이상인 셈이다.

194 魏源,『海國圖志』卷84, 岳麓書社, 下, 1998, 1999~2002면,「覆奏倣造夷式兵船疏(兩廣總督祁土貢)」. 이문건은 양광총독이 上諭를 인용하였고 상유는 다시 靖逆將軍 奕山이 황제에 올린 상주문을 인용하였다.

195『宣宗成皇帝實錄』卷381, 道光22年壬寅九月庚午條,『淸實錄』第38冊, 873~874면도 거의 같은 내용이다.

이 비용은 결국 행상 반사성이 제공하였다.[196] 외국군함을 구매하는 것이 아니라 외국군함을 모방하여 만들 경우에는 그만한 기술력과 과학기술이 필요한 것이다. 이런 점에서 반사성이 외국군함(美國兵船)을 모방해 만들었다는 것은 그 의의가 큰 것이다.

반사성은 해방에 도움이 되도록 화약과 수뢰를 만들었는데 이러한 소식이 황제에까지 알려졌다. 1842년 12월(道光 22년 11월)에는 반사성이 제조한 화약과 수뢰水雷가 효과가 있으면 북경으로 보내라는 황제의 명령이 내려졌다.[197] 이에 도광 23년 7월(1843년)에 화약과 수뢰水雷 제조가 완성되자, 반사성은 이 일에 참가한 사람과 기술자(匠役)를 대동하고, 수뢰 20발, 화약 400근, 『수뢰도설水雷圖說』 1책을 황제에게 진정進呈하였다. 이에 황제는 반사성의 공로를 인정하면서 그에게 안찰사함按察使銜을 제수하도록 명하였으나 실제로 수여된 것은 포정사함布政使銜이었다.[198] 도광 23년 8월에는 반사성이 만든 수뢰水雷 20개와 화약을 가지고 천진天津에서 시험하도록 하였다. 화약과 수뢰의 제조방식을 학습하고 제조한 생원生員 이광검李光鈐, 의서팔품직함議敍八品職銜 반사호潘仕豪, 의서종구품議敍從九品 이광업李光業이 장역匠役을 대동帶同하고 북경에 도착했는데, 수뢰를 시험하기에는 바다가 좋을 듯하여 천진에서 시연하도록 결정되었다. 이에 직예총독直隸總督 눌이경액訥爾經額에게 명하여 이광검 등 3인을 대동하고 천진天津에 가서 선록善祿과 향영向榮을 실무위원으로 하여 "물이 깊고 寬敞한 곳을 택하여" 수뢰水雷와 화약火藥을 "적용할 수 있는지 여부를 試演하도록" 하였다. 이때 "『水雷圖說』 1冊은 해당 위원에게 교부하여 해당 總兵 등이 열람하게 함으로써 試演하는데"[199] 만전을 기하도록

---

196 王韜, 『甕牖餘談』 卷3, 6면 앞~7면 앞, 『續修四庫全書』, 子部, 小說家類, 1263, 451~452면에 "其時潘仕成捐造之船, 極爲堅實, 不惜以十萬金, 出海購木."라고 한 것으로 보아 반사성이 건조비용 10만 량을 제공한 것으로 이해된다.

197 『宣宗成皇帝實錄』 卷384, 道光22年壬寅十一月乙卯條, 『清實錄』 第38冊, 918면.

198 『宣宗成皇帝實錄』 卷395, 道光23年癸卯閏七月壬申條, 『清實錄』 第38冊, 1078면.

하였다. 서양의 근대적 군사과학기술에 바탕한 서적을 저술하였다는 것은 중국이 근대화로 나아가는 과정에서 하나의 선구가 되었고 그러한 방향의 나침반이 되었다고 볼 수 있다.

반씨 행상이 근대적 유형의 새로운 지식인이었음을 보여주는 증거는 세 가지 측면에서 제시할 수 있다. 첫째는 서양을 비롯한 근대세계에 대한 새로운 지식과 새로운 인식을 보유하고 있었다는 점이고, 둘째는 종두법 같은 서양의 근대적 의료 기술의 도입과 전파에 노력하였다는 점, 셋째는 군함, 대포, 수뢰 등 근대서양의 군사과학기술의 도입과 응용에 선구적이었다는 점이 그것이다.

5. 맺음말

본고의 목표는 반씨潘氏 행상들이 지니고 있는 신상적紳商的 성격을 분석하는 것이다. 이를 위해 먼저 이들이 어느 정도의 신사 지위에 있었는지 고찰하였다. 그들이 과거를 통해 학위를 취득하고, 연납을 통해 관직·관함을 얻었으므로 그들이 신사층紳士層의 일원이었음을 확인할 수 있었다. 반진승은 정3품의 통의대부通議大夫, 반유도는 종3품의 염운사사鹽運使司, 반정위潘正煒는 정4품의 도원道員, 반사성은 종2품의 포정사함布政使銜까지 올랐다.

두 번째로 행상이 신사로서 사회에 공헌한 점을 분석하였다. 이러한 사회 공헌을 청정부에 대한 기부(捐輸)와 민간사회에 대한 기부나 공헌으로 나누어 보았다. 1) 청정부에 대한 연수捐輸는 정부에 의한 행상 수탈이라는 측면이 강하였다. 그러나 동시에 행상이 정부로부터 대외무역 독점을 허락받고, 행

199 『宣宗成皇帝實錄』 卷396, 道光23年癸卯八月丁巳條, 『淸實錄』 第38冊, 1102~1103면.

상이 연수를 통해 관함을 얻어 신사 지위를 획득한 측면에도 주목하였다. 25건이나 되는 연수 사례의 검토를 통해 몇 가지 사실을 알 수 있었다. 행상이 기부를 행한 명목은 국가방위를 위한 각종 군사비, 민중반란 등 내란 진압비용, 치수사업 비용, 황제 생신 축하비용, 남경조약南京條約 배상금(行商 부채) 등 다섯 가지였다. 이중 가장 많은 횟수와 기부액을 기록한 것은 국가방위를 위한 각종 군사비였다. 행상의 기부금 총액은 약 979만 냥으로 70년간 매년 평균 14만 냥의 기부를 한 셈이었다. 행상의 기부는 행상이 자원한 것으로 표현되어 있었지만 기부금을 몇 년에 나누어 납부한다거나 정부의 금고(藩庫, 粤海關稅課)로부터 빌려서 기부하였던 사실로부터 행상이 어쩔 수 없이 기부하고 있었음을 알 수 있었다. 그 이유는 정부의 강제도 있었지만, 기부를 통해 대외무역의 독점을 허락받고 관함을 받아 그들의 정치적・사회적 지위가 상승하기 때문이었다. 2) 반씨 행상들은 민간사회에 대한 다양한 기부와 공헌 활동을 실천하였다. 그 사례를 들면 광동 지방사회를 위한 기민饑民의 진휼賑恤과 도로의 포장, 학교나 서원의 건립과 중수重修, 공원貢院 등 과거科擧 시설의 보수, 수리사업水利事業 관리기구의 조직, 종두법種痘法의 확산, 미가米價안정을 위한 미곡 도입, 그리고 향촌의 이익을 대변하기 위해 반조지反租地투쟁 등을 조직하여 향민의 여론을 대변하는 일 등이었다. 특히 반사성은 그의 공익활동이 광동廣東지역에 국한되지 않고 북경지역에서 기민饑民 구제 사업을 벌이기도 하였고 북경에 반우회관番禺會館을 기증하여 북경에 체류한 광동인廣東人을 위한 활동도 하였으며 종두법을 전파하기도 하였다.

세 번째로 행상이 개인적 차원에서 신사적 행동양식을 보인 점을 분석하였다. 즉 그들의 학술문화學術文化 활동이다. 먼저 반유도는 부친이 이룩한 경제적 성공을 바탕으로 운치 있고 여유 있는 사대부의 생활을 즐길 수 있었다. 여가가 있으면 사서史書를 읽고 시를 읊으며, 저택 남서南墅에는 의송당義松堂이나 수석산방漱石山房을 짓고 운치 있는 삶을 즐겼다. 그는 『의송당유고義松堂遺稿』, 『서양잡영西洋雜咏』라는 저술을 남겼는데 특히 후자는 상서를 지낸 화녕和寧(1741~1821)의 서장부西藏賦과 비견된다는 높은 평가를 받았다. 반정위潘正煒 역시 유복한 가정환경과 문인학자의 집안 분위기에서 성장했다. 이에 따라 여러 저작을 저술하였는데, 『청사고淸史稿』에 자부子部의 예술류藝術類에 서명을 올리고 있는 『청범루서화기聽帆樓書畫記』 7권을 비롯해서 『청범루장진첩聽颿樓藏眞帖』 6권, 『청범루시초聽颿樓詩鈔』 등이 있었다. 그의 저작 중에 서화기書畫記, 진첩眞帖 등이 있는 것을 통하여 그가 중국의 전통적 서화에 대한 감식안鑑識眼이 있었음을 알 수 있고, 실제 그는 서화에 대한 여러 평론을 발표했다. 아울러 그는 서예에도 일정한 경지에 올랐다. 그는 광동지역 사대부들과도 폭넓은 교우관계를 맺고 있었다. 반사성은 향시鄕試에 응시하였던 과거출신 인물이고 여러 가지 기부금이나 정부에의 공헌으로 비교적 고위 관료를 지낸 경력이 있다. 아울러 괄목할 만한 저술과 편찬이 있었는데, 반사성의 출판사업 중 가장 유명한 것은 『해산선관총서海山仙館叢書』의 간행이었다. 이 총서는 이화행의 오소영(伍崇曜)이 편집한 『월아당총서粵雅堂叢書』 180종種과 더불어 문학예술계에서 매우 중시되었다. 반사성 역시 폭넓은 교우관계交友關係를 형성하였다. 젊은 시절 북경에서 그보다 13세 연상으로 삼원급제三元及第(解元, 會元, 狀元)로 유명한 진계창陳繼昌, 41세 연상인 진종린陳鍾麟 등과 망년교忘年交를 맺었고, 광동에 거주할 때도 수많은 영남의 명사, 전국의 명망 있는 사대부들과 교류를 맺을 수 있었다.

위에서 기술한 행상들의 사회적 공헌활동과 학술문화 활동 등에서 보인 행동양식은 전통적 신사紳士들의 행동양식과 별반 차이가 없었다. 이에 대해 특별한 의미를 부여하기가 곤란하다. 그런데 광동 행상에게는 여타 신사, 상인과 다른 조건이 존재하고 있었다. 그들의 본업이 서양 상인과의 교역이었으므로 서양인과의 잦은 접촉을 통하여 서양의 문물을 접할 기회가 자연히 많았고 이에 따른 새로운 지식과 인식을 수용할 수 있는 조건을 갖추었다는 점이다.

반유도는 당시 서양 세계에 대한 지식이 풍부하였고 외국상인과 항해기航

海家가 가져온 세계지도와 항해도를 보유하고 있었다. 나폴레옹 전쟁과 영국의 인도정복 사실을 알고 있었다. 미국 매사츄세츠농학회農學會의 회원이기도 하였다. 그가 1812년경 지은 『서양잡영西洋雜咏』에는 서양의 상업습관, 종교신앙, 생활풍속, 혼상예속婚喪禮俗, 과학기술, 해외전쟁 등의 내용을 담고 있다. 이를 통해 그의 새로운 인식과 새로운 세계관의 일면도 발견할 수 있다. 서양의 일부일처제, 남녀 자유결혼, 서양 국왕의 간소한 의전儀典, 서양인의 상업신용 등에 대해서는 종래 지식인이 갖기 어려운 인식을 보유하고 있었다. 서양의 의학기술인 종두법種痘法의 확산에 기여한 점 역시 그의 새로운 지식인의 일면을 보여준다. 반정위潘正煒는 광동의 해방을 위해 대포와 군함을 구입하여 국가에 헌납하였다. 이러한 사실은 국가의 안녕과 외침을 막기 위한 일반 신사들의 행동과 별 차이가 없을 지도 모른다. 다만 여기서는 전통적인 무기나 군함이 아니라 서양과학기술에 의해 제조된 무기와 군함을 구입하여 국가에 헌납하였다는 점에 의미가 있다고 생각된다. 서양의 군사적 기술에 대한 새로운 인식이 있어야 가능하기 때문이다. 반사성 역시 청조의 해방을 위해 군함과 화약, 수뢰 등 무기를 헌납하였다. 반사성의 경우는 구매하여 헌납한 것이 아니라 직접 제조하여 헌납하였다는 점에 의미가 있다. 아울러 수뢰의 제조 과정을 그린 서적을 만들어 조정에 바쳤다. 이러한 점은 새로운 과학기술의 도입과 응용이라는 점에서 선진적인 성격을 띠는 것이라 할 것이다.

물론 여기서 살핀 반씨潘氏 행상이 곧바로 19세기 후반 신상紳商과 동일시 될 수는 없다. 적어도 그들의 원류로서 평가되거나, 반씨潘氏 행상이 신상적紳商的 측면을 지니고 있었다고 평가할 수 있을 것이다. 제4장의 제목을 "새로운 유형의 지식인(紳商)을 지향하여"라고 붙인 이유이다. 이들 행상이 19세기 후반의 신상과 어떻게 연결될 수 있는지를 고찰하는 것은 앞으로의 과제이다.

한강아집韓江雅集: 청중엽淸中葉의 사士·상商의 상호작용의 사례연구

우보야(吳伯婭)*

1. 머리말

'사士'는 전근대 중국의 지식인에 대한 일종의 칭호이다. '사'는 시대적 차이에 따라 부단히 변화하였다. 전통적 사민관四民觀은 사士·농農·공工·상商이었다. '사'는 사민의 으뜸이었고 '상'은 사민의 말석을 차지하였다. 16세기 이후에 시장경제의 새로운 발전과 상인 지위의 상승에 따라 사인士人계층과 상인계층 사이에 새로운 관계가 출현하였다. '사'라는 용어 또한 새로운 사회적 의미를 갖게 되었다.[1]

한강음사韓江吟社(邗江이라고 쓰기도 한다)는 청대淸代 옹정雍正, 건륭乾隆 연간 양주揚州 지역의 민간에서 자율적으로 결성된, 정치적 색채나 실리적 목적을

* 중국사회과학원 역사연구소 연구원.

1 余英時, 『士與中國文化』, 上海人民出版社, 2003; 唐力行, 『商人與中國近世社會』, 浙江人民出版社, 1993; 王振忠, 『明淸徽商與淮揚社會變遷』, 三聯書店, 1996; 萬明 主編, 『晚明社會變遷』, 商務印書館, 2005 등 참고.

띠지 않은 문학 집단이었다. 주최자는 양주揚州의 염상인 마왈관馬曰琯, 마왈로馬曰璐 형제로 이때 이들은 '양주이마揚州二馬'로 불렸다. 참가자는 양주揚州 본지의 인사, 먼 곳의 외지인과 사방의 명사名士 중 한邗을 지나가는 사람 등이었다. 『한강아집韓江雅集』은 시사詩社의 창화집唱和集이며 세상에 전해진 것은 12권으로 잇달아 간행되었다. 『한강아집』에 기재된 인물과 작품에 대해 통계를 낸 것을 근거로 하면 시사의 성원은 약 40여 인이었다. 그 중에는 저명한 학자, 시詩 · 사詞의 대가, 화단의 기인 등도 있었지만 또한 떠도는 한사寒士, 폄적된 관료, 염상 · 부유한 상인 등도 있었다. 인원 구성 상 사인士人, 관료, 상인 간의 경계를 타파했을 뿐만 아니라 학문의 경계 또한 뛰어넘었다. 시사詩社의 구성원은 자주 함께 경사經史를 토론하고, 전고典故를 고증하고, 시를 짓고 화답하였다. 마씨馬氏 형제는 문인학사들을 열렬히 환대하고 문화 사업을 크게 후원하여 양주 지역의 문화흥성을 촉진했을 뿐만 아니라 자신들의 문화 수준 또한 높이고 '박학홍사과博學鴻詞科'에 추천되어 『청사淸史』, 「문원전文苑傳」에 들게 되었다.

본고本稿에서는 『한강아집』을 중점으로 새로운 각도에서 청 중엽 양주 지역의 경제와 문화, 상인과 사인 간의 상호 관계를 논하기로 한다.

2. 상업 발전과 사회의 변천

명明 중엽 이후 중국사회의 생산력 발전 수준, 그 중에서도 상품경제의 발전은 새로운 단계로 진입하였다. 사회생산력이 제고되었고, 생산물이 비교적 풍부했으며, 사람들의 소비능력이 증대되어 상업의 발전을 강력히 촉진하였다. 상업은 뚜렷한 진보를 이룩하여 사회 전반의 정치, 경제, 문화에 심대한 영향을 끼쳤다. 상업의 두터운 이윤은 사회의 각 계층, 여러 부류의 사람들을 끌어들였다. 상업에 종사하여 이익을 얻으려는 대열에 새로운 구성원들이 다수 추가되었다. 이러한 사회 분위기 속에서 문인학사의 가치관념, 예를 들어 사민관四民觀, 의리관義利觀, 가도관賈道觀, 치생관治生觀 등에 변화가 발생하여 본래 상인을 하찮게 여겼던 사대부(그 가족들도 포괄한다) 역시 상업의 대열에 끼어들어 "棄儒就賈", "棄文從商"의 사례가 흔하였다.

유학儒學 지식인은 분분히 상인들의 대열에 들어갔는데 이는 상인의 대열을 확대시켰을 뿐만 아니라 아울러 객관적인 측면에서 상인들의 문화 수준과 전체적 소양과 상인들의 의리義利 도덕관념을 변화시켰다. 적지 않은 상인들이 돈을 번 후에 적극적으로 공익사업을 벌여 본지나 고향의 도로를 수리하거나 교량을 놓았고, 재해를 당한 백성을 구제하고, 서원을 위해 아낌없이 주머니를 열었으며, 조정을 위해 돈을 기부하여 군軍을 도왔다. 이것은 선을 행하고 덕을 쌓으면 은혜가 후세에 미친다는 상인들의 유가적 도덕관념과 정서를 나타내고 있다. 이로 인해 일반 시민들의 마음속에 상인들에 대한 인상이 제고되었다. 명청明淸의 문집 중에는 상인들의 의로운 행위, 선행 등을 기록해놓은 다수의 전기가 등장하고 있다. 어떠한 사람은 명확히 "夫商與士, 異術而同心."[2]이라고 말하고 있다. 또한 사람들은 전통적인 사농공상의 순서를 재편하여 "商賈大於農工, 士大於商賈, 聖賢大於士."[3]라고 하여 상인商人은 사인士人의 다음으로서 두 번째 자리까지 오르게 되었다.

사람들의 마음속에서 상인, 특히 유상儒商의 지위가 제고된 것은 휘주徽州 상인들의 사례에서 가장 뚜렷하게 나타난다. 휘주는 산이 많고 평지가 적어 생산되는 식량으로 휘주에 사는 인구를 부양하기에 부족했다. 장기간 동안 휘주는 세간에 '상가지향商賈之鄕'으로 이름나있었다. 휘주인들은 상인을 생업으로 삼는 자가 가장 많아 "業賈者什七八"[4]인 수준이었다. 명청 시대 휘주

---

2 李夢陽, 『空同集』 卷45, 「故明王文顯墓志銘」, 『四庫全書』 1262冊, 420면.
3 容肇祖 整理, 『何心隱集』, 中華書局, 1981, 53면.
4 汪道昆, 『太函集』 卷17, 『阜成篇』, 黃山書社, 2004, 372면.

속어에서 “전세불수前世不修, 생재휘주生在徽州. 십삼십사十三十四, 왕외일주往外一丢.”라고 운운하였으니 즉 휘주 사람은 어려서부터 외지로 나가 장사를 했던 것이다.

휘주는 주희의 고향으로서 유학儒學이 사람들의 마음 속 깊이 자리 잡고 있었다. 사서史書에서 “新安爲朱子闕里, 而儒風獨茂.”[5] 또는 “自井邑田野, 以至深山遠谷, 居民之處, 莫不有學、有師、有書史之藏.”[6]이라고 기재하고 있으니 이로 인해 휘주는 또한 “東南鄒魯”, “文獻之邦”이라고 칭해졌다.

휘주 사람들은 주희를 극히 숭배하여 정주리학程朱理學이 휘주 사회생활 속으로 스며들었다. 주희의 사상과 언사는 휘주 사람들의 사상과 행동의 준칙이 되었다. 사방을 바쁘게 돌아다니는 휘상徽商 역시 예외가 아니었는데 그들이 각기 장사하던 지역에서 건립한 휘주회관徽州會館 모두, 그 안에서 주자를 존숭하여 제사지냈던 것이 명백한 증거이다. 이에 더하여 전통 중국사회는 주로 공명功名, 관위官位와, 문학적 재능으로써 명망과 지위의 고하가 정해지는 사회였다. “賈爲厚利, 儒爲名高”와 같은 가치관 아래에서는 장사에 종사하여 주머니가 두둑한 상인은 재부로써 사회지위와 개인의 명망을 보완하기를 간절히 희망하였다. 이로 인해 휘상의 한 가지 중요한 특징은 ‘가이호유賈而好儒’였다.

명청 시기, 휘상의 ‘가이호유賈而好儒’의 표출되는 방식은 매우 다양한데, 적어도 아래와 같은 세 가지 방면을 포함하고 있다.

첫 번째로 휘주는 문화가 발달한 지역이었으므로 유학의 기풍이 농후한 곳에서 출현한 휘상은 정도의 차이는 있지만 대부분 문화지식과 유학적 소양을 지니고 있었다. 그들 중 어떤 이는 어려서 책을 읽어 유학을 포기하고 상업에 종사한 후에도 유학에 대한 감정을 버리지 않고 장사를 하되 유학을

5 『康熙績溪縣志續編』 卷3, 「碩行」.
6 『道光休寧縣志』 卷1, 「風俗」.

겸수하였고, 어떠한 이는 먼저 장사를 하였는데 후에 유학을 배워 유학과 장사를 결합시켰다.

장책章策을 예로 들면 그의 부친은 절강성浙江省 난계蘭溪에서 장사를 했는데 12살 때 그는 부친을 따라 난계에 와서 이름난 유학자인 조홍교趙虹橋를 스승으로 하여 과거科擧 공부를 했다. 그는 총명하고 학문을 좋아하였으며, 마음속에 원대한 이상을 품었고, 책을 읽으면 바로 이해하여 스승의 신임이 두터웠다. 18세 때 부친이 병으로 세상을 떠나서 부득이하게 유학을 포기하고 장사에 종사할 수밖에 없어 부업을 계승하여 난계와 휘주 간을 왕래하며 장사를 했다. 상업에 종사하던 장책은 "雖不爲帖括之學, 然積書至萬卷, 暇輒手一編, 尤喜先儒語錄, 取其有益身心以自勵, 故其識量有大過人者"[7]였고 게다가 다재다능하여 초서草書에 능했으며 음률에도 정통하였다.

포광전鮑光甸을 또한 예로 들면 "生而穎異, 器識過人, 弱冠通經史, 以食指浩繁不克竟擧子業, 遂務鹽筴於淮揚. 生平仁厚, 誠慤古道, 自期周急拯危, 不鳴其德. …… 性喜古硯舊書, 暇則博考圖書, 並工書法"[8]하였다.

또한 왕응고汪應誥를 예로 들면 어려서부터 책을 읽어 몇 차례 과거 시험에 참가하였으나 성공하지 못했다. 그래서 고향을 멀리 떠나 민월閩越 지역에서 상업에 종사하였다. 그러나 책을 읽기를 좋아하는 것은 그의 천성이어서 평소에 시詩·사詞에 밝아 『통감강목通鑒綱目』, 『성리대전性理大全』의 여러 서적을 공부하여 "莫不綜究其要, 小暇披閱輒竟日"이었다고 한다. 그는 또한 친히 아들, 손자 등을 가르쳐 "居家傳子一經, 課以制擧業. 長已蜚英辟雍, 季則譽重庠序, 暨孫若曾, 弦誦之聲相聞也"[9]인 상황에 이르렀다.

---

7 『西關章氏族譜』 卷26, 「績溪章君策墓志銘」.
8 程遵鋭, 『徽州府志』 卷12, 「人物志·義行」.
9 『休寧西門汪氏宗譜』(唐力行, 『商人與文化的雙重變奏』, 華中理工大學出版社, 1997, 38~39면에서 재인용).

'업유業儒' 출신으로서 장사에 종사한 후에도 학문을 좋아하여 게을리 하지 않아 유상儒商의 풍모를 견지한 자는 휘상 중에 무척 많다. 먼저 장사를 하고 후에 유학을 배운 자, 상업에 종사하다가 뒤에 문화적 소양을 제고하여 유상이 된 이 또한 휘상 중에 매우 많이 보여 드물지 않다. 예를 들어 오자량吳自亮은 "字孟明, 歙西長林人, 業鹾兩淮. 幼時器識過人, 未及成童卽身任勞苦, 謀甘旨之供. 然勤學好問, 夜必篝燈誦讀, 經書通鑒, 能曉大義"[10]하였다.

휘주 사람들은 장사에 종사하는 것과 유학을 공부하는 것의 사이의 관계를 잘 조정하였던 것은 곧 그들이 스스로 "賈爲厚利, 儒爲名高. 夫人畢事儒不效, 則弛儒而張賈；既側身饗其利矣, 及爲子孫計, 寧馳賈而張儒. 一弛一張, 迭相爲用."[11]이라고 말했던 바와 같다. 상업과 유학을 결합하여 번갈아가며 쓰는 것은 휘주 지역의 보편적으로 지향하는 가치가 되었다. 휘주 사람의 집 안에는 "讀書好, 營商好, 效好便好；創業難, 守成難, 知難不難"과 같은 대련이 출현하였다.

두 번째로 휘상은 장사를 하던 도중 대부분 유가사상의 지배를 받았다. "以儒術飭賈事"하여 상업에는 신용이 있고 돈을 버는 데는 도리가 있는 것을 추구하였다. 상업에는 문화가 필요한 것은 예부터 모두 그러했다. 명청 시기에 중국의 봉건 상품경제는 이미 최고 단계로 발전하여 시장은 더욱 확대되고 교역은 더욱 복잡해졌으며 업계 내외의 연계도 더욱 밀접해졌으니 이것은 곧 상인들의 판단력, 조직 관리 능력에 더욱 높은 수준을 요구였다. 많은 휘상들은 유학을 포기하고 장사에 종사하였는데, 그 후에도 학업을 중단하지 않아 그들의 문화적 지식과 유학적 소양은 다른 상방商幇에 비해 현저히 높았다. 문화적 우세는 그들이 신속히 발전할 수 있었던 중요한 요인 중 하나였다.

문화적 교양이 있는 이는 경영의 기술을 쉽게 배울 수 있었다. 휘상은

10 『兩淮鹽法志』 卷23, 「尙義」.

11 汪道昆, 『太函集』 卷52, 「海陽處士仲翁配戴氏合葬墓志銘」.

대부분 유가의 '치생지학治生之學'에 익숙하여서 예리한 상업적 안목이 있었고 때를 살피고 형세를 판단하여 정확하게 경영방향과 지점을 판단했고, 객관적으로 공급수요의 관계를 분석하였고, 시기적절하게 취사取捨와 진퇴進退를 판단했고, 정밀하게 수지타산을 계산하여서 두터운 이익을 얻게 되었다. 예를 들어 황용黃鏞은 젊었을 때 학문을 쌓아 뜻이 경세經世에 있었는데 후에 유학을 포기하고 상업에 종사하게 되어 민閩, 월越, 제齊, 로魯를 돌아다니며 장사를 했다. 그는 "克洞於天人盈虛之數, 進退存亡之道."하여 이익을 얻은 것이 매우 많아 "貲大豐裕"하였다. 또한 오언선吳彦先을 예로 들면 장사를 하는 도중 한가할 때 사서史書를 읽어 손님과 고금의 득실에 관해 논하였는데 숙유宿儒도 스스로 미치지 못한다고 여겼으니 이로 인해 여러 상인들의 추앙을 받아 일체의 상업 경영은 필히 그의 방책을 따랐다. 그는 대중의 기대를 저버리지 않아 항시 "權貨物之輕重, 揣四方之緩急, 察天時之消長, 而又知人善任, 故受指而出賈者利必倍."[12] 하였다.

휘상들은 대부분은 유가의 의리관義利觀을 숭상하여 상업도덕을 중시했고 신용을 지키는 것을 근본으로 하여 의리를 지키며 이익을 취했다. 그들은 상인이 "職雖爲利, 非義不可取." 해야 하고, "誠招天下客"하고 "無信不立"의 자세를 견지해야한다고 생각했다. 그러므로 장사를 하는 도중에 그들은 품질이 좋고 가격은 공정하다, 노인과 아이도 속이지 않는다, 사람을 대하는데 진심으로 대한다, 약속을 중시하고 신용을 지킨다, 상호 이익과 혜택을 추구한다, 재물을 주워도 자기 것으로 탐내지 않는다 등의 미덕을 제창하여 기회를 틈타 사리사욕을 추구하거나, 남을 교묘히 속여 사취하는 등과 같은 불의한 행위를 반대하였다. 그들은 또한 신용 있는 상업 행위는 곧바로 부로 직결되지는 않지만 이를 늘 견지하면 반드시 후한 보답이 있을 것이라는

12 『豐南志』 5冊, 「明處士彦先吳公行狀」.

점을 몸으로 겪어 깨달았다. 눈앞의 일시적인 '소리小利'를 포기하더라도 장기적인 '대리大利'를 얻을 수 있었다. 이에 대해 그들은 생동감 있는 비유를 한 적이 있는데 다음과 같다.

> "錢, 泉也, 如流泉然, 有源斯有流. 今之以狡詐生財者, 自塞其源也; 今之吝惜而不肯用財者, 與夫奢侈而濫用財者, 皆自竭其流也. …… 聖人言: '以義爲利.' 又言: '見義不爲, 無勇.' 則因義而用財, 豈徒不竭其流而已, 抑且有以裕其源, 卽所謂大道也."

그러므로 그들은 "生財有大道, 以義爲利, 不以利爲利."[13]를 강조하였다.

세 번째로 휘상은 부유해진 이후 "富而敎不可緩"을 제창하여 문화와 교육을 크게 진흥하고 적극적으로 공익사업에 열렬히 매진하였다. 휘상은 이익을 얻은 이후에 자신의 문화 소양을 제고하는데 주의를 기울였을 뿐만 아니라 자제들의 교육도 중시하였다. 그들의 중요한 사상 중 하나는 "富而敎不可緩也, 徒積貲財何益乎."[14]였다. 그러므로 그들의 가업이 번창한 이후 즉시 스승을 모셔 와서 가르침을 청하여 자제들이 유학을 업으로 삼게 하여 자손들이 입신출세하기를 바랐다.

이에 그치지 않고 그들은 또한 아낌없이 주머니를 열어 서원을 보수하는 것을 돕고 고향의 '유학지성儒學之盛'을 촉진하였다. 서원은 중국 봉건사회의 특유의 교육 조직 형태이다. 송대宋代부터 서원의 수량의 많고 적음이 한 지역에서 교육 발전 수준을 가늠하는 중요한 척도 중 한 가지가 되었다. 휘주의 서원은 지속적으로 발달하였다. 관련 학자의 통계에 의하면 송宋에서 청淸까지 휘주 지역은 모두 124개소의 서원이 있었고(明淸 시기의 書屋, 文會는

13 『黟縣三志』 卷15, 「舒君遵剛傳」(張海鵬, 唐力行 「論徽商"賈而好儒"的特色」, 『中國史硏究』, 1984, 제4기에서 재인용).

14 『歙縣新館鮑氏著存堂宗譜』 卷2, 「柏庭鮑公傳」.

포함되지 않았다) 그 중 송원宋元 때 건설된 것은 47개소였지만 명청 시기에 건설된 것은 77개소(전대 서원의 중건은 포함되지 않았다)였다.[15] 종족宗族의 학교를 설립하는 열정과 상인들의 자금 원조는 명청 시기 휘주 지역 서원 발전의 강력한 동력이었다. 종족이 창건한 서원의 자금이 휘상으로부터 나왔던 것은 의문의 여지가 없어 보인다. 부府・현縣에서 설립한 서원의 비용도 역시 상인들의 자금 원조에 주로 기대고 있었다. 이 방면의 사료는 휘주의 방지方志, 보첩譜牒 내에서 쉽게 발견할 수 있다. 예를 들어 흡현歙縣의 고자양서원古紫陽書院은 바로 건륭乾隆 50년(1790)에 휘주의 염상이 사업비에서 지출한 금액으로 지은 것이다. 짓는 과정 중에 경비가 부족하자 여러 상인들이 다시 잇달아 돈을 기부하여 그 중 포지도鮑志道라는 한 사람이 기부한 것만 은銀 3,000냥兩이었다.[16] 다시 예를 들면 무원婺源의 자양서원紫陽書院은 가경嘉慶 연간에 중건되던 도중 읍의 신상紳商들이 적극적으로 기부하여, 기부한 은이 모두 30,000여 냥에 달하였고 그 중 천금을 기부한 자가 18명이었다. 이 18명의 절대다수는 무원婺源의 상인이었다.

이와 동시에 휘상은 기류寄留한 곳의 문화 교육사업 역시 중시하고 자금을 원조하였다. 예를 들어 양주揚州에서 염업을 했던 왕응경汪應庚은 건륭乾隆 원년(1736)에 양주揚州 부현府縣의 학궁學宮이 오래되어 퇴락한 것을 보고 "捐銀四萬七千兩修治, 以二千餘金制祭器樂器."[17]하였는데 "曆三年而後功成, 雖曰繕修, 實則重建."한 것이었다. 뿐만 아니라 그는 "復爲久遠計, 捐金一萬三千一十九兩, 置良田一千四百九十八畝四厘二毫, 輸之學, 以田租變價繳府庫, 相兩學歲修所費支給, 其餘剩者簿積貯公, 於大比時分伙文武試士資斧."[18]하였다.

15 李琳琦, 「徽州書院略論」, 周紹泉・趙華富 主編, 『'98國際徽學學術討論會論文集』, 安徽大學出版社 2000, 441면.
16 『道光徽州府志』 卷3, 「營建志・學校」.
17 『嘉慶重修揚州府志』 卷52, 「人物・篤行」.
18 『乾隆江都縣志』 卷5, 「學校」.

'가이호유賈而好儒'의 좋은 전통은 몇몇 휘상의 가족에서 인재를 배출하여 세세로 고관을 지내게 하였다. 양회兩淮 지역에서 염업을 했던 이들이 특히 눈에 띈다. 예를 들어 정씨鄭氏는 대대로 학문을 하는 집안으로 가손이 번창하여 인재가 많았고, 과거의 합격자가 잇달았으며, 문인文人을 많이 배출했는데 정종산鄭鍾山은 "字峙漪, 儀征學生, 業鹽兩淮"였는데 그 아들인 종이宗彝는 "進士, 官至御史. 次子宗洛, 內閣中書."[19]에 이르렀다.

정씨는 명문세족으로 과거합격과 문장으로써 이름을 세상에 알렸다. 원매袁枚는 일찍이 "淮南程氏雖業鹍策甚富, 而前後有四詩人: 一風衣, 名嗣立; 一蘷州, 名崟; 一午橋, 名夢星; 一魚門, 名晉芳"[20]라고 하였다 이 네 사람은 회양淮揚 일대에서 시문을 제창하여 명성이 가장 드높았던 인물이었다.

왕씨汪氏는 과거합격자가 많았고 관직에 나가는 자가 끊이지 않았다. 예를 들어 왕무린汪懋麟은 자字가 교문蛟門이고 휴녕休寧 사람이고 강도江都에 적籍을 두고 있었는데 "康熙丁未進士, 官刑部尙書郞, 預修『明史』, 以古文詩詞推重縉紳間, 梓行者甚富. …… 兄耀麟, 字叔定, 歲貢生, 亦知名士."[21]였다. 강씨江氏는 명문으로서 번창하였고 대대로 명사名士들을 배출하였다. 건륭乾隆 연간의 염무총상鹽務總商이었던 강춘江春은 팔고문八股文에 능했고 시에 정통했으며 제소남齊召南과 함께 이름을 날렸다. 저서에는 『수남화서음고水南花墅吟稿』, 『심장추영深莊秋詠』 등이 있다. 그의 형제, 아들, 조카 중에 『양주화방록揚州畫舫錄』의 기록이 보이는 저명한 시인, 예술가, 그리고 감상가는 곧 15명이나 되어 "壇坫無虛日, 奇才之士, 座中常滿, 亦一時之盛也"[22]와 같은 평가를 받았다.

관련 학자의 연구에 의거하면 1371~1643년 사이에 양회兩淮 지역의 염상

19 『嘉慶重修揚州府志』 卷52, 「人物 · 篤行」.
20 袁枚, 『隨園詩話』 卷12.
21 『康熙兩淮鹽法志』 卷21, 「治行」.
22 李斗, 『揚州畫舫錄』 卷12, 中華書局, 2001, 274면.

중에 배출된 진사進士는 106명에 이르며 청대清代에 와서 1646~1804년 사이에는 진사를 139명이나 배출하였다. 양회 지역 염상의 재부가 고도로 발달된 문화를 이룩해냈기에 청대 1대에 양주부揚州府의 진사進士의 총수는 349명이 되었고 게다가 11명의 일갑진사一甲進士를 배출해내어 국내의 중요한 문화발달 지역 중 하나가 되었다. 이러한 과정 속에서 염상의 공헌은 명백하다.[23]

청대 사람인 침요沈垚는 그가 상업발전과 사회의 변천에 대한 느낀 점을 반영하고 있는 매우 유명한 말이 있는데 그것은 다음과 같다.

> "古者四民分, 後世四民不分 ; 古者士之子恒爲士, 後世商之子方能爲士. 此宋、元、明以來變遷之大較也. 天下之士多出於商, 則纖嗇之風日益甚. 然而睦姻任恤之風往往難見於士大夫, 而轉見於商賈, 何也? 則以天下之勢偏重在商, 凡豪傑有智略之人多出於焉. 其業則商賈也, 其人則豪傑也. 爲豪傑則洞悉天下物情, 故能爲人所不爲, 不忍人所忍. 是故爲士者轉益纖嗇, 爲商者轉敦古誼. 此又世道風俗之大較也."[24]

이것은 침요의 주관적인 의견으로서 어떠한 문제에 대해서는 논란이 있을 수 있는데 예를 들어 "古者士之子恒爲士, 後世商之子方能爲士"와 같은 말은 다소 단정적이다. 그러나 그의 말에는 필경, 어떤 면에서는 당시의 상업발전과 사회변천, 사인士人계층과 상인계층 간의 새로운 연계와 상호작용을 반영하고 있다.

---

23 何炳棣, 「明淸社會史論」 第2章(王振忠 『明淸徽商與淮揚社會變遷』, 三聯書店, 1996, 127면에서 재인용).

24 沈垚, 『落帆樓文集』 卷24, 「費席山先生七十雙壽序」, 『吳興叢書』, 吳興嘉業堂刊本.

3. 사상士商이 결합한 한강아집韓江雅集

'서로 사귀어 아집雅集하는 것'과 '시를 짓고 술을 마시며 화답하는 것'은 전근대 사인士人들의 감정을 교류하고 우의를 증진시키는 방식의 하나이다. 사인士人들은 아집雅集하여 산천을 유람하고 원림園林에 출입하여 함께 아름다운 경치를 감상하고, 술을 마시며 시를 읊고, 시에 화답하는 것을 갈고 닦았다. 이러한 연후에 모인 이들은 항상 서序를 짓고 회합의 풍경을 묘사하고 시집을 간행하여 세상에 전했다. 아집은 사람의 몸과 마음을 조화롭게 하고 정신을 즐겁게 하여 사인 간의 정의情誼를 증진시킬 뿐만 아니라 문화 사업을 번영시켰다. 아집은 중국에서 매우 긴 역사를 지녀 유서가 깊다. '서원지회西園之會'는 전근대의 저명한 사인들의 아회雅會다. 서원西園은 조조曹操가 업鄴에 있던 때의 원유園囿이다. 원園내의 풍경이 매우 아름다워 조비曹丕, 조식曹植이 자주 건안建安 시인 왕찬王粲, 류정劉楨, 진림陳琳, 서간徐幹 등과 함께 여기서 모였다. 후에 조비曹丕는『여오질서與吳質書』에서 당시의 성대한 장면을 추억하며 "昔日遊處, 行則連輿, 止則接席", "觴酌流行, 絲竹並奏, 酒酣耳熱, 仰而賦詩. 當此之時, 忽然不自知樂也."[25]라고 말했다.

그 후 '죽림칠현竹林七賢'이 연달아 일어나 혜강嵇康, 완적阮籍 등 7명은 "常集於竹林之下, 肆意酣暢."[26]하여 술을 마시고 현학玄學을 논했으며 고결하다고 자부하였다. 동진東晉 때에는 문인들은 자주 '수계사修禊事'를 틈타 모였다. 이른 바 '수계修禊'란『주례周禮』의 기록에 따르면 매년 3월 상사上巳일에 여무女巫가 강변에서 사람들의 재앙을 없애고 병을 물리치기 위해 거행하던 의식이었다. "계禊"라는 것은 "길洁"을 말한다. 위진魏晋 이후에 상사上巳일의 '수계사修禊事'는 매년 3월 3일로 고정되었다. 이 날에 사람들은 "洗濯祓除宿垢"

25『魏文帝集』卷1.
26『世說新語』,「任誕」.

하는 것 외에도 각종 경축慶祝 활동을 거행하였다. 사인士人들은 작은 강변에서 모이는 것을 좋아하여 흐르는 물을 이용하여 술잔을 전달하고 술을 마시고 시詩를 읊는 것을 즐겼다. 이것이 바로 '곡수류상曲水流觴'이다.

영화永和 9년(353) 3월에 저명한 서예가인 왕희지王羲之와 명사名士 사인謝安, 손작孫綽 등이 회계산會稽山의 북면 난정蘭亭에서 수계修禊의 회會를 거행하였다. 풍속에 따라서 그들은 굽이쳐 흐르는 시냇가에 줄지어 앉아 술잔이 물을 따라 흘러 자신 앞에 이르면 시를 읊었다. 이후에 왕희지王羲之는 유명한 『난정집서蘭亭集序』에서 이 시적 정서가 넘치는 광경을 묘사하였다. 난정에서의 회합은 중국의 전근대 사인士人들의 회합하는 방식에 심대한 영향을 끼쳤다. 봄기운이 만연하고 청명한 때에 사인士人들은 흔연히 함께 모여 술을 마시고 환담하거나 붓을 들고 글을 썼는데 이러한 '일상일영一觴一詠'의 분위기 속에서 인생의 쾌락을 느낄 뿐만 아니라 창작의 영감을 불러일으키게 되었다. 소식蘇軾의 시에서 "流觴曲水無多日, 更作新詩繼永和."라고 운운한 것이 좋은 예시가 될 수 있겠다. 후세의 문인들의 회합은 난정의 고사를 종종 모방하곤 했다.

동진東晉 이후에 사인士人들의 회합활동이 빈번해지는 와중에 결사結社 또한 성행하게 되었다. 사인의 결사 중 비교적 이른 것은 동진東晉의 '백련사白蓮社'다. 당송唐宋 이후에 과거제도를 실시했던 이유로 사인士人 간의 접촉, 교류가 증가하여 결사에서 회합하는 것이 더욱 빈번해졌다. "명明 가정嘉靖 장강 남북 아울러 산山·섬陝 각 지역사회의 경제가 극히 발달하고 수륙 교통이 또한 편리하여 문인들의 결사結社·아집雅集이 명말에 가장 번성하였다." 또한 "결사의 풍조는 명말에 이미 형성되어 문文은 문사文社가 있으며 시詩는 시사詩社가 있어, 강절江浙, 복건福建, 광동廣東, 강서江西, 산동山東, 하북河北 각 성省에 백수십년 동안 유행하였고, 장강 남북에는 결사의 기풍이 봄날의 조수처럼 왕성하게 생겨났다. 이때는 독서인만이 사社를 세웠던 것은 아니었고 바로 사녀士女들도 역시 시주문사詩酒文社를 창립하여 시문을 창작하고 읊었다."[27]

청대의 순치順治 연간에 봉건 통치자는 통치를 공고히 하기 위해서 사인들에게 고압적인 정책을 시행하여 사인들의 결사를 금지시켰다. 금령禁令 하에서 사인들은 부사復社와 같은 대규모의 정치성을 띤 단체를 다시 결성하지는 않았으나 시를 읊고 술을 마시는 문회文會는 여전히 활기를 띠었다. 어떤 학자는 "대략적인 통계에 의하면 강희康熙 초년初年에서 『홍루몽紅樓夢』의 작자인 조설근曹雪芹이 사망했을 때까지의 시기에 문인들이 결사하여 회합을 거행한 것은 60회보다 적지 않고, 특히 『홍루몽』과 유관한 북경北京, 남경南京, 양주揚州, 소주蘇州 등지에서 그러한 분위기가 가장 농후했다."고 주장하고 있다.[28]

명말 이래 결사하여 술 마시고 시를 지으며 노는 것은 이미 문인들의 생활, 교류 그리고 문학 활동의 빼놓을 수 없는 중요한 요소와 기본적인 방식이 되었다. 이러한 사회적 풍조 아래 일부 상인들, 그 중에서도 유상儒商은 문인들과 밀접히 교류하였을 뿐만 아니라 적극적으로 문예 창작에 참여하여 심지어 시를 읊고 술을 마시는 문회文會를 선도하고 조직하기도 했다. 상인과 문학가의 교류는 다양한 정황이 있다. 어떠한 것은 겉치레를 위한 것이었으며 어떠한 것은 문학을 숭상해서였고, 또한 어떠한 상인은 본래부터 속되지 않았으니 일률적으로 논해서는 안 된다.

양주 지역 문인들의 아집은 송대의 구양수, 소식의 평산연회平山宴會 이래 그 명성이 널리 알려져 있었는데 명청明清 시기는 역사상 가장 빛났던 한 페이지였다. 아집의 주창자와 조직자는 명사名士와 관원 외에도 '가이호유賈而好儒'한 염상도 있었다. 예를 들어 명말의 염상인 정원훈鄭元勳은 영원影園에서 사방의 명유名儒, 석언碩彥을 초빙하여 술을 마시고 시를 읊은 것이 끊이지 않았다. 숭정崇禎 13년(1640) 그는 정원에서 황색 모란이 필 때를 빌려 예禮를

27 謝國楨, 『明清之際黨社運動考』, 中華書局, 1982, 7~8면.
28 何宗美, 『明末清初文人結社研究』, 南開大學出版社, 2003, 423면.

갖추어 명사名士를 모셔 함께 칠언율시를 읊었는데 수백 수가 되자 이름을 가리고 서체를 바꾸어서 봉하여 대시인인 전겸익錢謙益에게 보내어 순위를 평가하게 하였는데 최후에 여수구黎遂球(字는 美周)가 지은 10수를 1등으로 하였다. 정원훈鄭元勳은 특별히 두 개의 금잔을 만들어 "黃牡丹狀元"의 다섯 글자를 각인하여 여수구黎遂球에게 주었고 아울러 여수구를 "黃牡丹狀元"이라고 불렀다. 이 일은 양주 문단의 일대 대사로서 해내海內의 문사들에게 거듭 칭송되었다. 이후에 정원훈은 시를 모아 『요화집瑤華集』을 간행하여 세상에 전하였다. 청대에 들어와서는 양주의 염상들의 부유함이 더하여 양주 문인들의 아집도 더욱 다채로워졌으며 "一時文讌盛於江南."의 유래 없는 성황을 이루었다. 청대 사람인 이두李斗는 "揚州詩文之會, 以馬氏小玲瓏山館、程氏篠園及鄭氏休園爲最盛."[29]하다고 말했다. 마씨馬氏, 정씨程氏 그리고 정씨鄭氏는 모두 휘주에 적籍을 두었는데 소령롱산관小玲瓏山館, 소원篠園, 휴원休園은 모두 양주의 이름난 정원이었다. 이로써 양주의 시문 활동은 휘주 사람의 이름난 정원을 중심으로 하고 있음을 알 수 있다. 마씨馬氏의 소령롱산관의 수위首位였으니 그곳에서의 활동이 가장 왕성하였고 전형적인 의의를 지니고 있어 우리들이 면밀히 고찰해볼 가치가 있다.

마씨馬氏는 바로 양주의 염상인 마왈관馬曰琯, 마왈로馬曰璐 형제를 가리키며, 이들은 당시 "양주이마揚州二馬"라고 불리었다. 그들은 양주의 신성新城 동관가東關街에 거주하였는데 집 안에 원림園林을 조성하여 이를 가남서옥街南書屋이라고 불렀다. 가남서옥에는 모두 12경景이 있었고 각각 소령롱산관, 간산루看山樓, 홍약계紅藥階, 멱구랑覓句廊, 석옥石屋, 투풍투월량명헌透風透月兩明軒, 등화암藤花庵, 요약정澆藥井, 매료梅寮, 칠봉초정七峰草亭, 총서루叢書樓, 청향각淸響閣이라고 불렀다. 그 중에서도 소령롱산관小玲瓏山館이 가장 유명하여 사람들이 종종

29 李斗, 『揚州畫舫錄』 卷8.

이를 가남서옥 전체를 가리키는 별칭으로 사용했다. 마씨 형제는 시문에 힘쓰는 것뿐만 아니라 사방의 떠돌아다니는 사인들이 방문하면 숙소를 제공하고 음식을 대접하며 조금도 싫어하는 기색이 없었다. 또한 양주 지역의 본지 인사들 및 외지의 현사賢士들과 함께 한강음사邗江吟社를 만들어서 흥에 기대어 시를 읊고 매번 연구聯句를 짓도록 하여 양주 지역의 시문회詩文會가 성행하는데 커다란 역할을 하였다.

마씨 형제가 주최한 시문회의 성황에 대해서는 『한강아집韓江雅集』을 통해서 그 일면을 살펴볼 수 있다. 『한강아집』은 한강음사邗江吟社의 창화집唱和集으로 모두 12권이 전한다. 각 권은 잇달아 출판되어서, 권卷1에 있는 「금릉이매가金陵移梅歌」는 건륭乾隆 8년(1743)에 완성되었고, 권12는 「곽가교도중霍家橋道中」 등으로 이루어져 있는데 이것이 건륭 13년(1748)에 완성된 것이니 앞뒤로 모두 6년의 시간이 걸린 셈이다. 권의 첫머리에는 건륭 12년(1747) 심덕잠沈德潛의 서序가 있어 그 속에 다음과 같이 전한다.

> "韓江雅集, 韓江諸詩人分題倡和作也. 故里諸公暨遠方寓公咸在, 略出處, 忘年歲, 凡稱同志、長風雅者與焉. 旣久成帙, 並繪雅集畫圖共一十六人."

심덕잠이 말한 '아집화도雅集畫圖'는 섭진초葉震初가 그린 『행암문연도行庵文讌圖』를 가리킨다. 이 그림에 대해서는 전조망全祖望과 여악厲鶚가 여기에 대해 언급한 기록이 있다. 전조망은 『구일행암문연도서九日行庵文讌圖序』 속에서 다음과 같이 말했다.

> "揚州爲江北大都會, 居民連甍接楹, 笙歌輿從, 竟日喧聚, 其於清歌雅集, 蓋罕矣. 城北天寧寺, 爲晉謝公駐節時所遊息, 其中有行庵, 吾友馬君嶰穀、半查兄弟之小築也. 地不逾五畝, 而老樹古藤, 森蔚相望, 皆千百年物, 間以修竹, 春鳥秋蟲, 更唱迭和, 曲廊高榭, 位置閒適. 出門未數百步, 卽黃塵濁流, 極目令人作惡, 一至此間, 蕭然有山林之思."[30]

여악厲鶚은 『구일행암문연도기』 속에서 이렇게 말했다.

"乾隆癸亥九日, 積雨旣收, 風日淸美, 遂約同人, 咸集於斯. 中懸仇英白描陶靖節像, 采黃花, 酌白醪爲供. 乃以'人世難逢開口笑, 菊花須揷滿頭歸'分韻賦詩, 陶陶衎衎, 觴詠竟日. 旣逾月, 吳中寫眞葉君震初適來, 群貌小像, 合爲一卷, 方君環山補景, 命曰『九日行庵文讌圖』."[31]

그림 속에서 말하는 16인이란 호기항胡期恒, 당건중唐建中, 방사서方士庶, 민화閔華, 전조망全祖望, 장사과張四科, 여악厲鶚, 진장陳章, 정몽성程夢星, 마왈로馬曰璐, 방사方士, 왕옥추汪玉樞, 마왈관馬曰琯, 왕조王藻, 육종휘陸鍾輝, 홍진가洪振珂를 가리킨다. 주의할 점은 위에서 말한 16인은 곧 시사의 주요 성원일 뿐이며 한강아집에 참가한 문인의 수는 분명 이 숫자보다 더 많을 것이라는 점이다. 『한강아집』의 권1에서 권12까지에 기재된 사람들의 이름과 작품을 정리하면 우리는 그 외에도 25인의 이름을 찾아낼 수 있다. 그들은 사조붕史肇鵬, 양술증楊述曾, 고상高翔, 육석주陸錫疇, 황유黃裕, 정강鄭江, 장세진張世進, 조욱趙昱, 정경丁敬, 항세준杭世駿, 조신趙信, 조일청趙一淸, 대문등戴文燈, 진조범陳祖範, 사상査祥, 요세옥姚世鈺, 장증張熷, 유사서劉師恕, 왕문충王文充, 단승團升, 방세거方世擧, 석명중釋明中, 누기樓錡 등이다.[32] 이를 통해서 한강음사邗江吟社의 구성원이 약 40여 명이라는 것을 알 수 있으니, 그 규모가 꽤 컸다고 할 수 있겠다.

이 40여 명 중에서 전조망全祖望과 항세준杭世駿은 저명한 학자이고 여악은 저명한 시인이었으며, 금농金農, 고상高翔은 "양주팔괴揚州八怪"라 불리었다. 진장陳章, 진고陳皐은 시로 이름이 높아 "진씨이난陳氏二難"이라고 불리었다. 조욱

30 全祖望, 『鮚埼亭集外編』 卷25, 「九日行庵文讌圖序」.

31 厲鶚, 『樊榭山房集』 卷6, 『九日行庵文讌圖記』.

32 卞孝宣, 『從〈揚州畫舫錄〉看淸代徽商對文化事業的貢獻』, 安徽大學徽學硏究中心編, 『徽學』 2000, 安徽大學出版社, 2001 참조.

趙昱의 호號는 곡림谷林, 조신趙信의 호號는 의림意林이었고 모두 시문에 뛰어나 "이림二林"이라고 불리었다. 요세옥姚世鈺은 준재俊才로 떠도는 한사였다. 당건중唐建中은 양주에 편적된 관료였다. 호기항胡期恒은 관이 감숙순무甘肅巡撫에까지 이르렀으나 파관罷官되어 향리로 돌아온 것이었다. 정몽성程夢星은 저명한 염상인 왕무린汪懋麟의 외손으로 한림원편수翰林院編修에 있었다. 일찍이 벼슬에 뜻을 잃고 내려와 양주에 살고 있었다. 마왈관馬曰琯, 마왈로馬曰璐은 '가이호유賈而好儒'인 양주의 염상이었다. 방사方士는 안휘安徽 흡현歙縣 사람으로 그 또한 회남淮南의 염상이었는데, "성효우性孝友"[33]하였고 저서로는 『서주시초西疇詩抄』 4권, 『신안죽지사新安竹枝詞』 권1을 남겼다. 왕조王藻는 오강吳江 사람으로 젊은 시절에 쌀을 파는 것을 생업으로 삼았는데 시에 뛰어나 건륭 병진년에 박학홍사과博學鴻詞科에 합격한 바가 있다. 장사과張四科는 섬서陝西 임동臨潼에 적을 두고 있는 염상으로 육종휘陸鍾輝와 함께 양포讓圃를 세웠다.

위의 사실에서 한강음사의 구성원은 사인, 관료, 상인의 구분을 타파하였을 뿐만 아니라 학문 간의 경계를 뛰어넘었음을 알 수 있으며 때문에 바로 "略出處, 忘年歲, 凡稱同志、長風雅者與焉."라고 할 수 있었던 것이다.

심덕잠은 한강아집과 다른 유명한 시문회의 활동을 놓고 비교하면서 분명하게 이 점을 지적하였다.

> "吾謂韓江雅集有不同於古人者. 蓋賈、岑、杜、王、楊、劉十餘人, 倡和於朝省館閣者也; 荊、潭諸公, 倡和於政府官舍者也 ; 王、裴之於輞川, 皮、陸之於松陵, 同屬山林之詩, 然此贈彼答, 祇屬兩人; 仲瑛草堂讌集, 祇極聲伎宴遊之盛; 沈、文數子會合素交, 量才呈藝, 別於賈、岑以後詩家矣, 然專詠落花, 而此外又無聞焉. 今韓江詩人不於朝而於野, 不私兩人而公乎同人, 匪矜聲譽, 匪競豪華, 而林園往複, 迭爲賓主, 寄興詠吟, 聯結常課, 並異乎興高而集, 興盡而止者."[34]

33 『民國歙縣志』 卷9, 「人物·義行」.

이 말은 또한 마씨馬氏 형제가 주관한 한강아집의 중요한 특징을 잘 보여주고 있다. 관직에 몸담고 있건 아니건, 양자를 차별하지 않고 모두를 동등하게 취급하였다는 점, 기분에 취해 제멋대로 시를 짓고 우연히 그것을 남겨 놓은 것이 아니라 오랜 시간을 들여 수정하여 이를 책으로 엮었다는 점이다. 이렇게 해서 완성된 『한강아집』 속에서 우리는 양주이마 등의 개인 원림이 바로 이들이 활동하였던 주된 무대가 되었다는 사실을 발견할 수 있다. 장세진張世進의 "往歲作文宴, 多於山館中."[35]란 기록에서 확인시켜 준다. 소령롱산관 이외에도 마씨의 남장南莊, 행암行菴, 여경당畬經堂과 가남서옥과 그 외 장소들도 모두 그들이 즐겨 모였던 장소였다. 이를테면 『한강아집』 속에서 「동일집여경당분영冬日集畬經堂分詠」, 「미설초청집소령롱산관微雪初晴集小玲瓏山館」, 「수춘행암소집분영매화사首春行菴小集分詠梅花事」, 「남장야조용동파서왕정국소장연강첩장도운南莊野眺用東坡書王定國所藏煙江疊嶂圖韻」, 「동일집행암분영冬日集行菴分詠」, 「칠봉초정지설七峰草亭遲雪, 이장백우산류대반설以張伯雨山留待伴雪, 춘심격년화분운春深隔年花分韻」 등이 그것이다. 마씨馬氏의 원림園林 이외에도 장사과張四科의 양포讓圃, 육종휘陸鍾輝의 환계초당環溪草堂, 정몽성程夢星의 소원筱園, 장세진張世進의 저로당著老堂 또한 그들이 시회詩會를 열었던 장소가 되었다. 『한강아집』 속에서 「집양원투호集讓圃投壺」, 「전상사집환계초당류상연회展上巳集環溪草堂流觴讌會」, 「오월십이일집소원五月十二日集筱園」, 「저로당분영춘소著老堂分詠春蔬」를 통해 이를 확인할 수 있다.

『한강아집』 속에서 그들이 시를 읊은 주요 소재는 다음과 같다. 첫째, 원림園林의 경물景物이며, 예를 들어 「과령롱산관간옥란화過玲瓏山館看玉蘭花」, 「분영행암추화分詠行菴秋花」, 「잔매殘梅」, 「추일범주과환계秋日泛舟過環溪」, 「집보재선생우재集補齋先生寓齋, 영정중로계詠庭中老桂」, 「영시남헌관행화련구詠詩南軒觀荇

34 沈德潛, 『韓江雅集序』.
35 張世進, 『著老書堂集』 卷8, 四庫禁毁書叢刊, 集部 168冊, 633면.

花聯句」 등이 그것이다. 둘째, 시사詩社의 구성원 간의 왕래에 관한 내용이다. 예를 들어 「중구후이일번사지자무림重九後二日樊榭至自武林, 동인적유간국지집同人適有看菊之集, 분운공부分韻共賦」, 「송단관하입도送團冠霞入都」, 「희사산지喜謝山至, 인억번사因憶樊榭、근포堇浦、의전제유호薏田諸遊好」, 「송전사산귀사명送全謝山歸四明」, 「분영사명고적중송사산分詠四明古跡重送謝山」, 「포신보환자경사소집어천재중鮑辛甫還自京師小集漁川齋中」, 「송륙다오귀리送陸茶塢歸里」 등이 여기에 해당한다. 셋째, 문文·물物·자字·화畫에 대한 감상이다. 바로 「제방환산소장명녕왕화題方環山所藏明寧王畫」, 「한수산궁동안족등가위해곡반사부漢首山宮銅雁足燈歌爲嶰穀半查賦」, 「제서유문사자림화책題徐幼文師子林畫册」, 「오월이일집소령롱산관제오독도五月二日集小玲瓏山館題五毒圖」, 「우홍려상기오서도련구禹鴻臚尙基五瑞圖聯句」, 「위기주상인제천지석벽도爲寄舟上人題天池石壁圖」, 「제서주도題西疇圖」, 「오일석간영가정조칠반련구五日席間詠嘉靖雕漆盤聯句」, 「집영목헌관조승지화번마도련구集榮木軒觀趙承旨畫番馬圖聯句」, 「전중오집소령롱산관분부종규화展重五集小玲瓏山館分賦鍾馗畫」 등이다. 넷째, 유람한 것과 겪은 일을 기록한 내용이다. 바로 「동유건륭사용침전사유도림악록사운同遊建隆寺用沈傳師遊道林嶽麓寺韻」, 「정묘정월륙일교유용도연명유사천운丁卯正月六日郊遊用陶淵明遊斜川韻」, 「곽가교도중霍家橋道中」, 「동야숙남장冬夜宿南莊」, 「초산관음암만망용송인조빙호운焦山觀音岩晩望用宋人趙冰壺韻」, 「초산간월이강류유성焦山看月以江流有聲, 단안천척斷岸千尺, 산고월소山高月小, 수락석출분운水落石出分韻」, 「등쌍봉각이청경도산취登雙峰閣以淸磬度山翠, 한운래죽방분운閑雲來竹房分韻」, 「한야석벽암련구寒夜石壁菴聯句」, 「귀숙남장이「歸宿南莊二絶」, 「금릉이매가金陵移梅歌」, 「매화지장가梅花紙帳歌」 등이 여기에 해당한다. 다섯째, 사회생활을 반영한 것이다. 이것은 「분영양주세모절물分詠揚州歲暮節物」, 「분영단오절물分詠端午節物」, 「분영소하식단分詠消夏食單」, 「동일전원잡흥冬日田園雜興」, 「타맥사打麥詞」, 「양잠사養蠶詞」, 「어주於酒」 등에서 확인할 수 있다.

이들 모임의 모습이 어떠했는지에 대해서 청대의 이두李斗는 다음과 같이 묘사하였다.

"於園中各設一案, 上置筆二、墨一、端研一、水注一、箋紙四、詩韻一、茶壺一、碗一、果盒茶食盒各一, 詩成卽發刻, 三日內尙可改易重刻, 出日遍送城中矣. 每會酒肴俱極珍美, 一日共詩成矣. 請聽曲, 邀至一廳甚舊, 有綠琉璃四. 又選老樂工四人至, 均沒齒禿發, 約八九十歲矣, 各奏一曲而退. 倏忽間令啓屛門, 門啓則後二進皆樓, 紅燈千盞, 男女樂各一部, 俱十五六歲妙年也."[36]

시문회에서는 이러한 시를 읊고, 곡조를 듣고, 차를 품평하고, 술을 마시는 등 여러 즐거움이 모두 갖추어져 있었기 때문에 자연히 강력한 흡인력을 지니고 있었고, 때문에 많은 참가자들을 불러들일 수 있었다.

마씨 형제는 양주에서만 시사 활동을 한 것이 아니라 또한 사람들을 데리고 돌아다니며 산천을 유람하고, 시를 읊었다. 『초산기유집焦山紀遊集』, 『임옥창수록林屋唱酬錄』에서 이러한 모습을 확인할 수 있다.

건륭 13년(1748), 마씨 형제는 시우詩友인 여악厲鶚, 항세준杭世駿, 진장陳章, 누기樓錡, 민화閔華, 육종휘陸鍾輝 등을 데리고 초산焦山으로 향했다. 그들의 일행은 모두 9명이었는데 2박 3일 동안 남장南莊에 머무르며, 산 속을 유람하였다. 각자는 여러 수의 시를 읊고 연구聯句 1수首를 남겼으며 이를 모아 『초산기유집』을 지었다. 여악는 『초산기유집서』에서 다음과 같이 적었다.

"京口金、焦二山, 爲天下絶景. 金山去瓜洲咫尺, 南北帆檣所經; 焦山相去稍遠, 岩亭幽夐, 孤峙盤渦巨浪間, 遊人跡罕至. 東坡雲 : '同遊盡返決獨往, 賦命窮薄輕江潭.' 自非耽奇好事者, 未易津逮也. 予平生三遊, 皆馬君嶰穀、半查爲之主, 一在庚戌冬, 一在丁巳夏. 今年戊辰仲冬之望, 複因江月發興. 同遊者凡九人, 往返兩宿南莊, 留山中凡三日夕, 人各賦詩七首, 聯句一首, 次第爲一集, 屬予序之, 以見兹遊之不易, 而江山倡酬之爲可樂雲."[37]

---

36 李斗, 『揚州畫舫錄』 卷8, 中華書局, 1960, 180~181면.
37 厲鶚, 『樊榭山房集』, 『文集』 卷3.

도광道光 연간, 오숭요伍崇曜은 『초산기유집』을 읽은 뒤에 깊이 감탄하고는 다음과 같은 감상을 남겼다.

> "昔顧阿瑛有玉山紀遊一卷, 其友袁華所編. 遊非一地, 而必有詩. 所與遊者 …… 皆一時風雅勝流, 而山水淸音, 琴尊佳興, 風流文采, 千載下尙如將見之. 今馬氏昆仲此遊, 遍閱卷中姓名, 殆足與後先輝映, 恨不獲廁身於筆牀茶灶間也. 特重刊之."[38]

건륭 17년(1752), 마씨 형제는 다시 진장, 누기錡, 민화 등의 사람들을 데리고 소주蘇州를 유람하였다. 그들은 양주에서 소주로 이동하는 길에 혜산惠山을 지나고 호구虎丘를 찾았으며, 명슬원明瑟園, 천평天平, 지형支硎, 한천寒泉, 화산조도華山鳥道, 영암靈岩, 등위鄧尉, 천지석벽天池石壁, 태호太湖, 석공石公, 포산包山, 임옥林屋, 표묘봉縹緲峰, 소하만消夏灣 등의 여러 명승지를 찾았고 명월파明月坡에서 술을 마시고 돌아왔는데 놀면서 시를 주고받아서 50여 수를 남기니, 이를 엮어 『임옥창수록』을 만들었다.

심덕잠沈德潛이 흔연히 서序를 지었는데 그는 「서」에서 다음과 같이 적었다.

> "吳中名山, 在郡城西, 多瀕太湖, 至石公林屋諸勝, 必渡湖涉風濤, 約百餘里, 可攜笻屐, 故遊者殊少, 遊而發爲詠吟者尤少. 唐皮襲美、陸魯望, 明高靑邱、徐昌穀諸公外, 寥寥無聞焉. …… 今諸君子境無虛過, 過必有詩, 是古人所不能兼者, 而諸君子兼之也. 且諸君子遠居維揚, 維揚稱華朊地, 乃能涉江航塹, 叩寂逃虛, 舍明麗之區, 入靜深之境, 以其筆墨發山水之靈, 豈陶貞白所雲, 見朱門廣廈, 無欲往之心, 望高岩, 瞰大澤, 恒欲就之者與? …… 讀諸君子詩, 神往於幽虛左神間矣."[39]

이상으로부터 양주의 염상 마왈관馬曰琯, 마왈로馬曰璐 형제와 다른 문인들

38 伍崇曜, 『焦山紀遊集』, 「焦山紀遊集跋」.
39 沈德潛, 『林屋唱酬錄』, 「林屋唱酬錄序」.

사이에 친밀한 교분이 있었으며 그들은 결사하여 시를 짓고 주고받는 것을 갈고 닦아 양주 지역 시문회의 흥성에 중요한 작용을 하였다는 것을 알 수 있다. 한강아집은 사士・상商에 의해 조직된 문학 집단이었다. 양주의 염상은 활동을 위한 모임의 장소로 개인의 원림을, 그리고 활동의 경비와 교통수단 및 숙식 장소를 제공하였으며, 활동의 결과물을 모아 시집으로 출판하였는데 이것은 청 중엽 양주 지역의 경제와 문화, 상인과 사인士人 사이의 상호 관계를 잘 반영하고 있다.

4. '상이겸사商而兼士'의 '양주이마揚州二馬'

청대의 저명한 학자이자, 휘주에 조적祖籍을 두고 있던 대진戴震은 일찍이 "吾郡少平原曠野, 依山爲居, 商賈東西行營於外以就口食 …… 雖爲賈者, 咸近士風."[40]라고 말하였다. 현대의 학자인 허승요許承堯는 "상인은 四民의 말석이지만, 휘주에서는 그렇지 않았다. 흡현歙縣사람들이 양회兩淮 지역에서 상업에 종사하는데 그 중 많은 이가 진신세족縉紳世族이었다. …… 종종 명사와 현인이 그 중에서 나오곤 했으니 바로 상인이지만 사인이기도 했다고 할 수 있다."라고 하여 '양주이마'를 바로 전형적인 '상이겸사'인 인물로서 간주하였다.[41] 그들은 한강아집을 조직하고 후원하였을 뿐만 아니라 자신들도 직접 학문에 열중하여 모두 시문詩文으로 이름을 얻었다. 『청사열전清史列傳』, 「문원전文苑傳」에는 다음과 같이 말하고 있다.

> "馬曰琯, 字秋玉, 安徽祁門人, 原江蘇江都籍, 諸生, 候選知州. 性孝友, 篤於學,

40 戴震, 『戴震文集』 卷18, 「戴節婦家傳」.
41 許承堯, 『歙事閑譚』 卷18, 「歙風俗禮教考」.

與弟曰璐互相師友, 俱以詩名, 時稱'揚州二馬', 比之皇甫子浚伯仲."

이것은 '양주이마'라는 이름이 유래한 내력을 설명하고 있을 뿐만 아니라 그들이 청대 문화사 속에서 차지하고 있는 위상을 말해주고 있으며 아울러 그들이 '상이겸사'의 지위를 갖고 있었음을 확인시켜 준다.

마왈관, 마왈로 형제는 문인의 가정에서 태어났는데 사서史書에서는 "세업유世業儒"라고 기록하고 있다.[42] 그들의 증조부曾祖父 마대급馬大級은 자字가 벽균碧筠이며 명왕조明王朝의 생원이었으며 "치경유성治經有聲"이었다고 한다.[43] 명청 교체기 이후 그는 산중에 기거하면서 학문에 몰두하였으며 과거에 응시하지 않았다. 이렇듯 명왕조에 대한 충성을 지키면서 과거에 참가하기를 거부하였던 일로 이들은 지역 사람들의 존경을 받아 "鄉里高其節, 卒葬皆在祁門."[44]이었다고 한다.

마왈관, 마왈로 형제의 조부祖父는 마승운馬承運이며, 이때 양주로 옮겨와 살며 염업에 종사하였다. 그는 "性故寬厚長者, 遇事多抗直, 以義幅利, 以己急人, 合古之獨行."[45]이었다고 하며, "康熙間設廠賑粥"[46]했다고 한다. 마왈관, 마왈로 형제의 부친은 마겸馬謙이며, 자字가 유휘幼撝로, 태학생太學生이자 주사마州司馬였는데 "幼而篤孝, 旣早孤, 事母汪太君逾謹, 起居食息, 勿離左右, 逮歿, 喪葬盡禮, 里黨咸稱之."[47]였다고 한다. 마왈관, 마왈로 형제의 모친과 백모伯母는 봉건시대의 전형적인 현모양처로서 그들의 친구 중에서는 당대의 이름 난 사람들이 적지 않아 '가이호유賈而好儒' 혹은 유명한 정치가들도 있었다. 이러

42 『兩淮鹽法志』 卷23, 「尙義・馬承烈」.
43 杭世駿, 『道古堂文集』 卷46, 「封太恭人馬母陳氏墓志銘」.
44 厲鶚, 『樊榭山房集』, 『文集』 卷5, 「揚州馬氏墓祠記」, 上海古籍出版社, 1992, 770면.
45 厲鶚, 위의 글.
46 『嘉慶重修揚州府志』 卷51, 「人物・文苑」, 馬曰琯.
47 厲鶚, 『樊榭山房集』, 『文集』 卷7, 『朝議大夫候選主事馬公暨元配洪恭人墓志銘』, 上海古籍出版社, 1992, 817면.

한 사람들의 가르침은 마씨 형제의 사상 · 성품 · 인생 경로에 커다란 영향을 주었다.

마왈관은 자字가 추옥秋玉이며 별자別字로 해곡嶰穀이라 한다. 강희康熙 27년(1688)에 태어났다.[48] 마왈로는 자字가 반사半査이며 별자別字로 패혜佩兮를 쓰고 강희 34년(1695)에 태어났다.[49] 두 형제의 터울은 7살이었으나 종신토록 허물없이 지냈으며 뜻을 같이하여 함께 활동하였다.

형이었던 마왈관은 어려서부터 품성이 남들보다 뛰어났고, 부모를 섬기는데 효성이 지극하였다고 전해진다. 장성한 이후 품행이 단정하고 바르며 경솔하게 떠들거나 웃지 않았다. 책을 읽으면 책상 앞에 바르게 앉아 부지런하게 애쓰는 모습이 노유老儒가 경을 강설하는 것과 같아 굳건하기가 마치 바위와 같았다고 한다. 강희 49년(1710) 23세의 마왈관은 고향 기문현祁門縣으로 돌아와 과거에 응시하였고 학궁제자學宮弟子에 충원되었다가 뒤에 공사貢士가 되었고 지주知州로 선임되었다.

강희 56년(1717) 부친이 별세하자 마왈관은 가정을 부양할 책임을 맡게 되었다. 그가 집안을 잘 다스려 가업은 날로 번창하게 되었다. 옹정 · 건륭 연간에 소령롱산관, 행암行庵 등이 잇달아 만들어졌는데 이것은 마씨의 가업이 계속해서 번성하였음을 보여주는 하나의 지표라고 할 수 있다. 이와 동시에 그는 공익사업에도 열심히 참가하여 가난한 이들에게 베풀기를 좋아하였는데 당시 사람들은 이를 두고 다음과 같이 칭송하였다.

> "以濟人利物爲本懷, 以設誠致行爲實務. 爲粥以食江都之餓人, 出粟以振鎭江之昏墊, 開揚城之溝渠而重腿不病, 築漁亭之孔道而擔負稱便. 葺祠宇以收族, 建書院以

48 『清史列傳』 卷71, 「馬曰琯」, "乾隆二十年卒, 年六十八." 이를 통해 馬曰琯이 康熙 27년에 태어났을 것으로 추산할 수 있다.

49 張世進, 『著老書堂集』 卷4에 「馬半查六十」란 詩가 있다. 이 시는 乾隆 19년에 지어진 것으로 이를 통해 馬曰璐는 康熙 34년에 태어났음을 알 수 있다.

育才, 設義渡以通往來, 造救生船以拯覆溺. 冬綿夏帳, 櫝死醫羸, 仁義所施, 各當其厄."[50]

마왈로는 형을 존경으로 대하였고 일을 처리할 때 그를 모범으로 삼았다고 전해진다. 두 형제는 우애가 깊어 뜻을 같이하여 행동하였다. 그들은 함께 문예를 비평하고 사전史傳을 평론하며 별도로 금석문金石文까지 섭렵했으며, 서로를 사우師友로 삼아 학문을 연마하였다. 봄・가을에 날씨가 좋은 날이면 결사하여 시를 지었으며 두 형제는 시를 지을 종이를 나누고 좋은 술을 마련하여 "硯席相隨, 不離跬步"[51]하였다고 한다.

마씨 형제는 모두 재능이 뛰어났고 아는 것이 많았으며, 학문에 심취하여 계속해서 정진하였기 때문에 함께 시로써 명성을 얻었다. 마왈관의 저서로는 『사하일로소고沙河逸老小稿』 6권, 『해곡사嶰穀詞』 1권이 있고 마왈로는 『남재집南齋集』 6권, 『남재사南齋詞』 2권을 남겼으며 모두 사림士林으로부터 좋은 평가를 얻었다.

마왈관의 시는 "纏綿淸婉, 出入唐宋之間, 當世皆知重之."[52]였다고 한다. 청대의 저명한 시인 심덕잠은 높게 평가하여 다음과 같이 말하였다.

"馬兄嶰穀獨以古書、朋友、山水爲癖, …… 具此胸次, 發而爲詩, 溯洄風騷, 下上唐宋, 回翔於金元明代, 斥淫崇雅, 格韻並高, 由沐浴於古書者久也. 憶舊懷人, 傷離悲逝, 纏綿委摯, 唱歎情深, 由敦厚於朋友者至也. 至峭刻得山之峻, 明淨得水之澄, 縋險鑿幽, 瀠波疊浪, 則又性情與山水俱深矣. 嶰穀之詩, 非嶰穀之癖所流露而成者耶."[53]

---

50 杭世駿, 『道古堂文集』 卷43, 「朝議大夫候補主事加二級馬君墓志銘」.
51 馬曰琯, 『沙河逸老小稿』 卷首, 陳章, 「沙河逸老小稿序」.
52 馬曰琯, 위의 글.
53 馬曰琯, 『沙河逸老小稿』 卷首, 沈德潛, 「沙河逸老小稿序」.

마왈로의 시는 "瀏然以清, 窈然以深, 世之工詩者皆能識之."[54]였다고 한다. 청대의 저명한 학자인 항세준杭世駿은 이를 다음과 같이 칭송하였다.

"馬君半査志潔行芳, 秕糠一切, 太史所謂皭然泥而不滓者也. 詩不立異, 亦不苟同, 醞釀群籍, 抒寫性眞. 吸三危之露, 不足以喩其鮮榮; 搴九華之雲, 不足以方其縹緲; 煦西顥沆瀣之氣, 不足以比其清神而澡魄. 擧一世之工詩者, 吾未暇以悉數也, 以吾黨論之, 奸窮怪變, 震眩耳目, 才力之雄, 獨於吾半査者有矣. 至若幽窗闃坐, 孤鶴掠空, 夜氣旣清, 天心來複, 半査漻然寫孤韻而抽清思, 釋躁平吟, 凡襟盡滌, 學之無從, 追之不及, 微茫之介, 形似之辨, 非夫超絶塵埃之外, 孰與析其旨乎 …… 故特標'潔'之一字, 如子厚之所以品題太史者, 而以目吾半査, 且願與天下之深於詩者共論之."[55]

건륭 원년(1736) 청清 조정에서는 박학홍사과博學鴻詞科를 열어, 마왈로의 이름을 추천에 올렸다.[56] 하지만 그는 과거에 나아가지 않았고 계속해서 양주에 남아 형과 함께 장사를 하고 유학을 공부했으며 청대 문화사 상에서 독특한 일가一家를 이루었다.

마씨 형제는 서적에 매혹되어 천금을 아끼지 않고 재물을 내어 서적을 모으고 베껴 적었으며 원근에 이름을 떨친 총서루叢書樓를 지었다. 청대의 저명한 학자 전조망은 다음과 같이 적었다.

"其居之南有小玲瓏山館, 園亭明瑟, 而巋然高出者, 叢書樓也. 迸疊十餘萬卷."[57]

심덕잠沈德潛도 다음과 같이 말하였다.

---

54 馬曰璐, 『南齋集』 卷首, 蔣德, 「南齋集序」.
55 馬曰璐, 『南齋集』 卷首, 杭世駿, 「南齋集序」.
56 杭世駿, 『詞科掌錄』에 따르면 "通政使司通政使趙之垣薦馬曰璐."이며, 천거된 것은 馬曰琯이 아니다. 이는 阮元의 誤記한 것이다. 阮元, 『淮海英靈集』 乙集 卷3을 참고할 것. 후대의 梁章鉅의 『浪跡叢談』 등 역시 阮元의 잘못을 똑같이 계속하고 있다.
57 全祖望, 『鮚埼亭集外編』 卷17, 「叢書樓記」.

"嶰穀酷愛典籍, 七略百家, 二藏九部, 無不羅致, 有未見書, 弗惜重直購之, 備藏於小玲瓏山館."[58]

완원阮元 역시 여기에 대한 평가를 내놓았는데 "(馬氏)酷愛典籍, 有未見書, 必重價購之."라고 했고 또한 "以故叢書樓所藏書畫碑版, 甲於江北."[59]라고 했다.

시인과 학자들 모두 이구동성으로 그들이 세운 총서루의 규모와 가치를 칭송하였다. 마씨 형제 역시 그들의 총서루에 대해 읊은 시를 남겼는데, 馬曰琯은 "下規百弓地, 上蓄千載文."[60]이라고 읊었으며, 마왈로는 "卷帙不厭多, 所重先皇墳. 惜哉飽白蟫, 撫弄長欣欣."[61]이라고 적었다. 여기에서 그들이 장서가藏書家로서 책을 애호하는 마음이 지면 위로 드러난다.

마씨 형제들은 책을 많이 모으고 또한 책을 탐독했을 뿐만 아니라 이것을 편저하여 남겨 놓았는데, 그들이 편찬한 저작으로는 『총서루서목叢書樓書目』이 있다. 『청사렬전清史列傳』에서는 "一時名流交相傾倒."[62]고 말한다. 특히 두드러지는 점은 마씨 형제가 흔쾌히 총서루叢書樓를 다른 학자들에게도 공개하여 이용할 수 있도록 했다는 점이다. 떠돌이 한사寒士였던 요세옥姚世鈺은 총서루를 애용했던 사람 중의 한명이다. 그는 여기에 깊은 감동을 받아 일찍이 다음과 같이 술회한 바 있다.

"薄遊揚州, 馬秋玉、佩兮兄弟爲餘置榻叢書樓下, 膏馥所沾丐, 藥物所扶持, 不知身之在客也. "[63]

58 沈德潛, 「沙河逸老小稿序」.
59 阮元, 『淮海英靈集』 乙集 卷3, 「馬曰琯」.
60 馬曰琯, 『沙河逸老小稿』 卷1, 「街南書屋十二詠・叢書樓」.
61 馬曰璐, 『南齋集』 卷1, 「街南書屋十二詠・叢書樓」.
62 『清史列傳』 卷71, 「馬曰琯」.
63 姚世鈺, 『孱守齋遺稿』 卷2.

그는 총서루 속에서 책을 읽고, 교감하며, 많은 학문적인 성취를 이루어 낼 수 있었다. 『하비당삼체시발何批唐三體詩跋』 속에서 그는 삼체시三體詩를 교감하는 성취를 낼 수 있었던 것이 총서루의 장서를 이용하였기에 가능하였음을 밝혔다.[64]

총서루의 장서를 이용하여 혁혁한 성과를 낸 사람은 그 외에도 많이 있다. 여악, 전조망이 바로 그 중 대표적인 인물이다. 『청사열전清史列傳』에서는 다음과 같이 전한다.

"厲鶚, 搜奇嗜博, 館於揚州馬曰琯小玲瓏山館者數年, 肆意探討, 所見宋人集最多, 而又求之詩話、說部、山經、地志, 爲『宋詩紀事』一百卷、『南宋院畫錄』八卷. 又著『遼史拾遺』, 采摭群書至三百餘種, 常自比裴松之『三國志注』."[65]

전조망이 남긴 『곤학기문삼전困學紀聞三箋』 등의 저술 역시 총서루와 밀접한 관련이 있다. 「곤학기문삼전서」 속에서 전조망은 다음과 같이 밝혔다.

"歲在辛酉, 予客江都, 寓寮無事, 取二本合訂之. 冗者刪, 簡而未盡者則申其說, 其未及考索者補之, 而駁正其紕繆者, 又得三百餘條."[66]

때문에 오숭요伍崇曜이 「사하일로소고발沙河逸老小稿跋」 속에서 "全紹衣寓(馬氏)畬經堂中, 成『困學紀聞三箋』."이라고 지적하였다. 전조망은 또한 "予每客揚州, 館於馬嶰穀齋中, 則與竹町晨夕. 竹町居東頭, 予居西頭. 餘方修『宋儒學案』, 而竹町終日苦吟, 時各互呈其所得."[67]과 같이 말했다. 여기에서 『송유학안宋

64 姚世鈺, 『孱守齋遺稿』 卷4.
65 『清史列傳』 卷71, 「厲鶚」.
66 全祖望, 『鲒埼亭集外編』 卷25, 「困學紀聞三箋序」.
67 全祖望, 『鲒埼亭集』 卷32, 「寶(臬+瓦)集序」.

儒學案』의 속편을 편찬했던 작업이 성공할 수 있었던 것 또한 마찬가지로 총서루에서 도움을 얻었기에 가능하였다는 사실을 알 수 있다.

주목할 점은 총서루 속에서의 장서가 『사고전서四庫全書』의 편찬에도 지대한 공헌을 하였다는 점이다. 건륭 37년(1772) 청의 조정에서는 사고관四庫館을 열어 전국의 서적을 모아들이라는 명령을 내렸다. 이때 마씨 형제는 모두 사망한 뒤로 마왈관의 아들 마유馬裕가 가업을 이은 상태였다. 그들은 "恭進藏書, 可備采擇者七百七十六種"[68]고 하여 강남 지역의 장서가 중에서 책을 바친 양이 가장 많은 4가家 중의 하나였다. 『사고전서총목四庫全書總目』 속에서 마씨 소유의 장서였던 책의 목록을 볼 수 있는데 바로 책 아래의 "兩淮馬裕家藏本"이란 문구로써 이를 확인할 수 있다. 이것은 '양주이마'와 그들이 만든 총서루에 대한 가장 훌륭한 기념비라고 할 수 있겠다.

마씨 형제는 책을 모으는데 힘쓴 것뿐만 아니라 또한 이를 출판하는 일에도 힘썼다. 그들은 솜씨가 좋은 공인工人을 가려 뽑아 소장하고 있는 책 중 양질의 판본과 금석문金石文의 탁본 중 중요한 것을 골라서 각인刻印함으로써, 이것이 세상에 널리 알려질 수 있도록 하였다. 그들이 출판한 책은 간행 속도가 빠르고, 조판한 것이 정교하며, 판식版式이 유려하여 모두 상등품에 속하여서 때문에 당시 사람들이 이를 두고 '마판馬版'이라고 불렀다. 바로 『양주화방록揚州畫舫錄』 속에서 말하는 "又刻許氏說文、玉篇、廣韻、字鑒等書, 謂之馬板."[69]이라고 한 것이 바로 이것을 가리키며, 그들은 학술문화의 번영을 위해 고서를 재출간하는 것뿐만 아니라 당시 사람들의 저작물을 출판하는 것에도 돈을 아끼지 않았다. 주이존朱彝尊의 저술 『경의고經義考』, 왕사정王士禎의 저술 『감구집感舊集』 등의 것은 모두 마씨 형제가 양주에서 출판한 것으로 그 덕분에 오늘날까지 남아 있을 수 있었다.

---

68 李斗, 『揚州畫舫錄』 卷4, 中華書局, 1960, 88면.
69 李斗, 위의 글.

마씨 형제는 친구를 목숨과 같이 생각하여, 사방의 명사名士들이 명망을 듣고 찾아오면 이를 극진히 대접하여 해가 지나도 싫은 기색을 보이지 않았다고 한다. 그들은 또한 흔쾌히 돈을 내어 다른 이를 원조하였는데, 매화서원梅花書院을 수리하고, 곤궁한 문인을 도왔으며, 이밖에도 수많은 미담을 남겼다. 청대의 저명한 학자 항세준은 다음과 같이 적었다.

> "(馬氏兄弟)傾接文儒, 善交久敬, 意所未達, 輒逆探以適其欲. 錢唐範鎭、長洲樓錡, 年長未婚, 擇配以完家室. 錢唐厲征君六十無子, 割宅以蓄華姸. 勾甬全吉士被染惡疾, 懸多金以勵醫師. 天門唐太史客死維揚, 厚賻以歸其喪. 勾吳陸某病既亟, 買舟疾趨以就君, 日'是能殯我.'石交零謝, 歲時周恤其孥者, 指不勝屈也."[70]

'양주이마'가 사망한 이후, 청대의 저명한 시인 원매袁枚은 소령롱산관小玲瓏山館에서의 고인故人을 회상하면서 그의 심정을 "橫陳圖史常千架, 供養文人過一生."[71]라고 술회하였다.

청대의 저명한 학자 완원은 "(馬氏)征君昆弟業鹾, 資産遜於他氏, 而卒能名聞九重, 交滿天下, 則稽古能文之效也. 當時擁重資過於征君者, 奚翅什伯, 至今無人能舉其姓氏矣."[72]라고 술회하였다. 이러한 말들은 마씨 형제의 생애에 대한 훌륭한 총평이라고 할 수 있으며, 그들에 대해서 '상이겸사'란 높은 평가를 내리고 있다.

---

70 杭世駿,『道古堂文集』卷43,「朝議大夫候補主事加二級馬君墓志銘」.
71 袁枚,『小倉山房詩集』卷27,「揚州遊馬氏玲瓏山館感吊秋玉主人」.
72 阮元,『淮海英靈集』乙集 卷3,「馬曰琯」.

5. 기발하고 새로운 것을 내세운 '양주팔괴揚州八怪'

앞에서 언급하였듯이 한강아집에는 화단의 기인들이 있었는데 그들이 바로 유명한 '양주팔괴揚州八怪'였다. 그들과 '양주이마' 등 염상 간의 교류는 청 중엽 사인士人과 상인이 상호 작용하는 또 하나의 측면을 보여준다.

청대에는 '가이호유'했던 휘주 신상紳商의 선도와 영향 아래에서 양주의 염상 대부분은 문아하고 손님을 환대했으며 명사를 즐겨 초청하여 자신의 지위를 높이고자하였다. 따라서 양주는 전국의 문화 중심지 중 하나가 되어, "文人寄跡, 半於海內."라고 칭해졌다. 양주 염상 가운데 일부는 서화를 애호했고 수집하였다. 그들의 주위에는 일단의 서화가들이 운집하였다. 이 밖에도 일부 염상들은 서화를 필요로 하였는데 한편으로는 문아한 활동을 통해 겉치레를 하기 위해서였고, 다른 한편으로는 그들의 원림・별장을 설계, 배치하는 것에서부터 실내장식에 이르기까지 모두 서화가들의 참여와 설계가 필요했기 때문이었다. 따라서 염상들이 추동력이 되어 양주에는 거대한 서화시장이 형성되었다. 많은 서화가들이 잇달아 양주로 왔고 양주 화단은 유명화가들이 경쟁하는 큰 무대가 되었다. 이두李斗의 『양주화방록揚州畫舫錄』에는 청초부터 건륭 연간 말까지 양주에서 활약한 백 수십여 명의 서화가들이 기재되어 있다. 이토록 다수의 서화가들이 모여들었으므로, 번성한 서화시장 없이 그들이 생계를 꾸린다는 것은 상상할 수 없다. 양주의 염상은 사인士人들의 서화작품을 구입, 소장함으로써 사인들의 생계문제를 해결해주었을 뿐만 아니라 객관적인 측면에서는 양주의 문화 사업을 촉진하는 역할을 했다.

청 중엽, 양주 화단에는 누구나 알고 있는 화파인 '양주팔괴'가 출현하였다. 『구발라실서화과목고甌缽羅室書畫過目考』의 기록에 따르면 '팔괴八怪'는 금농金農, 황신黃慎, 정섭鄭燮, 리선李鱓, 리방응李方膺, 왕사신汪士慎, 고상高翔, 나빙羅聘의 8인이다. 이후의 기록에는 또한 장화엽將華嵒, 고봉한高鳳翰, 진찬陳撰, 민정閔貞, 변수민邊壽民 등이 들어가 있다. '8'은 결코 실제 숫자가 아니며, 양주팔괴는 이러한 일단의 '괴怪'한 화가들을 뜻한다.

이들 화가들은 대부분 봉건사회의 하층 출신으로 어떤 이는 지방관을 지냈었고, 어떤 이는 평생 벼슬하지 않았지만 모두 사회현실에 비교적 가까이 있었고 제각기 개성을 발휘하고자 하였다. 당시 화단에서 정통의 지위를 점하고 있던 '사왕四王'은 왕시민王時敏, 왕감王鑑, 왕휘王翬, 왕원기王原祁 및 오력吳曆, 운격惲格 등은 실력에 깊이가 있었지만 옛것을 답습하여 모방을 중시하고 창조를 가볍게 여기는 풍조를 만들어냈다. '팔괴'들은 이 같은 화풍에 만족하지 않았고 그들은 서위徐渭, 주탑朱耷, 특히 석도石濤의 독창적인 정신을 계승하여 제약을 타파하고 각기 장기를 드러내어 자신의 독특한 풍격을 이루었다. 그들의 화풍은 정통파와 선명한 대조를 이루었기 때문에 '팔괴'로 여겨졌다.

'팔괴'가 석도를 본받은 것은 '형태를 버리고 정신을 취한다'는 점이었을 뿐, 각기 자신의 풍모를 가지고 있었으며 얽매이는 격식이 된 것은 아니었다. 금농金農은 본래 서법에 정통하여 「서악화산비西嶽華山碑」, 「국산비國山碑」 등에 담긴 정신을 취하고 창조에 마음을 쏟아 따로 풍모를 갖추었다. 그는 주로 담묵과 간략한 필치를 써서 화훼화 소품을 그렸는데 특히 매화를 그리는데 뛰어났고 그 작품의 운치는 그가 스스로 화제畵題를 써 "冷香淸豔, 令觀者有月地雲階之想也."라고 한 대로이다. 황신黃愼은 초년에는 공필工筆 인물화를 그렸는데 중년에는 발묵을 휘둘러 그리는 것으로 바꾸었고 붓을 쓰는 것은 흘러내린 듯이 막힘이 없었는데 그의 초서 쓰는 법에 기초한 것이다. 도교, 불교 외에 민간 생활에서 자주 소재를 취하여 거지, 어민, 배 끄는 인부가 그림에 들어가 있다. 정섭鄭燮은 난초와 대나무를 그리는 데 가장 능했는데 청아하고도 힘이 있어 깨끗하고도 대범한 맛이 있었다. 사람들은 그의 그림을 평가하여 "筆情縱逸, 隨意揮灑, 蒼勁絶倫."하였다. 그의 글씨는 전서篆書, 예서隸書, 행서行書, 해서楷書를 섞어 썼고 스스로 '육분반서六分半書'라고 불렀으며, 속칭 '난석포계亂石鋪階'라고 하였다. 리선李鱓의 그림은 색채가 청아하고 거침이 없어 규범에 매이지 않았으며 '수묵융성기취水墨融成奇趣'의 특색이 있어 풍격이 산뜻하다. 이방응李方膺은 매화, 소나무, 국화, 난초, 대나무 등을 그리는 데 뛰어났다. 그의 매화는 "觸目橫斜千萬朵, 賞心只有兩三枝."라고 칭해진 독자적인 경지를 이루어 매우 치밀하고도 간결하였다. 왕사신汪士愼 또한 매화를 그리는 것으로 유명했으며 산수, 난초, 대나무 등도 잘 그렸다. 마음 가는대로 붓을 놀려 가지각색의 자태를 그려내는데 청신하고 미묘하여 풍모가 기이하였다. 고상高翔은 산수를 그리는데 능하였고 또한 초상화를 그리는 데도 뛰어났는데, 그의 작품은 맑고 간결하며 아취雅趣가 있고 고상하여 취향은 간결하고 담백하며 심원한 격조가 있다. 나빙羅聘은 산수, 인물, 화훼, 채소나 과실을 그리는데 모두 뛰어났고 『귀취도鬼趣圖』가 특히 유명한데 귀신을 빌어 세태를 풍자하였다. 그 밖에 화엽華嵒, 고봉한高鳳翰, 진찬陳撰, 민정閔貞, 변수민邊壽民 등은 모두 자신의 예술적 특색을 갖추고 있어 청대 화단에서 중요한 지위를 점하였다.

'양주이마'는 서화를 애호하고 서화작품을 수집하였다. 마왈관의 시집『사하일로소고沙河逸老小稿』에는 많은 제화시題畫詩가 있다. 「추일제정판교묵죽화폭秋日題鄭板橋墨竹畫幅」, 「제방환산림동사옹모조오흥작화추색도題方環山臨董思翁摹趙吳興鵲華秋色圖」, 「제방남당귀산도題方南堂歸山圖」, 「제방병학금학송추도題方邴鶴琴鶴送秋圖」, 「왕남명림동문민작화추색도위장희량제汪南溟臨董文敏鵲華秋色圖爲張希亮題」, 「제화차정병강태사운題畫次程洴江太史韻」, 「제왕교문선생소장삼호도題汪蛟門先生少壯三好圖」, 「제아우선생차서도題雅雨先生借書圖」, 「제송일삼호도題松逸三好圖」, 「제고남부절류도題高南阜折柳圖」, 「제왕우어사친도題汪友於思親圖」, 「정순포이포금휴학도색제程蓴浦以抱琴攜鶴圖索題」, 「제사매장관찰봉모독운도題謝梅莊觀察奉母督運圖」, 「제왕맹견산거독례도題王孟堅山居讀禮圖」, 「제방환산소장명녕헌왕화題方環山所藏明寧獻王畫」, 「제지창죽옥도題紙窗竹屋圖」, 「위기주상인제천지석벽도爲寄舟上人題天池石壁圖」, 「전중오집소령롱산관분부종규화득답설도展重五集小玲瓏山館分賦鍾馗畫得踏雪圖」, 「제조자고화란題趙子固畫蘭」, 「제변이공위한도題邊頤公葦

閑圖」 등이다.

마왈로의 시집 『남재집南齋集』에도 역시 많은 제화시題畫詩가 있는데 「제방남당귀산도題方南堂歸山圖」, 「제죽옥고장초창독역도題竹屋高丈蕉窗讀易圖」, 「제요의전련화장도題姚薏田蓮花莊圖」, 「제왕교문선생삼호도題汪蛟門先生三好圖」, 「제고남부취선도題高南阜醉禪圖」, 「제오독도題五毒圖」, 「제명녕왕화題明寧王畫」, 「제리영구한림아집도題李營邱寒林鴉集圖」, 「제지창죽옥도題紙窗竹屋圖」, 「제서유문사자림화책題徐幼文師子林畫冊」, 「제서주화題西疇畫」, 「위기주상인제천지석벽도爲寄舟上人題天池石壁圖」, 「전중오집소령롱산관분부종규화득칭귀도展重五集小玲瓏山館分賦鍾馗畫得稱鬼圖」, 「제조자고화란題趙子固畫蘭」, 「제추림독서도題秋林讀書圖」, 「제정순포포금휴학도題程蓴浦抱琴攜鶴圖」, 「제왕경정군자당도차운題汪敬亭君子堂圖次韻」, 「제호가령해빈도題胡嘉令海濱圖」, 「제오한연좌선도題吳漢延坐禪圖」, 「제내인소하도題內人銷夏圖」, 「제구공송천청청도題具公松泉清聽圖」, 「제조송설묵매題趙松雪墨梅」, 「제문대조자사자다도題文待詔自寫煮茶圖」, 「제조선장화양철애취적도題趙善長畫楊鐵崖吹笛圖」, 「제불강득려도題袚江得荔圖」, 「제오언도題晤言圖」, 「제화사절구題畫四絶句」, 「제왕렴주산장설제도題王廉州山莊雪霽圖」, 「제병강태사송풍간수도題洴江太史松風澗水圖」, 「제칠종규도題七鍾馗圖」, 「제점강매화고옥도題漸江梅花古屋圖」, 「중전행암문연도重展行菴文讌圖」, 「한소자다도寒宵煮茶圖」, 「봉제아우선생평산고회도奉題雅雨先生平山高會圖」, 「제소재간송도題嘯齋看松圖」, 「제여연남매금도題餘硯南賣琴圖」, 「제오매사소천도題吳梅查疏泉圖」 등이다.

'양주이마'의 서화작품 수집에 관해서는 청대 학자들이 많이 언급하였다. 예를 들어 완원은 다음과 같이 지적하였다.

> "趙松雪『鵲華秋色圖』爲牟陽老人周公謹所作, 公謹本濟南人, 後入浙, 屬松雪作圖以寄鄕思; 同時張伯雨亦爲作圖, 並系以詩 …… 馬秋玉征君家亦藏思翁臨松雪『鵲華秋色圖』, 一時朋輩皆有詩. 又方環山（士庶）、汪南鳴皆曾臨『香光圖』. 馬征君題句雲'容台別寫鵲華圖, 三趙同參意致殊. 他日煩君重點筆, 車渠論百肯應無.' 自

汪雲: 餘有思翁『鷗華秋色』長幅, 其自題雲: '兼采三趙筆意爲此.'"[73]

왕도王韜는 「제금수문수서시권위포무재작題金壽門手書詩卷爲包茂才作」라는 시에서 다음과 같이 쓰고 있다.

"其時禺莢盛南綱, 風流接納開壇場. 琯璐昆季並好事, 小玲瓏館多儲藏."[74]

'양주팔괴'도 일찍이 '양주이마'를 위해 그림을 그렸는데 저명한 '매화지장梅花紙帳'이 바로 그 중 하나이다. 왕사신汪士愼은 자字가 근인近人이고 호號는 소림巢林인데 매화를 그리는 것으로 유명하였다. 고상高翔은 자字가 봉강鳳岡이고 호는 서당西唐인데 역시 매화를 잘 그렸다. 건륭 8년(1743) 그들 두 사람이 합작하여 함께 마씨 형제를 위해 매화를 그린 10폭짜리 대작을 제작하고 대나무 침대에 걸어 옛날의 매화휘장을 모방하였다. 이 그림은 '양주이마'와 그 벗들이 매우 좋아하여 아집雅集을 열고 시를 읊어 찬탄하였다. 『한강아집』 권3에는 『매화지장가梅花紙帳歌』가 실려 있는데 작자는 당건중唐建中, 정몽성, 마왈관, 여악, 방사서, 왕조, 방사, 마왈로, 진장, 민화, 육종휘, 전조망, 장사과張四科이다. 그 중 마왈관은 즐거워하며 읊기를 다음과 같이 하였다.

"相傳古有梅花帳, 此帳未見徒空聞. 偶然發興以意造, 人稱好事同欣欣. 搓挲玉繭辨簾路, 裁縫冰楮嚴寸分. 巢林古幹淡著色, 高子補足花繽紛. 寫成完幅掛竹榻, 垂垂曳曳波浪紋. 清絶難成夢, 香多不散雲. 曙後也應來翠羽, 更深還擬拌湘君. 帳中何所枕, 一囊秋露黃菊醞. 帳中何所覆, 蘆花半壓白雲雰. 戲蝶忽三五, 變化麻姑裙. 問誰來試之, 予意最殷勤. 短檠搖影羅浮去, 詩境來朝定不群."[75]

73 阮元, 『廣陵詩事』 卷4.
74 王韜, 『蘅華館詩錄』 卷4, 續修四庫全書 1558冊, 474면.
75 馬曰琯, 『沙河逸老小稿』 卷2, 「梅花紙帳歌」, 叢書集成初編本.

마왈로는 다음과 같이 읊었다.

> “苔箋十幅了無用, 餘材幻出疏梅花. 梅花的皪留夜色, 紙帳淸過蚊㡡紗. 七尺繩床梢橫亞, 廣莫華胥眼經乍. 不知是帳是梅花, 窗外銀蟾正相射. 道人高臥鶴一警, 消受不勝香雪冷.”[76]

정몽성은 “張胥作帷屋作褌, 蒼煙白月凝黃昏. 孤鶴叫空夜不返, 美人冉冉來幽魂. 剡藤十幅明於水, 誰貌冰姿厭紈綺. 鼻觀香生夢覺時, 不知冷臥羅浮里.”[77]라고 읊었다. 이 시에서 우리는 매화장을 그린 까닭이 “相傳古有梅花帳, 此帳未見徒空聞. 偶然發興以意造, 人稱好事同欣欣.”이고, 왕사신과 고상의 합작인 “巢林古幹淡著色, 高子補足花繽紛”을 거쳐 매화장의 효과가 “垂垂曳曳波浪紋”, “紙帳淸過蚊㡡紗”, “不知是帳是梅花”이며, 시인들의 감상은 “鼻觀香生夢覺時, 不知冷臥羅浮里”, “短檠搖影羅浮去, 詩境來朝定不群”이라는 것을 볼 수 있다.

정섭鄭燮은 자字가 극유克柔이고 호는 판교板橋이며 양주 흥화현興化縣 사람으로 박학하고 재주가 많아 일신에 삼절三絶을 지녔는데 “曰畫、書、詩. 三絶中有三眞, 曰眞氣、眞意、眞趣也.”[78]라고 하였다. 그는 일찍이 산동山東 범현範縣, 유현濰縣의 현령을 지내 “有循吏之目”,[79] “以歲饑爲民請賑, 忤大吏, 遂乞病歸.”[80]라고 하였다. 관직을 떠나는 날 정섭은 대나무를 그려 산동山東의 사민과 작별하면서 그림에 화제시를 적어 “烏紗擲去不爲官, 囊橐蕭蕭兩袖寒; 寫取一枝淸瘦竹, 秋風江上作漁竿.”[81]이라고 하였다. 양주에서 가진 게 없었던 정섭은 서화를 팔아 생계를 꾸렸다. 그의 서화에는 진취眞趣가 있었고 그가 그린

---

76 馬曰璐, 『南齋集』 卷2, 「梅花紙帳歌」, 叢書集成初編本.
77 程夢星, 『今有堂詩集』, 「五覝集・梅花紙帳歌」.
78 錢林, 『文獻征存錄』 卷5, 「鄭燮」.
79 『淸史列傳』 卷72, 「文苑・鄭燮」.
80 葉恭綽, 『淸代學者像傳』, 「鄭燮」.
81 鄭燮, 『鄭板橋集』, 「題畫・濰縣署中畫竹呈年伯包大中丞括」.

난초, 대나무, 바위는 특히 정묘하였으며 즉석에서 화제를 써내려가서 보는 사람이 탄복하였다. 따라서 세상 사람들이 다투어 아꼈고, 그 작품을 구하려는 사람이 매우 많았다. 정섭은 기재를 타고나서 시를 지으면 정情을 말하고 사事를 풀어내는 것이 간절하여 사람을 감동시켰다. 사詞를 지으면 옛날을 돌아보고 소회를 토로하는 것이 매우 뛰어났다. 서화는 "板橋作字如寫蘭, 波磔奇古形翩翻. 板橋寫蘭如作字, 秀葉疏花見姿致. 下筆別自成一家, 書畫不願常人誇. 頹唐偃仰各有態, 常人盡笑板橋怪."[82]라 평해졌다. 양주에 살 때 정섭은 '양주이마'와 이웃하였었는데, 마왈관을 위해 부채에 그림을 그리고 화제시를 「위마추옥화선爲馬秋玉畫扇」에 붙여 읊기를 "縮寫修篁小扇中, 一般落落有淸風. 牆東便是行菴竹, 長向君家學化工."라고 하였다. 시 뒤에는 "時餘客枝上村, 隔壁卽馬氏行菴也."[83]라고 덧붙여 썼다. 마왈관은 「추일제정판교묵죽폭秋日題鄭板橋墨竹幅」이라는 시에서 "如君落落似星辰, 相見時當淸露寒. 贈我修篁何限意, 兩竿秋節一窗淸."[84]이라고 하였다. 정섭은 또한 소령롱산관小玲瓏山館에 대련 한 폭을 써준 적이 있었는데 "咬定幾句有用書可忘飮食; 養成數竿新生竹直似兒孫."[85]이라고 하였다.

화엽華嵒은 자字가 추악秋岳이고 호號는 신라산인新羅山人이며 역시 '양주이마揚州二馬'를 위해 그림을 그린 적이 있다. 건륭 9년(1744) 마왈로의 50세 생일에 화엽華嵒이 그의 초상을 그리고 이를 부채에 베껴 그린 후 화제시를 덧붙여 축수하였다. 그 시에서 말하기를 다음과 같이 하였다.

> "方水懷良玉, 幽折韞淸輝. 蓄寶稀場世, 猶複世彌知. 君子懿文學, 精理徹慧思. 申言吐芳氣, 寫物入遐微. 川湧赴諸海, 修鯨翻浪飛. 鬱雲麗舒卷, 飄色而賦奇. 日華金

---

82 蔣士銓, 『忠雅堂詩集』 卷18, 「題鄭板橋畫蘭送陳望亭太守」.
83 『鄭板橋集』, 上海古籍出版社, 1962, 157면.
84 馬曰琯, 『沙河逸老小稿』 卷3.
85 梁章鉅, 『楹聯續話』 卷2.

照耀, 月露香流麗. 山築玲瓏館, 蘿薜綠紛披. 孝友敦昆弟, 斑白欸殷依. 青松倚茂竹, 微雨新晴時. 壽觴一以薦, 慈顔啓和怡. 榮爵靡足好, 歡樂誠如斯. 鄙子拂枯翰, 傾想幽人姿. 唯惶厚穢累, 且是複疑非."[86]

'양주팔괴'는 서화가 정묘했을 뿐 아니라 시문 또한 뛰어나 여러 번 소령롱산관小玲瓏山館의 아집雅集에 참여하여 시를 주고받았다. 금해정金楷正은 『소림집巢林集』의 발문에서 왕사신汪士愼, 고상高翔, 진찬陳撰과 여러 명사들이 "諸名輩酬唱於馬氏玲瓏山館, 極一時人文之盛."이었다고 말하였다. 오석기吳錫麒는 나빙羅聘의 묘지명에서 "時揚州馬嶰穀半查兄弟開設壇坫, 號召賢流, 君以波瀾吻縱之才, 値文酒風馳之會."[87]라고 하였다. 『한강아집』은 고상과 여러 명사들이 시를 주고받은 정황을 싣고 있는데, 예를 들어 권3 『십일월삼십일집소령롱산관분영十一月三十日集小玲瓏山館分詠』에서는 시운으로 호기항은 한등寒燈을 취하고, 당건중은 한계寒溪를 취하고, 정몽성은 한월寒月을 취하고, 고상은 한송寒松을 취하고, 마왈관은 한산寒山을 취하고, 왕옥추汪玉樞는 한운寒雲을 취하고, 여악厲鶚은 한림寒林을 취하고, 방사서方士庶는 한경寒更을 취하고, 왕조는 한려寒旅를 취하고, 방사方士는 한연寒煙을 취하고, 마왈로는 한강寒江을 취하고, 진장은 한원寒原을 취하고, 민화는 한침寒砧을 취하고, 육종휘는 한종寒鍾을 취하고, 전조망은 한죽寒竹을 취하고, 장사과는 한천寒泉을 취하였다. 『한강아집』 권8, 『산관좌우山館坐雨, 이우함와화총以雨檻臥花叢, 풍상전서권분운風床展書卷分韻』에서는 시운으로 정사함程士咸은 '서書'자를, 고상은 '함檻'자를, 마왈관은 '권'자를, 마왈로는 '전展'자를, 진장은 '화花'자를, 요세옥은 '총叢'자를, 민화는 '와臥'자를, 육종휘는 '우雨'자를 취하였다.

'양주팔괴'와 '양주이마'의 시집에도 역시 이러한 점에 대한 기재가 많다.

---

86 華嵒, 『離垢集』 卷3, 「馬半查五十初度擬其逸致優容寫之扇頭並制詩爲祝」.

87 吳錫麒, 『有正味齋集』 駢體文 卷22, 「羅兩峰墓志銘」, 續修四庫全書, 集部 1469冊, 101면.

예를 들어 금농金農의 『동심선생집冬心先生集』에는 「마왈관형제초동왕기여원갑왕훈려악민화왕원진고집소령롱산관馬曰琯兄弟招同王歧餘元甲汪埴厲鶚閔華汪沅陳皐集小玲瓏山館」 등의 시가 있는데, 이 시에서 말하기를 "少遊兄弟性相仍, 石屋宜招世外朋. 萬翠竹深非俗籟, 一圭山遠見孤棱. 酒闌遽作將歸雁, 月好爭如無盡燈. 尙與梅花有良約, 香粘瑤席嚼春冰."[88]이라고 하였다. 왕사신汪士愼의 『소림집巢林集』에는 「해곡반사초음행암嶰穀半査招飮行菴」 등의 시가 있는데, 읊기를 "結茅佳處無喧嘩, 千年樹底開窗紗. 韓江詩人觴詠地, 吟箋五色鮮儒花. 林光射酒好風日, 老桂香幽時一襲. 夜涼客散露華浥, 滿地秋聲鳴蟋蟀."[89]라고 하였다. 이 두 수의 시에서는 아집雅集의 정경에 대해 묘사하기를 '萬翠竹深, 老桂香幽, 月光如泄, 滿地秋聲, 文人墨客, 儒雅脫俗'이어서 세상 밖의 무릉도원과 같아 사람을 황홀하게 한다고 묘사하였다.

그림 같은 풍경의 원림 속에서 아집에 모인 사람들은 마음이 트이고 기분이 유쾌해져 마음껏 재능을 펼쳐보였다. 금농의 시는 금을 타고 바둑을 두며 글 쓰고 그림 그리는 한 폭의 장면을 묘사하고 있다. 이는 건륭 8년(1743) '양주이마'가 소령롱산관小玲瓏山館에서 벗들과 벌인 연회이다. '양주이마'의 벗들 가운데는 항세준(字는 堇浦), 여악(字는 樊榭), 정섭(字는 板橋) 등이 있다. 금농은 시에서 "修禊玲瓏館七人, 主人昆季宴嘉賓. 豪吟堇浦髯撚手, 覓句句山筆點唇. 樊榭撫琴神入定, 板橋畫竹目生瞋. 他年此會仍如此, 快殺稽留一老民."[90]이라고 하여 생동감 있게 묘사하고 있다.

'양주이마'는 '양주팔괴' 등을 극진히 환대했을 뿐만 아니라 선물도 후하게 주었다. 금농金農은 일찍이 쓰기를 "乾隆癸亥春之初, 馬氏昆季宴友於小玲瓏山館. 秋宇 (玉) 主人出前朝馬四娘畫眉螺黛、太子坊紙、宋元古硯, 將貽友人.

88 金農, 『冬心先生集』 卷4.
89 汪士愼, 『巢林集』 卷5.
90 『揚州八怪年譜』, 江蘇美術出版社, 1990, 225면 참조.

餘得秋宇案頭巨硯, 質雖稍粗, 然臨池用之大可快意. 老年得此, 又得一良友矣."[91] 라고 하였다.

오랜 교유기간 동안 '양주이마'와 '양주팔괴'는 두터운 우정을 맺었다. 그들의 시문에는 이 점이 잘 반영되어있다. 예를 들어 마왈관의 시 「추일간왕근인秋日東汪近人」에는 그의 왕사신에 대한 깊은 정과 후의가 나타나있다. 이 시에서는 "交深卅載意綢繆, 移住城隅小屋幽. 風里寒蛩憐靜夜, 燈前白苧耐新秋. 嗜茶定有茶經讀, 能畫羞來畫直酬. 淸骨向人殊落落, 懶將岩電閃雙眸."[92] 라고 쓰고 있다. 고상이 50세가 되었을 때 '양주이마'가 시를 써서 축수하였다. 마왈관은 깊은 정을 담아 다음과 같이 쓰고 있다.

> "十五論交今五十, 與君同調複同庚. 琴書偃仰堪晨夕, 風雨過從眞弟兄. 貧里能忘三徑隘, 秋平多感二毛生. 頻年蹤跡追相憶, 酒綠燈紅倍有情."[93]

마왈로는 감개무량하여 읊기를 "君當弱冠餘齠齔, 轉眼看君半百人. 須鬢共驚成老大, 衣冠不解逐時新. 閑窗坐雨冬經夏, 木榻論文暮及晨. 豈獨杯深欣對把, 笑談隨處見天眞."[94] 이라고 하였다. 고상이 병으로 죽은 후 이마는 시를 지어 이를 슬퍼하였다. 마왈관은 매우 슬퍼하며 다음과 같이 읊고 있다.

> "垂髫交契失高賢, 傲岸夷猶七十年. 白袷慣傾花嶼酒, 靑山只取研田錢. 兩家老屋常相望, 一樣華顚劇可憐. 同調同庚留我在, 臨風哪得不潸然."[95]

---

91 『揚州八怪年譜』, 江蘇美術出版社, 1990, 225면 참조.
92 馬曰琯, 『沙河逸老小稿』 卷2.
93 馬曰琯, 『沙河逸老小稿』 卷1, 「壽高西唐五十」.
94 馬曰璐, 『南齋集』 卷1, 「高西唐五十」.
95 馬曰琯, 『沙河逸老小稿』 卷6, 「哭高西唐」.

마왈로는 눈물을 흘리며 "忘物兼忘我, 如君古亦稀. 忽隨淸化氣, 空見野雲飛. 有句留苔壁, 無人叩竹扉. 平生知己淚, 一想一沾巾."[96]이라고 하였다. 이러한 시들의 정서는 매우 간절하여 사람에게 깊이 감동을 준다.

재미在美 학자 여영시余英時는 다음과 같이 보고 있다. "16세기에 시문, 서화는 모두 이미 정식으로 문화시장의 상품지위를 획득하였다. …… 윤필료는 점점 발전하여 이에 이르러서는 이미 전통적인 방식을 넘어서서 오늘날의 문학가, 예술가가 전업화 되어 있는 관념에 상당히 가까워졌다. 당시에 문예작품의 상업화는 당인唐寅이 직접적으로 '이시利市'라는 두 글자를 써서 그가 지은 부簿에 제題를 붙인 것에서 가장 생생하게 나타난다. 그의 유명한 언지시言志詩에서 그는 '不煉金丹不坐禪, 不爲商賈不耕田. 閑來就寫靑山賣, 不使人間造業錢.'이라고 하고 있다."[97]

'양주팔괴'는 번영, 번창했던 양주와 명사들이 경쟁하던 화단에 있으면서 상품경제라는 조류의 영향을 받았고, 염상·부유한 상인들과 왕래하는 와중에 그들의 '윤필료'관념 또한 새로운 발전을 겪었다. 화엽은 친구에게 양주에서 작품을 팔아달라고 부탁하는 서신에서 높은 가격을 얻고자하는 것을 분명하게 나타내고 있다. "美人幅, 因汪學兄抱疾, 尙未與人看. 今取回奉上, 意中尙有賞音者, 或將高價與之. 此種筆墨, 弟以後不能作矣."『금동심십칠찰金冬心十七札』은 금농과 휘주 상인이자 화가였던 방보方輔가 매우 가까이 교류한 증거로, 금농은 서신에서 여러 번 서화매매와 그 보수를 언급하고 있는데, 예를 들어 4번째 서찰에서는 "輞川圖有古色, 頗可蓄也. 議値二金, 渠已割愛."라고 하였고, 7번째 서찰에서는 "褚生帖是實價, 所留諸種, 須照原單方可行. 銀過繳還, 如不値數, 則擲下."라고 하고 있으며, 13번째 서찰에서는 "送畫冊後, 所取潤筆, 又旬日矣, 今友何故遲遲乃爾也."라고 하였다.[98] 정섭은 더 나아가 스스로 윤필료

96 馬曰璐, 『南齋集』 卷4, 「哭高西唐」.
97 餘英時, 『儒家倫理與商人精神』, 廣西師範大學出版社, 2004, 172~173면.

기준을 정하고 솔직하게 직접적으로 말하고 있다. "大幅六兩, 中幅四兩, 小幅二兩, 扇子鬥方五錢. 凡送禮物食物, 總不如白銀爲妙；公之所送, 未必弟之所好也. 送現銀則中心喜樂, 書畫皆佳. 禮物旣屬糾纏賒欠尤爲賴賬. 年老體倦, 亦不能陪諸君子作無益語言也. 畫竹多於買竹錢, 紙高六尺價三千. 任渠話舊論交接, 只當秋風過耳邊."[99] '양주팔괴'는 예술품을 상품으로 보았고 사상적으로 완전히 새로운 가치관을 받아들였다. 그들이 보기에는 자신의 노동으로 만든 것을 교환하여 얻은 금전적 이득은 명분과 의리가 정당한 것이고 인정과 사리에 맞는 것이었다. 이는 사상士商의 상호작용 속에서 사士가 겪은 중요한 변화 중 한 가지이다.

정리해서 말하자면 '교유아집交遊雅集'과 '시주수창詩酒酬唱'은 전근대 사인士人들의 감정을 교류하고 우의를 증진시키는 방식의 하나로서, 중국에서는 유구한 역사가 있으며 그 시작은 매우 오래되었다. 양주 지역의 문인 아집은 송대부터 명성이 있었고, 명청 시기는 가장 빛났던 역사의 한 페이지였다. 아집의 주창자와 조직자는 명사名士와 관원 외에도 '가이호유賈而好儒'한 염상도 있었다. 이는 명청 시기 상업발전과 사회변천이 드러나는 한 측면이다. 청대 옹정, 건륭 연간에 양주 염상 마왈관, 마왈로 형제가 주관한 한강아집은 사상士商이 결합된 문학집단이다. 시사의 성행과 시회의 정경은 당시 사람들이 "馬嶰穀昆季諸君倡韓江詩會, 一時江浙名流, 聲應氣求, 來遊來止 …… 當其令辰佳夕, 勝地名園, 吟席參差, 酒場稠疊, 時則操觚之士, 騁姸抽秘, 各效其能."[100]이라고 말한 바와 같다. 시를 짓는 소재는 당시 사람이 "自韓江有詩社將二十年, 江山風月, 草木蟲魚, 弔古登臨, 歡筵離席, 各競異爭奇, 題無遺剩."[101]이라고 한

98 方盛良, 『清代揚州徽商與東南地區文學藝術研究』, 人民文學出版社, 2008, 140면에서 재인용.

99 鄭燮, 『鄭板橋集』, 「補遺」, 「板橋潤格」, 上海古籍出版社, 1979, 184면.

100 張世進, 『著老書堂集』, 「閔華序」.

101 張世進, 위의 글.

것과 같다. 시사詩社의 구성원은 자주 함께 경사經史를 토론하고, 전고典故를 고증하고, 시를 짓고 화답하였다. 마씨 형제는 문인학사들을 열렬히 환대하고 문화 사업을 크게 후원하여 양주 지역의 문화진흥을 촉진했을 뿐만 아니라 자신들의 문화 수준 또한 높이고 '박학홍사과博學鴻詞科'에 추천되어 『청사淸史』, 「문원전文苑傳」에 들게 되어 "상이겸사"의 신분을 확립하였다. 상품경제라는 조류의 충격에 맞닥뜨리고 염상·부유한 상인들과 교류하는 와중에서 시사 구성원의 의리관 또한 변화가 발생하여 정섭 등의 '윤필료' 관념에는 새로운 발전이 생겨났다. 이러한 것들은 청 중엽 양주지역의 경제와 문화, 상인과 사인 간의 상호관계를 생생하게 반영하고 있다.

1900년대 「광무호적光武戶籍」의 '사士'와 「민적民籍」의 '양반兩班' 기재

손병규(孫炳圭)*

1. 머리말

'사士'는 동아시아 전통사회의 전형적인 신분체계인 '사농공상士農工商' 가운데 하나이기도 하다.[1] 구체적으로는 관직자나 군관 등, 집권적 전제국가의 공공업무를 수행하는 자들을 말하며 사회권력 구조 상부의 지배층을 통틀어 지칭하기도 한다. 한국의 호적에는 개인에게 국가적 신분체계로 '직역職役'이 기재되었는데, 대한제국大韓帝國의 「광무호적光武戶籍」에 그것에 대신해서 '사'가 처음으로 상층계급을 나타내는 용어로 사용되었다. 또한 1910년 전후의 「민적民籍」에는 또다시 그것에 대신해서 '양반兩班' 등이 기재되었다.

'양반'은 고려시대의 중앙관료를 귀족신분으로 규정하는 법제적 용어이

---

* 성균관대학교 동아시아학술원 인문한국(HK)연구소 교수.

1 朝尾直弘 편, 『身分と格式(日本の近世7)』, 中央公論社, 1992, 제1장 : 近世の身分とその変容, 7~40면. 상층계급으로 동아시아의 '사'라 할 때, 중국 송대 이후의 '士大夫', 일본 에도(江戶)시대 '武士'가 여기에 속한다고 할 수 있다.

며, 호적상에 그에 해당하는 자는 관직명이 기재되었다. 조선시대의 양반은 법제적으로 규정되지 않고 단지 사회적으로 인식되는 상층계급을 의미하여 '사족士族'이라 불리기도 했다.[2] 조선시대의 양반兩班은 고려의 중앙관료 '양반兩班'과 연이어 있었지만, 귀족으로서의 법제적 보장이 사라지고 관직을 얻지 못해도 주자학朱子學 소양을 가진 '사士'의 개념으로 재구성된 것이라 할 수 있다.[3] 조선왕조 호적에도 이들은 관직은 물론, 과거합격자인 진사進士·생원生員, 과거준비자의 의미를 가진 '유학幼學' 등을 '직역'으로 기재했다.

조선왕조는 양인良人과 천인賤人으로 신분을 구분하고 양반계급을 포함하는 양인에게 국가의 공적 업무를 '국역國役'으로 수행하도록 하는 인력동원을 주요한 통치체제로 삼았다. 관직官職과 군역軍役 등의 국역과 노비奴婢를 포함하는 양천신분 표시를 망라하여 이것을 개개인의 '직역職役'으로 규정한 호적戶籍은 통치를 위한 기본대장이 되는 셈이다.[4] 법제적으로 규정되지 않는 조선왕조의 양반을 사회에서 인식되는 사회계층, 즉 '사회적社會的 신분身分'이라 한다면, 호적상의 직역은 국가에 의해서 규정되는 '법제적 신분'이라 할 수 있다. 연구자들은 호적상의 직역 기재로부터 사회적 신분이 된 양반을 추적하여 사회구조를 논해왔다. 그러나 양반이 즐겨 사용하는 직역명이라고 해서 그것을 기재하는 자가 바로 사회적으로 인식되는 양반이라고 인정되지

---

2 김성우, 「조선시대 '사족'의 개념과 기원에 대한 검토」, 『조선후기사 연구의 현황과 과제』, 창작과비평사, 2000, 321~375면. 더불어 향촌사회의 지배적 계층인 '吏族'에 상대화된 의미도 있다. 중국과 같이 '士大夫'라 불리기도 하는데, 조선시대에는 상위 관직자인 '대부'에 대해 하위 관직자인 '사'는 관직자가 아닌 자들까지 포함한다.

3 宮嶋博史, 『兩班, 李朝社會の特權階層』, 中央公論社, 1995, 第1章 兩班—朱子學の担い手たち, 17~26면.

4 손병규, 「조선후기 국가적인 신분 규정과 그 적용」, 『역사와 현실』 48, 한국역사연구회, 2003(a), 31~52면; 「호적대장의 職役記載 양상과 의미」, 『역사와 현실』 41, 한국역사연구회, 2001, 2~31면.

는 않았다.[5]

말하자면 광무호적의 '사'와 민적의 '양반'은 조선시대 상층계급을 나타내는 사족이나 양반을 개별 가족의 법률적 신분규정으로 호적상에 공식화한 것이라 할 수 있다. 그러나 조선시대 구 호적에도 '사'라는 인식에 기초한 기재가 없지는 않다. 혼인한 여성에게 사족의 적녀임을 나타내는 '씨'라는 호칭이 그것이다.[6] 남성에게 직역만이 기재되는 대신에 여성에게는 상층계급으로서의 사족, 양반에 대한 사회적 인식이 호적기재 양식상의 기준으로 적용되고 있었던 것이다.

조선왕조의 막바지에 '대한제국大韓帝國'이 성립되면서 작성한 '광무호적光武戶籍'에는 양천신분구분과 함께 이 '직역'이 기재 양식에서 사라졌다.[7] 그와 동시에 '호주戶主'에게 '직업職業'이 기재되었다. 그 가운데 '사士'라는 기재는 과연 조선왕조의 사족, 양반과 호적상의 직역등과 어떠한 관련성을 갖는 것일까? 일본제국의 조선 식민지화를 본격적으로 지휘하기 시작한 조선통감부는 1909년부터 대한제국의 '광무호적'에 대신해서 일본의 '명치호적明治戶籍' 기재양식에 준한 '민적民籍'을 작성하기 시작했다.[8] 그리고 민적 작성 초기에 '사士'에 해당하는 것으로서 '양반兩班' '유생儒生' 등을 기재했다. 이 또한 전시대의 신분양상과 어떠한 관련성, 혹은 단절성을 나타낼 것인가?

스러져가는 왕조에 대신하여 새로운 사회를 건설하고자 하는 중앙정부

---

5 정진영, 「조선후기 호적 '호'의 새로운 이해와 그 전망」, 『대동문화연구』 42, 성균관대 대동문화연구원, 2003, 137~170면; 권내현, 「조선후기 호적, 호구의 성격과 새로운 쟁점」, 『한국사연구』 135, 한국사연구회, 2006, 279~303면.

6 김경란, 「조선후기 호적대장의 여성호칭 규정과 성격—『단성호적』을 중심으로」, 『역사와 현실』 48, 한국역사연구회, 2003, 191~220면.

7 池承鍾, 「甲午改革 以後 兩班身分의 動向: 1894~1910」, 『慶南文化硏究』 18, 경상대 경남문화연구소, 1996, 257~282면; 손병규, 「대한제국기의 호구정책—단성 배양리와 제주 덕수리의 사례」, 『대동문화연구』 49, 성균관대 대동문화연구원, 2005, 197~238면.

8 손병규, 「한말 일제초 제주 하모리의 호구파악—광무호적과 민적부의 비교 분석」, 『대동문화연구』 54, 성균관대 대동문화연구원, 2006, 1~39면.

당국은 '사민四民'이 평등한 위에 성립하는 중앙집권적 국가건설을 이상으로 하면서 인민의 파악에 왜 전통적 신분구분을 계속해서 고집한 것일까? 그것은 기존의 지배계급에 대한 어떠한 의도를 간직한 것일까? 이러한 문제에 접근하기 위해 여기서는 「광무호적」의 '사'와 「민적」의 '양반' 기재에 대한 구체적 사례분석을 시도하고자 하는데,[9] 그에 앞서 우선 그것과의 관련을 염두에 두고 조선왕조 구호적으로부터 상층계급의 호적기재 양상을 살펴보기로 한다.

2. 조선왕조 호적의 직역職役 기재와 양반兩班

조선왕조의 양반兩班은 고려왕조의 중앙관료를 가리키는 '양반'에서 유래한다. 고려왕조의 양반은 관직 수행을 위한 비용으로 토지와 노비를 국가로부터 부여받았다. 그러나 조선왕조의 양반은 더 이상 출생과 더불어 제도적으로 보장받는 귀족계급이 아니었다. 양반은 이제 제도적으로 규정되는 용어가 아니며 그들의 신분에 대한 어떠한 법제적 보장도 얻지 못했다.[10] 그들은 과거에 응시할 수 있는 반면 국가의 직역을 수행할 의무를 가진 양인의 일부분을 차지할 뿐이었다. 그렇기 때문에 단지 그들은 사회적인 위상을 높게 유지할 수 있는 모든 장치를 활용해야 했다. 과거에 합격하여 관직을 얻는 데에 이르지 못한 자들은 호적상에 '유학幼學'이라는 직역명을 사용하며 출세

9 「光武戶籍」 자료는 光武 8년(1904)과 9년에 작성된 慶尙道 丹城郡 元堂面 培養里의 戶籍表 57장이다(「慶尙南道丹城郡戶籍表」, 『慶尙道丹城縣社會資料集』 2, 성균관대 대동문화연구원, 2003(영인본)). 「民籍」 자료는 1913년~1946년에 걸쳐 除籍된 慶尙道 丹城郡 新等面과 法物面의 民籍이다(『山淸郡新等面除籍簿』, 산청군 신등면사무소). 1910년대 중엽에 이 두 면은 山淸郡에 편입되어 '신등면'으로 통합되었다.

10 손병규, 앞의 2003(a) 논문, 31~52면.

의 기회를 엿보았다.

'유학'이란 본래 '과거科擧 시험을 준비하는 학생'이라는 의미를 가진다.[11] 관직을 얻지는 못했지만 16세부터 부과되는 군역을 일단 뒤시기로 연기할 수 있었다. 향촌사회에서 과거의 첫 관문을 통과한 생원生員과 진사進士, 그리고 관직을 경험한 자는 소수에 불과했다. 그 외에 지배적 계급으로서 호적에 등재되는 자는 대부분 이 '유학'을 직역명으로 기재했다. 그러나 이 '유학'은 본래 군역부과로부터 잠시 피해있는 것이므로 함부로 얻어서 기재할 수 있는 것은 아니었다. 최소한 지방관의 지방통치에 동원되어 조력하거나 재정 및 군역운영을 위해 물자나 자신의 노비를 제공하는 등의 반대급부가 요구되었다.[12]

조선왕조의 상층계급인 양반은 17세기~19세기의 현존 호적에 관직이나 '유학'등을 기재하고 있다. 17세기 말과 18세기 초의 호적에 이러한 직역명을 기재하는 사람은 모든 남자의 10%정도에 지나지 않았지만, 그 이후로 급격히 증가하여 19세기 후반에는 50%에 이른다. 그것은 '유학'을 비롯하여 호적장부의 개별 호구마다 기재된 이러한 직역명을 집계한 결과이다.[13] 호의 대표자만을 살펴보면 이것보다 훨씬 높은 비율을 보인다.[14]

호적상 '유학' 등의 직역명은 국역체계의 운영을 위한 기재이며, '양반'과 같은 사회 계층적 신분과는 다르다. 단지 사회적으로 인식되는 '양반'들이

---

11 이준구, 「朝鮮後期의 幼學과 그 地位」, 『민속문화논총』 12, 영남대 민족문화연구소, 1991, 71~108면.

12 손병규, 「18세기 지방의 사노군역 파악과 운영—경상도단성현호적대장의 기재 상황」, 『韓國史學報』 13, 고려사학회, 2002, 383~420면; 「호적대장의 재정사적 의의」, 『사림』 16, 수선사학회, 2001, 285~313면.

13 손병규, 「호적대장 職役欄의 군역 기재와 '都已上'의 통계」, 『대동문화연구』 39, 성균관대 대동문화연구원, 2001, 165~196면.

14 송양섭, 「19세기 幼學戶의 구조와 성격— 丹城戶籍大帳을 중심으로」, 『대동문화연구』 47, 성균관대 대동문화연구원, 2004, 119~162면.

17세기의 호적상에 그러한 직역명을 허락받았으며, 이후로 '양반'을 지향하는 자들도 호적에 그러한 직역명을 기재하게 되고 그렇게 기재하는 자가 늘어났다는 말이다. 그런데 호적에는 '양반'이라는 사회적 신분인식이 여성의 호칭에 반영되어 있다.[15] 즉, '사족士族' 집안의 성인 여성은 이름을 쓰지 않고 '김씨', '이씨', '박씨'와 같이 성씨에 '씨'라는 호칭을 붙였다. '사족'은 곧바로 '양반'을 의미하며 '양반'을 자처하는 자들의 혼인은 그러한 통혼권에서 이루어져 그러한 여성들이 호적상에 '씨' 호칭을 사용하게 된다. 따라서 17~19세기를 통해 '유학' 등을 직역명으로 기재하는 남성들이 증가함과 동시에 '씨' 호칭을 사용하는 여성들도 증가하게 된다.

그렇다면 과연 조선왕조 지배계급인 양반은 17~19세기를 통해 그만큼 증가한 것인가? 그들은 양반들의 증가하는 후손들과 신흥세력으로 등장하여 여러 가지 방법으로 호적상에 '유학'을 쓰기에 이른 평민들이다. 향촌사회에서는 그들을 모두 '양반'이라고 여기지는 않는다. 여기에 '유학을 모록冒錄한다'는 인식이 발생했다.[16]

호적장부 말미의 '도이상都已上' 항목에는 중앙정부에 대한 보고용으로 군현 전체의 호구총수와 직역별 통계가 기록되어 있다. 17~19세기를 통해 '도 이상'조에 기록된 관직 및 '유학' 등의 직역명 통계는 호구마다 기재된 이러한 직역명의 집계치와 병행하여 증가했다. 지방에서 호구를 조사, 보고하는 지방관청은 재정과 군역의 운영을 원활히 하기 위해 증가하는 '유학'의 기재를 용인하고 있었으며, 그러한 상황이 중앙에 그대로 보고되고, 또한 묵인되고 있었던 것이다. 그런데 19세기 후반에는 상황이 달라져서 '도 이상'조의 '유학' 통계수치가 하향 조정되어 '1000명'과 같이 의도된 수치로 고정

15 김경란, 앞의 2003 논문, 191~220면.

16 심재우, 「조선후기 단성현 법물야면 유학호의 분포와 성격」, 『역사와 현실』 41, 한국역사연구회, 2001, 32~65면.

되었다. 중앙정부로부터 '유학' 기재가 더 이상 증가하지 못하도록 통제가 가해졌던 것이다.[17] 물론 그럼에도 불구하고 호적대장 본문에는 '유학'을 기재하는 호구가 지속적으로 증가했다.

'양반'이 제도적인 개념을 획득하기 시작한 것은 18세기 후반 이후 지방관이 관할구역 내의 군역징수 및 환곡還穀 등의 재정운영의 문제점을 지적하면서부터다. 당시 지방관들은 군역징수나 환곡분급 대상으로 '반호班戶'를 언급하며 그들이 정책에 순응하지 않는 것에 문제의 원인이 있다는 내용을 중앙정부 및 상부에 수시로 보고하고 있다.[18] 그러나 여기서 언급하는 '양반兩班의 호戶'는 단순히 '유학' 등을 호적에 기재한 호들을 의미할 뿐이다. 향촌사회에서 일반적으로 인식되는 현실상의 양반을 언급하는 것은 아니다.

19세기 후반에도 군포 징수대상의 범위를 확대하고자 하는 '균포均布'의 제도가 시행될 때에 경상도 상주尙州에서는 '소민배小民輩'들이 호적에 '유학幼學'을 '모칭冒稱'하여 '반호'로 올라가버려 군포부담을 적게 짐으로써 '상민常民의 戶'들이 부담하는 군역가가 가중됨이 지적되었다.[19] 지방관은 여기서 '유학'을 호적에 기재하게 된 시기에 따라 4등분하고 '유학'을 기재한 지 오래된 호일수록 부담을 적게 하는 방안을 제안했다.[20] 여기서 '반호'도 지방 통치상의 제도로 통용되었으나, 호적상에 '유학' 등을 '모록'함으로써 발생

17 호적대장 '都已上'조의 '幼學' 통계는 1861년 호적 도 이상에 1,459명이다가 1870년 호적에 1,000명으로 줄어들고, 1882년 호적에서 1,000명으로 고정되었다(『慶尙道丹城縣戶籍大帳 DB』, 성균관대 대동문화연구원 홈페이지 참조).

18 손병규, 「조선후기 재정구조와 지방재정운영—재정 중앙집권화와의 관계」, 『朝鮮時代史學報』 25, 조선시대사학회, 2003(b), 117~144면.

19 "至于庚辰, 創出班常戶等分之別, 班戶則以春一兩秋八錢爲定, 常戶則 …… 每戶所納多或至五兩餘, 此皆由於小民輩之冒稱幼學陞付班戶之弊歲甚一歲故也." 閔種烈, 『商州事例』, 1888(『한국지방사사료총서』 9, 사례편, 여강출판사 영인본, 1987).

20 "幼籍也軍布也與士族同歸一例事甚遙庭, 故別搆方略, 就於冒錄一千五百八十餘戶內, 隨其年條久近作爲四等, 一曰年久冒錄每戶三兩, 二曰壬戌冒錄每戶六兩, ……." 閔種烈, 위의 『商州事例』

한 것이며 사회적으로 인식되는 '사족' 양반과는 괴리가 있다.

조선왕조 양반을 규정하기가 이렇게 애매한 것은 조선왕조 신분제 자체의 유동적 성격에 기인한다.[21] 중국과 같이 일찍부터 신분제가 해체되어 사회경제적 지위의 상하변동이 매우 자유로운 사회에 비해본다면, 조선왕조는 고대적 이념의 제도적인 틀을 왕조 말기까지 포기하지 않은 신분제 사회였다. 제도적으로 양천신분이 차별된 위에 '직역'체제를 구축하고, 양반이 실질적인 상층의 지배적 신분층을 이루고 있다. 그러나 '사농공상士農工商'의 중국 전통적인 신분구분을 고수하며 무사武士, 촌인村人, 정인町人 등의 신분 사이에 이동이 극히 제한되어 있는 일본근세 강호시대江戶時代 사회와 비교해서 신분변동은 상대적으로 자유로운 편이다.

신분제가 여전히 존재하여 사회법제적 제약을 받는 한편, 신분변동의 가능성이 열려있기 때문에, 조선인민들은 현재의 신분적 상황에서 벗어나서 '상승'할 수 있는 기회를 항시라도 엿보고, 또한 실행할 수 있었던 것이다. 조선인민의 이러한 유동적이고 애매한 신분 상황으로 말미암아 '균등'에 대한 논란과 지향이 다른 지역에 비해 강했다고도 할 수 있다. 19세기의 호적은 모든 인민이 양반들이 주로 사용하는 호적기재양식을 따라하여 '전인민의 양반화'를 지향하는 '양반 지향적' 성향을 그대로 나타내고 있다. 이것은 인민들이 평등한 위에 왕권을 향해 모든 정치권력과 재원이 집중되고 왕권을 통하여 재분배되는 중앙집권적인 통치이념에 대해 그 지향하는 욕구의 크기와도 결부되어 있다고 여겨진다.

21 宮嶋博史, 「조선시대의 신분 · 신분제 개념에 대하여」, 『대동문화연구』 42, 성균관대 대동문화연구원, 2003, 289~308면.

3. 대한제국기 「광무호적光武戶籍」의 '사士' 기재

1894년의 '동학농민운동'과 '청일전쟁'이 발발하는 환경 속에서 조선왕조는 대대적인 정치개혁을 단행했다. 이 '갑오개혁'에 이어 1897년에는 '제후국諸侯國'으로의 조선왕조에 대신해서 '황제皇帝'의 국가체제로서 '대한제국大韓帝國'이 성립했다. 그 전년도인 1876년부터 이것을 위한 새로운 정치개혁, 즉 '광무개혁光武改革'이 시도되었는데, 그 가운데 호적도 새로운 방법으로 작성되었다. 이것을 조선왕조시기의 호적과 구별하여 '광무호적光武戶籍', 혹은 '신호적新戶籍'이라 한다.[22] 국가체제의 변혁과 함께 국가에 의한 인민파악 방법에도 변화가 있었던 것이다.[23]

광무호적은 이전까지의 조선왕조 호적과 기재상의 몇 가지 변화를 보여준다. 특히 호의 대표자를 '호주戶主'라 칭하고 그자에게만 '사농공상士農工商'이라는 중국 전통의 신분을 구별하여 기재하게 했다는 사실이 주목된다. 조선왕조 호적에는 호내의 개개인에 대한 '국역' 징수관계가 각종의 '직역職役'으로 기재된 반면에, 광무호적에는 호마다 '직업職業'이라는 난을 설치하여 해당 호에 대해 이러한 신분을 부여한 것이다. 여기에는 중앙정부의 호에 대한 인식에도 차이가 있었음을 의미한다.[24]

광무호적은 조선왕조 구호적이 기왕에 설정된 '호구총수'에 준해 적정한 호구수를 편제하여 등재하는 것에 대해 비판하며 '일호일구一戶一口'도 누락 없이 기재될 것을 지향했다. 조선왕조의 호적은 호 단위의 신고서인 '호구단자戶口單子'를 모아 궁극적으로는 일련의 주소에 따라 군현단위의 호적장부를

---

22 조석곤, 「광무년간의 호정운영체계에 관한 소고—대한제국기의 토지제도」, 민음사, 1990, 161~162면.

23 이세영, 「대한제국기의 호구변동과 계급구조」 『역사와 현실』 7, 한국역사연구회, 1992, 212~247면.

24 손병규, 앞의 2005 논문, 197~238면.

작성케 했다. 광무호적은 호별 '호적표戶籍表'로 작성되었으나 호구를 편제하여 다른 장부에 옮겨 적지 않고 그것을 그대로 면리단위로 철하여 작성했다. 따라서 광무호적에는 실제 하나의 가옥에 동거하는 가족구성원을 기록한다는 의미로 '가택家宅'란을 설정하고 있다. 그곳에는 자신의 소유인 '기유己有'인지 빌린 '차유借有'인지 하는 가옥의 소유관계와 '초가草家'인가 '와가瓦家'인가 하는 가옥의 형태와 함께 그 규모를 간수數로 기재했다.

경상도단성군慶尙道丹城郡 원당면元堂面 배양리培養里에는 호마다 한 장씩의 호적표로 철해진 광무호적이 현존한다. 배양리 주민들은 1904년과 1905년에 각각 30장과 27장의 호적표를 작성했다. 57장의 호적표 가운데 중복된 호를 제외하면 당시 배양리에 거주하던 37개의 서로 다른 호를 찾을 수 있다. 그러나 이것이 당시 배양리의 모든 호를 망라하고 있지는 않다. 이곳에는 '호적표'와 별도로 1905년에 작성된 '가사표家舍表'라는 자료가 남아있다. 이 '가사표' 자료에는 가옥의 규모와 가격이 기록된 40호가 등재되어 있다.[25] 여기에는 호적표에 없는 호가 15호정도 나타나며, 반대로 가사표에 없는 호가 호적표에 13호 정도 나타난다. 호적표 자료는 배양리의 일부의 호에 한해서 현존하며, '가사표'에도 배양리에 현존하는 모든 호가 등재된 것이 아님을 알 수 있다.[26]

배양리의 현존하는 호적표로부터 당시의 신분규정이 갖는 현실성을 추적

25 「丹城郡元堂面家舍表」, 『경상도단성현사회자료집』 2, 성균관대 대동문화연구원 영인본, 2003.

26 그러나 호적표의 이러한 현존 상황은 대한제국기의 호구파악 특성상 일반적인 현상일 것으로 보인다. 중앙정부는 편제하지 않은 현실 그대로의 家戶로 모든 호를 파악하여 보고하기를 원했지만, 향촌사회에서 조사에 임하는 향회와 같은 자치조직은 이전에 파악하지 않던 가호까지 새롭게 호구를 파악하면서도 공식화하는 단계에서는 낮은 수치로 보고했다. 지방에서 거두던 호세를 중앙정부가 호적에 근거하여 일괄적으로 거두어 가는 데에 대한 반발이었다. 대한제국기 동안에 파악된 전국 호구수는 19세기 조선왕조 호적의 수준보다 낮아졌다. 손병규, 앞의 2005 논문, 197~238면 참조.

하기 전에 여성의 호칭이 주목된다. 광무호적은 호마다 호주의 '직업'란에 '사농공상'을 기재하는 것으로 신분규정이 변했지만, 여성에게는 여전히 이전의 호적과 마찬가지의 호칭을 사용하고 있기 때문이다. 여성의 호칭은 조선왕조 호적상의 '직역' 기재에 조응하여 사회 계층적 구분을 대변하는 기록이었다. 광무호적에도 여전히 호 구성원 가운데 처, 모, 형수, 제수, 며느리 등에게 각자의 이름 대신에 '조씨曺氏', '박성朴姓'과 같이 여전히 호칭을 기재하고 있다. 배양리의 경우는 양반가의 기혼여성임을 나타내는 '씨氏' 호칭이 45명, 중인中人의 기혼여성에게 사용되는 '성姓' 호칭이 14명 발견된다.

그런데 '씨'를 사용하는 기혼여성은 3명을 제외하고 모두 합천이씨陜川李氏 집안에 시집온 여성들이다. '씨'를 쓰는 3명의 기혼여성은 모두 황씨성을 쓰는 호주의 한 호에 등재되어 있다. 반면 '성'을 쓰는 자들은 한 명을 제외하고 모두 합천이씨가 아닌 타성他姓의 집안에 시집온 여성들이다. '성'을 쓰는 여성이 시집온 한 호의 호주는 합천이씨이지만 배양리 합천이씨의 족보에서 확인할 수 없는 자이다. 배양리에는 구래로 양반가문이었던 합천이씨들이 많이 살고 있었다.[27] 이들은 기왕의 호적에서 대부분 '유학幼學' 등의 직역을 사용하고 정실부인들은 모두 '씨' 호칭을 사용했었다.[28] 광무호적에도 기왕의 '양반'으로 자처하던 자들이 여전히 그들의 처들에게 '씨' 호칭을 기재하도록 한 것이다.

---

27 그러나 1864년 구호적에 배양리는 43호를 등재하는데, 그 가운데 합천이씨는 18호에 지나지 않는다. 1900년대에 이르러 합천이씨가 증가한 것으로 보인다. 1905년 작성의 「가사표」에도 40호 가운데 합천이씨가 25호다.

28 『慶尙道丹城縣戶籍大帳』 元堂面 蛇山里(배양리의 원명), 培養里 1717년~1864년; 『陜川李氏族譜』 1926년 培山書院 간행, 전 5책(중앙국립도서관 소장).

〈표 1〉 호별 직업과 성씨, 기혼여성 호칭의 분포

(단위: 호)

직업	호주성씨	호내 기혼여성의 호칭			계
		氏	姓	없음	
士	합천이씨	9			9
農	합천이씨	18	1		19
	타 성	1	7	1	9
계		28	8	1	37

한편, '씨' 호칭을 사용하는 여성들이 등재된 호의 호주가 '직업'란에 모두 양반신분을 나타내는 '사'를 기재하지는 않는다는 사실에 더욱 주목할 필요가 있다. 한 호에 기혼여성들은 모두 동일한 호칭을 기재하고 있으므로 호별로 여성의 호칭을 살펴보면 <표 1>과 같다. 배양리에는 중복되지 않는 37호의 호적표가 현존하는데, 그 가운데 '씨'를 사용하는 기혼여성이 등재된 호는 모두 28호이다. 그러나 그 가운데 호주의 직업이 '사'인 호는 호주가 모두 합천이씨이며, 9호에 지나지 않는다. 이들은 전체 37호의 24%에 해당한다. '씨'를 사용하는 기혼여성이 등재되어 있으면서 호주가 '농'인 19호 가운데 18호의 호주가 모두 합천이씨이다.

광무호적에는 가옥의 규모가 칸수로 기록되어 있는데, '사'의 가옥규모는 '농'에 비해 큰 편이다. 6간 짜리 가옥 9호 가운데 6호가 '사'이다. 그런데 가족규모를 보면 6간의 가옥에 '사'는 평균 6명, 농은 11명 이상이 산다. 3간 가옥의 경우에도 '사'는 평균 4.3명, 농은 4.5명이 산다. 가옥규모별로 보면 '사'의 평균가족규모가 '농'과 비교해서 오히려 작다. 근소한 차이지만 '사'는 상대적으로 적은 가족이 넓은 집에서 살았다는 말이 된다.

〈표 2〉 培養里 광무호적의 초가규모에 따른 士·農기재 호수와 평균가족규모

초가규모 (間)	호수(호)			평균가족규모(명)		
	士	農	계	士	農	계
6간	6	3	9	6.0	11.7	7.9
4간		1	1		4.0	4.0
3간	3	16	19	4.3	4.5	4.5
2간		7	7		3.7	3.7
1간		1	1		3.0	3.0
계	9	28	37	5.4	5.0	5.1

합천이씨가의 형제 사이에도 '사'와 '농'이 다른 경우가 있다. 이상민李尙玟의 장남 이홍주李弘柱는 '사'이며 차남 이한주李瀚柱는 '농'이다. 이홍주李弘柱의 4촌동생 이경주李景柱도 '농'이다. 이홍주李弘柱의 가옥규모는 6간인데 타성他姓으로 같은 6간 규모의 가옥을 가진 임철규林哲奎는 '농'이다. 이러한 '사'의 구분은 합천이씨 인물들의 계보관계로부터 어느 정도 짐작할 수 있다. 여기서는 합천이씨 족보로 광무호적 호주의 선조를 더듬어 올라가서 가계도를 작성했으며, 그것에 따라 각 호의 직업과 가옥규모를 비교했다.

〈표 3〉 합천이씨 호주의 가계도와 광무호적상의 '직업' 및 가옥규모

(단위: 間, 兩)

가계도	호주	職業	間	장남 대수	家舍案	
					間	價格
정시 춘 동우 석춘 진무 기한 희진 상보 泰柱	李泰柱	士	6	종가	3	200
採柱	李採柱	士	6	종가	5	300
상운 膺柱	李膺柱	農	3		3	30
석후 영무 기형 일준 상석 윤주 炳觀	李炳觀	士	6	6대	3	300
석현 필무 기응 명진 尙鍊	李尙鍊	士	3	4대	2	20

			석태	일무	기진	시진	尙華			李尙華	農	2	4대	1	20
			석표	극무	기팔	성진	상민	弘柱		李弘柱	士	6	5대	3	400
								瀚柱		李瀚柱	農	3		3	70
						익진	상규	景柱		李景柱	農	3		3	40
정석	경	동직	석록	한묵	시간	경진	상정	봉주	炳佑	李炳佑	農	3	9대		
							상규	덕주	炳斗	李炳斗	農	3		2	25
정한	준	동언	석증	한집	심간	경환	尙瑀			李尙瑀	士	6	7대	3	320
							상영	基柱		李基柱	士	3	系子	3	110
						봉휘	상발	弼柱		李弼柱	士	3		4	50
					진간	영환	尙龍			李尙龍	農	3		2	70
				한복	수간	태환	尙赫			李尙赫	農	3			
					명간	극환	尙誠			李尙誠	農	2			
					영간	응환	尙濬			李尙濬	農	3		5	300
			석형	한정	봉간	德煥				李德煥	農	3			
		동원	석조	한규	원간	응환	尙榮			李尙榮	農	2	5대		
		동신	석년	한식	현간	광진	尙昊			李尙昊	士	6	5대		
					성간	鍾煥				李鍾煥	農	3		4	50
			석범	한겸	덕간	윤환	尙甲			李尙甲	農	2			

참고: 長男代數는 선조가 장남으로 4대 이상 지속된 경우의 대수를 말한다. 家舍案은 家屋의 間數와 價格을 기록하고 있는 자료인데 참고로 병기했다(「家舍案」, 『경상도단성현사회자료집』 권2). 가옥의 칸수에 차이가 보이지만 가격은 광무호적의 칸수와 상관성을 보인다.

호주가 '사'인 경우는 그가 배양리의 합천이씨 가계의 종가宗家이거나 수대에 걸쳐서 장남인 경우가 대부분이다. 아우이거나 손아래 방계 동생인 경우에는 주로 '농'을 '직업'으로 적고 있다. 한편 수대에 걸쳐 장남으로 내려온 이상우李尙瑀 가계는 같은 계파의 방계 지파들이 모두 '농'인 데에 반해 본인과 종조카를 포함한 3명이 모두 '사'다. 이것은 그들이 가계 경영에서 우월한 전략을 취한 결과인 듯하다. 이상우李尙瑀는 아우의 대가 끊어지자 그의 아들 이기주李基柱를 계자系子로 보내 가산을 계승시켰다. 위의 이홍주李弘柱 사례도 그의 부父 이상민李尙玟은 삼촌에게 계자로 들어가 장남가계를 이었다. 그의 조카들이 '농'으로 규정되고 있지만, 그의 아들은 '사'로서의 위상을 획득했던 것으로 보인다. 물론 수대에 걸쳐 장남인데도 '직업'이 '농'인 경우가 있으나, 그 경우는 대체로 가옥의 규모가 상대적으로 작고 가사家舍의 가격도 낮다.

수대에 걸쳐서 장남으로 이어져온 경우는 차남 이하보다 많은 재산을 상속받아 선조제사를 지속시킬 뿐 아니라 사회적, 경제적 위상도 높은 수준으로 유지할 수 있었다. 그러나 그것은 계자입후와 같은 가계계승전략을 치밀하게 실행한 결과로 얻어질 수 있는 것이었다. 그것에 실패할 경우에는 가계家計의 축소와 사회적 위상의 하락을 감수할 수밖에 없었을 것이다.

'사'와 '농'과 같은 '직업' 기록을 계보상의 위상과 호의 규모로부터 생각해 볼 때, 광무호적의 신분규정은 현실사회에서의 사회경제적 위상을 상당히 충실하게 반영하고 있다고 할 수 있다. 대한제국기의 호구파악이 '호세' 부과와 관련하여 치밀하고 균등한 조사가 요구되었는데, 그러한 조사가 여전히 향회鄕會와 같은 향촌의 자치조직에 의해서 주도되고 있었기 때문이다.[29] 상부에 보고를 어떻게 하든 현장에서는 현실성 있는 조사가 진행되었을 것으로 여겨진다.

4. 1910년 전후 「민적民籍」의 '양반兩班' 기재

「민적民籍」은 광무호적 기록을 가져오면서도 일본의 메이지호적明治戶籍에 준한 기재양식 위에 다시 기록하는 형태로 1909년부터 작성되었다.[30] 이때

29 손병규, 앞의 2005 논문, 197~238면. 경상도 예안지역에서 향회에 의해 광무호적이 조사 보고되는 사례를 볼 수 있다.

에 작성된 민적의 '호주戶主가 된 원인原因과 연월일年月日'은 1909년 이전에 일어난 사실들을 기록하고 있다. 관습慣習에 대한 조사와 그에 따른 식민지 조선 민법의 형성으로 호적 기재방식이 명치호적明治戶籍과 같은 '본적지주의本籍地主義'의 호적이 되기 전까지, 즉 1910년대 전반까지는 혼인과 함께 분호分戶하는 것을 원칙으로 하는 기존의 조선 호적 기재방식을 따르고 있었다.[31] 그러나 호세와 관계없는 조사라 하더라도, 향촌사회에서는 호구조사가 자율적으로 이루어지지 못한다는 점에 대해 반발이 컸다.[32] 더구나 여성의 이름을 분명히 하고 생년월일生年月日을 기록함으로써 여성의 신상과 운명(四柱八字)을 공개하는 데에는 거부감이 있었던 것이다.

민적은 한 번 만들어지면 호주가 제적될 때까지 사용되었다가 호주를 물려받은 사람 중심으로 새로운 민적이 다시 만들어진다. 따라서 현존하는 민적 자료는 호주가 제적될 때에 민적에 호주의 제적사유除籍事由를 적고 이름을 줄로 그은 것, 즉 '제적除籍' 형태로 남아있다. 제적된 개개의 호는 본래 민적으로 작성된 것이나, 제적되는 시기에 따라 해마다 철한 장부로 남아있다는 말이다. 이 민적에 광무호적과 마찬가지로 호주에게 '직업職業'이 기재되었다. 역시 광무호적에서 적용되었던 '사농공상士農工商'의 신분분류법에 준하여 주소난의 하단에 '농農', '농업農業', '업농業農', '업공業工', '상업商業', '업상業商', '주상酒商' 등이 기재되었다.[33] 1909년부터 1945년에 이르는 경상

30 박희진·유상윤·오창현, 「20세기 戶籍簿의 人口記載範圍와 記錄의 正確性」, 『대동문화연구』 63, 성균관대 대동문화연구원, 2008, 300~330면.

31 일본은 江戶時代부터 이미 '本籍地主義'에 의한 가구기록이 존재했다. 손병규, 앞의 2006 논문, 1~39면; 「明治戶籍과 光武戶籍의 비교」, 『泰東古典研究』24, 태동고전연구회, 2008, 279~317면.

32 손병규, 「민적법의 호규정과 변화—일본의 명치호적법 시행경험과 '조선관습'에 대한 이해로부터」, 『대동문화연구』 57, 성균관대 대동문화연구원, 2007, 81~115면.

33 필사된 신분 記載도 있지만 사실 처음에는 기록된다기보다 도장을 새겨서 주소란 왼쪽 아래에 찍는 형태였다. 가령 '農'은 '농업', '업농', '평민농' 등으로, '상'은 '상업' '업상' '酒商' 등의 도장이 제각기 만들어져 수시로 찍힌 듯하다.

도단성군慶尙道丹城郡 신등면新等面과 법물면法物面의 식민지시대 제적부를 보면, 1909년에 시작된 이러한 기재는 1915년에 작성된 것으로 여겨지는 민적에까지 나타난다.[34]

여기에는 기존의 '사士'라는 기록은 보이지 않고 대신에 그것에 해당하는 신분으로 주소란의 상단이나 중간에 '양반兩班'(드물게 '儒生')이라 기재되어 있는 것을 발견할 수 있다. 또한 양반과 마찬가지로 '평민平民', 혹은 '상민常民'을 기록하는 경우가 나타난다.[35] 그리고 그것과는 별도로 하단에 '광무호적'과 같이 '농공상農工商'으로 구분되는 '직업職業'이 기록된다. 상 · 중단의 '양반'이나 '평민'은 이것과 다른 시기에(더 이른 시기인 것으로 보인다[36]) 조선후기 민간의 계급 분류법으로 사용되던 '반班 – 상常'의 구별을 적용했다고 할 수 있다.[37] 조선시대에 '평민'은 주로 일반 백성을 가리키는데, 양반과 구별되는 차별적인 의미로 '상한常漢'이 많이 사용되었다.[38] 민적에 표기된 '평민'이나 '상민'은 모두 양반과 상대화된 계층의 의미로 이해된다.

조선왕조에는 고려왕조의 문무 중앙관료를 가리키던 '양반'이 법제적으로 부정되었으며, 호적에 기재하는 '직역職役'과 '노비奴婢' 기록만을 국가의 법

---

34 戶主된 연도나 이래한 연도가 1915년 이전이면 1909년부터 1915년 사이에 작성된 民籍일 가능성이 크다. 그런데도 職業이 기록되어 있지 않은 경우가 많이 나타난다. 1912년 이후에 어떠한 이유로 동일한 民籍을 새롭게 기록하면서 職業기록을 누락시켰을 가능성도 있다.

35 법물 내당리의 金且萬 호는 주소란 중간에 '常民', 하단에 '業農'이라 記載하였다(신등면除籍부). 법물 척지리의 金振玉 호는 하단에 '업농'이라 도장을 찍고 중간에 '平民'이라 필기했다.

36 '양반', '양반-농' 등의 기재는 민적이 작성되기 이전인 1907년 이전에 호주가 되었다고 하는 호에 기록되어 있다. '농'만 기재되는 등의 기타 형식은 이후 1915년까지 호주가 되어 새롭게 작성되는 민적에도 지속적으로 나타난다.

37 김성우, 「16세기 사족층의 관직 독점과 반상제의 대두」, 『한국사연구』 106, 한국사연구회, 1999, 121~162면.

38 조선왕조실록에는 '常民'보다 '平民'과 '常漢'이 더 많이 사용되었다. HUR Soo, "The Significance of the Concept of Minjung and Changes Thereto: With a Focus on the 1920s", KOREA JOURNAL / WINTER 2012, pp. 60~83 참조.

제적 신분으로 인정함으로써 '양반'은 '사회적으로 인식되는 신분'으로 존재했음은 서술한 바이다. 그러한 '양반'을 이제 공문서인 민적에 당당히 기재하게 된 것이다. 그것도 근대적 '국민'의 형성을 지향하고 조선시대 지배계층에 대한 비판이 비등하던 시기에 그러했다는 것은 민적상의 '양반' 분류가 가지는 정치적인 의도성을 의심케 한다.

이렇게 하여 민적에는 '반상'의 구분과 함께 '사'를 제외한 '농공상農工商'의 구분이 이중으로 기재되는 '직업' 기재형태를 남기게 되었다. 이와 함께 주목되는 것은 이름에 대신하여 여성의 호칭이 민적에서 발견된다는 사실이다. 조선시대 호적에 사족 집안의 여성에게 사용하던 '씨' 호칭, 양반의 서자나 향리 가문의 여성들이 쓰게 되는 '성姓' 호칭이 민적이 작성되기 전에 출생한 여성에게 사용되고 있다. 물론 이름 대신에 '씨', '성' 등의 호칭을 기재하는 여성들은 민적이 작성될 때에는 이미 성인이 된 자들이다. 민적에는 모든 여성에게 이름을 쓰도록 했지만, 여전히 이름을 사용하지 않고 여성 호칭을 사용해서 이전의 신분적 위상을 나타내고 있는 것이다. 이러한 여성 호칭을 기준으로 직업의 기재상황을 살펴보면 아래의 표와 같다.

〈표 4〉 경상도신등면 제적호의 직업별 호내여성 호칭

(단위: 호)

호칭 / 職業	'氏'	'姓'	이름	'寡女'	이름없음	여성없음	계
兩班-( )	2						2
兩班-農	1		10		1		12
( )-農	15	2	187	1	1		206
平民-農			8				8
業雇-農			1				1
( )-工			1				1
( )-商		2	3				5

平民-商			1				1
平民-( )			1				1
( )-僧						1	1
계	18	4	212	1	2	1	238

출전: 경상남도산청군, 『新等面除籍簿』.

1. 직업분류는 상・중단-하단의 기재를 나타낸다. ( )는 기재가 없는 경우다. 兩班은 '儒學'을 포함하며, 農은 '農', '農業', '業農'을, 工은 '業工', 商은 '商業', '業商', '酒商'을 포함한다.
2. 호 구성원 여성의 호칭이 氏, 姓, 寡女인 경우 이외에는 성명이 쓰이거나 호칭 없이 성씨만 기록되는 경우가 있다.

우선, 신등면과 법물면의 제적자료에서 '직업'을 기록하는 민적은 모두 238건을 발견할 수 있다. 그 가운데 '유생'을 포함하여 '양반'이 기록된 호는 14건으로 전체의 6%에 머무른다. 그것을 제외하고 하단에 '농업農業', '업농業農' 등을 포함하는 '농'만 기록하는 경우가 206건으로 가장 많고, '평민'등과 함께 그러한 '농'을 기록하는 경우가 9건으로 이 두 가지를 합하면 전체의 90%나 된다. 기타 '상商'이 6호, '工'이 1호, '평민平民'만 기록한 1호, 승려僧侶가 1호가 나타난다. 참고로 1910년에 민적의 직업별 통계를 제시한 『민적통계표民籍統計表』에는 이곳 산청의 신등면과 법물야면 총 1,324호 가운데 양반은 1%도 안 되는 총 4호에 지나지 않으며, 유생은 한 호도 없다.[39] 제적부에

39 1910년도 『民籍統計表』의 신등면과 법물면의 직업별 통계를 '손병규, 「식민지 시대 除籍簿의 인구정보—경상도 산청군 신등면 제적부의 자료적 성격」 『史林』 30, 수선사학회, 2008'의 <표 4-1>에서 재인용하면 아래와 같다.

〈표 4-1〉 1910년도 민적통계표의 신등면과 법물면의 직업별 통계

(단위: 호)

	官公吏	兩班	儒生	商業	農業	漁業	工業	鑛業	日稼	其他	無職	職業計
신등면	11	3	0	21	429	0	2	0	4	1	6	477
법물면	15	1	0	19	802	0	1	0	3	1	5	847
계	26	4	0	40	1,231	0	3	0	7	2	11	1,324

는 보이지 않는 '관공리官公吏'가 26호로 집계되어 있는데, 어떠한 부류인지 불분명하지만 '양반'으로 집계된 호와 합해도 전체에 2%에 머문다.

'직업' 기재를 호내 여성의 '호칭'과 관련하여 살펴보면, '양반'으로만 기재하고 하단에 별도의 직업 표시가 없는 2호의 여성들은 모두 '씨' 호칭을 사용하며, '양반'을 기재하고 하단에 '농'을 기록하는 12호의 경우에는 단 1호만이 '씨' 호칭을 사용했다. 또한 하단에 '농'만 기록한 206호 가운데 14호의 여성이 '씨' 호칭을 사용했다. '농'만 기재한 경우의 여성들은 대부분 이름을 기재하고 있지만, '씨' 호칭 이외에도 '성' 호칭 2호와 '과녀'를 칭하는 1호, 성만 있고 이름을 기재하지 않은 1호의 사례를 볼 수 있다.[40] '직업'으로 '농'만을 기록하는 호의 사회적 위상이 다양했음을 말한다. 기타 '공' '상'등을 직업으로 기재하는 호에는 '씨' 호칭을 사용하는 여성은 한 명도 없다.

민적에는 대체로 '양반'을 기록하는 것과 호내 여성이 '씨' 호칭을 사용하는 것 사이에는 상당한 연관성을 가지고 있다고 할 수 있다. 반면에 '씨' 호칭을 사용하면서도 '직업'에 '양반'이나 '유생'을 기록하지 않는, 즉 '직업'이 '농'인 경우도 많다. 이것은 광무호적에서 이미 본 바와 같이 '직업'에 '사'를 제한적으로 기재함으로써 '농'인 호의 여성도 '씨' 호칭을 사용하는 현상과 같다. '씨' 호칭이 업그레이드되어 일반화된 상황이 지속되고 있는 것이다.

그런데 민적에서는 이제 '직업'으로 '양반'을 기재하면서 호내 여성들이나

40 '寡女'는 남편을 여읜 여성을 의미하는데, 조선시대 호적에는 여성 호칭이 아니라 과부인 여성주호에게 붙여진 하나의 직역명이었다. 이때에 '寡婦'는 사대부 여성, '寡女'는 양민 여성에 해당된다. 이상은 김경란, 「단성호적에 나타난 여성주호의 기재실태와 성격」『역사와 현실』 41, 한국역사연구회, 2001, 94~119면; 「일제시기 民籍簿의 작성과 女性戶主의 성격—19세기 濟州 戶籍中草, 光武戶籍과의 비교를 중심으로」『대동문화연구』 57, 성균관대 대동문화연구원, 2007, 55~80면 참조.

호구성원의 부모 성명란에 '씨' 호칭을 사용하지 않는 경우가 많음을 알게 된다. 이들이 이전부터 '씨' 호칭을 사용하는 상층계급의 여성으로 존재하다가 민적 작성에 즈음하여 이름을 공공연히 밝히게 되었다고 여겨지지는 않는다. 오히려 상층계급으로 인식되지 않던 자들이 '직업'을 '양반'으로 기재하게 된 경우가 대부분일 것으로 추측된다. 아래에서 지적하듯이 조선왕조 호적에 아버지가 '유학幼學'인 하나의 사례가 발견되는 이외에 이들은 대부분 그 선조들의 이름을 조선왕조 호적에서 찾기 어렵다.

그러면 민적상에 '양반兩班' 혹은 '유생儒生'이라는 기재를 허락받은 자들은 어떠한 자들인가? 그 구체적인 사례들은 그들의 사회적 위상이 현실적으로 다양함을 보여준다. 우선 광무호적의 '사'와 '농'의 기재와 마찬가지로 형제간에도 '양반'과 '농'으로 신분을 달리 하는 경우가 있다. 김정현金正鉉의 자식들인 법물면 가술의 김영태金永泰와 김영숙金永淑 형제가 그러하다. 형이 '양반'을 기재하는데, 장남으로서 그 가계를 주도하기 때문으로 이해할 수 있다. 친척 가운데 역시 장남이면서 '농'을 '직업'으로 기록하고 있는 자도 있지만, 그것도 그가 경제적으로 열등한 지파의 인물이기 때문이라고 납득할 수도 있다.[41]

그러나 '양반'을 기재하는 호 가운데 그 가까운 선조의 사회적 위상이 상층임을 확인할 수 있는 사례가 한둘에 지나지 않을 뿐 아니라, 그들의 민적상 거주이동의 현황도 그리 안정적으로 보이지는 않는다. '양반'을 기록하는 호주 14명 가운데 최근의 조선왕조 호적인 1882년의 『경상도단성현호적대장慶尙道丹城縣戶籍大帳』에서 호주나 그의 부명을 찾을 수 있는 경우는 한 건밖에 없다.[42] 그 한 사례는 그의 부가 '유학幼學'을 기록하고 있다.

---

41 역시 법물면 가술리의 金永樞로 그는 친척 金大鉉의 장남이다.

42 『慶尙道丹城縣戶籍大帳』 신등면과 법물야면, 1882년. 신등면 간공의 鄭仁厚의 경우는 그의 아버지 鄭學先이 1882년도 구호적의 같은 간공리에 등재되어 있으며 직역을 '유학'으로 기

'양반'을 기록하는 호주 가운데 해당 지역에서 오랫동안 양반으로 행세를 해온 안동권씨安東權氏 일족은 4명을 발견할 수 있다. 그러나 안동권씨의 세거지인 '단계리丹溪里'에 거주하는 자는 한 명도 없다. 안동권씨 두 명은 『안동권씨족보安東權氏族譜』에서 확인할 수 있는데, 모두 오랜 세대 동안 장손으로 연결되는 계파와는 멀리 떨어져 있다.[43] 그 중 한 사례는 1913년 당시에 거주지를 떠나 며느리의 친가, 즉 사돈집에 모든 식구가 '이거移去'하는 것이 민적상 제적되는 사유이다.[44] 어떠한 이유인지는 모르나 조상대대로 살아오던 지역을 떠나 그것도 사돈집에 의지하여 이주를 하는 상황은 '양반'으로서 사회경제적 지위를 유지하는 것으로 보기는 어렵다. 오히려 직업을 '농'으로 기록하고 있는 안동권씨로, 족보상에 대대로 장손인 가계의 인물이거나 호적상에 선조들이 '유학'을 기록하는 사례들을 여럿 발견할 수 있다.[45]

더구나 '양반'을 기록하는 안동권씨의 한 사례는 족보와 호적 어디에서도 찾아볼 수 없는데, 현주지로부터 먼 곳으로 '유리遊離'한 것이 1912년에 제적되는 사유로 기록되어 있다. '양반'을 기록하는 또 다른 호주의 제적도 "1912년에 본가本家를 매도賣渡하고 가족을 데리고 유리걸식遊離乞食"하는 것을 이유로 한다. 신분·직업을 기록하는 당시로부터 곧바로 가계가 파탄에 이르는 불안정한 경제상황에 처해 있고, 그 선조의 연원을 알 수도 없는 가족에게 '양반'을 기록한 것이다. 모든 경우가 그러하지는 않겠지만, 민적상에 신분을 규정하는 현실적인 기준을 찾을 수 없다는 점은 분명하다.

식민지화 초기의 「민적」에는 어떠한 이유로 이렇게 비현실적으로 '양반'

재한다.

43 『安東權氏世譜(後甲寅譜)』 1794년. 안동권씨족보 데이터베이스(http://www.andongkwon.or.kr 안동권씨 대종회 홈페이지). 법물면 모례리의 權佑容, 權庸煥이 그러하다.

44 大正 2년 5월 16일 宜寧郡 上井面 上井里 8統 2戶 며느리(婦)의 父인 曺在穢 家로 移居함.

45 법물면 가술리에 한해서 살펴보아도, 권우성, 권병태(둘은 호적에서도 그 선조들이 '유학'을 기재함), 권병칠의 자식들인 권택희와 권창희, 권병렬, 권상규, 권인택, 권의헌, 권재균 등등이 그러하다.

신분이 규정된 것일까? 당시에 진행되던 '조선관습조사朝鮮慣習照査'는 조선인의 오래된 관습법에 기초하여 식민지 조선에 근대적인 민법을 성립시키고자 하는 목적에서 이루어졌다.[46] 법제적인 식민통치를 위해서는 양반을 포함하는 조선인의 신분적인 관습을 파악할 필요가 있었으며, 기존사회의 주도적 세력인 양반에 대한 통제가 가해져야 했다.

일본 당국이 조사한 '조선관습'이라는 것의 내용은 조선인의 관습을 그대로 이해하는 것은 아닌듯하다.[47] 그것은 조선인의 관습이 아니라 오히려 일본인이 생각하는 조선관습일 가능성이 크다. 그 이해 속에는 더구나 일본의 관습으로 여겨지는 것들이 그대로 제시되기도 한다.[48] 호적상 조선사회 상층 계급을 가리키는 '양반'을 기재하는 데에는 조선왕조의 신분 관습을 계속적으로 수용하는 형식의 이면에 일본의 신분인식이 개입되었을 가능성도 있다.

에도시대江戸時代의 근세일본近世日本은 이동이 불가능하지는 않으나 매우 제한적인 견고한 신분제를 유지하고 있었다.[49] 메이지정부明治政府는 '무사武士'를 해체하여 시민화市民化하고, '일군만민一君萬民'의 집권적 통치체제를 강화하는 한편, '화족華族'을 비롯한 전통적 신분체계를 견지하고자 했다. 그것은 조선의 왕족과 식민지화를 선도할 조선인들을 귀족으로 규정하고자 하는 '조선귀족령朝鮮貴族令'과 궤를 같이한다.[50] 귀족을 법제적으로 규정하여 신분을 보장하고 상속될 수 있도록 하는 발상은 조선왕조 건국과 함께 사라졌지만, 근대 일본에 의해서 다시 부활했다. '메이지호적明治戸籍'에 내재하는 일본

---

46 이승일, 「1910 · 20년대 조선총독부의 법제정책—조선민사령 제11조 '관습'의 成文化를 중심으로」, 『동방학지』 126, 연세대 국학연구원, 2004, 155~206면.

47 손병규, 앞의 2007 논문, 81~115면; 김경란, 앞의 2007 논문, 55~80면.

48 長子單獨相續이나 '隱居'의 관습이 조선의 관습인 것처럼 조사되어 있다. 또한 조선관습에는 가족내 여성에 대한 가부장적 차별이 매우 심한 것으로 묘사되어 있다. 손병규, 앞의 2007 논문 참조.

49 朝尾直弘 편, 앞의 1992 책, 7~40면.

50 「朝鮮貴族令(日本皇室令 第14號)」, 『朝鮮總督府官報』, 1910.8.29.

의 그러한 신분인식이 식민지 초기의 호적인 '민적'에 반영되었던 것은 아닐까 여겨진다.

5. 맺음말 : 지속되는 양반지향

중국 고대적 신분질서가 붕괴되었음에도 불구하고 고려왕조는 귀족제와 '병농일치兵農一致'의 직역제를 유지했다. 조선왕조는 다시 고려의 신분제를 계승하면서도 지배계급에 대한 국가적 통제를 강화하여 독특한 신분질서를 창출했다. 중국과 같이 신분제를 완전히 해체시켜 천자의 권력이 만민에게 고르게 미치는 집권적 통치체제를 강행하지는 못했으나, 신분변동의 가능성이 항상적으로 존재하는 유동적인 신분제를 운영했다. 조선왕조의 지배계급인 양반이 법제적으로 규정되지 않고 사회적인 인식으로 성립되는 가변적 계급인 이유는 여기에 있다. 조선왕조 호적에는 '양반'이라는 신분이 기재되지 않고 국가의 공공업무를 나타내는 '직역'이 기재되는 데에 그쳤다.

조선왕조 호적상의 '직역' 기재와는 달리, 대한제국기大韓帝國期의 광무호적光武戶籍에는 이것에 대신하여 중국 전통의 '사농공상士農工商' 구분이 신분 기재에 적용되었다. '직업職業'이라는 명목으로 기재된 신분은 조선왕조 구호적의 '직역'과 같은 법제적 구속력을 갖지는 않았다. 그러나 호적상의 '사士'는 현실적인 상층계급을 의미하는 것으로 기재되는 경향을 발견할 수 있다. '사농공상'의 신분기재는 조선말기로 갈수록 사회적인 인식과 괴리되어가던 호적상의 신분기재를 현실화하는 방안으로 활용되었던 것이다.

대한제국은 중국과 동급의 황제국皇帝國을 표명했다. 호적상의 이러한 신분기재는 '사민四民'을 모두 평등하게 군주의 직접적인 지배하에 둔다는 중앙집권적 통치이념과 관련하여 인민을 파악하는 상징적 역할을 했다. 중앙정부는 집권적 전제국가 형성의 기반으로 동아시아의 전통적 신분질서의 틀을 견지하고자 하였다. 신분적 격차는 현실적으로 해소되어가는 경향을 보였지만, 인민의 입장에서는 오히려 그것 때문에 사회적 신분질서를 제도에 부합시키려 했다고 여겨진다.

식민지기의 초기 민적民籍(1909~1915년)에도 신분이 기재되었는데, 양반과 평민이라는 민간의 신분분류와 함께 광무호적의 '사농공상' 신분 분류법이 병행되었다. 일본의 호적과 동일한 형태를 갖추기까지 조선왕조와 대한제국의 신분 분류법을 당분간 활용하고자 한 것이다. 그렇기는 하나 호적에 기재되는 한에서는 이것도 엄연한 법제적 신분 기재임은 틀림없다. 이때에 조선왕조의 사회적인 신분인식에 유래하는 '양반'이 호적상의 용어로 사용되고, 광무호적의 '사' 기재를 잇고 있지만 그것보다 광범위하고 대략적으로 규정된 듯하다.

그러나 일본日本이 식민지화 초기에 조선인민에게 시도한 신분기재는 구래의 조선적 신분질서를 그대로 반영하는 듯했지만, 실제로는 전혀 비현실적인 규정이었다. 그것은 '메이지호적明治戶籍'에 반영된 일본의 전통적 신분인식이 그대로 반영된 것으로 보인다. 나아가 그것은 조선인들에게 귀족작위를 부여하기 위한 '조선귀족령朝鮮貴族令'과도 관련성이 있는 듯하다. 조선인민에게 '귀족'이라는 신분을 규정할 수 있는 정당성이 민적상의 '양반' 기재로부터 얻어질 수도 있었다.

'조선관습조사朝鮮慣習調査'에 기초하여 1915년경에 '민적사무民籍事務에 관關한 법령法令'이 정립되면서 이후로 민적상의 신분기재는 사라져버린다. 그러나 그로부터 족보族譜와 문집文集 출간을 위시한 조선인민들의 '양반' 만들기가 대대적인 붐을 일으킨다. 조선왕조 초기부터 한국사는 국가적인 신분규정이 약화되거나 비현실화하거나 철폐될 때마다 '족보' 편찬이 유행한 역사를 경험했다. 제도적으로 '양반' 신분을 완전히 부정하는 20세기 초에도 '사족士族', 혹은 '양반兩班' 신분을 고수하고 그것을 지향하고자 하는 인식이 민간에 여전히 지속될 뿐 아니라, 매우 강렬하게 진행되었다. 이것을 단지 사회전체적인 보수화의 경향으로 보기보다 조선의 전통적 신분인식에 대한 일본日本의 근대적 변용에 대응한 움직임으로 이해된다. 일본의 식민지정책이 '양반'을 지향하는 조선인민의 내적인 동인을 자극한 것은 아닐까?

찾아보기

개념어 · 인명 색인

| ㄱ |

가격 7, 135, 137, 138, 144, 145, 146, 147, 148, 149, 155, 159, 160, 320, 407
가격질서 135, 137, 147, 148
가마쿠라(鎌倉) 막부幕府 251
가부키모노 257, 259
가사표家舍表 402
가이호유 352, 358, 362, 366, 372, 380, 391
감숙평경경도 306
갑오개혁 401
객경 27
거인 304, 305, 317, 322, 324, 327, 332, 335
검비위사청檢非違使廳 146
경도학파 104
고과제도 126
곡천도웅 105, 106, 107, 108, 129
곤수관 303
공동체론 105, 106, 108, 129
공부차 297
공승 64, 66, 75, 77, 78
공승작 76, 77, 78
공원 322, 323, 345
공자 18, 27, 276
공행 289, 290
과거 97, 168, 255, 294, 296, 301, 303, 304, 307, 322, 323, 324, 327, 332, 336, 344, 346, 353, 358, 372, 375, 394, 396, 397
관료제 81, 91, 94, 104, 122, 124, 278
관사청부제 146, 147
광동13행 281, 282
광무개혁 401
광서계평오울도 306
광주서관수호공소 316, 318
구마자와 반잔 253, 261, 264, 279
구품관인법 107, 108, 110, 118
구품중정제 97, 104, 107, 108, 109, 110, 111, 112, 113, 114, 115, 117, 118, 119, 120, 122, 124, 126, 128, 129
구희 340
군공작제 57, 61, 67, 72, 75, 90
군주독재 99
궁기시정 107, 108, 109, 110, 111, 114, 118, 122, 129
귀족 99, 103, 104, 105, 106, 107, 109, 113, 118, 119, 128, 131
귀족제 7, 108, 109, 114, 416
기묘사화 188, 203, 211, 212, 214
기생관료寄生官僚 105
기선 298

기영 306, 307, 320
기전도 139, 140, 141, 147, 148, 154, 159
김안국金安國 187, 188, 190, 199, 200, 201, 203, 204, 205, 206, 207, 208, 209, 212, 213, 214

| ㄴ |

나카에 도주 253, 263, 267, 279
낙양 27
남경조약 298, 312, 345
낭중 302, 303, 304, 305, 314
내수사 191, 195, 196, 197, 208, 212, 213
내작 57, 58, 61, 62, 64, 90
네트워크 7, 8, 187, 190, 206, 212, 213, 214, 235, 242, 244, 246
노관항 311, 316, 318, 340
농공상 269, 270, 271, 272, 273, 279, 280, 409, 410

| ㄷ |

다이묘 252, 255, 256, 259
다항로짓 모형 170, 180, 182, 183, 185
단조관계(monotonic relationship) 170
대보령大寶令 135
대학료 135, 136, 139, 140, 141, 147, 158
대한제국 393, 395, 401, 407, 416, 417
데이비스 320
도요토미 히데요시 252
도원 302, 304, 314, 344
도쿠가와 이에야스 254
동경학파 104
동문행 284, 288, 289, 290, 291, 292, 293, 295, 311, 315, 337
동부양행 299
동부차행 299
동부행 284, 293, 295, 296, 297, 298, 299, 300, 304, 311, 319, 337
동아시아 17, 57, 93, 135, 161, 187, 217, 251, 281, 349, 393
동인도회사 289, 291, 293, 294, 295, 297, 318
둔계차 297

| ㄹ |

류성룡 221, 230, 244
리야진간里耶秦簡 70

| ㅁ |

막번체제幕藩體制 252
만화행 291
메이지호적 407, 415, 417
명경도 136, 139, 146, 147, 159
무가제법도 254, 259, 260
무사 6, 23, 135, 251, 252, 253, 254, 255, 256, 257, 258, 259, 260, 261, 262, 263, 264, 265, 266, 267, 268, 269, 271, 272, 273, 275, 276, 278, 279, 280, 400
무생원 294, 303
무이차 289
문란서원 315, 316, 317, 318
문벌 98, 104, 105, 114, 118, 119, 123, 124, 126, 129, 130
문인관료 78, 79, 90, 91, 135, 136, 137, 138, 141, 144, 148, 154, 160
미국영사 321

미나모토노 모로토키(源師時) 153
미원장 331
미주회관 315, 316

| ㅂ |

박학홍사과 350, 366, 375, 392
반가 145, 146, 147, 149, 159, 403
반계관 285, 289, 290, 293, 297, 298, 301, 327
반계관潘啓官 1세 293
반계관潘啓官 3세 297, 327
반계관潘啓官 2세 290
반곤수관 293
반사성 284, 299, 300, 305, 307, 321, 322, 324, 332, 333, 335, 341, 342, 344, 345, 346, 347
반우회관 324, 341, 345
반유도 284, 290, 291, 292, 293, 295, 302, 307, 311, 316, 317, 318, 326, 337, 338, 339, 340, 344, 345, 346
반유위 287, 304, 329
반장요 284, 293, 294, 303, 318, 319
반정위潘正威 284, 293, 294, 296, 297, 300, 303, 319
반정위潘正煒 284, 295, 298, 300, 304, 311, 319, 320, 321, 327, 328, 329, 330, 331, 340, 344, 346, 347
반진성 285
반진승 284, 286, 287, 289, 290, 301, 302, 311, 315, 326, 344
반치상 290, 311
반카타 255, 260, 261, 279
백련사 361
백조고길 103
번고 314
변관국 146, 149, 150, 154
병농일치 416
병마사지휘 301, 302
병산서원 221, 244
병호시비 217, 218, 220, 222, 223, 224, 227, 228, 229, 230, 231, 233, 234, 235, 238, 240, 241, 242, 243, 244, 245, 246
보갑제 198
보상保商 295
복조행 289
본적지주의 408
본항행 289
부공생 296, 304
부방 305, 322
분부랑중 304

| ㅅ |

사농공상 81, 263, 266, 272, 273, 279, 351, 393, 400, 401, 403, 408, 416, 417
사대부 6, 50, 57, 58, 59, 61, 64, 65, 66, 67, 69, 73, 75, 76, 78, 79, 81, 87, 89, 90, 91, 98, 130, 207, 283, 319, 325, 336, 346
사도론 251, 254, 263, 265, 267, 271, 278, 279
사림파 189
사마담 27
사문화 187, 190, 191, 206, 212, 213, 214
사민 24, 55, 96, 128, 129, 349, 351, 396, 416
사민관 349, 351
사세읍賜稅邑 62
사인 20, 21, 25, 26, 27, 28, 30, 48, 52, 54, 81, 91, 349, 350, 351, 360, 361, 371, 380
사족 97, 98, 113, 118, 119, 128, 130, 394, 395, 400, 410
상관분석(correlation analysis) 170

상총 289, 290, 291, 302, 311, 339
서애西厓 류성룡柳成龍 221
서장부 327, 346
석중화 291
선거 97, 128, 131
선형교정(linear association) 170
성족상정 126
세족 98, 358
세키가하라(關ヶ原)의 전투 252
소격서 191, 192, 193, 194, 195, 213
소동파 331
소진 26, 27
수계사修禊事 360
수뢰 299, 306, 322, 341, 343, 347
수명상인 289, 291, 302, 318
수석행상 311
수호공소 317
수호지진간 20, 28, 31, 32, 43, 70
순우곤 27
시대구분론 99, 102
신도 27, 49
신미 마사노리(新見正朝) 260
신사 283, 284, 300, 301, 317, 319, 321, 325, 336, 337, 341, 344
신상 283, 284, 317, 319, 347

| ㅇ |

야마가 소코 251, 253, 254, 266, 267, 269, 271, 275, 276, 279, 280
야마모토 히로부미(山本博文) 257
야쿠카타 255
양가빈 282, 285, 286, 299
양광염운사 300, 307
양광총독 292, 298, 306, 320
양반층 217, 218, 219, 220, 221, 235, 246
양상 287, 290, 291, 292, 293, 295, 296, 297, 298, 301, 316, 317, 318, 340
양인 394
양주이마 363, 367, 371, 372, 379, 382, 384, 386, 388, 389
양주팔괴 365, 380, 387, 389, 391
양행 293, 304, 318
양화행 281
에도 막부 7, 251
여강서원 221, 244
여심곡 341
여씨향약 198, 199, 200, 203, 205
여천양행 293, 294
여천행 284, 294, 295
연납 302, 307, 336
연수 308, 309, 311, 315, 344
염상 299, 300
염운사사 302, 303, 344
염운사사함 302, 303
영국영사 321
예속상교 198, 203, 212
오규 소라이 272
오다 노부나가 252
오대부 62, 64, 65, 70, 72, 75, 76, 91
오대부작 66, 76, 91
오돈원 299
오병감 293, 311, 316, 318, 340, 341
오소영 311, 334, 346
오수창 311
오숭요 316, 321
오영광 332, 333
오원화 314
오자량 354
오호관 298
오소영 298

왕응고 353
왕희지 333, 361
외기국 146, 150
외양행 281, 289
우두국 324, 341
우두법 316, 340, 341
원구제 193
월해관 289, 291, 314
윌리엄 쟈딘 298
윌리엄 헌터 308
유내 123, 124
유내관 122, 125, 130
유사游士 6, 17, 18, 22, 28, 31, 34, 44, 46, 54
유사儒士 6, 21, 30, 44, 52, 53, 54, 95
유상儒商 351, 354, 362
유외 122, 123, 124, 125
유외관 122, 125, 130
유학幼學 394, 396
의서 302, 314
이리위사 30, 31, 32, 35, 39, 44
이문 302, 303
이십등작 61, 72, 75
이화행 311, 312, 334, 340, 346
인수 27

| ㅈ |

자대부 82, 83, 86, 87, 88, 89, 91
자원행 313
작질체제 75
장유섬 292
장책 353
재이론 194
전국시대 29, 31, 47, 53, 93, 251, 252, 254, 256, 258, 259, 278
전병 27
절강염운사 307
접자 27
정대 302
정숭겸 316, 340
제독학원서 322, 323, 324
제선왕 27
제천례 192, 193, 194
조선관습조사 415, 417
조선귀족령 415, 417
조청배읍 198
조홍교 353
존유배행 198
종두법 322, 324, 340, 344, 345, 347
중정 110, 111, 112, 113, 119, 124
중정품 107, 108, 111, 112, 115, 117, 118, 119, 120, 121, 122, 129, 130
지속성 172
직분 34, 60, 251, 254, 261, 262, 268, 269, 270, 272, 274, 275, 276, 279, 280
직역職役 393, 394
직예총독 343
직하선생 27
진계창 335, 346
진고陳皐 365
진씨이난 365
진장陳章 365, 369
진종린 335, 346
진한 6, 19

| ㅊ |

찰거 96, 112, 128
채세문 291, 311
채소복 317

채지정 326, 327
천견사응설 194
천승의옹 105, 108, 129
천인賤人 394
청범루 328, 329
청소송영 198
총상 293, 311, 358
추석 27
춘추전국시기 25, 27, 52, 54

| ㅌ |

태정관 148, 149, 150, 152, 159
통의대부 301, 302, 344

| ㅍ |

편호민 66, 69, 70, 73, 91
포정사함 306, 344

| ㅎ |

하소기 336
하야시 라잔 253
학봉鶴峰 김성일金誠一 221, 227
한강아집 349, 350, 364, 371, 384
한강음사 349, 364, 365
한문寒門 119, 123, 124
항영운동 319, 320
해산선관 299, 334, 336
행상 283, 290, 291, 297, 299, 300, 301, 308, 309, 312, 325, 336, 339, 344, 347
향론 108, 129, 220
향약鄕約 187, 198, 201, 204, 205
향전鄕戰 217, 220
향품 107, 129
헤이안 136, 137, 138, 140, 141, 144, 146, 147, 149, 159
호계서원 221, 222, 244
홍개도 173
홍상재 172
홍창도 173
홍콩총독 321
홍탁 172
홍혜찬 173
화녕 327, 346
화령 304
환연 27
회릉행 340
후선 301
후선도 306
후선랑중 302, 303
후선원외랑 302, 303, 314
훈구파 189, 190
휘상徽商 352
휘주徽州 351

작품명

| ㄱ |

「광무호적光武戶籍」 393
『경국대전經國大典』 191, 195
『경상도단성현호적대장慶尙道丹城縣戶籍大帳』 413
『관직비초官職秘鈔』 148, 152

| ㄴ |

『난정집서蘭亭集序』 361
『논어』 17, 57, 93, 135, 161, 187, 217, 251, 281, 349, 393

| ㄷ |

『대보율령大寶律令』 138

| ㅁ |

『무교요록武敎要錄』 272
「민적民籍」 393, 407

| ㅂ |

『배소잔필配所殘筆』 267
『백호통의白虎通義』 23, 24, 94

| ㅅ |

「사도士道」 267, 268
『산록어류山鹿語類』 267, 268
『삼장기三長記』 157
『상군서商君書』 61, 64, 74
『서양잡영西洋雜咏』 326, 327, 338, 345, 347
『석석물어昔昔物語』 260
『성리대전性理大全』 200, 353
『수뢰도설水雷圖說』 343
『수호지진간睡虎地秦簡』 20
「위리지도」 36, 37, 43, 44, 45
「어서」 31, 32, 33, 34, 35, 37
『진률십팔종秦律十八種』 65
『수호지진묘죽간睡虎地秦墓竹簡』 20
『신서新書』 50, 58
『신축소하기辛丑銷夏記』 329

| ㅇ |

『악록서원장진간嶽麓書院藏秦簡』 21, 40, 41
『악록진간』
「위리치관爲吏治官」 41
「위리치관급검수」 41
『안동권씨성화보安東權氏成化譜』 161, 163
『양로율령養老律令』 138
「직원령職員令」 138
『여강전말廬江顚末』(虎論) 223
『여강지廬江志』(屛論) 223
『여씨향약언해呂氏鄕約諺解』 199, 200, 201
『월아당총서粤雅堂叢書』 334, 346

『이년율령二年律令』 64
「부률傅律」 72
「호률戶律」 70

| ㅈ |

『작제爵制』 62
『장추기長秋記』 153
『좌전左傳』 57
『집의화서集義和書』 261
「지기직분「知己職分」 268

| ㅊ |

『청범루서화기聽帆樓書畫記』 328, 329, 346
『청염법지淸鹽法志』 309, 313
『초산기유집焦山紀遊集』 369

| ㅎ |

「하남반족청원서河南潘族請愿書」 321
『해산선관총서海山仙館叢書』 299, 334, 346

집필진(원고 게재 순)

김경호金慶浩 | 성균관대학교 동아시아학술원 인문한국(HK)연구소 교수
링원차오凌文超 | 중국사회과학원 역사연구소 조리연구원
하원수河元洙 | 성균관대학교 사학과 교수
신미나申美那 | 성균관대학교 동아시아학술원 인문한국(HK)연구소 연구교수
이상국李相國 | 아주대학교 사학과 교수
윤인숙尹仁淑 | 아주대학교 사학과 강사
한상우韓相祐 | 성균관대학교 동아시아학술원 박사과정
구태훈具兌勳 | 성균관대학교 사학과 교수
박기수朴基水 | 성균관대학교 사학과 교수
우보야吳伯婭 | 중국사회과학원 역사연구소 연구원
손병규孫炳圭 | 성균관대학교 동아시아학술원 인문한국(HK)연구소 교수

전근대 동아시아 역사상의 사士

1판 1쇄 인쇄 2013년 3월 20일 | 1판 1쇄 발행 2013년 3월 30일

책임편집 김경호 · 손병규 | **편집인** 신승운, 성균관대학교 동아시아학술원 02) 760-0781~4
펴낸이 김준영 | **펴낸곳** 성균관대학교 출판부 02) 760-1252~4 | **등록** 1975년 5월 21일
주소 110-745 서울특별시 종로구 성균관로 25-2 © 2013, 성균관대학교 동아시아학술원

값 22,000원 ISBN 978-89-7986-994-1 94150 978-89-7986-832-6(세트)

본 출판물은 2007년 정부(교육과학기술부)의 재원으로 한국연구재단(구 학술진흥재단)의 지원을 받아 수행된 연구임(NRF-2007-361-AL0014)